WIDMUNG

Die zehn bis vierzehn Millionen deutschen Flüchtlinge, die ihre Heimat, ihr Gefühl der Zugehörigkeit und oft auch ihr Leben verloren haben, sollen nicht vergessen werden, auch wenn ihr Schicksal aus dem kollektiven Gedächtnis getilgt wurde.

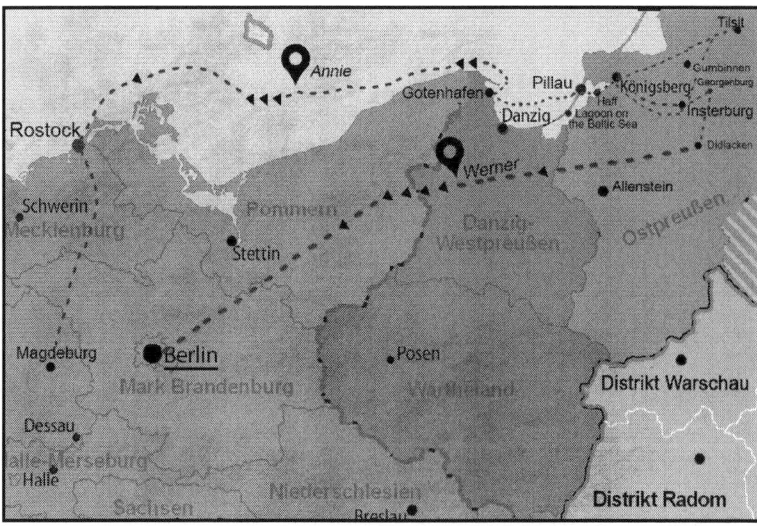
Tilsit
Annie
Gumbinnen
Georgenburg
Pillau
Königsberg
Gotenhafen
Haff
Insterburg
Danzig
Lagoon on the Baltic Sea
Rostock
Didlacken
Werner
Allenstein
Schwerin
Pommern
Danzig-Westpreußen
Ostpreußen
Stettin
Magdeburg
Berlin
Mark Brandenburg
Posen
Distrikt Warschau
Dessau
Halle
Niederschlesien
Sachsen
Distrikt Radom

AUCH VON ANNETTE OPPENLANDER

Vaterland, wo bist du? Roman nach einer wahren Geschichte
(deutsche Übersetzung der achtfach nominierten/preisgekrönten Originalausgabe »Surviving the Fatherland«)
47 Tage: Wie zwei Jungen Hitlers letztem Befehl trotzten
(Novelle — Zweiter Weltkrieg)
Immer der Fremdling: Die Rache des Grafen
Leicht wie meine Seele *(Novelle – Zweiter Weltkrieg)*
Erfolgreich(e) historische Romane schreiben *(Sachbuch)*
Bis uns nichts mehr bleibt *(Amerikanischer Bürgerkrieg)*

Englische Bücher

A Different Truth *(Historical Mystery — Vietnam War Era)*
Escape from the Past: The Duke's Wrath I *(Time-travel Adventure Trilogy)*
Escape from the Past: The Kid II
Escape from the Past: At Witches' End III
47 Days: How Two Teen Boys Defied the Third Reich
(Historical Novelette)
Surviving the Fatherland: A True Coming-of-age Love Story Set in WWII
(Historical Biographical Fiction)
Everything We Lose: A Civil War Novel of Hope, Courage and Redemption *(American Civil War)*
Where the Night Never Ends: A Prohibition Era Novel
A Lightness in My Soul: Inspired by a True Story *(WWII Novella)*
Boys No More *(Short Story/Novella Collection)*
The Scent of a Storm *(WWII and German Reunification)*

ZITATE

»Als Flüchtling bezeichnet zu werden, ist das Gegenteil einer Beleidigung; es ist eine Auszeichnung für Stärke, Mut und Sieg.« –Tennessee Office for Refugees

»Heimat ist nicht an Orten zu finden, sondern in den Herzen anderer Menschen.« Edith Linvers

.

KAPITEL EINS

Annie

Ich habe nicht überlebt, weil ich schlauer, schneller, stärker, gerissener oder besser vorbereitet gewesen wäre, es war Zufall. Zweifellos hätte ich sterben müssen, besonders nach dem, was ich getan habe – am Ende habe ich überlebt.

Aber zu welchem Preis?

Was ist gut an einem Leben, das von Terror und Entbehrungen geprägt ist? Wenn man bis auf die Stofffetzen auf der Haut alles verliert? Oh, ich meine keine Besitztümer, ich meine keine Sachen, nicht einmal wertvolle Erinnerungen. Ich denke an meine Mutter und meinen Vater und Dinge, die sich mit Geld nicht kaufen lassen: ein Leben und eine Zukunft an einem Ort, den ich Heimat nannte … meine Wurzeln und das Gefühl der Zugehörigkeit – und Werner, die Liebe meines Lebens.

Dennoch habe ich es geschafft, habe überlebt und mir eine neue Existenz aufgebaut.

Das sage ich mir an Tagen, an denen die Welt grau oder gar schwarz wird. Wenn ich den Drang verspüre, mich zu verstecken und alle Gedanken zu verdrängen und mich frage, was der Sinn des Ganzen ist. Sollte es nicht ein Ziel geben, eine Art Sinn im Leben?

Ich war immer frei gewesen, hatte gelernt, eigenständig zu denken, hatte mit meinem besten Freund Werner das Land, meine Welt erkundet. Bis ich wie Millionen andere wie eine Schachfigur mal hierhin, mal dorthin geschoben wurde, manipuliert, kontrolliert und verwaltet von den Verbrechern des Dritten Reiches, den

Diktatoren der Sowjetunion, vom Arbeitsamt, vom Flüchtlingsamt, den Diktatoren der DDR und ihrem Spionagenetz, der Stasi, die mir sagten, was ich zu denken und zu tun oder zu lassen hatte, wo ich schlafen und wann ich essen sollte. Ich hatte selbst das elementarste Gefühl der Selbstbestimmung verloren.

Und über all dem hing wie eine unverrückbare Wolke die schiere Verzweiflung, Werner verloren zu haben, nicht zu wissen, was mit ihm geschehen war.

Ostberlin, 9. November 1989

Das Geräusch des Fernsehers reißt Annie aus dem Schlaf. Oder vielleicht ist es ihre Tochter Emma, die ruft: »Mama, das musst du sehen.«

Auf dem Bildschirm laufen Männer und Frauen Arm in Arm, sie weinen und schreien, sie alle lächeln, auch wenn ihnen die Tränen die Wangen hinunterlaufen. »Es ist vorbei«, ruft einer. »Endlich sind wir frei.«

Während diese Worte in Annies schlafvernebeltem Kopf nachhallen, erscheint Emma an ihrer Seite, ihren Mantel in der Hand. »Komm schon, Mama, lass uns auch rausgehen und mitfeiern. Der Grenzübergang ist offen.«

»Es ist spät«, sagt Annie und denkt, dass sie trotz dieser unglaublichen Nachricht lieber ins Bett gehen würde.

»Erst halb zwölf.« Emma grinst. »Du hast schon ein Nickerchen gemacht.«

»Geh du. Ich schaue noch ein bisschen fern. Lächle einfach in die Kameras, wenn du rübergehst … und sei vorsichtig.« Immer muss Annie diese Worte äußern, *sei vorsichtig*, eigentlich ist es dumm, aber sie ist überzeugt, dass etwas Schlimmes passieren würde, wenn sie sie nicht sagt.

Emma eilt zu dem alten Chromat-Fernseher, eine Investition, die Annie all ihre Ersparnisse gekostet hat und auf die sie fünf Jahre hatte warten müssen. »Ich schaue mir kurz die Westkanäle an. Mal sehen, was sie berichten.«

»… es ist unglaublich. Sie kommen zu Tausenden hierher, ein ständiger Strom von lachenden, glücklichen Menschen, unsere deutschen Nachbarn«, sagt eine Stimme. Die Kamera zeigt Ostberliner, die Arm in Arm über die Grenze nach Westen wandern, durch *die* Mauer, die Ost- und Westdeutschland seit fast dreißig Jahren trennt.

Annie setzt sich auf, ihr Blick richtet sich auf die Stelle, an der Emma steht und den Bildschirm blockiert. Annie möchte etwas sagen, Emma auffordern, aus dem Weg zu gehen, aber sie hört nur dieser Stimme zu.

»… sie tragen Wein- und Sektflaschen und singen. Wir gehen mal rüber und befragen ein paar dieser glücklichen Feiernden über diesen bedeutsamen Abend.« Die Stimme des Kommentators ist tief und sanft und vibriert vor Aufregung. Aber das ist nicht der Grund –

»Mama?« Emma eilt an Annies Seite. »Was ist denn los? Du bist ja ganz blass. Es ist die Aufregung, nicht wahr? Es ist zu viel. Aber endlich können wir uns unseren Leuten im Westen anschließen.« Emma quasselt weiter, aber Annie starrt nur auf den Bildschirm.

Vor der Berliner Mauer steht ein Mann mit Kopfhörern und Mikrofon und interviewt ostdeutsche Feiernde, die gerade die Bornholmer Grenze nach Westdeutschland passiert haben. Er ist um die sechzig, hat kurzes, graumeliertes Haar und einen dazu passenden, kurzgeschnittenen Bart. Die Kamera schwenkt zurück zum Interviewpartner, einem Mann, dessen abgetragene Jacke trist und farblos wirkt wie die gesamte ostdeutsche Mode. *Komm schon, komm schon, schwenk zurück*, drängt Annie den Fernsehschirm. Sie will den Journalisten noch einmal anschauen, muss sich vergewissern … nein, es kann nicht sein, das ist alles in ihrem Kopf, es ist so lange her, sechsundvierzig Jahre – sie ist ganz durcheinander.

»Mama, was ist denn los?«

Annie ignoriert ihre Tochter, ignoriert ihren besorgten Blick.

Statt zur Tür hinauszueilen, lässt sich Emma neben ihr nieder und beginnt, Annies Hand zu streicheln.

Auf dem Bildschirm kehrt die Kamera zu dem Interviewer zurück, dem Mann mit dem grauen Bart. Seine Augen wirken wie dunkle Schokolade, aber im künstlichen Licht der Straßenlaternen und Scheinwerfer ist es schwer zu erkennen. Er spricht immer noch, doch Annie hört nicht, *was* er sagt, sie sucht sein Gesicht ab, die Form der Nase, die Wangenknochen und die kräftige Stirn. Letztere ist faltig, der Haaransatz etwas zurückgewichen. Er müsste … wie alt sein? Einundsechzig Jahre, alt, wie sie.

Annie drängt den Bildschirm, den Namen des Reporters zu zeigen, aber es erscheint keiner. Das Display flackert, die Szene wechselt zu einem anderen Korrespondenten, der auf jubelnde Menschenmengen zeigt, die auf der Mauer sitzen und stehen. Ihre Mauer, die unantastbare, uneinnehmbare Mauer, die Ost und West trennt. Die SED-Partei Ostdeutschlands besteht darauf, dass sie sie vor der Dekadenz des Westens beschützt. In Wirklichkeit haben sie eine Diktatur geführt, die sich selbst bereichert hat, trunken vor Macht und Gier. Sie haben ein zweihunderttausendköpfiges Spionagenetz aufgebaut, um das Volk in Schach zu halten, um Telefone anzuzapfen, Wanzen in Häusern zu platzieren und Reisen in die westliche Welt zu verbieten.

»Mama, du beunruhigst mich.« Besorgnis schwingt in Emmas Stimme mit. »Was ist denn los mit dir?«

Annie kehrt in die Realität zurück, zwingt sich zu einem Lächeln. »Nichts, alles ist in Ordnung. Du solltest besser gehen, bevor die Party zu Ende ist.«

Emma grinst breit. »Das wird nicht so schnell passieren, sie werden bestimmt die ganze Nacht feiern.« Sie tätschelt Annies Hand und steht auf. »Bist du sicher, dass ich dich allein lassen kann?«

»Natürlich.« Annie erhebt sich ebenfalls, den Blick auf ihre Tochter gerichtet, die ihr gar nicht ähnlich sieht mit diesem dunklen, glatten Haar im Vergleich zu Annies ehemals blonden, unordentlichen Locken, die jetzt grau durchzogen sind. »Ich glaube, ich gehe ins Bett.«

Doch als Annie sich in ihrem winzigen Schlafzimmer hinlegt, dessen Fenster auf die Betonwand des nächsten Plattenbaus zeigt, schrumpft der Raum um sie herum, die Wände rücken näher, bis sie keucht. Kaum hat sie die Augen geschlossen, kehrt das Bild des Mannes mit dem Mikrofon zurück. In Gedanken geht sie seine Gesichtszüge durch, versucht zu vergleichen. Die Augen könnten seine sein, die Nase, lang und gerade, ebenso. Aber es ist seine Stimme, die sie überrumpelt hat. Genauso wie damals … Unsinn, sie wird nur alt und ihre Träume führen sie in die Irre, unwichtige Wunschträume, die sie längst tief in sich begraben hat.

Doch wie Nebelschwaden wabern Erinnerungsfetzen durch ihren Kopf: Werner zeigt ihr ein Vogelnest, das von einem Ast gefallen ist, applaudiert, als sie Fahrrad fahren lernt, wirft ihr hoch im Baum einen Apfel zu, zeigt ihr, wie sie ihre Füße in die Steigbügel seines geliebten Pferdes Daisy steckt … Doch je mehr sie versucht, sich an sein Aussehen zu erinnern – vor allem an seine

Gesichtszüge – desto verschwommener wird sein Bild vor ihrem geistigen Auge.

Sie ist begeistert von der offenen Grenze – der Käfig hat sich endlich geöffnet, zumindest ein klein wenig. Sie erwartet, dass die ostdeutsche Regierung sich etwas einfallen lassen wird, um sie an der Ausreise zu hindern. Die Stasi, die Geheimpolizei der DDR, hat ihre Spuren hinterlassen, sich tief in Annies Bewusstsein gegraben. Im Laufe der Jahre hat die Stasi Tausende von Menschen verhaftet, die sie als »subversiv«, als Staatsfeinde, betrachtete. Ein schlechter Scherz konnte reichen, um im Verhör zu landen.

Draußen brüllt jemand betrunken herum, das Geräusch dringt leicht durch die einfach verglasten Fenster. Es ist kalt hier drinnen, nicht nur wegen der Zugluft, sondern weil Annie versucht, an der Gasrechnung zu sparen. Trotzdem schwitzt sie unter dem Oberbett.

Sie wirft die Decke ab und beginnt, im Schrank zu wühlen. Sie kann das obere Regal nicht erreichen, also holt sie sich einen Stuhl und wippt auf der Kante. Das Oberlicht ist viel zu schwach, um viel zu sehen, aber sie weiß, nach welcher Schachtel sie sucht.

Das Foto ist winzig, ein fünf-mal-fünf Zentimeter großes Stück abgenutztes schwarz-weißes Papier, das unaussprechliche Dinge überlebt hat. Sie schnappt sich ihre Lesebrille. Sie braucht dringend eine neue, aber die muss bis nach Weihnachten warten – sie hat kein Geld, sie zu bestellen dauert sowieso.

Der Junge auf dem verblichenen Foto ist groß und schlank, sein rechter Arm umschlingt die Schultern eines Mädchens. Beide lächeln in die Kamera, ein leichtes, glückliches Lächeln, das Liebe widerspiegelt – jugendliche Liebe, albern, verrückt, sorglos … und naiv. Annie fällt die Lupe in der Küchenschublade ein und sie geht, um sie zu holen.

Wieder beugt sie sich über das Bild. Das Paar steht am Rand eines Feldes, das mit Heuhaufen übersät ist, beide haben lange, schlanke Beine, tragen kurze Hosen und helle Hemden. Selbst in den grauen Farben sieht Annie die geröteten Wangen des Jungen, erinnert sich an die Hitze in ihren eigenen. Sie war sechzehn damals, er fast siebzehn. Die Luft ist erfüllt vom Staub des Sommers, ein später Augusttag, an dem sie bei der Ernte geholfen haben. Beide sind verschwitzt, aber das stört sie nicht. Sie kennen sich gut, sind zusammen aufgewachsen, ihre Höfe liegen nebeneinander, seine Anwesenheit ist so vertraut und natürlich wie das Atmen der Luft.

Ein Geräusch ertönt und Annie merkt, dass ihr ein Schluchzer entfahren ist. Es ist so viel passiert, seit das Foto gemacht wurde …

BUCH EINS: Annie 1944 – 1946

KAPITEL ZWEI

Insterburg, Ostpreußen: August 1944

»Ein bisschen nach rechts.« Mutter gestikuliert und winkt, während sie die Kamera hält. Ich unterdrücke eine spitze Bemerkung, ziehe Werner mit. Zum Glück hält sich Oma Leonora – wir nennen sie Leo – an ihre Aufgabe, am Gartentisch grüne Bohnen zu schälen. Abgesehen von den grauen Haaren sieht sie aus wie eine kleinere, faltigere Version von Mutter. Beide tragen den gleichen Ausdruck von Verwunderung und Resignation, ihre Augen sind gleichermaßen abgespannt und wachsam, aber ihre Münder bleiben fest verschlossen, als wollten sie sich einen abfälligen Kommentar verkneifen. Nur dass Oma kaum redet, und wenn sie etwas sagt, dann sind es ein oder zwei Wörter. Sie ist schon so lange wortkarg, wie ich mich erinnern kann, und meine Fragen an Mutter sind unbeantwortet geblieben.

»Lass uns tun, was sie will«, murmele ich leise, »sonst lässt sie uns nie in Ruhe.«

Mutter ist wie aus dem Nichts aufgetaucht und verlangt ein Foto, das sie unseren Vätern schicken kann, die beide seit vier Jahren im Krieg dienen. Der von Werner soll irgendwo in Frankreich sein, meiner in Kurland. Keiner weiß es genau, weil wir seit Monaten keine Feldpost mehr bekommen.

Werner folgt gutmütig den Anweisungen meiner Mutter, schaut hierhin und dorthin, bewegt seinen Arm von meiner Taille zu meiner Schulter – weniger verfänglich – und lächelt auf Kommando. Ich weiß, dass er guter Laune ist, dass er es genießt, jede freie Minute mit mir zu verbringen und nach getaner Arbeit gemeinsam mit mir auf unseren Fahrrädern die Gegend zu erkunden. Bald fängt die Schule wieder an, Werners letztes Jahr am Gymnasium, bevor er – wenn alles so klappt wie geplant – in Königsberg Biologie studieren wird.

Nachdem die Filmrolle voll und Mutter im Haus verschwunden ist, fahren Werner und ich wieder mit den Rädern los. Es ist ein herrlicher Augustnachmittag, heiß und trocken, mit einem leichten Wind, der unsere feuchte Haut kühlt. Die Stadt Insterburg, keine drei Kilometer von hier entfernt, meiden wir, denn letzten Monat hat die russische Armee unsere historische Altstadt bombardiert und es ist nicht viel übriggeblieben. Auch hier haben wir den Angriff mitbekommen. Im Keller versteckt, lauschten wir dem schrillen Heulen der fallenden Bomben, den Explosionen. Dreck rieselte von der Decke, während ich die Sekunden … Minuten zählte, mein Inneres weich wie in Milch getränktes Brot, mein Atem zittrig war. Es tröstete mich, Mutter und Oma rechts und links von mir zu spüren, als könnten sie mich vor einer explodierenden Bombe schützen. Ich weiß nicht, wie lange wir dort unten ausharrten, erinnere mich an meine ersten Schritte nach draußen, wie meine Knie fast einknickten, mein Blick unsicher den Himmel absuchte.

Schwarze Wolken hingen über Insterburg und die Brände wüteten tagelang. Danach verließen viele Menschen, die überlebt hatten, aus Angst vor neuen Angriffen die Stadt. Erst in diesen letzten Wochen ist der Krieg für mich greifbar geworden, so greifbar, dass ich nicht aufhören kann, auf das Dröhnen herannahender Flugzeuge zu lauschen. Nachts liege ich oft wach und frage mich, was wohl passieren wird, wo die russische Grenze doch so nah liegt. Ist das der Grund, warum ich ausgelassen lachen möchte, die Zeit mit Werner genießen will?

Wir fahren durch einen Buchenwald und halten an einem kleinen See, eigentlich nicht mehr als ein Teich, aber von einer Quelle gespeist und immer erfrischend kühl. Ich ziehe meine Sandalen aus und stecke meine Füße hinein. Oh, fühlt sich das himmlisch an.

»Gehst du schwimmen?« ruft Werner vom Ufer.

»Nur, wenn du mitkommst.«

Unsere Blicke treffen sich. In der Vergangenheit hatten wir keine Probleme, uns auszuziehen, aber dieser Sommer ist anders.

Die Luft ist anders, die Art, wie wir uns anschauen. Ich kann mir nicht ganz erklären, warum in meinem Bauch ein Bienenschwarm brummt oder warum mir bei Werners Blicken noch heißer wird, als es mir ohnehin ist. Immerhin wohnen wir schon nebeneinander, solange ich denken kann, Werner auf einem Pferdehof – seine Eltern besitzen Hunderte Hektar Weideland und züchten Trakehner –, während unsere Familie Weizen, Roggen und Kartoffeln anbaut.

Ich springe auf, als Werner lachend und planschend an mir vorbeirennt. Er trägt nur noch die Unterhose und ich kann nicht anders, als auf sein Hinterteil zu starren. Zum Glück verschwindet er unter Wasser, sodass ich mich abrupt umdrehe und mir Hemd und Shorts ausziehe. In BH und Höschen fühle ich mich unwohl, also renne ich, so schnell ich kann, hinterher. Das Wasser kommt mir jetzt viel kälter vor, aber ich mache mir mehr Sorgen darüber, was durch den dünnen Stoff meiner Unterwäsche zu sehen ist.

»Einfach fantastisch«, ruft Werner, bevor er locker zur Mitte des Sees krault.

Ich folge langsam, mein Schwimmstil ist nicht so sicher, mein Atem schwer und röchelnd.

»Ich frage mich, wie tief es hier ist«, sagt er, bevor er aus meinem Blickfeld verschwindet.

Die Wasseroberfläche beruhigt sich. Die Hitze von vorhin hat mich verlassen und ich wünsche mich zurück an Land.

Sekunden vergehen … eine Minute. Werner taucht nicht wieder auf. Die Sorge überfällt mich mit plötzlicher Heftigkeit und raubt mir den letzten Rest Atem. Was ist, wenn er einen Krampf hat oder mit dem Fuß in der Tiefe unter einem Baumstamm steckengeblieben ist?

Etwas trifft mich von hinten, ich schreie und verliere das Gleichgewicht, tauche unter. Wasser dringt in meinen Mund, ich trete verzweifelt und durchbreche die Oberfläche, wo mich Werners strahlendes Gesicht begrüßt.

»Hab dich«, kichert er.

»Idiot«, bringe ich gerade noch heraus, bevor ich mich zum Ufer wende. Die Wut raubt mir beinahe mehr den Atem als zuvor das Wasser. Ich klettere heraus und schnappe mir meine Kleidung. Zu meinem Frust bin ich viel zu nass zum Anziehen, alles ist ein klebriges Durcheinander. Zu allem Überfluss ist mir Werner gefolgt.

»Ach, komm schon, es tut mir leid, ich wollte dich nicht erschrecken.«

Ich sage nichts, drehe ihm den Rücken zu. Was soll's, er sieht meine Rückseite – und zwar komplett.

Aber er läuft um mich herum, bis er dicht vor mir steht, triefend nass, ohne sich darum zu kümmern, was sich zeigen könnte. Um meine Verlegenheit zu überspielen, schnaufe ich und presse meine Kleidung an die Brust.

»Es ist wirklich interessant da unten, jede Menge Pflanzen, die wie Mini-Tannenwedel aussehen, ich habe sogar ein paar Fische gesehen, winzige braune.« Er hält inne, Daumen und Zeigefinger sind gespreizt, um die Größe anzuzeigen, sein Blick ist auf mich gerichtet. Besorgnis spielt darin mit, ein bisschen Neugier, als könne er nicht ganz begreifen, warum ich mich aufrege. »Es tut mir leid«, sagt er wieder.

»Ist schon gut«, höre ich mich sagen. *Wo kommt das her? Warum verzeihe ich ihm so schnell … oder bin ich einfach nur zickig und überempfindlich?*

Irgendwo jenseits des Waldes grollt Donner. Die Sonne ist hinter dunstigen Wolken verschwunden, ein Windstoß fährt zwischen den Stämmen hindurch, kräuselt die Oberfläche des Teiches.

Werners Blick wandert nach oben, er runzelt die Stirn. »Wir sollten besser gehen, bevor das Gewitter losgeht.«

Als Antwort ziehe ich schweigend meine Kleidung an und steige aufs Rad. In halsbrecherischem Tempo geht es los, über den unebenen Waldboden, der sich durch die prasselnden Regentropfen sofort dunkel färbt. Ab und zu bremst Werner ab, damit ich ihn einholen kann. Sein Fahrrad ist viel größer als meines, und er kann fliegen wie eine Schwalbe auf Mückenjagd.

Als wir uns von dem Wäldchen entfernen, trifft uns der Wind wie eine Wand. Der Himmel hat sich kohlrabenschwarz verfärbt, die Wolken hangen so tief, dass sie mich niederzudrücken scheinen. Meine Ohren sind erfüllt vom Donnergrollen, dem Wind und den gedämpften, schmatzenden Geräuschen der Reifen auf dem nassen Grund. Wasser füllt meine Augen, meine Nase und meinen Mund. Es rinnt meine nackten Arme hinunter, durchnässt meine Kleidung und Schuhe.

Der Weg ist nur noch ein verschwommener Fleck. Ein Blitz zerschneidet den Himmel mit scharfen Lichtstreifen. Meine

Gedanken wandern zu der Geschichte, die ich vor Jahren über einen Jungen hörte, der vom Blitz erschlagen wurde. Hier draußen auf den offenen Feldern, nass und hoch auf unseren Fahrrädern, sind wir Blitzableiter. Angst kriecht in meinem Inneren hoch. Ohne mich wäre Werner schon zu Hause. Stattdessen hält er sich zurück, um ein Auge auf mich zu haben.

Der Boden stürzt auf mich zu, kaltes, schlammiges Wasser trifft mein Gesicht und meinen Hals, Schmerzen schießen von meinem Handgelenk bis in den Ellenbogen, weiter hinauf in meine Schulter. Die Welt liegt auf der Seite, das Fahrrad noch zwischen meinen Beinen. Blut färbt den Schlamm, grell wie reife Kirschen gegen den bleiernen Himmel.

»Annie?« Werner ist an meiner Seite, hebt vorsichtig das Rad weg.

Ich versuche, mich aufzusetzen, aber Werners Gesicht verschwimmt, weil mein Handgelenk so schmerzt.

»Ganz ruhig, ich helfe dir.« Er legt einen Arm um meine Taille und richtet mich sanft auf. »Kannst du laufen?«

Ich teste meine Füße, belaste beide. Es geht. Der Horizont wird flüssig, schwenkt nach links, dann rechts. Mein Kopf ist mit Gelee gefüllt. »Ich bin ein Dussel«, murmele ich und wäre gefallen, wenn Werner mich nicht gehalten hätte.

Das Gewitter wird schlimmer. Auf Blitz folgt Donner, auf Donner folgt Blitz. Die Erde bebt, während der Wind so stark bläst, dass loses Gras und Blätter wie besessen über das flache Land sausen.

»Hier, stütz dich auf mich. Ich helfe dir.« Ich höre den Schrecken in Werners Stimme, ein leichtes Vibrieren tief in seiner Kehle, was mir mehr Angst macht als meine Schmerzen. »Wie wäre es, wenn wir da drüben in der Scheune warten?«

Ich antworte nicht, denn ich beobachte, wie das blutige Rinnsal an meinen Fingern herunterläuft, wie es vom Wind verweht wird.

Werner schleppt mich über das stoppelige Feld in eine alte Scheune. Bis auf eine verrostete Egge und einen Haufen gräulichen Strohs ist sie leer. Ein Teil des Daches fehlt, aber zum Glück ist das Loch am anderen Ende. Werner setzt mich aufs Stroh und rennt los, um unsere Fahrräder zu holen.

Mein Handgelenk pocht und ich friere auf einmal. Ein erneuter Knall, gefolgt von einem grellen Blitz, erschüttert die Scheune genau in dem Moment, als Werner eintritt. Er wirft die Tür zu und sinkt neben mir auf den Boden. In der Düsternis spüre ich seine Augen auf mir.

»Lass mich deinen Arm sehen.«

Seine Berührung ist leicht und sanft, und wenn es nicht so wehtun würde, würde ich es genießen. Ein Kichern schleicht sich in meine Kehle, während ein Hammer auf meinen Knochen einschlägt.

»Ist schon gut«, stottere ich.

Werners Augenbrauen ziehen sich zusammen und mir ist wieder zum Kichern zumute. »Sieht mir aber nicht danach aus.« Er reißt ein Stück von seinem Hemd ab und legt es vorsichtig auf die blutende Wunde. »Halt ganz still.« Er richtet sich auf. »Ich hole besser deine Mutter. Wir bringen den Pferdewagen mit.«

Es donnert und ich zucke zusammen. »Lass mich nicht allein hier.« Von meiner Position aus sieht Werner noch größer aus.

»Aber du kannst nicht Radfahren …«

»Bitte bleib bei mir.« Ich packe seine Wade und drücke zu.

Zu meiner Erleichterung sinkt Werner wieder neben mir aufs Stroh.

Der geschwärzte Himmel reißt auf, irgendwo draußen schlägt ein Blitz ein, nicht weit entfernt, denn ich rieche so etwas wie brennende Drähte. Meine Nackenhaare stellen sich auf und ich werfe meine Arme um Werners Hals, vergrabe meine Nase an seiner Kehle. Für immer verbindet sich in meinem Kopf der frische Duft seiner Haut mit dem elektrischen Geruch des Gewitters.

Vergessen ist meine Verlegenheit, ich spüre nur noch Furcht, die sich in mir ausbreitet und immer mehr von mir Besitz ergreift. Aber da ist noch etwas, etwas, das in mir wirbelt, ein komisches Flattern, das meinen ganzen Körper ergreift.

Werner kuschelt sich an mich. In der Stille nach dem Donner höre ich seinen Atem, spüre, wie sich seine Brust gegen meine hebt. »Du hast Angst«, murmelt er.

Ich nicke, meine Stirn reibt an seinem Hemd.

Er zieht mich näher zu sich, und so liegen wir nebeneinander, während draußen die Welt vom Sturm zerrissen wird. Es spielt keine Rolle mehr, denn alles, was ich spüre, ist Werners Hitze, die meine Brust und meinen Bauch umhüllt. Sie kriecht in mich hinein wie die Behaglichkeit eines Holzfeuers im Winter. Ich schnuppere an seiner Haut, was neue Unruhe in mir auslöst.

Da bemerke ich seine Hand auf meinem nackten Oberschenkel. Sie liegt nicht mehr still da, sondern bewegt sich auf und ab. Langsam und federleicht krabbelt sie zu meinem Knie und dann wieder mein Bein hinauf, über meinen Po bis in die Senke meines Rückens.

Ich sollte mich beschweren, etwas Schlagfertiges sagen oder einen Witz machen, aber kein Wort verlässt meinen Mund. Meine Kehle ist trocken, wie staubbedeckte Felder im August. Stattdessen wandert meine gesunde Hand seinen Rücken hinauf zu seinem Nacken. Ich spüre seinen Atem an meiner Wange, bewege meinen Kopf ein klein wenig.

Plötzlich lehnt sich Werner zurück, unterbricht so unsere wohlige Wärme. »Was machst du da?« Seine Stimme ist tief, kehlig. Rote Flecken brennen auf seinen Wangen.

»Nn…nichts.«

Wortlos springt Werner auf und marschiert zur Tür, späht durch eine Ritze. Ich versuche, mich aufzusetzen, doch sofort erinnert mich mein Unterarm daran, dass es ein Problem gibt.

»Der Sturm zieht weiter«, sagt Werner. »Ich werde jetzt Hilfe holen.«

Ohne meine Antwort abzuwarten, schiebt er die Tür auf, steigt mit einer flinken Bewegung auf sein Fahrrad und ist fort.

Jetzt bin ich an der Reihe, rot zu werden. Mein Kopf fühlt sich an, als würde er schweben, so heiß flammt mein Gesicht. In Gedanken gehe ich die letzten Minuten durch, seine Hand an meinem Bein, wandernd, erkundend. Da war noch etwas, etwas, das ich vom Beobachten der Pferde auf Werners Hof kenne. Ich erröte erneut, fühle mich ebenso verwirrt. Offensichtlich war er erregt, warum ist er dann wütend weggelaufen?

Ich gehe in die Knie und untersuche im zunehmenden Licht der offenen Tür meinen Arm. Die Haut ist vom Handgelenk bis zum Ellbogen aufgerissen, die Blutung hat größtenteils aufgehört. Mein Handgelenk pulsiert, aber ich kann meine Finger bewegen – gebrochen ist nichts.

Ich muss eingeschlafen sein, denn als ich aufwache, schwebt Werners Gesicht über mir. Er grinst, unsere Unbeholfenheit von vorhin ist vergessen.

»Hier drin«, ruft er und berührt mit seiner Handfläche meine Wange, nur eine Sekunde, bevor meine Mutter hereinstürmt.

»Was ist passiert, du dummes Mädchen, du hättest warten sollen, bis der Sturm vorbei ist.« Sie und Werner betten mich auf dem Pferdewagen auf frisches Heu, mein Fahrrad liegt neben mir.

Den ganzen Weg zurück fährt Werner hinter uns, als wolle er sichergehen, dass ich nicht herunterfalle. Ab und zu treffen sich unsere Blicke, aber dann geht es schnell weiter. Ich studiere den Horizont, den Himmel, das Heu, auf dem ich liege, nur nicht den Jungen, den ich vor einer Stunde fast geküsst hätte.

Erst als wir unseren Hof erreichen, scheint Werner wieder bereit zu sein, zu sprechen. »Ich werde dann mal gehen. Mutter wird sich wundern …«

Ich nicke, was ihm Antwort genug zu sein scheint, denn er springt auf sein Fahrrad und verschwindet.

»Komm, wir bringen dich rein«, sagt Mutter und hilft mir herunter. »Oma macht dir ein Bad fertig.«

Als ich in die Wanne klettere, kann ich mich des Eindrucks nicht erwehren, dass heute mehr als nur mein Arm beschädigt wurde.

KAPITEL DREI

Am nächsten Tag taucht Werner nicht auf. Doktor Wagner hat mein Handgelenk und meinen Unterarm bandagiert, ich habe strikte Anweisung, nicht aufs Rad zu steigen. Oma folgt mir mit wachsamen Augen, während sie Hühnersuppe auf einen Teller gibt. Es herrschen immer noch über dreißig Grad, viel zu heiß für Suppe, aber Mutter sagt, dass Oma meint, es würde den Heilungsprozess beschleunigen. Oma deutet auf den Tisch und fordert mich auf, die brühend heiße Suppe zu probieren. Ich bin sowieso schon ganz verschwitzt, aber ich gehorche. Oma sagt vielleicht nicht viel, aber ihre Augen erzählen mehr als die meisten Menschen mit Worten.

Auf dem Tisch liegt ein Exemplar der Königsberger Allgemeinen Zeitung vom Juli mit einem Foto von Hitler auf der Titelseite. »Verschwörung völlig zusammengebrochen«, steht da in großen Lettern, »Unser Versprechen: bedingungslose Treue«. Jemand hat versucht, ein Attentat auf den Führer zu verüben. Nach fünf Jahren Krieg sind die Leute wütend genug, um ihn beseitigen zu wollen. Ich möchte, dass er verschwindet, zumindest den dummen Krieg beendet, der unser Land ausbluten lässt, unsere Väter tötet … und jetzt Zivilisten in ihren Häusern.

»Meinst du, wir müssen bald fort?«, frage ich, als Mutter mit einem Korb voll Mais hereinkommt. »Viele Insterburger sind abgereist.« Ich schlürfe ein paar Tropfen Suppe und wünsche mir Eiswürfel.

»Die Regierung sagt, wir sollen bleiben, die deutsche Armee

beschützt uns.« Mutter stellt ihren Korb auf den Tisch, ihr Gesichtsausdruck ist schwer zu deuten.

Oma schüttelt den Kopf und beginnt, den Mais zu schälen. »Und woher wissen sie das?«

Mutter setzt sich neben mich und begutachtet meinen bandagierten Unterarm. »Mach dir keine Sorgen. Wir sind seit fünf Jahren verschont geblieben, unsere Truppen werden die Russen verscheuchen.«

Es stimmt, der Krieg wütet schon so lange, aber er war immer weit weg … bis zu diesem Sommer, als er uns gefunden hat. Ich werde das Gefühl nicht los, dass sich etwas verändert hat, dass das, was sie uns im Radio und in der Zeitung erzählen, eine Lüge ist.

Ich glaube auch, dass Mutter nicht fortwill, weil sie heimlich auf Vater wartet. Wie soll er uns finden, wenn wir woandershin umziehen? Wohin sollten wir überhaupt? Alles, was wir haben, ist mit diesem Stück Land verbunden – unserem Zuhause.

Am Nachmittag wandere ich über den Hof, sehe Mutter und Oma beim Bohneneinmachen zu, beobachte die wenigen verbliebenen Feldarbeiter – allesamt Kriegsveteranen – bei der Kartoffelernte.

Der Tag weigert sich, zu vergehen. Nach dem Sturm ist es heute unerträglich schwül, die Sonne brennt und kocht alles, worauf ihre Strahlen fallen. Ich verkrieche mich unter die riesige Buche in unserem Vorgarten, versuche, Erich Kästners *Das Fliegende Klassenzimmer* zu lesen.

Ich habe das erste Kapitel schon fünfmal begonnen und weiß immer noch nicht, was los ist. Ich liebe Bücher, aber die Wörter machen sich selbständig, sie tanzen und wirbeln und ergeben keinen Sinn.

Schließlich lege ich das Buch beiseite und lehne mich zurück. In meinem Tagtraum streichelt Werner weiter mein Bein, seine Hand wandert meinen Rücken hinauf und unter mein Hemd. Wir küssen uns. Ich erwache von meinem eigenen Seufzer.

Was ist nur los mit mir? Warum schaut Werner nicht nach, wie es mir geht?

Als er auch am späten Nachmittag noch nicht aufgetaucht ist, beschließe ich, ihn zu besuchen. Vielleicht hat seine Mutter ihn zur Arbeit geschickt, vielleicht fohlt eines der Pferde.

Doch als ich ankomme, sehe ich Werner schlafend auf einem Strohballen vor der Scheune sitzen. Die Beine baumelnd, den Kopf zurückgelehnt, sieht er friedlich aus, das dunkle Haar ist vom Wind zerzaust, die Wangen leuchten trotz der Bräune rosig. Ich möchte ihn berühren, sein Gesicht streicheln, mit dem Zeigefinger den Umriss seiner Lippen nachzeichnen.

»Annie, es geht dir besser!« Werners Mutter steht in der Tür ihres Gutshauses, das viermal so groß wie das unsere ist, die Hände in die Hüften gestemmt. Sie trägt ihr Haar, das ebenso walnussbraun ist wie Werners, immer in einem engen Dutt, was sie zusammen mit ihren schmalen Lippen permanent mürrisch aussehen lässt.

Ich erschrecke bei dem Geräusch, zwinge mich aber zu einem Lächeln und fühle mich gleichzeitig schuldig. »Ist nicht so schlimm.«

Sie mustert mich und ich werde das Gefühl nicht los, dass sie mich missbilligt.

»Oh, hallo«, kommt es vom Strohballen. Werner setzt sich auf und schaut verwirrt um sich.

»Ich könnte deine Hilfe im Büro gebrauchen«, sagt seine Mutter.

Werner runzelt die Stirn, während er mir einen entschuldigenden Blick zuwirft. »Ich komme.«

Aber er tut es nicht. Er steht vom Stroh auf – mit seinen Bewegungen erinnert er mich an eine Katze – und inspiziert vorsichtig meine bandagierte Hand. »Alles in Ordnung?«, fragt er leise.

Ich nicke und widerstehe dem Drang, mich an ihn zu lehnen.

Er blinzelt zur Tür, bevor er meinen Arm loslässt. »Tut mir leid, ich hätte dich heute besuchen sollen.«

Wieder nicke ich. »Vielleicht morgen?«

Er grinst. Es ist das alte Grinsen, das vertraute, sorglos und ein bisschen schelmisch. »Klar doch.«

Aber er taucht weder am nächsten noch am übernächsten Tag auf. Mein Arm heilt gut, aber jetzt schmerzt meine Brust. Liegt es an seiner Mutter, lässt sie ihn nicht zu mir kommen? Oder bereut er, dass er mich berührt hat?

Das nächste Mal sehe ich ihn vier Tage später, am ersten Schultag. Wir fahren mit unseren Fahrrädern nebeneinanderher, aber das lockere, entspannte Gespräch, das wir gewohnt sind, bleibt aus. Die Worte, die mir in den Kopf kommen, scheinen alle falsch zu sein, also bleibe auch ich stumm.

Jeder von uns besucht seinen Unterricht, aber ich bin abgelenkt und warte auf die Pausen. Früher haben wir diese fünfzehn Minuten oft zusammen verbracht, unsere Brote gegessen und über das eine oder andere geplaudert. Jetzt lungert er mit Lothar, seinem besten Freund, und ein paar anderen Jungs aus seiner Klasse am Zaun herum. Sie scheinen sich eindringlich zu unterhalten, sogar zu streiten, aber ich bin zu feige, sie anzusprechen. Wahrscheinlich sprechen sie über den Krieg oder die Musterung, an der sie kürzlich teilgenommen haben. Werner erwähnte, dass sie sich nackt ausziehen mussten und alle für kv – kriegsverwendungsfähig – erklärt wurden. Aber im Moment gelten sie als Reservisten, was auch immer das bedeutet.

Also schlendere ich über das Schulgelände, bleibe bei einer der beiden Mädchengruppen stehen, die mir am nächsten sind. Elke, die vor einem Monat ihren Vater verloren hat, trägt ein schwarzes Band am Oberarm. Ihre Augen sind geschwollen und irgendwie leer, ihre Haare, die sie normalerweise in zwei strammen Zöpfen trägt, sind ein einziges Durcheinander. Wir stehen uns nicht nahe, aber ich setze mich neben sie, berühre ihre Schulter. Was kann man sagen, das den Schmerz wegnimmt? Ich kann mir nicht vorstellen, dass irgendwelche Worte ausreichen. Ich denke an meinen Vater, den Hitler an einen fremden Ort geschickt hat. Er könnte auch tot sein und ich würde es nicht einmal wissen.

KAPITEL VIER

In den nächsten Wochen sehe ich Werner kaum noch auf dem Weg zur Schule. In diesen Tagen hinke ich oft hinterher, die Zeit verrinnt, ohne dass ich es merke.

An einem Freitagmorgen im Oktober ist der Schulhof in Aufruhr, die meisten Jugendlichen stehen in dichten Gruppen beisammen und unterhalten sich lautstark. In der Tat sind alle Klassen noch draußen. Alle scheinen gleichzeitig zu sprechen, die Mienen zeigen eine Mischung aus Verwirrung, Aufregung, aber auch den Anflug von Angst.

»Was ist passiert?«, frage ich das nächstbeste Mädchen, das meinen Weg kreuzt.

»Die Jungs müssen weg und Bürgermeister Dr. Wander hat die Schule geschlossen«, ruft sie, bevor sie sich in die Arme eines schlaksigen Kerls mit einer scharf gebogenen Nase wirft.

Ich schaue mich um, bin einen Moment lang sprachlos. Wovon redet sie? Mein Blick wandert über den Schulhof, bis er auf Werner trifft. Er sieht mich aus dreißig Metern Entfernung an, sein Ausdruck wirkt besorgt.

Ich nicke und wie von einem unsichtbaren Gummiband gezogen, bewegen wir uns aufeinander zu.

»Hast du gehört?«, fragt er.

»Ihr müsst weg?«

»Hitler nennt es Volkssturm. Wir sollen Befestigungen graben, um die Russen fernzuhalten. Zumindest sagt das das Gerücht.« Er zuckt mit den Schultern, der Blick in seinen Augen ist ein wenig wild. »Morgen früh reisen wir ab.«

Etwas Eisiges ballt sich in meinem Magen zusammen. Bis jetzt dachte ich, dass der Krieg irgendwann vorbei sein würde, dass Hitler zur Vernunft kommen und den Kampf beenden würde. Er dauert schon so lange, aber abgesehen von den Bombenangriffen im Juli war es immer woanders, immer weiter östlich in Russland oder im Westen. »Was ist mit der Schule?« frage ich, nur um etwas zu sagen.

Werner zieht eine Grimasse. »Bürgermeister Wander hat uns erzählt, dass die russische Armee über die Grenze gekommen ist. Der Schulbetrieb sei zu gefährlich, meint er. Er will, dass unsere Familien die Gegend verlassen.«

Ich starre meinen besten Freund an. »Und wohin sollen wir gehen?«

»Keine Ahnung. Ich bezweifle, dass Mutter bereit ist, unsere Pferde zurückzulassen.«

Die Schulglocke läutet ein zweites Mal. Der Direktor erscheint und schreit uns an, nach Hause zu gehen. Aber wir setzen uns nur langsam und widerwillig in Bewegung. Wer braucht schon Regeln, wenn die Welt auf dem Kopf steht?

Werner zuckt wieder mit den Schultern und nimmt dann meine Hand. »Du gehst besser heim. Ich muss schnell nach Hause und es Mutter sagen.«

Er lässt meine Hand los und ich beobachte, wie er mit der gleichen Leichtigkeit auf sein Fahrrad klettert, wie er einen Baum erklimmt oder auf einem Pferd reitet. Wenn es eine Sache gibt, die Werner definiert, dann ist es, dass es keine Schwerkraft zu geben scheint, wo er sich bewegt. Alles funktioniert leicht und geschmeidig. Manchmal denke ich, er könnte fliegen, wenn er nur die Arme ausstrecken und schnell genug laufen würde.

Der Schulhof hat sich schon fast geleert, als ich meinen Mitschülern auf die Straße folge. In diesem Moment der Stille verstehe ich endlich: Werner geht weg. Die Erkenntnis, dass mein bester Freund in einen schrecklichen Krieg zieht, der sowieso verloren sein soll, macht mich ganz taub. Er ist nicht einmal siebzehn – viel zu jung, um Soldat zu sein. Was, wenn die Russen ankommen, während er gräbt? Was, wenn sie ihn zum Kämpfen zwingen?

Ich fahre verwirrt nach Hause. Ab und zu kommen mir die Tränen. Der Wind trocknet sie, aber bald tauchen neue auf. Der

Weg verschwimmt. Ich darf nicht wieder fallen, also blinzele ich heftig.

Ich bin überrascht, als unser Hof in meinem Blickfeld auftaucht, und bleibe abrupt stehen. Werner hat nicht erwähnt, ob er uns noch einmal besuchen wird oder ob wir unseren letzten Tag hier gemeinsam verbringen werden. Meine Brust zieht sich schmerzhaft zusammen, der Kloß im Hals ist wieder da.

Panisch drehe ich mich um, renne den Weg hinunter. Im Pferdestall lehnt Werner an einer Box und streichelt die Nase seiner Lieblingsstute Daisy. Er reitet sie, seit er ein kleiner Junge ist. Die beiden so zu sehen, treibt mir noch mehr Tränen in die Augen.

»Hallo«, quietsche ich.

Er dreht sich in meine Richtung. Ich sehe, dass auch er geweint hat. »Ich hätte nie gedacht, dass es so schnell gehen würde.«

»Kannst du dich nicht verstecken? Ich meine, vielleicht ist der Krieg bald vorbei.«

»Er dauert jetzt schon fünf Jahre an. Vielleicht will Hitler noch fünf Jahre weitermachen.«

»Das bezweifle ich. Unser Nachbar meint, es gebe Gerüchte, dass die Deutschen verlieren. Ihnen geht die Munition aus und die Rote Armee bewegt sich nach Westen … in unsere Richtung.«

»Mutter sagt, sie will den Hof nicht verlassen.« Werners Brauen ziehen sich zusammen. »So geht es vermutlich vielen. Deshalb sollen wir wohl Gräben ausheben, um die russischen Panzer aufzuhalten.«

»Meine Mutter will auch nicht weg … sie wartet auf meinen Vater.« Ich zwinge mich, positiv zu klingen. »Vielleicht bist du bald wieder da.«

Er dreht sich in meine Richtung, seine Wangen lodern vor plötzlichem Zorn. »Glaubst du das wirklich?« Er schlägt gegen die Holzbarriere von Daisys Box. Es muss wehtun, denn er zuckt zusammen. »Sie werden uns nicht gehen lassen, da bin ich mir sicher. Wahrscheinlich werden sie uns befehlen, Russen zu erschießen.«

Ich nehme seine Hand mit den aufgeschürften Fingerknöcheln. »Was sollen wir denn tun?«

Er sieht auf mich herab, Resignation schwingt in seiner Stimme mit. »Nichts. Ich werde den Befehl befolgen. Du weißt doch, was mit Deserteuren passiert, oder?« Mit einer plötzlichen

Bewegung reißt er sich los und rennt davon.

Ich habe keine Energie, ihm zu folgen und nach ihm zu sehen. Tatsächlich kann ich mich überhaupt nicht bewegen, meine Beine sind taube Holzblöcke. Ich lehne mich gegen die Box und reibe geistesabwesend Daisys Nase. Nicht einmal ihre warme Haut und ihre sanften Knabbereien können mich trösten.

Mutter ist schockiert, als ich ihr von Werner erzähle. Den ganzen Nachmittag schüttelt sie den Kopf – während sie kocht, während wir zu Mittag essen und während wir abwaschen.

»Was wollen sie denn mit ihnen machen? Das sind doch nur Jungs«, ruft sie immer wieder.

Oma nickt nachdrücklich, murmelt sogar etwas wie »Schweine«.

Ich möchte schreien, dass ich ihnen zustimme, aber ich starre nur vor mich hin und erledige mechanisch meine Aufgaben.

Mutter lässt mich in Ruhe und ich bin dankbar für ihre angemessene Distanz. Nur die ernsten Blicke von Oma folgen mir. Ich könnte schwören, dass sie weiß, was in mir vorgeht.

Als der Nachmittag in den Abend übergeht, legt sich eine Decke der Traurigkeit über mich. Sie zieht mich zu Boden und zwingt mich dazu, mich hinzulegen und alles zu vergessen. Egal, ob Werner vorbeikommt, dies sind die letzten Stunden, die wir beide hier verbringen, und egal, wie wir versuchen, sie festzuhalten, aneinander festzuhalten, sie werden so sicher vergehen, wie die Erde die Sonne umkreist.

Denn das ist es, was die Zeit tut. Sie lässt alles vergehen und verschwinden – vor allem Dinge, die einem lieb und teuer sind. Was bleibt, sind die Pflichten, die Aufgaben, die Verantwortung und vor allem die Ängste und Sorgen. Sie bleiben einfach da, egal wie viel Zeit vergeht.

Wie Eisen, das von einem Magneten angezogen wird, fahre ich zurück zu Werners Hof. Ich will seiner Mutter nicht begegnen, aber auch das wäre mir egal, wenn ich nur Werner noch einmal sehen könnte. Er öffnet die Tür und sieht zögernd und begehrlich zugleich aus. Seine Augen flehen mich um Geduld an.

»Mutter will, dass ich bei ihr bin«, flüstert er.

Und tatsächlich, seine Mutter ruft von drinnen. »Werner, wer ist da? Sag ihnen, sie sollen uns in Ruhe lassen. Das Essen ist gleich fertig.«

Ich nicke, fühle mich hilflos und möchte so gern in seine Arme sinken und die Dunkelheit vergessen.

»Kommst du … später?« hauche ich.

Seine Wangen glühen, als er lächelt. »Ich werd's versuchen.«

»Werner, beeil dich«, ruft seine Mutter.

Ich möchte mit den Augen rollen. Ich habe das Gefühl, dass ich um Werners Aufmerksamkeit kämpfen muss, um seine Zeit, um die kostbare Zeit, die uns noch bleibt. »Ich warte auf dich.«

Die Laken meines Bettes trösten mich heute Nacht nicht, sie fühlen sich kalt und klamm auf meiner Haut an. Ich beobachte die Schatten, die durch mein Zimmer kriechen. Durch das offene Fenster bewegt eine duftende Brise die Vorhänge.

Draußen bewegt sich etwas. Zuerst denke ich, es wäre ein Tier, aber dann höre ich Schritte …

»Annie?« Werner klingt atemlos.

Ich fliege zum Fenster. »Ich bin wach.« Im schwachen Licht des Halbmondes wirkt er groß und geheimnisvoll. »Warte an der Hintertür.«

Ich ziehe mir eine Strickjacke über das Nachthemd und schleiche mich auf Zehenspitzen nach draußen. Selbst wenn Mutter mich hört, kann mich nichts davon abhalten, Werner zu treffen.

Er ergreift meine Hand, sobald ich nach draußen trete. »Es tut mir so leid«, flüstert er.

Aus Sorge, Mutter, Oma oder ein Arbeiter könnte uns sehen, ziehe ich Werner in Richtung Scheune. Um diese Jahreszeit liegen überall Heuballen. Die Luft ist erfüllt von dem trockenen Geruch von Gras und Luzerne, ein warmer Duft, den ich liebe.

Werner hält immer noch meine Hand, als wir in die Dunkelheit eintauchen.

»Tut mir leid«, sagt er wieder. »Es war mir … peinlich, weißt du, wegen dem, was wir getan haben.«

In der Dunkelheit kann ich nur erahnen, wo sein Gesicht ist, also lehne ich mich an seine Brust. »Mir auch.«

»Ich hätte dich besuchen sollen.«

»Jetzt bist du hier.«

Werner zieht mich näher zu sich. »Ich werde dich furchtbar vermissen.«

»Vielleicht kannst du ja schreiben.«

»Na klar.«

Werners Kinn ruht auf meinem Kopf. Ich spüre seinen Körper an meinem, der gewebte Stoff seines Baumwollhemdes drückt gegen die nackte Haut meines Halses. Und dann geht alles ganz schnell.

Er lehnt sich ein Stück zurück, und als ich aufschaue, berühren sich unsere Lippen. Es ist das seltsamste Gefühl, ihn so nah bei mir zu haben, seinen Mund auf meinem zu spüren. Ich kann nicht anders, als seine Schulter mit meiner guten Hand zu streicheln, was seinen Atem zu beschleunigen scheint. Werners Finger wandern ebenfalls, finden meinen Rücken, wandern dann zu meiner Brust. Seine Hände sind sanft und unsicher, gleiten unter mein Hemd. Oh, ich bin im siebten Himmel. Meine Haut schreit unter seiner Berührung auf, und als sich unser Kuss vertieft, wird auch unsere Umarmung enger.

»Ich weiß nicht …«, sagt er nach einer Weile. Er atmet jetzt schwer, seine Stimme trägt die gleiche tiefe Vibration wie während des Sturms.

Alles, was ich denken kann, ist, dass ich ihn vielleicht niemals wiedersehen werde. Der Krieg ist schon so nah, verschluckt alles in seinem Sog. Ein Schluchzen – oder ist es ein Seufzen? – entweicht mir. Ich weiß, ich sollte jetzt aufhören, Werner nach Hause schicken, ein *gutes* Mädchen sein, wie Mutter immer sagt. Aber ich kann nicht, jede Faser in mir sehnt sich nach dem Jungen vor mir. »Es wird etwas sein, das wir in uns tragen«, flüstere ich. »Unser Geheimnis.«

Werner antwortet, indem er meine Strickjacke aufknöpft und mir das Nachthemd über den Kopf streift. Mir müsste eigentlich kalt sein, aber meine Haut glüht. In der Dunkelheit zieht er sein Hemd aus. Unsere Oberkörper treffen sich erneut, Haut auf Haut, ein exquisites Gefühl der Nähe. Sein Daumen findet meine Brustwarze, reibt sie sanft.

Was folgt, wird zum Rausch, ein traumhafter Zustand, in dem wir uns gegenseitig erforschen, Zentimeter für Zentimeter genießen, was wir schon so lange wollten. Unsere Vereinigung ist anfangs schmerzhaft, auch unangenehm. Doch mein Körper reagiert in seinem trunkenen Zustand, mein Verstand schaltet sich ab. Alles, was ich tue, ist zu fühlen … seinen Körper an meinem, seine Lippen an meiner Kehle, seine Härte in mir. Wir sind eins und niemand und nichts wird uns jemals wieder auseinanderbringen. Wir werden immer diese eine Sache, unsere Liebe mit uns tragen, egal wohin wir gehen.

Irgendwann schmiegen wir uns in die Arme des anderen, in die alte Pferdedecke, ins Heu, in der Scheune – warm, sicher. Ich schlafe tief und traumlos, nur einmal wache ich auf, spüre Werner neben mir, spüre die Behaglichkeit seines Körpers, seiner Gegenwart – seiner Seele.

Ich bin glücklich.

Als ich erwache, dringt Licht durch die Holzplanken der Scheune. Ich setze mich erschrocken auf. Jeder, der die Scheune betritt, wird uns sofort entdecken.

»Werner? Wach auf, es ist Morgen«, flüstere ich. Ich klettere aus dem Heu, bin mir bewusst, dass ich nackt bin, aber es ist mir egal, ob Werner mich so sieht. Wir sind jetzt im wahrsten Sinne des Wortes ein Paar. Ich grinse, während ich meine Sachen zusammensuche.

Werner brummt etwas, bevor seine Augen auffliegen. »Verdammt, wie spät ist es?«

Ich will einen Blick auf meine Armbanduhr werfen, sehe aber nur meinen Verband. »Mindestens sieben. Wann fährt dein Zug?«

»Verdammt« und »scheiße« murmelnd, wirft sich Werner in seine Klamotten. Er hat Heu in den Haaren und sieht hinreißend aus. Ich will ihn küssen, aber es bleibt wenig Zeit. Unsere Mütter sind früh auf und werden unsere Tat erschnüffeln wie Bluthunde Füchse.

Trotzdem suche ich seine Nähe, schlinge meine Arme um seinen Hals. Er grinst mich an, erst leichtherzig, dann mischt sich Traurigkeit hinein.

»Ich liebe dich«, sagt er.

Ich weiß, ich will es auch sagen, aber in diesem Moment wird meine Kehle so eng, dass ich nicht mehr tun kann, als etwas Unverständliches zu keuchen. Wir küssen uns, er lässt mich los und lauscht an der Tür, bevor er einen Blick nach draußen wirft. Die Arbeiter sind weg, und abgesehen von ein paar gackernden Hühnern ist es still auf dem Hof.

Er wirft mir noch einen Blick zu … voller Sehnsucht und Trauer. Seine Augen glitzern, er nickt kurz. Dann ist er verschwunden. Ich stehe da in meinem Nachthemd, meiner halb zugeknöpften Strickjacke, barfuß, und versuche zu ergründen, wie ich weiterleben soll.

KAPITEL FÜNF

Später am Morgen wache ich vom Donner auf. Das Geräusch versetzt mich zurück in die Scheune, nach meinem Fahrradunfall, und ich erlebe Werners Berührungen erneut, die sich in unser Liebesspiel verwandeln. Er ist erst seit ein paar Stunden weg, doch es fühlt sich an wie ein Monat.

Entschlossen stehe ich auf und ziehe mich an, aber als ich die Küche betrete, sind Oma und Mutter in heller Aufregung. Sie nehmen das ganze Porzellan aus den Regalen, wickeln es in Handtücher und stapeln es in Kisten.

»Beeil dich, Annie, iss etwas und hilf uns.« Mutter schaut kaum von ihrer Arbeit auf.

»Ich sollte mich um die Pferde kümmern.«

»Du gehst nicht raus.«

Meine Hand verweilt bei dem Laib Roggenbrot, den ich gerade zu schneiden versuche. Oma gestikuliert am Fenster, ihr Kinn und ihr Mund zittern.

Ich folge ihrem Blick in den Hof, wo Mila sich mit einem Korb voller Spätäpfel abmüht.

»Hörst du das nicht?« fragt Mutter.

»Nur weil wir wieder ein fieses Unwetter haben, heißt das nicht, dass …«

Mutter eilt auf mich zu und nimmt meine Hände in die ihren. »Das ist kein Sturm, das ist russische Artillerie. Das ganze Rumpeln bedeutet, dass sie näherkommt.«

Ich konzentriere mich auf den Lärm, der aus östlicher

Richtung zu uns dringt. Jetzt, wo ich genau hinhöre, stelle ich fest, dass die Geräusche eher knirschend und anhaltend sind. Augenblicklich packt mich die Angst, der Hunger ist vergessen.

Ich umarme meine Mutter. »Was werden sie tun, wenn sie hierherkommen? Müssen wir weg?« Viele Menschen aus Insterburg sind bereits geflohen, die meisten jedoch nach dem Bombenangriff im Juli, durch den sie ihre Häuser verloren.

Ein langer Seufzer entweicht der Brust meiner Mutter. »Ich weiß nicht, was ich tun soll. Gauleiter Koch will, dass wir bleiben.« Während Oma im Hintergrund murmelt, hält mich Mutter mit glänzenden Augen auf Armeslänge fest. »Iss lieber was.«

Der Kampf geht den ganzen Tag weiter … während wir Gläser und Geschirr sichern … während wir Notbetten in den Wurzelkeller bringen … während wir unsere Kleidung sortieren und uns auf den Winter vorbereiten. Es scheint, als wären meine Ohren zu Antennen geworden, die versuchen, die kleinste Veränderung des Geräuschs und der Richtung, aus der es kommt, aufzufangen. Ich sollte Angst um mich selbst haben, aber ich denke nur an Werner, der in einem Zug ins Unglück fährt.

Am Nachmittag erscheint Albert Jetke, einer unserer anderen Nachbarn, ein Witwer, der seine Frau im vorigen Jahr durch Krebs verloren hat. Er setzt sich in unsere Küche, während Mutter und Oma um ihn herumwuseln.

»Der Iwan breitet sich in Ostpreußen aus«, sagt er und kaut an einem Stück Butterstreusel. Seine purpurnen und geschwollenen Augenlider sind halb geschlossen.

»Ist deshalb die Wehrmacht durchgezogen?«, fragt Mutter.

Albert nickt ernsthaft. »Ein paar haben ihr Lager in Insterburg aufgeschlagen. Unsere Jungs werden abgeschlachtet werden.« Er sieht nachdenklich drein. »Die Leute fliehen. Habt ihr die Trecks gesehen? Frauen und Kinder … alte Männer.«

Ich habe sie auch gesehen. Die Straße nach Insterburg ist voll von Flüchtlingen, die Karren ziehen, Pferde, die Wagen ziehen, Menschen zu Fuß, Mütter, die Kinderwagen schieben und Babys in Tragetüchern tragen, rotznasige Kinder, die herumtollen. Alle sehen gleich aus: traurig, niedergeschlagen und verängstigt.

Die Mutter setzt sich gegenüber von Albert hin. »Was wirst du tun, wenn … Gehst du nach Westen?«

Albert schaut Mutter aus den Augenwinkeln an. Er muss in

den Siebzigern sein, noch älter als Oma, sein Kopf ist kahl und mit Altersflecken übersät. Er senkt den Blick auf den Tisch und schüttelt den Kopf. »Ich verlasse Martha nicht.«

Mutters Hand findet die seine. »Wenn es so weit ist, kannst du mit uns fahren. Wir nehmen den Wagen und unsere Pferde mit. Es wird auch Platz für dich sein.«

Als Albert aufblickt, glänzen seine Augen vor Tränen. »Du bist eine gütige Frau, Irmgard. Aber ich kann nirgendwohin, nicht wenn Martha hier begraben ist. Außerdem, was wollen diese Soldaten mit einem alten Mann?«

Mutter tätschelt Alberts Hand, schweigt aber.

»Wenn sie durchkommen, ziehen sie weiter nach Westen«, fährt Albert fort. »Sie werden so sicher nach Berlin marschieren, wie ich hier sitze.«

Ein Gefühl des Unbehagens, wie kalte kriechende Finger, ergreift meinen Bauch. Unsere Regierung sitzt in Berlin – Hitler und all diese Männer, die den Krieg gebracht haben. Vielleicht ist es gut, wenn die Russen dorthin gehen. Irgendwann müssen sie die Kämpfe stoppen.

Das Donnern der Artillerie zieht weiter nach Südosten. Ein roter Schimmer erhellt den Nachthimmel. Es kommt die Nachricht, dass Goldap eingenommen wurde, dann Nemmersdorf, keine fünfundzwanzig Kilometer von hier.

Mutter und Oma heben kaum den Kopf. Wir alle bestehen nur aus Ohren.

Am Sonntagmorgen erwische ich Oma und Mutter beim Streiten. Sie streiten sonst nie, also bleibe ich an der Tür stehen und höre zu.

»Ich denke, wir sollten noch ein wenig warten«, sagt Mutter. Ihre Stimme ist hoch und scharf, ein Klang, den ich nicht mehr gehört habe, seit ich in der sechsten Klasse war und ihre Lieblingskristallschale zerbrochen habe. »Die Regierung befiehlt, wir sollen bleiben. Wir können schnell packen, wenn wir müssen.«

Oma murmelt etwas, ihre Stimme ist so tief und rau, dass sie wie ein tiefes Summen klingt. Zu meinem Entsetzen erkenne ich zwei Worte: »Dummes Mädchen.«

Habe ich mir das nur eingebildet oder hat Oma Mutter gerade töricht genannt? Oder hat sie mich damit gemeint? Habe ich mir das alles nur eingebildet?

Als ich eintrete, beachtet mich keine der beiden, jede ist mit Schrubben und Bügeln beschäftigt.

»Wie lange werden wir weg sein?«, frage ich, wohl wissend, dass ich damit wieder in ein Wespennest stechen könnte.

»Wir werden noch eine Weile abwarten«, sagt Mutter.

Oma schüttelt nur den Kopf und konzentriert sich weiter auf das Bügelbrett. Ich kann mich des Eindrucks nicht erwehren, dass Oma vielleicht doch recht hat. Wie zur Antwort dröhnt es draußen weiter.

»Seht ihr, ich hab's euch ja gesagt.« Mutter setzt sich triumphierend gegenüber von uns an den Küchentisch. »Albert meint, die Rote Armee hat Nemmersdorf verlassen. Sie haben den Kampf aufgegeben und sind über Nacht verschwunden. Unsere Wehrmacht hat sie gut erwischt.«

»Glaubst du, Vater kommt bald nach Hause?« Ich kann nicht verhindern, dass sich ein Hauch von Hoffnung in meine Stimme schleicht. Nicht, dass ich irgendetwas hätte, woran ich diese hätte festmachen können, denn es ist immer noch kein Brief gekommen.

Mutter betrachtet den Stapel Feldpost auf der Anrichte. »Ich hoffe es. Dieser gefürchtete Krieg muss irgendwann zu Ende sein.«

Ich beobachte Oma, die den Mund aufmacht, aber alles für sich behält. Sie wirkt so klein und schrumpelig, und doch irgendwie stark. Inzwischen glaube ich, dass sie durchaus viele Dinge zu sagen hätte – und dass nichts davon Mutters Worte bestätigen würde.

KAPITEL SECHS

Meine Träume sind erfüllt von unseren Abenteuern: Werner und ich im Wald, wie wir ein heruntergefallenes Vogelnest mit seinen zerbrochenen Schalen inspizieren, wie wir im See schwimmen, endlose Fahrradtouren und Baumkletterwettbewerbe. Ich erlebe unsere Begegnung in der Scheune, spüre Werners Berührungen, mein eigenes Verlangen nach ihm, meinen Körper, der mit seinem verschmilzt.

Am Morgen, an dem Werner abreiste, bin ich zum Bahnhof gefahren. Der Bahnsteig war menschenleer. Ich hatte ihn verpasst. Das Bedauern nagt in mir, ich hätte ihn wiedersehen können, ihn noch einmal umarmen, ihm sagen können, dass ich auf seine Briefe warten werde und auf seine Rückkehr, dass ich ihn liebe. Stattdessen habe ich mich geschämt, vor den anderen meine Tränen zu zeigen.

Er ist vom Tod bedroht, und ich habe Angst zu weinen? So ein Unsinn! Es ist mir egal, sollen sie doch sehen, was ich fühle. In meiner Vorstellung komme ich pünktlich an, wir küssen uns und stehen eng umschlungen da, verschmolzen zu *einem* schlagenden Herzen. Was hat er gedacht, als ich nicht auftauchte? Wahrscheinlich hat er ein tapferes Gesicht aufgesetzt, seine Mutter umarmt und ist in den Waggon geklettert.

Die folgenden Tage gehen ineinander über, der Oktober bringt mit viel Nebel mit sich. Mir graut vor den kalten Tagen, den vereisten Straßen und den Schneebergen. Alles ist noch schlimmer, weil Werner jetzt draußen dem Wetter ausgesetzt ist. Während ich mich bei prasselndem Holzfeuer und mit einem heißen Tee unter meiner Daunendecke vergraben kann, wird er durchnässt sein und frieren.

Mehrmals halte ich mich davon ab, zu Werners Gut zu fahren und zu fragen, ob seine Mutter etwas von ihm gehört hat. Ich kann mir kaum vorstellen, dass er nicht schreibt, aber nach der ausbleibenden Feldpost von meinem Vater zu urteilen, kommt nichts an.

Mitte Oktober durchquert die deutsche Infanterie Insterburg. Offiziere in offenen Kübelwagen, Panzer, Lastwagen und Fußsoldaten schieben sich in scheinbar endlosen Schlangen nach Osten. Man munkelt, dass die Rote Armee im Anmarsch ist. Die Männer in Uniform sehen alt aus … verbraucht von fünf Jahren Krieg. Sie alle halten den Blick nach unten gerichtet, als ob sie zögern würden, auf das zu schauen, was kommen wird. Allein der Anblick dieser Männer jagt mir einen Schauer über den Rücken. Mein Vater könnte unter ihnen sein, vielleicht Werner. Wie kann man sich Elend und Tod freiwillig stellen?

Mutter verbietet mir, nach draußen zu gehen, während sie nervös unsere Gemüsekonserven, die Kartoffel- und Zwiebelhaufen im Keller kontrolliert. Die Deutschen im Westen, besonders die in den Städten, hungern. Ich sollte mich glücklich schätzen, doch ich fühle nur Angst.

Bis auf einen Arbeiter sind alle weg. Wie Werner haben sich die Männer entweder dem Volkssturm angeschlossen oder sind untergetaucht. Mila, ein Mann Anfang zwanzig, hat in Stalingrad ein Auge und alle Zehen seines rechten Fußes verloren. Die schwarze Klappe, die die leere Augenhöhle nur teilweise bedeckt, macht mir Angst. Er hinkt so stark, als wäre er ständig betrunken. Nicht einmal Hitlers Volkssturm will ihn noch haben.

Mutter und Oma halten an ihm fest, auch wenn er keine schweren Lasten tragen oder sich bücken kann, ohne zu schwanken. Ich habe gesehen, wie Oma ihm Essen zusteckt, und manchmal sitzt er sonntags mit ihr in dem kleinen Obstgarten hinter dem Haus. Er ist schüchtern und spricht kaum mit mir, aber er und Oma scheinen sich zu verstehen.

Ein paar Tage später taucht Albert wieder auf, seine rechte Hand krallt sich so fest um die Zeitung, dass die Seiten zerknittert sind.

»Schaut euch das an«, ruft er und wirft die Preußische Zeitung auf den Küchentisch. Die Schlagzeile lautet: »Bestien wüteten in Ostpreußen … grausige Spuren im befreiten Grenzort Nemmersdorf.«

»Das war ein Massaker«, wiederholt er mehrmals. »Russen haben Frauen und Kinder getötet, ihnen in die Köpfe geschossen. Verdammte Mistkerle.« Er wirft mir einen kurzen Blick zu und fährt mit leiser Stimme fort, als könnte ich ihn so nicht hören: »Frauen haben sie vergewaltigt. Haben sie mit nacktem Hintern im Freien liegen lassen.« Es klingt, als wolle er spucken.

Mutter blickt kurz zu mir, dann zu Oma. »Eine schreckliche Sache. Ich bin nur froh, dass sie weg sind.«

Oma steht abrupt auf und verlässt den Raum.

Russen … dieses Wort ist so durchschnittlich und klingt so normal, und doch wird es für mich in diesem Moment zu etwas Unheilvollem, zum Inbegriff eines geifernden Monsters mit scharfen Zähnen, das bereit ist, uns zu verschlingen. Angst macht sich breit, wandert von meinem Bauch aufwärts zu meiner sich zusammenziehenden Brust und hinunter in meine Beine. Ich habe den Drang zu rennen, doch ich sitze nur da und beobachte Albert und Mutter, während mir ein Gefühl der Hilflosigkeit die Kehle zuschnürt. Es ist eine Sache, sich einer Bedrohung zu stellen und sie zu bekämpfen oder zumindest davor zu fliehen, eine ganz andere ist es, untätig abzuwarten.

Ich zwinge meine Gedanken weg von der Küche, die Straße hinauf zu Werner, oder besser gesagt dahin, wo er früher gewohnt hat. Seit seiner Abreise ist mehr als eine Woche vergangen und ich habe immer noch kein Wort gehört. Die Sorge um ihn lässt mich nicht los, sie ist wie ein ständiger nagender Schmerz, der mir Alpträume bereitet. Wider besseres Wissen stelle ich mir vor, dass er jeden Moment zur Tür hereinkommt. Doch natürlich wird das nicht passieren. Mein Vater ist nicht einfach so wieder hereinspaziert gekommen, Werner wird es auch nicht tun.

Warum mache ich mir mehr Sorgen um Werner als um meinen Vater? Na ja, auch um Vater mache ich mir durchaus Sorgen, es ist nur so, dass mein Vater schon so lange weg ist, dass ich mich kaum noch an sein Gesicht erinnern kann … oder an seine Stimme. Woran ich mich erinnere, ist das Gefühl, das ich hatte, wenn er zu Hause war, die Unbekümmertheit der Normalität, seine Anwesenheit am Tisch während der Mahlzeiten, seine Stimme, die aus der Scheune drang, oder das Geräusch des Traktors, den er mit solcher Leichtigkeit steuerte. Die Wahrheit ist, dass ich ihn für selbstverständlich gehalten hatte, bis er mir entrissen wurde. Denn man rechnet nie damit, dass ein Verrückter in Berlin einem den Vater wegnimmt.

Gleichzeitig habe ich mich nach fast fünf Jahren daran gewöhnt, dass er nicht mehr da ist. Nur wenn ich im Bett liege und mir erlaube, über mein Leben nachzudenken, weiß ich, dass ein Teil von mir mit ihm gegangen ist.

Auf der anderen Seite des Tisches kratzt Albert an seinem struppigen Bart. Er sieht heute zerzaust aus, sein Hemdkragen ist offen und schief. »Ich fürchte, es wird nicht das letzte Mal sein, dass wir sie sehen.«

Mutters Blick wandert zum Fenster, dann wieder zurück. »Ich weiß nicht, was ich tun soll.« Zum ersten Mal klingt ihre Stimme dünn und unsicher. »Wir wollen nicht des Defätismus bezichtigt werden – sie haben sogar Sondergerichte. Du hast bestimmt gehört, was Gauleiter Koch gesagt hat.«

Albert beugt sich vor. »Vielleicht solltet ihr trotzdem abhauen. Ihr seid nur Frauenvolk … wenn die Männer euch finden.« Er sieht mich an, sagt aber nichts mehr.

Mutter nickt. »Ich weiß nur nicht, wohin wir gehen sollen. Wir dürfen ja nicht einmal Möbel mitnehmen.«

»Habt ihr keine Familie im Westen?«

»Mein Mann hat einen Cousin zweiten Grades in der Nähe von Köln. Ich weiß nicht einmal mehr seinen Namen.« Sie zuckt mit den Schultern. »Er ist wahrscheinlich auch im Krieg.«

»Ich will nicht weg.« Die Stimme, die aus mir heraussprudelt, klingt wie die eines bockigen Kindes.

Im November bringen die ersten Stürme Frost und Schnee. Die Schulen sind seit dem 20. Oktober geschlossen, außerdem hätte Mutter zu viel Angst, mich aus den Augen zu lassen. Unfähig, eine Entscheidung zu treffen, arbeiten wir weiter auf dem Hof. Jeder Tag zieht sich in die Länge, während wir die Dinge am Laufen halten, unsere beiden verbliebenen Pferde Maggie und Lotte füttern, die Hühner versorgen, Wäsche ausbessern, Äpfel einmachen, unsere Lebensmittelvorräte sortieren. Trotz des Krieges war es ein gutes Jahr, unsere Kartoffelernte war reichlich. Mila ist eingezogen und nimmt seine Mahlzeiten mit uns in der Küche ein. Der Ofen frisst Holz wie ein hungriges Tier, und doch bleiben die Wände fast kalt. An meinem Schlafzimmerfenster sprießen Eisblumen, etwas, das ich immer begrüßt habe. Dieses Jahr nicht, dieses Jahr möchte ich, dass der Winter vorbei ist, bevor er begonnen hat.

Als ich die Küche betrete, brät Mutter gerade Eier und Kartoffeln. Es ist schon nach acht, aber das Licht von draußen ist nicht in der Lage, den Raum zu erhellen. Winzige Schneeflocken wirbeln umher und hüllen alles in pudriges Weiß.

»Willst du einen Kakao? Die Milch ist heiß.« Mutter nickt in Richtung des Ofens und des dampfenden Topfes.

Doch als ich den Deckel öffne und mir der Geruch der heißen Milch entgegenschlägt, dreht sich mir der Magen um. Panisch halte ich mir die Hand vor den Mund und stürme in mein Zimmer, schaffe es gerade noch bis zur Waschschüssel. Nichts als Galle kommt hoch, mein Magen ist ein leerer Beutel. Ich muss mir etwas eingefangen haben.

Ich wische mir das Gesicht mit einem feuchten Waschlappen ab und gehe zurück in die Küche.

»Was ist passiert?« Mutter häuft Bratkartoffeln und Spiegelei auf meinen Teller.

»Nichts, ich will nur keinen Kakao heute Morgen.« Der Heißhunger hat die Übelkeit abgelöst und ich schlage zu. Oma knabbert gegenüber von mir an einem Stück Brot mit Erdbeermarmelade, ihr Gesichtsausdruck ist schwer zu lesen. Es ist, als ob sie nach innen schaut, sich in ihrem eigenen Körper versteckt. Sie isst nie Eier oder etwas von Hühnern.

»Zeigst du mir noch mal, wie man strickt?« frage ich sie. Ich bin fest entschlossen, Werner zu Weihnachten eine Strumpfmütze zu stricken. Sicherlich ist er bis dahin wieder zurück oder hat mir zumindest seine Adresse mitgeteilt.

Oma nickt, in ihren Augen sehe ich förmlich die Fragezeichen.

»Ich will etwas für Werner machen«, sage ich.

Mit einem kleinen Lächeln auf den Lippen deutet Oma auf den Korb am Fenster. Ich weiß, dass wir dort arbeiten müssen, damit sie genug Licht hat. Sie braucht dringend eine Brille, aber in Insterburg gibt es keine – der alte Optiker ist nach dem Bombenangriff im Juli weggezogen – und bis nach Königsberg sind es über hundert Kilometer.

An diesem Nachmittag, als ich die Mütze zum sechsten Mal beginne, nachdem ich eine Masche verloren habe, kehrt die

Übelkeit wie aus dem Nichts zurück. Die Galle kommt hoch und ich eile zum Waschbecken. Zum Glück ist Mutter im Stall und kümmert sich um Maggie, eine unserer Stuten, die eine entzündete Stelle am Hals hat. Nachdem ich mir den Mund ausgespült habe, spüre ich Omas Anwesenheit an meiner Seite. Sie streichelt meine Wange mit ihrer abgearbeiteten Hand und mustert mich.

Ich zwinge mich zu einem Grinsen. »Mir geht's gut.«

Sie schürzt die Lippen und zieht mich zu meinem Erstaunen in eine Umarmung. Ich habe Oma seit Jahren nicht mehr gedrückt und es ist seltsam und beruhigend zugleich. Sie ist einen halben Kopf kleiner als ich und riecht nach Talkumpuder und Lavendelseife. Als sie mich loslässt, glitzern ihre Augen wie dunkle Pfützen nach einem Frühlingsregen. Sie lehnt sich zurück und tätschelt erneut meine Wange, dann findet ihre Handfläche mit einer schnellen Bewegung meinen Bauch. Dort bleibt sie. Und dann weiß ich es, dann ergibt alles einen Sinn. Ich erwarte ein Baby … Werners Baby.

Die Panik kommt so heftig, dass ich zittere und gleichzeitig keuche. Oma sieht mich nur mit diesen scharfsinnigen Augen an. Sie weiß es auch. Sie geht zum Herd, setzt einen Kessel auf und summt vor sich hin.

Ich denke nur noch an Mutter. Sie wird mich so sicher umbringen, wie ich hier im schwindenden Licht der Küche stehe.

Ich lasse mich auf den Stuhl zurücksinken und rechne nach. Es ist sieben Wochen her, seit Werner und ich …, seit er mich verlassen hat. Bei diesem einen Mal wurde gleich ein Baby gezeugt. Warum habe ich nicht aufgepasst? Der Gedanke, schwanger zu werden, war mir gar nicht in den Sinn gekommen. Natürlich wusste ich, was passieren kann. Ich weiß schon seit Jahren, wie Babys gemacht werden. Kinder, die auf dem Land aufwachsen, wissen das einfach. Aber ich hätte nie gedacht, dass es mich treffen könnte.

Meine Gedanken kreisen. *Ich sollte das Kind nicht bekommen … es ist Werners Kind … meine Zukunft ist ruiniert.* Und vor allem: *Es ist Krieg, die Russen sind nah.* Ein furchtbar langwieriger Krieg, der jeden Menschen, der noch laufen kann, in seine tödlichen Fänge zwingt.

Mutter stürmt herein, Nase und Wangen unter dem breiten Schlapphut leuchten weinrot. »Meine Güte, ist das kalt draußen.«

Ich zucke zusammen, während ich versuche, Omas Gesichtsausdruck zu lesen. Unsere Blicke treffen sich. Ein fast unmerkliches Nicken folgt, ein Einverständnis, dass sie Mutter nichts sagen wird.

»Stimmt etwas nicht?« Mutter zieht ihren Mantel aus. »Was ist passiert?«

»Nichts«, verkünde ich, erleichtert, dass meine Stimme funktioniert. »Es ist nur kalt und dunkel und ich habe den Winter schon satt.«

Mutter atmet aus. »Wir müssen das Beste daraus machen.«

KAPITEL SIEBEN

Im Dezember sinken die Temperaturen weiter. Albert ist ein paar Mal vorbeigekommen, um uns Neuigkeiten über den Krieg mitzuteilen, keine guten.

Ich durchlebe meine eigene Hölle, bin ständig müde – nein, erschöpft – und habe Schwierigkeiten, meine Aufgaben zu erledigen. Mutter glaubt, es liege daran, dass ich depressiv sei und Werner vermisse. Das ist *auch* wahr. Schlimmer ist die Übelkeit, die mich von einem Moment auf den anderen überfällt. Oma kocht pausenlos Pfefferminztee, eine Tasse erscheint jedes Mal neben mir, wenn ich in der Küche bin.

Trotz der Kälte besuche ich unsere Pferde, Maggie und Lotte, füttere die Hühner und gehe spazieren. Ich bin schon bis zu Werners Haus vorgedrungen, habe mich aber nie getraut, anzuklopfen und mit seiner Mutter zu sprechen. Die frische Luft hilft mir, ein bisschen klarer zu denken. Das ist die andere Nebenwirkung der Schwangerschaft, mein Kopf ist mit Nebel gefüllt. Ich muss es Mutter beichten, ihr sagen, was passieren wird. Nicht mehr lange, und meine Kleider werden zu eng, und im Sommer werde ich Mutter. Ich bin froh, dass die Schule erst einmal aus ist – Bürgermeister Dr. Wander hat den Unterricht ausgesetzt. Ich könnte es nicht ertragen, mit meinen Klassenkameraden zusammenzusitzen und so zu tun, als wäre nichts geschehen. Letztes Jahr wurde eines der Mädchen schwanger. Danach hat niemand mehr mit ihr gesprochen. Sie hat sich aus Scham versteckt und ist schließlich weggezogen.

Mir ist aufgefallen, dass Oma wieder mit dem Nähen angefangen hat. Sie tut es nur, wenn Mutter nicht da ist, aber ich weiß, woran sie arbeitet. Ab und zu, wenn wir allein sind, berührt sie meinen Bauch.

Kurz vor Weihnachten habe ich eine schiefe Wollmütze fertiggestellt, die zu viele Löcher hat. Werner kann froh sein, dass er sie nicht tragen muss, denke ich, während mich die Sorge innerlich aufzufressen droht. Er hat noch immer nicht geschrieben. Auf der anderen Seite denke ich, ich wüsste es, wenn ihm etwas zugestoßen wäre. Seine Mutter würde es mir doch sicher sagen, oder etwa nicht?

Sei kein Angsthase, du musst sie fragen, ob sie etwas von Werner gehört hat.

Und so marschiere ich am Morgen des Heiligabends noch einmal zu Werners Gut. Diesmal klopfe ich.

Der Anblick von Werners Mutter erschrickt mich. Sie hat abgenommen, die Haut um Augen und Mund wirkt fahl und teigig, obwohl sie immer noch die förmlichen Kleider und weißen Kragen trägt, die fehl am Platz wirken.

Ich halte ihr die Keksdose hin. »Frohe Weihnachten, Frau Baran. Ich hoffe, ich störe Sie nicht. Ich wollte mich nur nach Werner erkundigen …«

Werners Mutter schüttelt den Kopf, nimmt aber die Kekse. »Ich habe keine Neuigkeiten, Mädchen.« Ihr Blick schweift an mir vorbei zu den beeindruckenden Pferdeställen und Weiden. »Sie haben fast alle Tiere mitgenommen, die Wehrmacht, weißt du. Wir haben sowieso keine Arbeiter mehr.« Sie presst die Lippen zusammen, bis sie verschwinden. »Ich nehme an, wir würden es erfahren, wenn etwas passieren sollte.«

»Sicherlich würden wir das«, sage ich und wünsche mir, sie würde mich hineinbitten. Der Wind schneidet durch meinen Mantel und meine Beine sind schlapp vom Spaziergang. Ich fühle mich wie eine alte Frau.

»Ist alles in Ordnung? Du siehst sehr blass aus.« Werners Mutter mustert mich. Es ist, als würde sie in meinem Kopf herumstochern, um mein Geheimnis zu finden.

Abrupt trete ich einen Schritt zurück. »Entschuldigen Sie die Störung, ich muss jetzt wieder zurück.«

»Geht es deiner Familie gut … deiner Mutter?«, ruft sie mir nach.

»Alles in Ordnung«, schreie ich gegen den Wind. Ich fühle mich gleichermaßen erleichtert und entsetzt. Erleichtert, den neugierigen Augen der Frau entkommen zu sein, entsetzt, dass Werner gar nicht geschrieben hat. Warum nimmt dieser Krieg kein Ende?

Am Nachmittag beginnt es zu schneien. Die Temperaturen sinken weiter, aber Mutter, Oma, Mila und ich haben es drinnen warm. Mila hat einen Weihnachtsbaum organisiert, eine dürre ein Meter fünfzig hohe Tanne, die wir mit Strohsternen und Tannenzapfen schmücken.

Wir singen gemeinsam und Mila spricht ein Gebet mit uns. Meine Gedanken wandern zu Werner. Das Wetter wird immer schlechter, draußen müssen es minus zwanzig Grad sein. Ich stelle mir Werner vor, wie er in einem Fuchsbau sitzt, die Lippen blau, die Hände steif vor Kälte. Die Sehnsucht ist so stark, dass ich mich nach vorn beuge und die Arme um mich schlinge.

Am Abend hält Propagandaminister Goebbels eine Rede. »Meine deutschen Volksgenossen und Volksgenossinnen, das deutsche Volk begeht heute sein sechstes Kriegsweihnachten … In guten Zeiten weiß der Mensch gar nicht, wie viel er in schlechten Zeiten auf sich zu nehmen willig und bereit ist.«

Ich schalte ab. Entweder reden sie vom Sieg oder vom Ausharren.

Am ersten Weihnachtsfeiertag schneit es immer heftiger, das Thermometer zeigt minus fünfundzwanzig Grad an. Ich habe keine Freude an der weißen Pracht, mein Herz ist schwer von dem Wissen, was ich Mutter sagen muss. Ich muss es bald tun.

Ein Klopfen reißt mich aus meinen Gedanken. Ich fliege zur Tür und erwarte, dass Werner zu Hause ist. Vielleicht hat er Freigang bekommen oder sie haben ihn endgültig entlassen. Endlich kann ich ihm von unserem Baby erzählen.

Das Lächeln auf meinen Lippen verblasst. Draußen stehen eine grobschlächtige Frau und ein etwa zwölfjähriger Junge, eingehüllt in zerlumpte Kleidung, die Gesichter mit Tüchern umwickelt, nur die Augen sind zu sehen. Schnee bedeckt ihre Köpfe und Schultern.

»Joa, wir suchen einen Platz zum Bleiben. Nur für die Nacht. Wenn du ein paar Schucke entbehren kannst?« Der Akzent der Frau ist niederpreußisch, ich höre heraus, dass sie um Kartoffeln bittet und hier schlafen will. Sie wendet den Kopf zur Straße, wo fünf weitere Gestalten mit Handwagen und Rucksäcken warten.

Mutter erscheint neben mir. Sie mustert die Besucher und sagt dann: »Natürlich könnt ihr die Nacht in der Scheune verbringen. Wir werden euch etwas Warmes zu essen und zu trinken bringen.«

»Gott segne Sie«, stottert die Frau. Sie kann nicht viel älter als Mutter sein, aber ihr Gesicht ist zerfurcht wie die Felder vor der Aussaat.

Während sich die Besucher mit Milas Hilfe in der Scheune niederlassen, bereiten Oma, Mutter und ich Suppe und Tee zu. Ich trage Korb um Korb über den windgepeitschten Hof. Die Temperaturen sinken weiter und die Luft schmerzt beim Atmen. Mila hat Wolldecken verteilt und in dem kahlen Teil der Scheune einen kleinen Ofen aufgestellt. Das Letzte, was wir brauchen, ist, dass die Scheune Feuer fängt. Die Gestalten, drei von ihnen kleine Kinder, drängen sich um den Ofen, die Finger um ihre Becher gekrampft.

»Seid gesegnet. Danke. Frohe Weihnachten«, murmeln sie, während ich Brot und Äpfel verteile.

Als ich die Frau erreiche, die mich vorhin angesprochen hat, ergreift sie meine Hand. »*Marjellche*, was tust du noch hier? Weißt du nicht, was die Russen mit dir machen werden?«

Ich starre auf das zerzauste Haar der Frau, die tiefen Falten. Mein Mund öffnet und schließt sich, doch ich bringe kein Wort hervor.

»Warum kommst du nicht mit uns?«, drängt sie. »Ist nur eine Frage der Zeit, bis sie hier sein werden.«

Ich bin erleichtert, als Mutter an meiner Seite auftaucht. »Wir sind vorsichtig«, sagt sie, obwohl ich merke, dass sie verärgert ist. Wir können uns nicht länger verstellen. Die Flüchtlinge haben uns die Gewissheit gebracht, dass der Krieg uns einholen wird.

Trotz der Kälte fühle ich mich erröten. Die Angst, die ich bekämpft habe, ist mit voller Wucht zurückgekehrt. Ich war so besorgt, Mutter von dem Baby zu erzählen, dass ich die viel größere Bedrohung übersehen habe. Wie dumm!

»Ich bin schwanger«, platze ich vor den gebeugten Gestalten heraus.

Die runzlige Frau ergreift meine Finger, während Mutter einen Schrei ausstößt. Ich reiße mich los und stürme aus der Scheune, ins Haus, in mein Zimmer, wo ich mich unter der Bettdecke verkrieche. Die Tränen strömen in solchen Mengen aus mir heraus, dass ich das Gefühl habe, in meinem eigenen Rotz zu ertrinken.

»Annie?« Mutters Stimme klingt wie ein Hilferuf.

Ich will alles erklären, aber ich kann es nicht. Das Schluchzen durchfährt mich in Wellen, ich kann nur nach Luft schnappen.

Mutter lässt sich neben mir auf dem Bett nieder, ich spüre ihre Hand auf meiner Schulter. »Ich bin wütend, aber das hilft uns jetzt nicht weiter. Wir werden damit fertig, du wirst schon sehen. Mach dir keine Sorgen. Und Werner kommt sicher bald zurück. Dann könnt ihr beide heiraten und …«

Ich drehe mich zu ihr um und vergrabe meinen Kopf an ihrer Brust. »Es tut mir leid«, murmele ich. »Das wollten wir nicht, es ist nur einmal passiert.«

»Weiß Frau Baran davon?«

Ich schüttele den Kopf, will Mutter nicht ansehen.

»Meinst du nicht, wir sollten es ihr sagen?«

Ich lehne mich abrupt zurück und starre meine Mutter an. »Nein, niemals. Sie würde mich bestimmt umbringen.«

»Unsinn.« Mutter tätschelt meinen Unterarm, der inzwischen vollständig verheilt ist, und richtet sich auf. »Na ja, vielleicht später. Es ist noch viel Zeit.« Sie schenkt mir ein schiefes Lächeln. »Ich glaube, ich fange besser an, ein paar Dinge für unser Enkelkind vorzubereiten.«

Das ist der Moment, in dem ich meine Mutter mehr liebe als jemals zuvor. Wärme durchflutet und erfüllt mich, ein Gefühl, das besser ist als alles, was ein Holzofen und eine heiße Suppe hervorbringen könnten.

Sie ist schon an der Tür, als ich nach ihr rufe. »Was ist mit der Roten Armee, was sollen wir tun?«

Mutters Schultern sinken nach vorn. »Ich weiß es nicht, Kind, wir werden reden müssen …«

»Aber du hast doch gehört, was die Frau gesagt hat. Sie kommen! Wer weiß, wie schnell.« Meine Stimme klingt schrill, hässlich, fast anklagend.

»Lass uns warten, bis die Leute weg sind.« Als Mutter resolut ihre Hände in die Schürzentaschen schiebt, vergrabe ich mich unter dem Kopfkissen.

KAPITEL ACHT

1945

Am Neujahrstag taucht der Bezirksleiter auf. Ich habe ihn nur ein paar Mal bei offiziellen Anlässen gesehen, bei denen er einen stattlichen Anzug und Hut getragen und Bürgermeister Dr. Wander assistiert hat. Jetzt erinnert er mich an einen normalen Bauern.

»Frau Manstein, wenn Sie einen Moment Zeit hätten?«

Mutter winkt ihn herein und bietet ihm Tee an, aber der Bezirksleiter lehnt ab. »Ich habe nur eine Minute.« Er schaut sich in unserer beengten Küche um, wo Oma unbeirrt Kartoffeln schält, und sinkt auf einen Stuhl. »Wie Sie wissen, wird die Lage von Tag zu Tag prekärer. Ein großer Teil der Stadt ist evakuiert worden. Bürgermeister Wander hält es für notwendig, Ihnen zu sagen, dass die Bedrohung aus dem Osten zunimmt.« Er räuspert sich, während sein Blick auf mir ruht. »Sie sollten sich auf die Abreise vorbereiten. Wir arbeiten mit der Führung in Königsberg zusammen und bitten um mehr Züge und Busse.«

Mutter fummelt am Knopf ihres Blusenkragens, als säße er zu eng. »Aber die Wehrmacht hat die feindlichen Soldaten bis jetzt ferngehalten. Und viele der Menschen, die evakuiert wurden, sind zurückgekehrt. Gauleiter Koch besteht darauf, dass wir bleiben, um unsere Truppen zu unterstützen.«

»Da irrt er sich. Die Verteidigung wird nicht halten.« In der Stimme des Gauleiters liegt Resignation. »Diesmal nicht. Drei russische Armeen sind im Anmarsch.« Er erhebt sich und eilt zur Tür. »Bitte bereiten Sie sich vor. Ich werde Sie benachrichtigen, sobald wir den Transport organisiert haben.«

»Was ist mit unseren Sachen?« ruft Mutter ihm nach, aber die Tür ist bereits zugefallen.

Ich sehe das Ringen in ihrem Gesichtsausdruck, das Ringen, sich zusammenzureißen und sich nicht von der Panik überwältigen zu lassen. Ich erkenne es, weil es mir ebenso geht. Ich blicke auf meine leeren Handflächen, meine Finger öffnen und schließen sich von selbst, als wären sie besessen. Alles verschwimmt, meine Kehle schnürt sich zu. Trotzdem will ich nicht weinen, nicht zeigen, wie hilflos und überwältigt ich mich fühle.

Oma, deren Schälmesser nutzlos in ihrer Hand liegt, steht auf und verlässt den Raum. Auch ohne ihr zu folgen, weiß ich, dass sie packt.

»Ich hole die Koffer«, sage ich, froh, der Schwermütigkeit im Zimmer zu entkommen, froh, etwas zu tun zu haben.

Eine Woche vergeht, dann noch eine, immer noch gibt es keine Nachricht vom Bezirksleiter. In mir konkurrieren die Hoffnung auf einen russischen Rückzug und die Ungeduld auf Nachrichten. Weitere Flüchtlinge sind vorbeigekommen und wieder gegangen. Jedes Mal bieten wir ihnen Essen und Unterkunft. Jedes Mal eilen sie schnell davon. Die Tatsache, dass sie sich kaum Zeit nehmen, um zu essen oder sich auszuruhen, schürt die Angst in mir weiter. Worauf warten wir, wenn alle anderen schon unterwegs sind? Was wissen sie, was wir nicht wissen?

Am 19. Januar stürmt Albert in die Küche. »Königsberg hat den Befehl zur Evakuierung gegeben. Ich kann euch zum Bahnhof bringen.«

Mutter, Oma und ich schauen uns an.

»Wir haben darüber geredet«, sagt Mutter. »Wir wollen nicht alles zurücklassen, wir werden wie geplant den Pferdewagen nehmen.«

Es stimmt. Nach dem Besuch des Bezirksleiters am Neujahrstag haben wir über unsere Flucht gesprochen. Außer unseren Kleidern will Mutter unser Bettzeug, ihr Hochzeitsgeschirr, ein Besteck aus massivem Silber, Fotos und jede Menge Kartoffeln und Konserven einpacken – für den Fall, dass wir eine Zeit lang weg sind.

Albert holt tief Luft. »Bist du sicher, Irmgard? Man weiß nie, wie schnell Iwan vorstößt. Nichts gegen eure Stuten, aber sind sie nicht alt?«

Entschlossen schnürt Mutter ihre Schürze fest. »Du hast doch selbst gesagt, dass du *gar nicht* fort willst.«

Alberts Kopf senkt sich. »Stimmt. Ich bin zu alt. Ich werde warten und mich eine Zeit lang verstecken.« Er bringt ein schwaches Lächeln zustande.

»Du könntest mit uns kommen«, sage ich.

Er tätschelt meinen Kopf. »Ist schon gut, Annie.« Dann schlurft er zur Tür, dreht sich jedoch noch einmal um. »Versprecht mir nur, dass ihr heute abreist.«

Mutter eilt zu ihm hin und umarmt ihn. »Pass gut auf dich auf. Wenn das hier vorbei ist, sehen wir uns wieder.« Sie zögert. »Wenn du in der Zwischenzeit etwas zu essen brauchst, bediene dich. Du weißt ja, wo der Keller ist. Ich lasse den Schlüssel auf dem Fensterbrett.«

Er nickt. Tief in meinem Herzen weiß ich, dass ich unseren alten Nachbarn nie mehr sehen werde.

Trotz aller Bemühungen dauert alles länger als gedacht. Aus Sorge, dass etwas kaputt geht, packt Mutter ihr Porzellan ein zweites Mal um. Mila hilft uns, mehrere Säcke mit Kartoffeln zu füllen. Er schlachtet unsere sechs verbliebenen Hühner, die Oma zusammen mit zehn Broten für unterwegs backt. Wir packen Weizen und Roggen, Erdbeermarmelade in Dosen, eingemachte Äpfel und Birnen.

Ich gehe den Inhalt meines Koffers durch und versuche, zwischen zwei gerahmten Fotos zu wählen, eines von meinen Eltern an ihrem Hochzeitstag, eines von mir am Tag meiner Einschulung in die erste Klasse. Schließlich verstaue ich die Fotos und lasse die Rahmen stehen.

Wir verbringen eine letzte unruhige Nacht in unseren Betten. Ständig lausche ich auf das Donnern von Artilleriegranaten oder Bomben. Alles bleibt ruhig.

Am Samstag brechen wir bei Tagesanbruch auf. Mila hat auch Säcke voller Hafer und Heu für die Pferde gepackt. Der Boden ist mit Eis und Schnee bedeckt, wahrscheinlich wird es lange Zeit kein Gras mehr geben.

Mila und Mutter hocken vorn, Oma und ich sitzen auf Heuballen zwischen den Gepäckstapeln. Wir tragen unsere wärmsten Kleider, zwei Lagen Wollstrümpfe, Mützen und

Handschuhe und haben zusätzlich unsere Bettdecken um uns gewickelt. Ich mache mir Sorgen um Oma, die ohnehin ziemlich mager ist.

Als der Wagen zur Straße rumpelt, drehe ich mich um, betrachte das Bauernhaus mit seinen roten Ziegeln, die weiß gekalkten Wände, die Scheune und den Hühnerstall. Eine unheimliche Stille liegt über den Gebäuden, eine Verlassenheit, die meine eigene widerspiegelt.

Als der Krieg begann, nahm er meinen Vater mit, die Männer des Dorfes, dann die Jungen … Werner. Und jetzt zwingt der Krieg mich, meine Heimat zu verlassen, den Ort, an dem ich aufgewachsen bin, alles, was mir vertraut ist.

Niemand von uns spricht, jeder ist in seine eigenen Gedanken versunken. Alles, woran ich denken kann, ist *wann*, wann werden wir zurückkehren?

Auf der Hauptstraße nach Insterburg drängeln sich Frauen, Kinder und alte Männer oder Kriegsveteranen. Die meisten sind zu Fuß auf dem Weg zum Bahnhof in der Stadt.

Ich glaube, ich erkenne Elke, das Mädchen, das im letzten Herbst seinen Vater verloren hat. Sie sieht noch schlimmer aus, als ich sie in Erinnerung habe, ihr Gesicht ist blass und gezeichnet mit Schatten unter den Augen. Ihr Blick schweift vorbei und ich winke, aber sie reagiert nicht darauf, sondern wandert wie im Schlaf weiter.

Wir rollen vorbei, viel langsamer, als ich erwartet hatte. Nicht nur, weil Maggie und Lotte sich anstrengen müssen, um uns durch den schweren, tiefer werdenden Schnee zu ziehen, sondern auch, weil es so viel Verkehr gibt. Mutter umklammert eine Seite aus dem Atlas, den Vater vor Jahren gekauft hat. Zu unserer Rechten liegen die Überreste von Insterburgs Altstadt. Ich habe es vermieden, sie zu besuchen, aber jetzt wird mein Blick von den Ruinen und verkohlten Überresten angezogen.

»Sieh nicht hin«, ruft Mutter von vorn. »Mal schauen, wie weit wir heute kommen.«

Ein wenig von ihrer Kraft überträgt sich auf mich, ich reiße meinen Blick fort und schaue die Straße hinunter, auf der wir fahren. Atemwolken steigen von unseren Stuten auf. Das gedämpfte Getrappel ihrer Hufe ist das einzige Geräusch, denn keiner der Menschen, die hier unterwegs sind, gibt auch nur einen Ton von sich. Auf einmal bin ich müde und lege meinen Kopf auf

Omas Schulter.

In meinem Traum steht Werner am Straßenrand und winkt mir zu. Er trägt eine Wehrmachtsuniform und einen Bart, der noch dunkler ist als sein Haar. Ich rufe ihm zu, winke. Er lächelt weiter, als wir vorbeifahren, aber er sieht mich nicht wirklich an. Sein Blick wirkt irgendwie unfokussiert. In diesem Moment bemerke ich die Armbinde an seinem Ärmel, drei schwarze Punkte auf gelbem Grund – er ist blind. Ein Bienenschwarm erhebt sich hinter ihm, doch er scheint es nicht zu bemerken. Ich schreie ihn an, er solle auf den Wagen klettern, aber das Brummen der Bienen wird lauter und übertönt meine Stimme.

Ich wache auf, erkenne Omas Gesicht. Ihr Kinn und ihre Lippen zittern, während sie einen Arm um mich schlingt. Hinter uns verdunkelt sich der Himmel mit grauen, brummenden Formen. Russische Flugzeuge entladen ihre tödliche Last auf Insterburg. Wir schauen entsetzt zu, wie Bomben niederregnen und explodieren. Als wir uns im letzten Juli im Wurzelkeller versteckten, habe ich die Detonationen nicht gesehen, nur gehört und gespürt. Diesmal sehe ich die Flugzeuge, sehe, wie sie ihre Ladung abwerfen, Hunderte von schwärzlichen, todbringenden Bomben fallen auf die Erde, wo sie Leben auslöschen. Mein Inneres verwandelt sich in Brei, die Angst ist so groß, dass ich nichts mehr bewegen kann, nicht einmal meine Hand. Ich kann auch nicht schreien, ich starre nur stumm auf das Grauen und versuche, mir die Männer in den Cockpits vorzustellen, wie sie auf uns herabblicken. Haben sie ein Herz? Familien? Kinder? Oder haben sie alles verloren, als die Deutschen kamen, um ihr Land zu zerstören? Sind sie voller Rachegelüste, ist ihnen alles egal?

Der Krieg macht das mit den Menschen, er nimmt ihnen ihre Humanität, ihr Mitgefühl, alles, was sie zu sozialen Wesen macht. Alles, was bleibt, sind kaltherzige, gefühllose Roboter, die Befehlen folgen.

Soweit ich sehen kann, steigen Rauchwolken in den Himmel, hier und da orange gefärbt. Wieder möchte ich wegschauen, kann es aber nicht. Hinter mir höre ich Mila die Pferde anspornen. Flüchtlinge und Wagen eilen vorwärts, manche überholen uns. Die Menschen werfen Koffer und Rucksäcke weg, rennen los. Was hält Iwan davon ab, noch ein paar Kilometer weiterzufliegen und uns auf der Straße einzuholen?

Es ist eine lächerliche Anstrengung. Maggie und Lotte sind fast ausrangierte Feldpferde, die einen schweren Wagen ziehen.

Während immer mehr Flugzeuge Bomben und Minen abwerfen und die Erde bebt, kehren meine Gedanken zurück zu dem kleinen Bauernhof, den ich mein Zuhause nenne. Ist es wirklich erst ein paar Stunden her, dass wir aufgebrochen sind? Ist mein Zuhause schon weg, in Stücke gesprengt von russischen Bombern?

Ich frage mich, ob Werners Mutter wie wir abgereist ist. Werner. Wie wird er mich finden, wenn er zurückkommt? Was ist, wenn der schreckliche Traum wahr ist?

Sei kein Idiot, kommentiert die Stimme in meinem Kopf. Werner hat es immer verstanden, auf sich aufzupassen. Von allen Jungen in der Schule war er der fähigste.

Ein winziges Flattern, wie die Flügel einer Libelle, streichelt meinen Bauch … mein Baby. Als ich diese russischen Bomber sah, hatte ich es vergessen. Nur für einen Moment. Ich schwöre mir, dass ich Werners Kind aufziehen werde, egal wie weit wir reisen müssen.

Je mehr wir uns Königsberg nähern, desto langsamer kommen wir voran. Die Straße ist ein einziges Durcheinander von ängstlichen Menschen, immer wieder rumpeln deutsche Militärlastwagen vorbei und zwingen uns fast in den Graben. Die Männer darin wirken grimmig, ihre Augen sind rot gerändert, nicht wütend, sondern resigniert, irgendwie tot.

In der Abenddämmerung lenkt Mila unseren Wagen an die Seite einer verlassenen Scheune. Dort wimmelt es bereits von Menschen, die versuchen, ein warmes Plätzchen zu finden. Der Schnee ist zertrampelt und sieht dreckig aus – die Menschen verrichten ihr Geschäft vor aller Augen.

Ich fühle mich bereits schmutzig, obwohl wir erst heute Morgen aufgebrochen sind. Es gibt keine Möglichkeit, sich zu waschen oder zum Essen an einem Tisch zu sitzen. Wortlos kauen wir eisiges Hühnerfleisch und Brot. Ein Feuer für Tee zu machen – Oma hat ihren gesamten Vorrat an getrockneter Pfefferminze und Kamille eingepackt – kommt nicht infrage. Weder gibt es Feuerholz noch können wir es riskieren, den Wagen aus den Augen zu lassen.

Wir haben uns damit abgefunden, die Nacht auf dem Karren zu verbringen. Durch das Umstellen der Koffer und Kisten haben wir eine halbwegs anständige Liegefläche. Nicht wie in meinem

Bett, wo ich Platz hatte, aber immerhin passen wir alle nebeneinander, wenn wir seitlich liegen. Omas Haare kitzeln an meiner Nase, Mutter spüre ich an meinem Rücken. Mila hat sich dafür entschieden, vorn zu bleiben, »um ein Auge auf alles zu haben«. Er hat die Pferde gefüttert und getränkt, zum Glück gibt es einen funktionierenden Brunnen hinter der Scheune.

Die Temperaturen sinken weiter und ein eisiger Wind fegt über die Felder. Ein Großteil Ostpreußens ist flaches Land, sodass der Wind frei walten kann. Jetzt bin ich froh, zwischen Mutter und Oma zu liegen, denn selbst die Bettdecken reichen nicht aus, um die Kälte abzuhalten. Irgendwann wache ich auf und höre Mila auf dem Kutschbock zittern. Wir haben ihm alle unsere Ersatzdecken gegeben, aber hoch oben sitzt er ungeschützt. Eine harte Eiskruste klebt vor meinem Kinn auf der Decke. Ich vergrabe meine Nase tiefer und wünsche mir, dass der Schlaf zurückkehrt. Wieder erhebt sich ein Flattern aus meiner Mitte. Das Baby ist wach.

Trotz allem lächele ich.

KAPITEL NEUN

Zwei Tage später erreichen wir Königsberg. Ich bin ein paar Mal hier gewesen, erkenne aber kaum etwas wieder. Verlassene Karren, Fuhrwerke, Körbe, Koffer und diverses andere Gepäck säumen die Straßen. Im Hintergrund ragen Ruinen wie verfaulte Zähne in den grauen Himmel. Am schlimmsten sind die Menschen. Vor Jahren, als ich mit meinen Eltern hierhergekommen bin, war Königsberg eine geschäftige, stolze Stadt – die Menschen kauften ein und schlenderten durch die Straßen, plauderten mit ihren Freunden oder saßen in Cafés. Sie lachten und winkten, ihre Gesichter wirkten entspannt und zufrieden.

Die Menschen, die ich jetzt sehe, scheinen von einem anderen Stern hierher versetzt worden zu sein. Ihre Kleidung, oft mehrere Schichten, wirkt zerlumpt und schmutzig. Aber es ist ihre Mimik, die mich innehalten und fragen lässt, ob ich auch so aussehe. Ihre Augen sind groß und ängstlich, ihr Blick huscht hin und her, als ob sie sich auf die nächste Bedrohung einstellen wollten. Kinder wandern umher, ohne dass ein zu ihnen gehörender Erwachsener in Sicht wäre. Ihre kleinen Gesichter sehen vor Hunger verkniffen aus. Einige von ihnen betteln, andere schauen nur stumm zu, während wir vorbeifahren.

Mir geht das Herz auf, wenn ich an mein eigenes Baby denke, das in diese verrückte Welt hineingeboren werden wird. Trotz der Menschenmassen hasten Mila und Mutter weiter, oft muss Mila vom Wagen absteigen und Leute zur Seite schieben, um Platz für uns zu schaffen, während Mutter die Pferde lenkt. Ich habe Angst und möchte weiterfahren und der russischen Armee entkommen, aber ich fürchte mich vor jedem Kilometer, den wir uns weiter von zu Hause entfernen.

In einem Viertel an der Inster drängen sich deutsche Soldaten um ein Kochfeuer, die umherstehenden Lastwagen und Autos scheinen unbrauchbar zu sein, die wenigen Panzer weisen Zeichen von Artilleriebeschuss auf. Die Männer tragen lange Mäntel und schlammverkrustete Stiefel, die lange Kälte hat ihre Wangen und Nasen rötlich verfärbt. Ihr Anblick sagt mir mehr über den Stand des Krieges als Zeitungsartikel oder Radioansprachen.

Wir halten abrupt an, weil Mila und Mutter anfangen zu streiten. Sie beugen sich über die Karte, die Mutter aus dem Atlas gerissen hat.

»Wir müssen nach Süden und dann nach Westen«, verkündet Mutter.

»Die Russen sollen schon dort sein«, sagt Mila. Er ist immer ruhig und höflich, aber ein Hauch von Ungeduld hat sich in seine Stimme geschlichen. »Wenn nicht, werden sie uns sicher einholen.«

»In dieser Menge sind wir kaum schneller.« Mutter deutet auf die Tausenden von Menschen, die jeden verfügbaren Quadratzentimeter um uns herum vereinnahmen.

»Ich bin dagegen.«

Ich habe Mila noch nie so entschlossen gesehen.

»Wo hast du das gehört?« Mutter mustert die Karte, dann Mila.

Er zuckt mit den Schultern, antwortet aber nicht.

»Kann es nicht sein, dass du einfach nur Angst hast?«, fragt Mutter.

Mila entweicht ein Schnauben und er springt vom Wagen. »Komm mit mir, wir fragen die Soldaten.«

Er humpelt zurück zu einem Unterstand der deutschen Wehrmacht, ihrer Kleidung nach zu urteilen einfache Infanteriesoldaten, die sich um ein Kochfeuer drängen.

Ich kann es nicht mehr aushalten und folge ihnen. Nachdem ich so lange gesessen habe, scheinen meine Knochen wie eingefroren zu sein und ich sehne mich nach Wärme, einem Becher Suppe oder sogar nach einfachem heißem Wasser.

Mir ist noch nie so kalt gewesen wie jetzt. In meinem alten Leben habe ich mein Bett als selbstverständlich hingenommen. Nun kriecht die eisige Luft unter meine Kleidung, dringt durch meine Haut hindurch und bringt mich zum Zittern. Nase und

Ohren schmerzen … gleichzeitig sind sie taub. Meine Zehen fühle ich schon seit Stunden nicht mehr. Jeder Atemzug schmerzt, es fühlt sich an, als würde ich Eiskristalle einatmen. Sie kratzen im Hals, schneiden die Luftröhre entlang und breiten sich in der Brust aus. Wie lange hält man diese Kälte aus, bevor man sich einfach irgendwo hinlegt und nicht mehr aufwacht? Erneut ergreift mich die Angst.

Um mich abzulenken, folge ich Mutter und Mila zu den Männern, die uns ignorieren, bis Mutter einen von ihnen anspricht.

»Entschuldigen Sie die Störung, könnten Sie uns sagen, ob die Straße nach Süden offen ist?« fragt Mutter. »Es sieht so aus, als würden alle in Richtung Ostsee reisen.«

Einer der Männer blickt zu uns auf. Er sieht gut aus, wären da nicht das rötliche Gesicht und der niedergeschlagene Ausdruck. Seine Nasenspitze ist schwarz. *Frostbeulen.* Er ist kaum älter als Werner und könnte einen Teil seiner Nase verlieren, dann wäre er für immer entstellt.

Zuerst scheint es, als würde er nicht antworten, aber dann treffen sich unsere Blicke. Ein winziger Funke springt über, etwas, das ich von Werner kenne. Vielleicht erinnere ich ihn an seine Freundin.

Er lächelt ein wenig und meint: »Würde ich nicht empfehlen. Iwan schneidet den Zugang nach ganz Ostpreußen ab. Am besten fahrt ihr westlich nach Pillau und nehmt ein Boot.«

»Das ist auf der anderen Seite der Lagune«, ruft Mutter aus. »Ist es dort nicht schon sehr voll? Können wir nicht wenigstens auf dem Landweg nach Pillau reisen?«

Mit einem Achselzucken wirft der vom Frost entstellte Soldat einen letzten Blick in meine Richtung, bevor er seine Aufmerksamkeit wieder dem Blechbecher in seiner Hand zuwendet. »Die Russen stehen auch nördlich von hier … die Stadt ist umzingelt. Auf der anderen Seite der Lagune habt ihr die beste Chance.«

Mit gesenktem Kopf kehren wir zum Wagen zurück. Oma sitzt noch immer dort, wo wir sie zurückgelassen haben. Ich steige auf und lege einen Arm um sie. »Wir müssen ein Boot nehmen.«

Oma sieht mich an, aber ich merke, dass sie in Gedanken weit weg ist. Wir verbringen eine weitere eisige Nacht im Freien, knabbern das letzte gefrorene Brot und Hühnerfleisch.

Vorn schnalzt Mila mit der Zunge, um unsere Stuten

anzuspornen. Sie schauen traurig drein, lassen die Köpfe hängen, als ob sie wüssten, was auf sie zukommt.

Mutter sagt nichts, starrt nur stoisch vor sich hin. Wenn wir ein Boot besteigen, können wir unseren Wagen nicht mitnehmen.

Als wir uns dem Flüchtlingsstrom aus Königsberg anschließen und in Richtung Frisches Haff fahren, der Lagune an der Ostsee, die jeden Winter zufriert, fühle ich mich wieder einmal verloren. Da draußen wächst nichts, vor uns liegen zehn Kilometer Eis, Schnee und Wind. Unser Essen ist festgefroren – mehrere Gläser sind geplatzt und liegen in eisigen Klumpen im Wagen. Ich frage mich, wie wir etwas essen können sollen, ohne von innen zu erfrieren. Wir können nur unser gefrorenes Eingemachtes knabbern, meine Kehle fühlt sich an wie ein Reibeisen.

Wir haben frischen Schnee in einen Jutesack gepackt, um ihn als Wasser zu verwenden. Es ist, als äße man sein Getränk. Der Schnee schmilzt im Mund und in der Kehle und rutscht als flüssiges Eis nach unten, wo es sich im Magen ausbreitet. Die Kälte wächst und wächst, bis sich jede Faser des Körpers wie Schneematsch anfühlt. Oma und ich kuscheln uns zusammen, wir haben Glück, dass wir im Windschatten sitzen. Mutter und Mila hocken Schulter an Schulter, aber ich sehe, wie sie beide zittern. Wir fahren im Schneckentempo, stecken in einer Reihe von Wagen und dahinstolpernden Menschen fest.

Schon wieder bleiben wir stehen. Vor uns drängen sich Hunderte von Kutschen und Tausende von Menschen. Die Schlange der Verzweiflung erstreckt sich, soweit das Auge reicht.

»Was ist denn da los?« schreit Mutter. Ich höre die Frustration in ihrer Stimme, aber auch einen Hauch von Angst.

Aber wir können nichts tun, außer zu warten. Wieder verbringen wir die Nacht draußen, eingepfercht zwischen Tausenden Menschen, die sich alle so hilflos fühlen müssen wie ich. Ich lese diese Hilflosigkeit in ihren Gesichtern, in ihrem starren Blick und den fahrigen Bewegungen. Dazu mischt sich Müdigkeit, eine bleierne Schwere, die jeden Schritt, jeden Handgriff zur monumentalen Aufgabe macht.

Am nächsten Tag kommen wir kaum voran, während Menschen zu Fuß an uns vorbeiziehen.

Mila bietet an, ihnen zu folgen und sich zu erkundigen, aber Mutter bittet ihn, bei uns zu bleiben. Eine weitere Nacht vergeht, bis wir endlich die Lagune erreichen.

Am Rand drängen sich die Menschen zu Tausenden. Zu meinem Entsetzen stehen zehn Zentimeter Wasser auf dem Eis. Eine Gruppe deutscher Soldaten hat Stellung bezogen und hält jeden Wagen an.

Mit Blick auf unsere Ladung wendet sich einer von ihnen an Mutter. »Ihr müsst Passagiere aufnehmen. Alles, was nicht lebensnotwendig ist, muss runter.«

»Was soll das heißen?«, wettert Mutter. »Das sind unsere Sachen.«

»Sie sehen doch das Wasser auf dem Eis. Niemand kann da durchlaufen und es schaffen. Wenn es kein Essen oder Bettzeug ist, bleibt es hier.«

Um uns herum stapeln sich Kisten, Koffer, Säcke und Kinderwagen. Daneben lungern Scharen von Frauen und Kindern, die offenbar auf eine Mitfahrgelegenheit warten.

Mutter murmelt einen Fluch, bittet aber Mila, ihr zu helfen. Gemeinsam laden sie Mutters Hochzeitsporzellan ab, das Silber … eine zweite Kiste mit Kleidung und handgestickten Tischdecken.

Die ganze Zeit über beobachtet uns der Soldat. »Was ist da drin?«, fragt er und zeigt auf Omas Koffer.

»Babykleidung«, zischt Mutter. »Meine Tochter erwartet ein Kind … oder soll das Baby nackt bleiben?«

Statt zu antworten, fordert der Mann drei Frauen und ihre drei Kinder auf, unseren Wagen zu besteigen.

Wir schieben uns zusammen, quetschen ihre Rucksäcke zwischen uns. Ich werfe einen letzten Blick auf Mutters wertvolle Kisten, bevor wir auf die Lagune fahren.

Wie hypnotisiert beobachte ich unsere Pferde, deren Hufe wieder und wieder ins Wasser eintauchen, während sie unseren Wagen ziehen. In Gedanken dränge ich sie, sich zu beeilen, damit sie möglichst bald wieder trockene und warme Hufe und Beine bekommen. Es ist leicht zu erkennen, wo wir hinmüssen, denn gefrorene Formen säumen den Weg: Kisten und Koffer, ein totes Pferd, erfrorene Menschen, Kinderwagen mit weißgesichtigen, reglosen Babys. Hier draußen wird das Leben in völliger Stille weggerissen. Niemand weint, niemand spricht, es gibt keine Energie, nur einen zermürbenden, nicht enden wollenden Gang in Richtung … was? Überleben? Freiheit?

Ist es das überhaupt wert? Ist es das wert, so zu kämpfen?

Meine Hand wandert zu meinem Bauch, wo ein schwaches

Flattern antwortet. *Bleib warm da drin, Kleines.* Ich nehme an, ja. Ich kann nicht anders, als weiter zu *wollen.* Wenn nicht für mich, dann für mein Kind. Oder vielleicht für Oma und Mutter. Wir haben mehr Glück als die meisten hier draußen, haben zwei Pferde und einen Wagen mit Essen und warmen Decken. Die Frauen und ihre Kinder auf unserem Wagen sagen kein Wort, nur die Kleinste, die nicht älter als vier sein kann, weint ab und zu. Ihre weiche Haut sieht bereits entzündet aus von der Kälte.

Es beginnt zu schneien. Feine Flöckchen rieseln herab, sie tanzen und wirbeln und schmelzen im Wasser. Es ist noch gar nicht so lange her, da habe ich vom Fenster aus den Schnee beobachtet und mich gefreut, dass er alles weiß verkleidet. Doch jetzt nicht mehr, nicht wenn Kristalle ihren Weg in meinen Nacken finden und wie feine Nadeln in meine Haut stechen.

Oma hat ihr Gesicht nach unten gewandt. Ich ziehe die Decke über sie und spüre, dass sie bereit ist, aufzugeben. Aber es ist nicht so einfach. Der Körper verlangt nach seinem Recht. Er macht uns durstig, hungrig, lässt uns Dinge fühlen, die wir nicht wollen. Wir müssen unsere Blasen und Därme entleeren, müssen essen, trinken und schlafen. Mein ganzes Leben lang habe ich drinnen in einem warmen Bett mit einer Daunendecke geruht. Jetzt bin ich hier draußen im Niemandsland. Der Horizont verschwimmt grau-weiß ins Nichts, spiegelt meine Ungewissheit wider.

Flugzeuge dröhnen. Der Himmel hinter uns ist plötzlich voller grauer Punkte, die von Sekunde zu Sekunde größer und lauter werden … russische Bomber – schon wieder. Diesmal ist keine Stadt ihr Ziel, diesmal sind sie hinter uns her.

Die Panik ergreift mich so plötzlich, dass ich einen Ruck spüre, als hätte ich meine Hand in eine Steckdose gesteckt. Mutter ruft etwas und aus den Augenwinkeln sehe ich, wie sie und Mila vom Wagen springen. Ich ziehe Oma mit mir, falle in Milas Arme, während Mutter Oma wie ein Kind hochhebt. Die Frauen folgen uns, helfen ihren Kindern herunter. Die Menschen schreien und rennen in alle Richtungen, die Spur des Trecks hinauf und hinunter, hinaus in die weiße Weite der Lagune – exponierte, leichte Ziele.

Die Bomber kommen näher, Motoren heulen auf, Maschinengewehre rattern. Es sind so viele Flugzeuge, dass der gesamte Himmel aus ihnen zu bestehen scheint, die Luft ist erfüllt mit knatternden Salven, die den Tod bringen.

Während wir unter dem Wagen kauern, fliegen sie über uns hinweg und schießen erbarmungslos auf die fliehenden Frauen und Kinder. Sicherlich wissen sie, dass wir Zivilisten sind, sicherlich wissen sie, dass wir niemals Waffen getragen haben und nicht in ihr Land eingedrungen sind.

Mutter zerrt an meiner Hand. Ich merke, dass meine Füße in eiskaltem Wasser stehen, meine Stiefel durchnässt und meine Füße innen taub sind. Langsam tauchen wir wieder auf und klettern auf den Wagen. Trotz meines Unbehagens wandert mein Blick nach vorn, wo Lotte und Maggie mit gesenkten Köpfen stehen. Erleichterung durchströmt mich ... sie sind unverletzt.

Neben mir zittert Oma so stark, dass ihre Zähne klappern. Ich helfe ihr, ihre Stiefel auszuziehen, während Mutter nach dem Ersatzpaar Schuhe kramt, leichte Sommerschuhe, lächerlich unpassend, aber trocken.

Ich ziehe meine Stiefel aus und meine Schnürschuhe an. Die anderen Frauen und Kinder haben nicht so viel Glück, sie scheinen keine anderen Schuhe zu besitzen. Stattdessen nehmen die Mütter die nassen Füße ihrer Kinder zwischen ihre Hände und Oberschenkel, um sie zu wärmen.

Das Wiehern eines Pferdes und ein Schrei rütteln mich aus meinen Gedanken. Keine dreißig Meter vor uns ist ein Wagen vom Weg abgekommen und neigt sich langsam zur Seite, während er durch das vom Maschinengewehrfeuer zerbrochene Eis sinkt. Das davor angebundene Pferd wird mit hinuntergezogen. Es wiehert verzweifelt. Die beiden Frauen und ihre vier Kinder haben es geschafft, abzuspringen, sind aber nicht in der Lage, das Zaumzeug des Pferdes zu lockern. Als der Wagen im Wasser versinkt, folgt ihm das Pferd. Mehrere Leute, darunter auch Mila, rennen zu Hilfe, aber keiner weiß, was er tun soll. So sehen wir alle zu, wie die Koffer und Decken auf dem Wagen vom Wasser verschluckt werden. Die Frauen und ihre Kinder, die nicht älter als sechs oder acht sein können, haben alles verloren. Sie stehen unter Schock, knöcheltief im eisigen Wasser.

Meine Mutter gestikuliert zu den Frauen, deutet auf unseren überfüllten Wagen. Wir machen Platz für zwei weitere Kinder, der Rest muss zu Fuß gehen, wahrscheinlich schaffen sie es nie. »Wir sehen uns in Pillau«, ruft eine der Frauen den Kindern hinterher.

Trotz der eisigen Kälte rinnt mir der Schweiß unter dem Mantel ins Hemd. Wenn das Eis so dünn ist, was hindert uns dann daran, durchzubrechen? Werden die russischen Flugzeuge zurückkommen?

Neben uns liegt ein alter Mann in einem schäbigen Mantel auf der Seite, Wasser mit rosa Schlieren darin umspült ihn. Er starrt in den Himmel, blinzelt einmal … zweimal … und dann nicht mehr.

Überall liegen tote Menschen, die, die es noch nicht sind, werden es bald sein. Das Wetter birgt seine eigene Gefahr, das Land auch.

Hinter uns meckert eine Frau, dass wir weitergehen sollen. »Macht schon … beeilt euch.« Niemand will die Spur verlassen und es riskieren, das Schicksal der Frauen und ihrer Kinder zu teilen.

Mutter wendet sich nach vorn, die Niederlage in ihren Augen. »Lasst uns fahren«, sagt sie. Sie schnappt sich ihr zweites Paar Schuhe, während Mila unsere Stuten antreibt. Wir kommen an der versunkenen Kutsche und dem ertrunkenen Pferd vorbei. Es liegt jetzt still, kämpft nicht mehr … hoffentlich hat es Frieden gefunden. Ich wische mir über die Augen, aus denen immer wieder Tränen aufsteigen. Oma reibt mir den Rücken. Wir haben überlebt … dieses Mal.

Mir ist klar, dass Überleben wenig mit Vorbereitung zu tun hat. Ja, sie hilft, aber in diesem Wahnsinn überlebt man nur durch Zufall. Kugeln fliegen, treffen eine Person und eine andere nicht. Bomben fallen und brennen ein Haus nieder und ein anderes nicht.

Ich kann mich des Gefühls nicht erwehren, dass mich das Glück irgendwann verlassen wird.

KAPITEL ZEHN

Es ist fast dunkel, als wir die andere Seite der Lagune erreichen und endlich wieder festen Boden unter den Füßen haben. Irgendwie haben wir es hinübergeschafft. Überall, wohin wir schauen, drängen sich Menschen, Wagen, Karren und noch mehr Menschen. Unser Tempo ist so langsam, dass ich neben dem Wagen herkriechen könnte und schneller wäre. Mila schreit, um die Leute aus dem Weg zu scheuchen, aber es ist, als wären sie taub. Wo sollten sie auch hin, jeder Zentimeter ist besetzt. Unsere Fahrgäste steigen ab, murmeln ein Dankeschön und verschwinden in der Menge. Wie die beiden zuletzt aufgestiegenen Kinder ihre Mütter finden sollen, ist mir ein Rätsel.

Wir wollen zum Hafen, um die Überfahrt über die Ostsee nach Schleswig-Holstein zu organisieren, doch heute Abend geht nichts mehr. Wieder verbringen wir eine Nacht in der Eiseskälte. Ich wache mehrmals auf und teste meine Zehen, die sich in den Schuhen kaum noch bewegen wollen.

»Ich gehe und frage mal nach«, sagt Mutter am nächsten Morgen.

»Ich komme mit dir.« Ohne auf eine Antwort zu warten, eile ich ihr hinterher. Ich halte es keine Minute länger hier oben aus. Nach den nassen Füßen fühlt sich mein Körper permanent gefroren an.

Mutter weist Mila an, sich um Oma zu kümmern. Während wir uns einen Weg durch die Menge bahnen, schaue ich neidisch auf die Feuerstellen. Wir drängeln und schubsen, fragen nach dem

Weg, bis wir endlich das Hafengebiet erreichen. Hier draußen ist das Gedränge noch größer, jeder will einen wertvollen Platz auf einem der Schiffe ergattern, einer Mischung aus Militärschiffen, Fähren und Ausflugsbooten. Es sind viel zu wenige für so viele Menschen.

Mehrere Lastwagen rollen hupend an uns vorbei. Männer in schlammverkrusteten Uniformen mit blutgetränkten Bandagen, einige mit Gipsverbänden an allen erdenklichen Körperteilen, sitzen und ruhen auf den Ladeflächen. Noch schlimmer ist der Anblick derjenigen, denen Gliedmaßen fehlen … ein Fuß, ein Bein, zwei Beine, ein oder zwei Arme. Ihre Gesichter sind weiß oder grau, die Augen entweder geschlossen, glasig oder vor Schmerz verdreht. Diese Männer hat das Glück verlassen. Ein entsetzlicher Geruch verfolgt sie. Ich würge, während die Bilder der Niederlage und Hoffnungslosigkeit vor meinen Augen tanzen. Irgendwie weiß ich, dass ich die Erinnerung an diese Männer für immer in mir tragen werde. Neben mir presst sich Mutter eine Handfläche vor den Mund, um ein Schluchzen zu unterdrücken. Es ist dieses Geräusch, das alles noch realer macht. Die Tränen kullern, es ist mir gleichgültig. Der Krieg ist verloren, egal, was Hitler und Goebbels oder Gauleiter Koch uns erzählen.

Ich denke an Vater und Werner, frage mich, ob sie verletzt in irgendeinem Lastwagen liegen oder Schlimmeres … Ich stelle mir vor, wie Werner zu unserem Haus zurückkehrt, mich sucht, alles verlassen vorfindet und nicht weiß, wie er mich finden soll. Vielleicht steht unser Haus nicht mehr, vielleicht haben russische Soldaten es niedergebrannt.

Ich spüre, wie Mutters Finger an meinem Ärmel zupfen. »Annie, wir müssen jemanden finden, der uns helfen kann.«

Ich nicke und ergreife ihre Hand. In der Schule hätte ich nicht so gesehen werden wollen … niemals, aber hier erscheint es mir normal, tröstlich.

Vor einem ehemaligen Restaurant mit vernagelten Fenstern liegt ein Berg von etwas, das ich nicht identifizieren kann. Erst als wir näher kommen, erkenne ich, dass es Pferdefleisch ist, dunkelrote, gefrorene Stücke, mit Haufen von Knochen, Hufen und Fellen daneben. Ein paar Soldaten halten Wache, während ein Mann mit einer langen Axt Stücke abhackt und sie in Zeitungspapier eingewickelt an eine Schlange von Wartenden verteilt.

Nach weiteren dreißig Minuten des Fragens und des Vorbeidrängens an anstehenden Menschenmassen treffen wir auf einen Mann in blauer Uniform, offenbar den Hafenkommandanten, der über das Pier eilt.

»Bitte warten Sie, wir müssen fort«, ruft Mutter ihm nach.

Der Mann bleibt widerwillig stehen, dreht sich um und sieht uns kaum an. »Das wollen alle.« Er hat ein kantiges Kinn und die hellblauen Augen eines Frühlingshimmels.

»Meine Tochter ist schwanger, meine Mutter alt … und krank.«

Der Kommandant mustert meine Mitte. Außer einer volleren Taille, von der nur *ich* weiß, gibt es nichts zu sehen. Er nickt, dann sagt er: »Morgen früh um sechs fährt der Minenräumer. Seien Sie frühzeitig hier«

Ich folge dem Blick des Mannes zu einem grauen Militärboot, dessen Deck mit Ausrüstung vollgeladen ist – kein Ort für Frauen und Kinder.

»Nur für die Überfahrt nach Gotenhafen«, sagt er, als ob er meine Gedanken gehört hätte. »Von dort können Sie einen Zug oder ein anderes Schiff nehmen.« Er blinzelt und fährt eher an sich selbst gerichtet fort: »Wir müssen diesen Ort räumen, bevor Iwan kommt.«

Er trägt unsere Namen in ein Buch ein und eilt davon.

Auf dem Rückweg sind die Menschenmassen noch dichter als vor einer Stunde.

Ein paar Mal verliere ich Mutters Hand, wir werden durch den Druck der sich bewegenden Körper einfach auseinandergezogen. Sofort gerate ich in Panik, schaue verzweifelt, wohin Mutter mit ihrem schalumwickelten Kopf abgetrieben wird. Jedes Mal schafft sie es, wieder zu mir zu kommen, ihre breite Brust und ihre Ellbogen sind ein wirksames Werkzeug.

Zwei Wehrmachtssoldaten stehen neben Mila, der die Zügel von Maggie hält. Selbst aus der Ferne kann ich erkennen, dass sie sich streiten.

»Keine Ausnahmen«, sagt einer der Soldaten. »Sie müssen alle gehen.«

»Was ist hier los?« fragt Mutter, als wir uns nähern.

»Sie wollen unsere Pferde haben.« Mila ist sichtlich froh, dass Mutter angekommen ist.

Mutter baut sich vor den Soldaten auf. »Warum?«

»Alle Pferde werden für die Versorgung der Menschen eingesetzt«, sagt der zweite Soldat. Er hat eine hässliche, rötliche Narbe an der Schläfe, die unter seiner Kappe verschwindet.

»Nein!« rufe ich. »Niemals, nicht Maggie und Lotte.« Ich dränge mich an den Männern vorbei und streichele sanft über die Nüstern unserer Stuten. Maggies weiche Lippen knabbern an meinem Ärmel. Sie lässt den Kopf tief hängen, als wüsste sie, worüber wir reden.

Hinter mir geht der Streit weiter.

»Sie fahren mit einem Schiff, richtig?« sagt der Soldat mit dem Narbengesicht. »Sie werden sie nicht mehr brauchen.«

»Ihr dürft sie nicht töten«, rufe ich. Meine Stimme ist hoch und rau. »Bitte, Mama, wir können sie nicht einfach so sterben lassen.«

Mutters Gesichtsausdruck spiegelt ihre Unentschlossenheit wider. Sie ist eine praktische Frau und weiß, dass wir sowieso abreisen. Aber sie kennt mich und weiß, wie sehr ich die Tiere liebe.

»Wie wäre es, wenn ich sie bis heute Abend aus der Stadt bringe?« fragt Mutter. »Sie wenigstens einem Bauern übergebe …«

Der Mann mit dem Narbengesicht sieht mich an, dann Mutter. »Iwan ist in der Nähe, ich würde es nicht riskieren.« Er nickt zu den Pferden. »Schon gar nicht für ein paar alte Gäule.«

»Mutter, bitte«, dränge ich. »Ich komme mit. Wir werden jemanden finden, der sich um sie kümmert.«

Seufzend wendet sich Mutter wieder an die Männer. »Ich nehme sie jetzt gleich mit. Ich werde vorsichtig sein.«

»Wie Sie wünschen.« Der narbige Soldat tippt sich an die Mütze, aber irgendwas an der Art, wie er uns ansieht, jagt mir neue Angst ein. Es ist nur ein unbestimmtes Gefühl, ein Unwohlsein. Sicher bilde ich mir das ein, wir sind erschöpft und nervös nach der langen Reise.

»Bist du sicher, dass du das tun willst?« Mila reibt sich gereizt die Augenbrauen, dann das bärtige Kinn. »Du hast sie gehört, es ist nicht sicher.«

Mutter ignoriert ihn und beginnt, den Rest unserer Sachen abzuladen. »Helft mir alle, wir müssen entscheiden, was wir auf das Schiff mitnehmen – ein Koffer und eine Decke für jeden, ein paar Säcke mit Lebensmitteln.«

Ich helfe Oma vom Wagen. »Morgen früh reisen wir ab«, sage

ich ihr. Mila räumt Decken und Koffer weg, bis nur noch ein wenig Heu und Stroh übrig sind.

Mutter klettert auf den Sitz und nimmt die Zügel in die Hand. »Ich bin so schnell wie möglich wieder da. Geht einfach zum Pier, Annie, in die Nähe des Schiffes. Ich werde euch dort finden.«

»Ich komme mit«, rufe ich. Irgendwie sehe ich in meinen Gedanken Maggie und Lotte auf eine schöne grüne Wiese galoppieren. So ein Blödsinn, alles ist mit Schnee bedeckt.

Mutter schüttelt den Kopf. »Du bleibst hier bei Mila und Oma. Wenn ich bis heute Abend nicht zurück bin, geht ihr zum Dock … stellt euch an.«

»Aber ich will …«

»*Ich* werde deine Mutter begleiten.« Mila klettert auf den Kutschbock und nimmt die Zügel aus Mutters Händen.

Weinend eile ich nach vorn, umarme meine Pferde, stecke meine Nase in ihr Fell, berühre ihre Lippen, reibe ihre Ohren. »Passt gut auf euch auf, ihr werdet bald wieder auf einem schönen Hof leben.« Ich weiß, es ist dumm, Nutztiere erfüllen einen Zweck: Sie arbeiten oder liefern Nahrung, so oder so. Aber dies fühlt sich vollkommen falsch an. Maggie und Lotte waren die letzten Pferde, die wir halten durften, und ich habe Maggie aufwachsen sehen, seit sie ein Fohlen war. Sie gehört zur Familie, ist lieb und ruhig und kommt immer zu mir.

Oma zieht mich zärtlich zur Seite. Als Mutter und Mila wegfahren, sinke ich in Omas Arme. Sie ist so klein, aber sie hält mich fest, während ich noch mehr schluchze.

Endlich lasse ich los. Wir plumpsen auf unsere Koffer und wickeln uns in Decken ein … warten. Der Nachmittag zieht sich hin. Der Geruch von gebratenem Fleisch steigt mir in die Nase. Irgendwo, nicht weit entfernt, brät jemand Pferdefleisch. Ich will den Geruch nicht mögen, aber mein Körper hat seinen eigenen Willen, verlangt nach Nahrung.

Mein Magen knurrt wütend, also sortiere ich unsere Waren. Huhn und Brot haben wir bereits aufgegessen. Wir haben noch zwei Säcke mit Getreide, aber keine Möglichkeit, es zu mahlen und zuzubereiten. Ich ziehe meine Handschuhe aus und zwinge meine eisigen Finger dazu, sich zu bewegen, nehme eine Handvoll und biete Oma etwas davon an. Die Körner sind hart wie Schotter und schmecken genauso gut. Das Knurren in meinem Bauch wird lauter. Ich breche ein Stück gefrorene Erdbeermarmelade aus einem zerbrochenen Glas, lasse sie im Mund zergehen. Die Temperaturen sinken offensichtlich wieder, unsere Atemzüge dampfen vor sich hin, die Haut an meinen Fingerknöcheln ist rissig. Ich ziehe den Handschuh an und träume von einem Feuer. Ich könnte Holz suchen, irgendetwas Brennbares, aber tut das nicht jeder?

Wieder sortiere ich unsere Einmachgläser. Ein paar mit Birnen und Apfelmus haben überlebt.

Ich packe sie in einen Jutesack und beuge mich zu Oma hinunter. »Bin gleich wieder da, warte einfach auf mich.«

Omas Hand umklammert meinen Unterarm. Sie schüttelt den Kopf, ihre Augen sind voller Sorge: »Bleib hier.«

Ich falle fast um. Oma spricht. Ihre Stimme ist rau, aber sie ist klar genug.

»Ich gehe nicht weit weg, warte einfach hier.« Ich reiße mich los und dränge mich in die Menge. In den letzten Stunden sind noch mehr Leute eingetroffen, und ich komme kaum noch durch. Ich bin immer noch schockiert, dass Oma tatsächlich mit mir gesprochen hat, obwohl ich mit jeder Minute, die vergeht, mehr davon überzeugt bin, dass ich es mir eingebildet habe.

In der Nähe des mit Brettern verkleideten Restaurants finde ich, was ich gesucht habe. Die Soldaten, die vorhin unsere Pferde beschlagnahmen wollten, sitzen mit anderen schmutzigen und müden Männern zusammen. Das Feuer in ihrer Mitte zieht mich an, und ich spüre, wie die Wärme winzige, heiße Zungen an meinen Beinen emporsteigen lässt.

»Entschuldigen Sie«, rufe ich, »ich brauche Ihre Hilfe.« Der junge Mann mit der hässlichen Narbe, der Mutter gesagt hat, sie solle nicht gehen, sieht mich an. Er antwortet nicht, aber ich spüre einen Hauch von Neugierde. »Ich hatte gehofft, Sie könnten mit mir Brennholz tauschen«, platze ich heraus.« Ich halte ihm den Jutesack hin. »Es ist nur … wir haben seit Tagen nichts Warmes mehr gehabt. Meine Oma … Großmutter hat es schwer.«

Ein bisschen Leben kommt in die Züge des Jungen. Er sieht seine Kameraden an, den Stapel Brennholz neben ihnen. Er streckt einen Arm aus und fragt: »Was ist da drin?«

»Eingemachtes von unserem Bauernhof … Birnen und Apfelmus.« Ich überreiche ihm unseren Schatz. Was sollte ihn davon abhalten, das Essen für sich zu beanspruchen? Sie sind stark, haben Gewehre. Ich habe nichts, nicht einmal ein Messer.

»Wo übernachtest du?«, fragt der junge Soldat. Jetzt bemerke ich die Uniform, er muss ein Offizier sein.

»Morgen früh reisen wir weiter.«

Er murmelt etwas Abfälliges und steht auf. Er überragt mich, die Narbe an seiner Schläfe leuchtet. »Dir ist schon klar, dass du erfrieren kannst.«

Ich bin so überrascht über seine Nähe, dass mir keine gute Erwiderung einfällt.

»Ich kenne einen Ort, das Hotel Goldener Anker, ich werde Bescheid geben.«

»Wir können in kein Hotel gehen, das Boot fährt um sechs.«

Das Grinsen verwandelt ihn, lässt mich vergessen, wo wir sind, die Kälte, den Gestank, die Angst und die Menschenmassen. Er ist nur ein junger Mann, der sich mit einem Mädchen unterhält. »Das Hotel ist *am* Pier.«

Wieder bin ich stumm.

»Wie heißt du?«

»Annie Manstein.«

»Ich schicke eine Nachricht … vier Personen, richtig?«

Ich nicke. »Danke.«

Das Grinsen ist zurück. »Pass auf dich auf, Annie Manstein.«

Er dreht sich zu seinen Freunden um. Einer von ihnen sagt etwas wie »kleine Freundin« und »süß«.

Wenn sie nur wüssten. Ein schwangeres dummes Mädchen trifft es eher.

»Warte!« Der Soldat rennt hinter mir her und drückt mir etwas in die Hand. »Für die Obstkonserven.«

Als ich wieder aufschaue, ist er verschwunden. In meiner Hand liegt ein Laib dunkles, quadratisches Brot, *Kommissbrot*, Militärbrot, gebacken mit Roggen und Melasse.

Oma sitzt noch dort, wo ich sie zurückgelassen habe, zumindest ist sie wach und scheint unsere Sachen im Auge zu behalten. Schweigend reiche ich ihr ein Stück Brot und erzähle ihr von dem Hotel. Sie nickt, während sie weiter die verzweifelte Menschenmenge beobachtet, offensichtlich versucht, Mutter zu entdecken.

Ich muss eingenickt sein, denn als ich erwache, dämmert es bereits. Oma sitzt unbeweglich neben mir, in der zunehmenden Dunkelheit wirken ihre Lippen blau. Sie muss irgendwohin, wo es warm ist … mir fällt das Hotel wieder ein.

Mutter und Mila sind noch nicht zurück. Die Sorge packt mich mit eiskaltem Griff. Es sind mindestens fünf Stunden vergangen, seit sie abgefahren sind. Pillau ist klein. Es gibt keinen guten Grund, warum sie nicht schon längst zurückgekommen sein sollten. Meine Gedanken wandern zu meinen Pferden. Wahrscheinlich hat sie Schwierigkeiten, einen guten Platz zu finden, außerdem muss sie zurücklaufen.

Ich sehe mir das Durcheinander von Koffern und Decken an. Unmöglich, dass Oma und ich das alles tragen können. Frustriert breche ich zwei weitere Brotstücke ab und reiche eines davon Oma.

»Sie werden sicher bald zurück sein«, murmele ich.

Sie nickt, aber ich merke, dass sie genauso besorgt ist wie ich. Die Dunkelheit bricht herein, die Leute richten sich auf ihren Plätzen für die Nacht ein. Hier und da knistert ein Feuer, nicht genug, um den Ort zu erhellen, geschweige denn, ihn auch nur ein bisschen zu erwärmen.

»Was macht ihr noch hier?« Der junge Soldat mit der Narbe erhebt sich über uns.

»Ich … wir warten auf Mutter.«

»Es ist zu kalt, wartet im Hotel. Ihr könnt euch doch morgen früh am Boot treffen, oder?«

Ich nicke widerwillig, doch dann fällt mir unser Gepäck ein. »Wir haben zu viele Sachen zu tragen. Ich kann Oma auch nicht allein lassen.« Ich klinge verzweifelt und weinerlich und hasse mich dafür.

»Wo ist deine Mutter?«

Gute Frage. »Sie und Mila wollten unsere Pferde in Sicherheit bringen.«

»Richtig.« Der Soldat zieht seine Mütze ab und schlägt sie gegen seinen Oberschenkel. Im Halbdunkel funkeln seine Augen mit einer Mischung aus Wut und Frustration. »Verdammt.« Er atmet tief durch und hebt drei unserer Taschen auf. »Kommt, ich bringe euch zum Hotel.«

»Ich muss auf Mutter warten.«

»Ihr könnt im Hotel warten. Ich werde nach ihr Ausschau halten.«

Das Hotel Goldener Anker ist überfüllt, aber mithilfe des Soldaten finden wir einen Platz an der Rückwand des Speisesaals. Der Soldat eilt davon, ohne sich auch nur zu verabschieden. Trotzdem bin ich unendlich dankbar, ein Dach über dem Kopf zu haben.

Abwechselnd benutzen Oma und ich die völlig überlasteten Toiletten, aber es tut gut, drinnen zu sein, weg von der klirrenden Kälte. Auch wenn dieser Ort nach ungewaschenen Körpern und Verzweiflung stinkt. Wann habe ich mich das letzte Mal gewaschen?

Jede Stunde wache ich auf und erwarte halb, Mutter neben uns schlafen zu sehen. Aber sie ist nicht da. Im schwachen Licht der Notlampe rascheln, husten und flüstern die Menschen, niemand hat Platz, sich hinzulegen und normal zu schlafen. Gegen fünf Uhr wecke ich Oma. Ich habe zwei Kinder gebeten, mir zu helfen, unser Gepäck zum Schiff zu tragen, und habe jedem von ihnen dafür eine Reichsmark und ein Stück Brot gegeben. Wir brauchen die Lebensmittel, aber die Sachen von Mutter und Mila will ich nicht zurücklassen. Sie werden am Pier warten, denn der Soldat hat sie wahrscheinlich übersehen.

Im Schein einiger Laternen hat sich bereits eine Schlange gebildet. Wie sollen all diese Menschen auf das Schiff passen? Wir reihen uns ein, während ich ängstlich die wartende Menge mustere.

»Ich werde sie suchen«, sage ich und überlasse es Oma, auf unsere Taschen aufzupassen.

Aufmerksam gehe ich an den Frauen und Kindern vorbei, mustere eine nach der anderen. Je näher ich der Anlegestelle und dem Ende der Schlange komme, desto tiefer sinkt mein Herz. Mutter ist nicht hier. Freiwillig würde sie sich niemals davon abhalten lassen, zu uns zurückzukehren. Und so weiß ich tief in meinem Innern, dass etwas Schreckliches passiert sein muss, etwas, das ich mir nicht einmal vorstellen kann.

Langsam gehe ich zurück, meine Beine sind fast zu müde, um sich zu bewegen. »Sie ist nicht hier.« Ich bringe die Worte kaum heraus. Omas Augen glitzern, ihr Mund bewegt sich, aber diesmal bleibt sie stumm.

»Ich schaue an unserer letzten Station nach. Vielleicht wartet sie dort.«

Omas Finger greifen nach meinen. Sie nickt in Richtung des Schiffes, wo ein Mann in Uniform ein Seil entfernt hat und den ersten Menschen an Bord hilft. Das bedeutet, *beeil dich.*

So schnell ich kann, eile ich die immer länger werdende Schlange entlang, mustere jedes Gesicht – alle sehen blass aus, verängstigt und doch hoffnungsvoll – keines ist mir bekannt.

Die Menge wird immer dichter, die Menschen haben bemerkt, dass ein Schiff abfährt. Die Zeit wird knapp.

Eine Hand ergreift meinen Arm und bringt mich zum Stehen. »Was machst du denn wieder hier? Ich dachte, du wolltest mit dem Minenräumer fahren.« Es ist der Soldat von gestern Abend.

»Mutter … sie ist nicht zurückgekommen.« Jetzt, wo ich es laut aussprechen muss, sprudeln die Panik und die Angst, die sich aufgebaut haben, über. Das Gesicht des Mannes verschwimmt. »Ich wollte unseren letzten Standort absuchen.«

Nach einem Moment des Schweigens legt der Mann seinen Arm um meine Schulter und sagt: »Ich komme mit dir. Du darfst das Boot nicht verpassen.«

An unserem letzten Lager schlafen ein paar Frauen und drei Kinder, die sich aneinanderlehnen. Und dort, an einer Wand sitzend, ruht Mila. Er schläft, seine Wange unter der Augenklappe ist blutig und geschwollen.

»Mila!« rufe ich und eile zu ihm.

Mila wacht auf, erkennt mich … und beginnt zu zittern, dann zu weinen. »Es tut mir leid, ich konnte nicht helfen … Deine Mutter …«

Der Soldat zerrt Mila auf die Beine. »Komm schon, sprich, Mann. Wir haben keine Zeit zu verlieren.«

Mila ergreift meine Hand und schluchzt: »Russische Soldaten nehmen deine Mutter mit. Sagen, dass sie stark ist … zum Arbeiten … zurück nach Mütterchen Russland.«

»Was ist passiert?«, fragt der Soldat. »Eil dich.«

»Wir haben Hof gesucht, einen schönen Platz für Lotte und Maggie.« Mila spricht so leise, dass ich mich vorbeugen muss, um ihn zu verstehen. »Deine Mutter wollte sicher sein, dass sie gut versorgt sind. Also sind wir ein Stück aus der Stadt herausgefahren und dann … wie aus dem Nichts fangen die Russen an, auf uns zu schießen. Wir halten an. Fünf Männer kommen aus dem Gebüsch und zwingen uns, herunterzuklettern. Sie schauen uns an und zwingen uns, uns im Kreis zu drehen. Sie reden und lachen. Einer von ihnen sagt, er mag den kräftigen Körper deiner Mutter.« Mila hält inne, ein weiteres Schluchzen erhebt sich in den stillen Morgen. »Ich sage, dass sie eine anständige Frau ist, woraufhin mir einer der Männer eine Peitsche ins Gesicht schlägt. Ich falle hin und sehe, wie sie deine Mutter mitnehmen … und auf Pferde schießen.«

»Nein!«, schreie ich. »Mama.«

Der Boden beginnt zu schwanken, ein Loch tut sich auf. Das Nächste, was ich mitbekomme, ist, dass ich von dem Soldaten getragen werde. Ich höre ihn schwer atmen, während er Schimpfwörter murmelt, die ich noch nie gehört habe. Mila stolpert neben uns her.

Ich erkenne die Anlegestelle, das Boot ist noch da, schwankt auf und ab, das Seil ist jetzt geschlossen. Irgendwo trillert eine Pfeife. Die Motoren des Schiffes mahlen.

»Warte!«, brüllt der Soldat und rennt los. Ich weiß nicht, wie er das schafft, denn so stark sieht er nicht aus. Als wir uns nähern, erkenne ich Oma hinter dem Seil. Sie wartet, ihr Blick ist unleserlich für mich.

Ein Matrose bewacht die Planke. »Dieses Schiff fährt ab«, sagt er.

»Nicht ohne dieses Mädchen.« Der Soldat stellt mich auf die Beine. »Du gehst jetzt, hörst du. Kümmere dich um deine Oma.« Als er mich sanft über die Planke schiebt, schaue ich nur in sein freundliches Gesicht, möchte ihm danken und kann es doch nicht. Mein Blick fällt auf Mila, der einsam und hoffnungslos am Pier steht.

»Er kann nicht mitkommen«, sagt der Seemann. »Nur Frauen und Kinder.« Er schiebt die Planke beiseite und pfeift, die Motoren werden lauter, Wasser wirbelt um uns herum.

Oma zupft am Ärmel des Matrosen, zeigt auf Milas Tasche. Er wirft sie über die sich ausdehnende Weite. Vor einer Woche sind wir zu viert aufgebrochen, meine Familie, die ich kannte und liebte. Nun sind nur noch Oma und ich übrig, mein Herz ist ein Trümmerhaufen, genau wie die zerbombten Städte, an denen wir vorbeigekommen sind.

Ich hebe eine Hand, strecke sie empor, so weit mein Arm reicht. Neben Mila steht der Soldat, unbeweglich, und sieht zu, wie wir in die Dunkelheit gleiten.

Ich erinnere mich nicht an die Fahrt über das Wasser nach Gotenhafen, nur daran, dass das Schiff in der stürmischen See ruckelte und schwankte, dass sich die Menschen auf dem Boden übergaben, bis eine schleimige Masse alles bedeckte, dass Oma neben mir saß und wir beide leise weinten, und an das überwältigende Gefühl, dass ich meine Mutter getötet hatte.

KAPITEL ELF

In Gotenhafen ist genauso viel los wie in Pillau, nur besser organisiert. Wir werden in Gruppen eingeteilt und zum Warten in ein altes Hafengebäude gebracht. Irgendwann erscheint ein Mann mit einem Klemmbrett und fragt uns, wo wir hinwollen.

Ich höre seine Worte, aber sie fliegen mir einfach aus dem Kopf, bevor ich sie zuordnen kann.

Der Mann, dessen Kleidung schmutzig ist und nach ranzigem Fisch riecht, wirkt ungeduldig. »Ihr könnt entweder morgen den Zug nach Rostock nehmen oder wir haben noch Platz auf der Cap Arcona — in zwei Tagen.«

»Gustloff«, murmelt Oma. »Gustloff.«

Jeder hat von dem schrecklichen Untergang der Gustloff gehört. Mit fast zehntausend Flüchtlingen überladen, wurde sie vor zwei Tagen von russischen Torpedos getroffen. Fast alle Frauen, Kinder und verletzten Soldaten fanden ein frühes Grab im eisigen Meer.

Der Mann schaut grimmig. »Ich weiß, das ist ein Risiko. Aber die Russen können nicht überall sein und es ist ein schickes, großes Schiff, bequemer als die Züge.«

Ich nicke, Oma auch. *Wen kümmert das schon, sollen sie mich doch kriegen. Das, was mir am wichtigsten war, haben sie mir schon genommen.*

Der Mann kritzelt etwas nieder und murmelt: »Übermorgen Nachmittag um vier Uhr geht es los. Stellt euch mindestens drei Stunden früher an.«

So landen wir am Nachmittag des 3. Februars auf einem

Luxusdampfer. Drei Schornsteine stoßen Rußwolken in die Luft. Die zweistöckigen hohen Fenster lassen natürliches Licht herein und beleuchten die Holzintarsien und teuren Teppiche. Später sollte ich erfahren, dass dieses Schiff einst von den Reichen benutzt worden war, um die Ozeane zu überqueren, sogar bis nach Südamerika. Wo man früher in Smoking und langen Kleidern speiste, sitzen wir zusammengepfercht wie Heringe in einer Dose im ehemaligen Speisesaal, der jetzt als Schlafsaal dient. Wir bekommen eine wässrige Suppe, die ich, ohne nachzudenken, verschlinge.

Oma öffnet Mutters Tasche und sortiert ihre Sachen, eine gestrickte Wolljacke und Socken für mich, etwas Unterwäsche, die sie in ihren eigenen Koffer legt. Ich schaue auf, als Oma seufzt. Sie studiert ein Foto. Es ist das Foto, das Mutter Ende August gemacht hat, an dem Nachmittag, als ich mich am Arm verletzt habe. Werner und ich stehen da, Arm in Arm, und lächeln. Wir sehen so jung aus, beide haben wir dieses sorglose Grinsen – ahnungslos und naiv. Das Bild verschwimmt und ich stecke es wütend in meinen Koffer.

Der Dampfer ist riesig und fährt viel ruhiger als das Militärboot, mit dem wir die Lagune überquert haben. Irgendwann führt mich Oma an Deck. Wir haben die Frau neben uns gebeten, auf unsere Sachen aufzupassen. Es ist eiskalt, aber nach dem Gestank drinnen atme ich tief durch. Mein Verstand weigert sich immer noch, zu funktionieren, ich erwarte, dass Mama jeden Moment zu uns stößt.

Oma drückt meine Hände an ihre Brust, dann zieht sie mich in eine Umarmung. Das letzte Mal hat sie mich gedrückt, als wir von dem Baby erfuhren. Mein Baby! Ich habe vergessen, dass ich schwanger bin. Das Gefühl der Überwältigung ist so stark, dass meine Knie nachgeben. Oma hält mich aufrecht, hilft mir, mich an der Reling festzuklammern. Ich hatte darauf vertraut, dass Mama alles in Ordnung bringen würde, wie sie es immer getan hat, dass sie mir helfen würde, die Schwangerschaft und die Geburt zu überstehen. Ich hatte mich darauf gefreut, sie als Großmutter zu sehen. Ein furchtbarer Schrei kommt über meine Lippen und wird vom Wind weggerissen. Ich beginne zu zittern und schluchze so heftig, dass mir die Kehle vor Schmerz rau wird.

»Kann ich irgendetwas tun?« Die junge Frau, die vor uns steht, wiegt ein Baby in einem Tragetuch. Alles, was ich sehe, sind ihre

Augen, die nahe an meinem Gesicht schweben. Sie sind groß und besorgt, ihre Farbe eine seltsame Mischung aus Blau und Grün, wie Meerschaum. Sie berührt meine Wange und reicht mir dann ein kleines besticktes Taschentuch.

Oma murmelt etwas vor sich hin und hilft mir, mich erneut gegen das Geländer zu lehnen.

Die junge Frau ist hübsch, dunkles lockiges Haar umrahmt ihr ovales Gesicht. »Armes Kind, du bist schwanger, nicht wahr? Die Übelkeit wird vorübergehen, du wirst sehen.« Sie lächelt aufmunternd.

Wenn du nur wüsstest. Ich schweige, starre auf das schöne Geschöpf, das schlafende Baby, aber die Frau scheint nicht beleidigt zu sein.

»Warte hier, ich habe etwas, das helfen könnte«, sagt sie.

Wieder drohen meine Knie einzuknicken, aber Oma stützt mich am Ellbogen. Ich schaue über das Geländer, in die Schwärze da unten. Meine Nasenflügel kleben vor Kälte zusammen, die Luft schneidet mir in die Haut. Hier draußen müssen es zwanzig Grad minus sein. Das Wasser ist furchtbar kalt, es würde nur ein oder zwei Minuten dauern, um …

»Hier, probier das mal.« Die Frau reicht mir ein kleines Päckchen. »Fenchelsamen.«

Ich starre nur auf das Bündel, also faltet sie das Tuch auseinander. »Mach auf.«

Ich gehorche, öffne meinen Mund, als wäre ich ein kleines Kind.

»Und jetzt kauen.« Sie schenkt mir ein Lächeln. »Das wird dir helfen, besser zu verdauen. Ich habe sie aus meinem Garten mitgebracht. Ich heiße übrigens Liese, Liese Braun.«

»Annie«, sage ich. »Das ist Oma Leo, sie ist meistens still.«

Liese sieht uns an, aber wenn sie neugierig ist, zeigt sie es nicht. »Wann ist es so weit?«

Ich richte meine Aufmerksamkeit wieder auf das Leben in mir, erinnere mich an mein Gespräch mit Mama. »Juli.«

Die Frau lächelt. »Es wird schon alles klappen, du wirst sehen.«

Ich bin überzeugt, wenn ich Liese an diesem Abend nicht kennengelernt hätte, wäre ich ins Wasser gesprungen und hätte alles beendet. Liese war wie ein wärmendes Feuer, sie vermittelte mir Trost und Zuversicht, die ein winziges Stück meines Herzens zusammenkitteten, genug, um mich am Leben zu halten.

Sie ist allein, wie wir, nur sie und ihr Baby, das sie an winzigen Brüsten stillt. Noch vor einem Tag hätte ich erwartet, bei einem solchen Anblick etwas zu fühlen, Aufregung, vielleicht sogar Vorfreude. Doch ich fühle nichts, wenn ich sehe, wie Liese ihr Kind umarmt, schmecke nichts von den Suppen, die wir bekommen, mich kümmern nicht einmal die Tausenden, die mit uns in dem riesigen Speisesaal zusammengepfercht leiden. Solange Oma oder Liese mich nicht zum Essen, Spazierengehen oder Ausruhen auffordern, sitze ich nur da und starre auf die riesige Hakenkreuzfahne, die an der Wand hängt.

In Rostock sind wir wieder in Gebäuden rund um den Hafen untergebracht. Ich spüre die Blicke von Oma und Liese auf mir, kann mich aber nicht dazu durchringen, mit ihnen zu sprechen. Nicht einmal das gelegentliche Flattern in meinem Bauch heitert mich auf.

Als ich aufwache, beugen sich Oma und Liese über Lieses Baby. Es weint, ein winziges, rosa Gesichtchen mit Falten. Liese weint ebenfalls.

»Was ist passiert?« frage ich.

Liese streichelt das feine Haar ihres Sohnes und scheint mich nicht zu hören.

»Baby … krank«, sagt Oma mit dieser rauen Stimme.

Wieder bin ich schockiert, dass sie spricht, aber meine Sorge um meine neue Freundin ist größer. »Was ist los, Liese?«

Liese zuckt mit den Schultern und wischt sich mit einer Hand über die feuchten Wangen. »Ich weiß es nicht. Er hört nicht auf zu weinen.«

»Hast du versucht, ihn zu stillen?«

»Ich habe nicht mehr genug Milch.« Liese verzieht das Gesicht, ihr Mund bebt. »Er hat bestimmt Hunger.«

»Vielleicht gibt es auf dem Schiff einen Arzt. Ich könnte nachschauen gehen.«

»Nein, nein, ich gehe schon.« Liese richtet sich auf. »Hier, nimm du Karl.« Sie drückt mir ihren Sohn in die Arme und stürmt davon.

Da der kleine Karl in meinen Armen zittert, ziehe ich ihn unter meinen Mantel und stehe auf. Unter Omas wachsamen Augen beginne ich, herumzugehen, vorbei an unzähligen Müttern und ihren Kindern, einer Handvoll alter Männer und Frauen. Das Baby wimmert weiter und ich mache mir Sorgen, dass es zu schwach wird, um zu weinen. In der Nähe des Haupteingangs sitzt eine Frau auf ihrer Pritsche. Sie ist blass und starrt nur ins Leere. Neben ihr liegt ein Bündel, und als ich näher komme, erkenne ich, dass es sich um einen weiteren Säugling handelt. Dieser ist bläulich blass und still … tot.

»Es tut mir so leid«, sage ich. Die Frau scheint mich nicht zu hören. Sie muss mindestens dreißig sein, eine kräftig aussehende Frau, die mich an Mama erinnert. »Haben Sie zufällig etwas Milch?« frage ich. »Das Baby meiner Freundin ist am Verhungern.«

Das Wort Baby wirkt wie ein Schalter, denn der Blick der Frau trifft endlich meinen. Wortlos öffnet sie ihren Mantel und enthüllt zwei nasse Flecken auf ihrer Brust.

»Würden Sie ihn stillen, wenn meine Freundin einverstanden ist?«

Die Frau hat immer noch kein Wort gesagt. Ihr Blick wandert zu Karls kleinem Gesicht, das aus meinem Mantel lugt. Dann nickt sie.

»Ich werde nachfragen und bin gleich wieder da. Kann ich etwas für Sie tun?«

»Sie hatte Keuchhusten«, sagt die Frau. »Hörte einfach auf zu atmen.«

Ich drücke die Schulter der Frau. »Es tut mir so leid, ich bin gleich wieder da.«

Und so kommt es, dass der kleine Karl zwei Mütter erhält.

KAPITEL ZWÖLF

Es dauerte mehr als drei Wochen, um nach Magdeburg zu gelangen, eine Entfernung von dreihundert Kilometern. Warum Magdeburg? Ich habe keine Ahnung. Es war einfach so, dass ein paar Dutzend Leute auf dem Weg dorthin waren. Es klang so gut wie jeder andere Ort. Wen kümmerte es schon, wo genau wir wohnen würden? Im Nachhinein betrachtet, war es ein großer Fehler, aber die Wahrheit kam erst nach einer Weile ans Licht.

Wir fuhren mit dem Zug … mal hierhin, mal dorthin. Die Züge hielten mitten auf den Gleisen, warteten, fuhren weiter und kehrten manchmal um. Wir hielten an Bahnhöfen, Schulen und im Freien, während alliierte Bomber Gleise sprengten oder nach allem suchten, was sich bewegte, um es zu zerstören.

Die Waggons waren so voll, dass es unmöglich war, sich zu bewegen, sobald man auf seinem Platz saß. Nicht, dass wir Grund dazu gehabt hätten, denn unsere Mägen und Blasen waren größtenteils leer, und wir hofften auf Zuteilungen an den Bahnhöfen.

Liese und ihr Baby, mit der Frau, deren kleine Tochter verstorben war, im Schlepptau, stiegen in Berlin aus, weil Liese dort eine Tante hatte und hoffte, bei ihr unterzukommen. Insgeheim hatte ich mir gewünscht, dass sie uns begleiten würde.

Ich erwache ein wenig aus meiner Benommenheit, ein Zustand, in dem ich mich fast immer befinde, eine Art Wachtraum zwischen Schlaf und Wachsein. Ich kann weder denken noch sprechen, ich existiere einfach in einem Niemandsland. Meine Augen sind offen, aber die Dinge, die ich sehe, erkenne ich nicht, als ob ich in einer Art Koma läge. Der Zug hat angehalten. Es ist Nachmittag, der Himmel ist trübe, sodass kaum Licht in unser Abteil dringt.

»Alle, die nach Magdeburg wollen, raus!«, ruft der Schaffner.

Oma zupft an meinem Ärmel, murmelt. Gemeinsam schlängeln wir uns an Menschen, Gepäck und Kinderwagen vorbei. Dutzende weitere scheinen die gleiche Idee zu haben. Ich bin durstig, mein Hals ist rau und schmerzt, und ich könnte schwören, dass Oma seit unserer Abreise einige Zentimeter geschrumpft ist.

Nach der anfänglichen Aufregung verliere ich alle Energie, weiterzugehen, sobald wir den Bahnsteig betreten. Liese ist weg, Oma erschöpft. Nur das kleine Flattern in meinem Bauch hält an, ein Gefühl, das mich gleichermaßen erstaunt und ermutigt. Dem Baby geht es noch gut. *Bleib lieber drin, solange du kannst.* Ich habe den Überblick verloren, wie viele verlassene Kinderwagen und tote Babys ich im letzten Monat gesehen habe.

Auf dem Bahnsteig bildet sich eine unordentliche Schlange. Oma und ich warten auf unseren Bündeln sitzend, bis eine Frau uns Linsensuppe und Tee bringt. Zumindest könnte es Linsensuppe sein, in Wirklichkeit ist es ein bräunlicher Sud mit ein paar verlorenen Zwiebel- und Karottenstücken. Ich trinke das Gebräu schnell aus, als würde es mir jemand stehlen wollen. Man sollte meinen, dass man vor Hunger langsamer isst, jeden Bissen genießt. Doch das Gegenteil ist der Fall. Je länger wir unterwegs sind, desto schneller schlucke ich alles hinunter. Was ich habe, kann mir niemand wegnehmen.

Kurz nach der hilfsbereiten Suppenköchin erscheint eine andere Frau mit einem Klemmbrett. »Wo wollen Sie hin?«

Oma und ich schauen uns an, ich merke, dass sie genauso unsicher ist wie ich. »Magdeburg?«, platze ich heraus.

»Haben Sie hier Familie?«

»Nein.«

»Erwarten Sie noch andere? Mutter … Vater?«

Sofort schießen mir die Tränen in die Augen. Ich schüttele inbrünstig den Kopf.

Die Frau spricht Oma an. »Ihr Name?«

Beschützend nehme ich Omas Hand. »Sie heißt Leonora Trapp, ich bin Annie Manstein.«

Die Frau blinzelt, während sie unsere Namen aufschreibt,

gefolgt von Geburtsdaten und Adresse. »Warten Sie hier, ich bin gleich wieder da.«

Langsam leert sich der Bahnsteig. Ich friere wieder, der Wind ist bösartig, schlüpft leicht unter meinen Mantel. Ich stehe auf, um mich neben Oma zu stellen – ihre Lippen sind wieder blau. Hier und da gehen die Leute mit winzigen Papierschnipseln weg.

Die Dämmerung bricht herein, bevor die Frau zu uns zurückkehrt. »Sie werden bei einem Bauern in Beyendorf wohnen.«

Die Frau hätte genauso gut Chinesisch sprechen können. Ich fühle mich völlig verloren.

Sie muss es mitbekommen haben, denn sie fährt fort: »Beyendorf ist ein Dorf südlich der Magdeburger Innenstadt. Heute Abend ist es zu spät, wir werden morgen früh eine Fahrt organisieren.«

Sie führt uns zu der Suppenfrau, die uns in ihr Haus mitnimmt und in ihrer Küche schlafen lässt. Zwar gibt es dort keine Betten, aber wenigstens ist es warm. Ich kuschele mich neben Oma auf eine unserer beiden verbliebenen Decken und nehme die zweite, um uns einzuhüllen. Ich weiß, ich sollte dankbar sein, aber selbst das erfordert Kraft, die ich nicht habe. Ich kann mir nicht vorstellen, wie schlecht es Oma gehen muss. Vor vielen Jahren hat sie ihren Mann im Ersten Weltkrieg verloren. Mama hat mir nie Einzelheiten erzählt, nur dass Oma nie wieder geheiratet hat. Jetzt hat sie ihre einzige Tochter verloren, dazu ihr Zuhause.

Als ich erwache, ist die Frau dabei, Graubrotscheiben mit Johannisbeermarmelade zu bestreichen. Zwei Kinder, nicht älter als sechs und acht, beäugen uns neugierig vom Tisch aus. Offensichtlich haben sie die strikte Anweisung, sich uns nicht zu nähern.

»Ihr könnt jetzt essen«, sagt die Frau. »Müsst euch beeilen, mein Mann wird gleich abfahren wollen.«

Wohin?, möchte ich fragen. Ach ja, Beyenburg oder -dorf oder so. Was macht das schon? Ich helfe Oma auf die Beine und wir essen im Stehen. Der Tee ist nicht mehr als gefärbtes Wasser, das Brot trocken und körnig. Aber es ist Essen, also kaue und schlucke ich und versuche, mich von dem Nagen in meiner Mitte abzulenken.

Oma isst langsamer. Sie hat Probleme mit ihren Zähnen und das harte Brot bereitet ihr erst recht Schwierigkeiten.

Ein breitschultriger Mann kommt herein, seine Wangen

leuchten rötlich und auch auf seiner Nase prangen geplatzte Blutgefäße. Er sieht uns kaum an, während er Muckefuck schlürft – französisch für falschen Kaffee – ein Kaffeeersatz aus Pflanzen und Zichorienwurzeln, der vorgibt, Kaffee zu sein, aber kein Koffein enthält.

»Fertig?«, fragt er und ignoriert offensichtlich, dass Oma noch nicht fertig ist.

Sie nickt gehorsam und ich helfe ihr, den Rest des Brotes in ihrem Mantel zu verstauen.

Wir folgen dem Mann zu einem einfachen Wagen, der mit Brennholz beladen ist. Davor steht eine traurig aussehende Stute mit gesenktem, müdem Kopf. Ihr Anblick versetzt mich zurück nach Pillau, wo ich Mama weggeschickt habe, um unsere Pferde zu retten, was dazu geführt hat, dass sie von den Russen entführt wurde. Ich kann es nicht ertragen, an sie zu denken, also helfe ich Oma mit ihrer Tasche und lege meine auf die Holzscheite daneben. Hier hinten ist kein Platz zum Sitzen, der Mann winkt uns auf die Sitzbank. Wir quetschen uns neben ihn, ich in der Mitte, Oma außen. Ich habe Angst, dass sie runterfällt, so eng ist es.

Die Reise kann nicht schnell genug zu Ende sein. Der Mann stinkt – das tun wir wohl alle – und seine Nähe macht mich nervös. Unterwegs wandert seine Hand auf meinen Oberschenkel, wo sie wie ein schleimiges Tentakeltier ruht. Ich will sie wegschieben, habe aber Angst, dass er Oma und mich vom Wagen wirft. Ich weiß nicht, wohin wir sollen, und Oma ist nicht in der Lage, weiterzulaufen.

»Die Stadt ist gesperrt«, sagt der Mann irgendwann. »Die Briten kamen letzten Monat und haben alles bombardiert. Es hat tagelang gebrannt, Tausende sind gestorben.« Er spuckt in offensichtlicher Abscheu aus.

Ich will nur wissen, wie lange es noch dauert, weil seine Hand beschlossen hat, sich weiter auf Erkundungstour zu begeben. Ich schaue nicht einmal nach unten, zu groß ist die Furcht vor dem, was ich sehen könnte.

In diesem Moment schießt Omas Arm über mich hinweg, reißt die Finger des Mannes von meinem Bein und kneift zu. Mit glühenden Augen schreit sie: »Nein!«

Der Mann lässt die Zügel fallen, während er seinen offensichtlich schmerzenden Zeigefinger begutachtet. »Verdammt, Frau. Was soll das?«

Oma starrt ihn immer noch an. »Schäm dich!«

Zu meiner Überraschung wird der Mann rot, seine hängenden Wangen sehen mit einem Mal entzündet aus. Er starrt geradeaus, scheinbar konzentriert auf die Straße, die durch unendliche Felder führt, eine farblose Weite, die ins Nichts geht. Ich schaue zu Oma, deren Mund arbeitet und deren kleiner Körper neben mir zittert. Es muss sie unglaublich viel Kraft gekostet haben, diese Worte zu sagen, ich empfinde einen unbändigen Stolz auf diese kleine Frau.

Schließlich halten wir an einem bescheidenen Bauernhof – nicht mehr als ein einstöckiges Backsteinhaus, ein paar Scheunen und einen Hühnerstall – einer von Hunderten, die die Landschaft prägen.

Der Mann steigt hastig ab, als ob ich ihn verbrannt hätte, und eilt davon, um den Besitzern Bescheid zu geben. Erleichterung durchströmt mich, dieser Ort erinnert mich an zu Hause. Doch gleich darauf durchfährt mich ein Stich. *Mama ist nicht hier, dies ist nicht wie zu Hause … und wird es niemals sein.*

Eine Frau mit einem grauen Schal um den Kopf erscheint in der Tür. Ich klettere von der Bank und helfe Oma herunter. Langsam nähern wir uns und ich höre die Worte des Mannes: »… könnte ein Problem sein … trauen Sie ihnen nicht.«

»Guten Tag«, sage ich betont freundlich. »Das ist Oma Leonora und ich bin Annie.«

Die Frau lässt ihren Blick über uns schweifen. Wir sehen inzwischen furchtbar aus, schmutzig, mit schlammigen Mänteln, kaputten Schuhen und verfilzten Haaren. Das letzte Bad habe ich in der Nacht vor unserer Abreise genommen. Wir müssen zum Himmel stinken.

Trotz meiner trockenen Kehle und der Leere meines Magens zwinge ich mich zu einem Lächeln. Oma murmelt etwas und blinzelt den Mann an, der sich seinem Wagen zuwendet. »Ich muss weiter«, sagt er, ohne auch nur einen Blick in unsere Richtung zu werfen.

Die Bäuerin stößt einen lauten Seufzer aus, wahrscheinlich hält sie uns für eine große Last. »Na dann, kommt rein.«

Wir gehen an ihr vorbei durch einen düsteren Korridor mit braunem Kachelboden. Die Frau führt uns in eine Küche, in der etwas gebacken wird, das unglaublich lecker duftet. Ich kann nicht anders, als zu schnuppern. Speichel sammelt sich in meinem Mund,

Oma neben mir schluckt ein paar Mal.

Die Frau, die um die sechzig sein muss – ihr zurückgebundenes Haar ist so weiß wie das von Oma – scheint es nicht zu bemerken. Sie sagt: »Ich bin Frieda Lindmann, mein Mann ist gerade auf dem Feld. Wir können die Hilfe auf dem Hof gebrauchen. Es waren ein paar harte Jahre mit all den Männern im Krieg.« Sie hält inne, mustert uns noch einmal von oben bis unten. »Ihr seht nicht besonders kräftig aus.« Ihr Blick verweilt auf Oma, die vor meinen Augen zu schrumpfen scheint.

Nein, werte Dame, das sind wir nicht. Wir haben alles zurückgelassen, was uns lieb und teuer ist, haben kaum etwas gegessen. Meine Beine sind so müde, dass ich das Gefühl habe, jeden Moment umzukippen.

Frieda seufzt erneut und sagt: »Also gut, ich zeige euch euer Quartier.«

Mein Herz sinkt, als wir die warme Stube wieder verlassen und Frieda über den Hof zu einem Gebäude folgen, das mich an ein Gartenhäuschen erinnert. In der Ecke steht ein schmaler Ofen, zwei Feldbetten stapeln sich seitlich an der Wand, sodass gerade Platz für einen Tisch und drei klapprige Stühle bleibt. Eine Waschschüssel und ein paar verwahrloste Teller stehen auf einem Regal.

»Brennholz ist gleich um die Ecke – ihr wisst doch, wie man Feuer macht?«

Ich nicke. Meine Hände sind ganz taub von der langen, kalten Fahrt.

»Ihr habt keine Handtücher, nehme ich an?« Der säuerliche Ausdruck ist wieder da.

Oma sinkt auf einen Stuhl und stützt sich mit einer Hand den Kopf.

»Könnten wir etwas Wasser haben?«, frage ich.

»Die Pumpe ist dort drüben … in der Nähe des Hühnerstalls.«

Ich ignoriere die Frau, nehme die Waschschüssel und marschiere zur Pumpe. Wut steigt in mir auf, und doch habe ich keine Kraft zu schreien oder zu streiten. Ich fülle die Schüssel und kehre in die Hütte zurück, fülle zwei angekatschte Becher und reiche einen davon Oma, die klein und gebeugt am Tisch sitzt.

Es ist fast dunkel hier drin, wir sind allein.

Endlich löst sich die Spannung und eine tiefe Müdigkeit macht sich breit. Ich weiß, ich sollte ein Feuer machen, eine Kerze anzünden, um Essen bitten. Dich ich schaffe es nur, die beiden

Betten aufzustellen und unter die mottenzerfressene Decke zu schlüpfen. *Ich habe ein Dach über dem Kopf,* sage ich mir. *Ich bin in Sicherheit.* Die Dunkelheit bricht herein und ich schlafe ein.

Bei Tagesanbruch weckt mich der krähende Hahn. Mein erster Gedanke ist, dass ich zu Hause bin und einen Albtraum gehabt habe. Bis ich merke, wie kalt mir ist. Neben mir schläft Oma noch, also schleiche ich nach draußen, um das Plumpsklo zu benutzen.

Zurück in der Hütte entdecke ich eine kalte Kanne Tee, mehrere Scheiben Brot und ein Stück Hartkäse. Ich beginne, wie eine Wahnsinnige zu essen, kaue und schlucke, kaue und schlucke.

Ich erinnere mich an den Ofen, hole Holz und entzünde ein Feuer. Oma rührt sich und schaut mich verwirrt an.

Ich lächele sie an und bringe ihr kalten Tee. »Guten Morgen.«

Ich merke, dass Oma mit sich ringt, ob sie weiterschlafen oder dieses neue, unmögliche Leben willkommen heißen soll. Das Feuer verbreitet ein wenig Wärme und zu meiner Erleichterung steht sie auf.

In dem zunehmenden Licht sieht die Hütte noch schäbiger aus. Spinnweben kleben an der aufgeplatzten Wandfarbe, das winzige Fenster ist blind vor Schmutz. Während Oma frühstückt, beschließe ich, die Sache selbst in die Hand zu nehmen.

An der Tür zum Haupthaus zögere ich, dann klopfe ich.

Frieda öffnet, von ihren Händen tropft Seifenwasser.

»Guten Morgen«, sage ich viel zu laut. »Ich muss unser Zimmer putzen, außerdem hätte ich gern Seife und ein paar Handtücher, damit wir uns waschen können.«

Frieda winkt mich herein. »Warte hier.«

Bepackt mit fadenscheinigen Handtüchern, Lappen, einem Eimer, Besen und Seife kehre ich in den Schuppen zurück. Oma kümmert sich um das Feuer, ich kann meinen Atem nicht mehr sehen. Es ist ein Fortschritt.

Den ganzen Tag putze und wische ich, mache zwischendurch Pausen, wenn meine Beine und Arme schwach werden. Frieda hat uns Bohnensuppe und noch mehr Brot gebracht, das wir hinunterschlingen. Oh, herrliches warmes Essen. Oma macht immer wieder ein Nickerchen, aber bald habe ich alles abgewaschen. Jetzt sind wir an der Reihe.

Ich mache einen Topf Wasser nach dem anderen heiß, wasche mich und dann meine schmutzigen Kleider. Oma ist wieder wach und tut es mir nach. Ohne ihre Kleidung wirkt Oma noch winziger, ihre Haut ist faltig und hauchdünn.

Nach dem Abendessen, Frieda hat uns vier gekochte Eier und ein paar Scheiben frisches Brot gebracht, lasse ich mich aufs Bett fallen. Oma lässt die Eier aus und verschlingt nur das Brot. Morgen werde ich um Marmelade bitten und erklären, dass Oma Eier hasst. Jede von uns hat eine weitere Decke bekommen, und da wir das Feuer am Laufen halten, ist es jetzt fast warm.

Ein Flattern kribbelt in mir. Das Baby ist wach. Tagsüber war ich so abgelenkt, dass ich es vergessen habe. Jetzt kündigt sie ihre Anwesenheit an. Ich weiß, dass es ein Mädchen ist, ich weiß es einfach.

Ein neuer Gedanke kommt mir … diese Frau da draußen, Frieda, sie erwartet, dass ich arbeite. Wahrscheinlich haben sie und ihr Mann deshalb gesagt, sie würden ein paar Flüchtlinge aufnehmen. Und dann kommen wir daher, eine schwächliche Alte und eine Schwangere. Wahrscheinlich werden sie uns rausschmeißen, auch wenn es hier aussieht wie in einer Sklavenhütte.

Ich weiß, ich sollte dankbar sein, ein Dach über dem Kopf zu haben, aber ich kann nur an mein eigenes Zuhause denken und an den Moment, an dem wir zurückkehren werden können, zurück auf unseren eigenen Hof. Vielleicht lassen die Russen Mama ja frei und Vater kehrt zurück – falls dieser schreckliche Krieg jemals endet.

Nach zwei ereignislosen Tagen der Eingewöhnung, in denen ich mit Oma ein paar kurze Spaziergänge in der eisigen Luft unternommen habe, werden wir ins Haupthaus gerufen.

Frieda steht am Herd und rührt etwas Leckeres in einem riesigen Topf, während ein magerer Mann mit kränklicher Blässe am Tisch hockt.

»Das ist mein Mann Paul«, sagt Frieda. »Er ist ein Invalide, hat ein Bein verloren, deshalb kann er nicht mehr so gut auf dem Feld arbeiten.«

Paul räuspert sich. »Ich dachte, ihr zwei könntet helfen, den Laden wieder in Schwung zu bringen. Vor allem, da unser Sohn …«

»Das ist doch jetzt egal.« Frieda wirft ihre Kelle in den Topf und fährt fort: »Wir hatten gehofft, ihr könntet uns sagen, was ihr vorher gemacht habt … ich meine, wo ihr herkommt.«

Ich höre nur halb zu, weil der Suppengeruch meinen

Speichelfluss anregt. Warum brauchen Menschen ständig Nahrung?

»Oma muss sich setzen«, sage ich abrupt.

Paul deutet auf ein paar Holzstühle mit geraden Rückenlehnen. Wieder scheint Frieda verärgert zu sein, das sehe ich an ihrem verkniffenen Mund, doch sie kehrt zu ihrer Suppe zurück, ohne ihrer Missbilligung weiteren Ausdruck zu verleihen.

»Wir hatten auch einen Bauernhof«, beginne ich nach einem kurzen Blick auf meine stumme Oma. »Mama, Oma und ich haben ihn allein bewirtschaftet, nachdem Vater in den Krieg eingezogen wurde.« *Und Werner …* »Im Januar sind die Russen über die Grenze nach Ostpreußen gekommen, alle in Insterburg mussten fliehen. Wir haben unsere Pferde vor unseren Wagen geschirrt und uns nach Pillau durchgeschlagen, von dort ging es über das Wasser nach Rostock, dann mit dem Zug … hierher.« Das klingt so schnell, sogar einfach, als wären es nur ein paar Stationen gewesen, die wir gemütlich abgeklappert hätten, während die Realität ein ständiges, nie enden wollendes Grauen von vielen Wochen war.

Zum ersten Mal scheint Frieda weich zu werden. Sie nähert sich dem Tisch und setzt sich uns gegenüber. »Du sagtest … wo ist denn deine Mutter?«

Ein Kloß sitzt mir im Hals, keine Worte kommen heraus. Trotz aller Anstrengung, sie zurückzudrängen, steigen mir die Tränen in die Augen, Frieda und Paul verschwimmen.

»Die Russen haben sie mitgenommen«, sagt Oma mit ihrer rauen Stimme. »Das arme Kind ist ganz allein.« Sie konzentriert sich auf das Paar, ihr Blick ist ernst, fast aggressiv. Unter dem Tisch ergreift sie meine Finger, drückt fest zu, viel fester, als ich es für möglich gehalten hätte.

Frieda schlägt sich die Hand vor den Mund, Paul schüttelt den Kopf. Einen Moment lang ist das einzige Geräusch das Knistern des Ofenfeuers.

Irgendwann steht Frieda auf, schneidet Brot und füllt vier Suppenschalen. Zum ersten Mal seit unserer Abreise sitzen wir an einem richtigen Tisch und essen wie normale Menschen.

»Was ist mit Ihrem Sohn passiert?«, frage ich, nachdem ich meine Stimme wiedergefunden habe.

Da Frieda stumm bleibt, antwortet Paul: »Robert ist letztes Jahr eingezogen worden, kurz nach seinem achtzehnten Geburtstag. Wir haben versucht … Frieda hat versucht, ihn hierzubehalten, aber er hatte keine Wahl. Die SS ist gekommen und hat ihn mitgenommen.« Er macht eine Pause, als müsste er sich sammeln, um fortfahren zu können. »Zuletzt schrieb er, dass er in Frankreich sei. Es ist viele Monate her, wir wissen es also nicht …« Er beugt sich vor, die Schultern sacken zusammen, er wirkt geschlagen.

Dieser Krieg, Hitlers Wahnsinn, hat das angerichtet. Er hat Millionen von Leben zerstört, Millionen von Menschen getötet, fremde Länder überfallen, bombardiert und verwüstet. Jetzt sind wir die Leidtragenden, Frauen und Kinder, junge Männer wie Robert und mein Werner.

Frische Wut lodert in mir auf, das Flattern ist zurück. Ich darf mein Baby nicht aufregen, muss versuchen, ihm eine friedliche Welt zu erschaffen. *Sehr witzig, Annie*, kichert mein Verstand. *Du hast ja nicht einmal mehr ein Zuhause.*

Nach diesem Abend ändert sich alles, zumindest ein wenig. Frieda bringt uns morgens das Frühstück, aber abends essen wir mit dem Ehepaar im Haupthaus. Ich übernehme Hausarbeiten, helfe Oma oder Paul. Draußen zu sein, Aufgaben zu erfüllen, die mir von früher bekannt sind, hilft ein wenig, tut aber auch weh und erinnert mich an das, was ich nicht mehr habe. Ich vermisse sogar die Schule, was ich nicht für möglich gehalten hätte.

Jeden Abend lauschen wir dem Volksempfänger auf der Suche nach Nachrichten … nach etwas Gutem, etwas, das uns sagt, wann wir nach Hause zurückkehren können. Stattdessen klingen die Informationen immer schlechter. Anfang März werden weitere Jungen in den Krieg geschickt, die Bomben der Alliierten regnen ungehindert auf einen Großteil Deutschlands. Die russische Armee nähert sich Berlin – wir werden aufgefordert, durchzuhalten, stark zu sein, stolz zu sein und das Vaterland bis zu unserem letzten Atemzug zu verteidigen.

Die spinnen wohl. Ich für meinen Teil werde nichts dazu beitragen. Ich kann nicht länger leugnen, dass ich schwanger bin, mein Bauch wächst, die Flatterbewegungen verwandeln sich in winzige Tritte. Aufgrund der lockeren Kleidung ist von außen noch nichts zu sehen – außer an meiner Mitte habe ich abgenommen – und ich habe den Lindmanns noch nichts gesagt, aus Angst, sie würden mich rauswerfen. Schon jetzt habe ich Schwierigkeiten, richtig anzupacken. Oma hat mich bereits mehrmals kopfschüttelnd von Heuballen und Getreidesäcken weggezogen.

»Annie, ich brauche deine Hilfe«, ruft Frieda aus der Scheune.

Ich habe mich gerade vor unsere Hütte gesetzt, um die paar Sonnenstrahlen zu genießen. Nun zucke ich zusammen, kämpfe meine Nervosität nieder und schleiche über den Hof.

Frieda beugt sich über einen alten Feldpflug. »Wir haben keinen Treibstoff mehr für den Traktor, wir müssen mit diesem alten Ding Zuckerrüben pflanzen. Wie sollen wir unsere Felder bewirtschaften, wenn wir nicht einmal einen Traktor fahren können?« Sie schaut auf. »Du weißt doch, wie man mit Pferden umgeht, oder? Wir haben noch zwei übrig, die haben wir das letzte Mal versteckt, als die Wehrmacht durchkam.« Sie nickt in Richtung des hinteren Teils der Scheune, die abseits vom Hof steht. »Da drin, hol sie für mich, damit wir das Wetter ausnutzen können.«

In einem abgesperrten Bereich finde ich zwei Stuten mit breiten Rücken und dem sanften Verhalten von Schafen. Wieso habe ich die nicht längst bemerkt? *Lotte … Maggie.* In meinem Herzen weiß ich, dass sie schon lange tot sind, von den Russen erschossen, ihr Fleisch gegessen, ihre Knochen zu Suppe oder Leim verarbeitet, ihre Häute zu Lederschuhen.

Die beiden Stuten warten geduldig, während ich meine Finger in ihre Mähnen kralle, mit gegen ihren Hals lehne und weine.

»Warum dauert das denn so lange?«, ruft Frieda.

Ich komme zu mir, aber meine Hände zittern so sehr, dass ich Schwierigkeiten habe, das Geschirr anzulegen. Das Leder ist hart und unnachgiebig und meine Finger wollen nicht gehorchen.

»Meine Güte, was ist denn los mit dir?« Frieda schiebt mich beiseite und bringt das Geschirr an. Ich lehne mich einfach an die Wand, ganz leer und so traurig, dass es mir egal ist, was Frieda sagt oder was sie mit mir machen wird, wenn sie es erfährt …

»Ich bin schwanger«, platze ich heraus. »Es kommt im Juli.«

Friedas stets geschäftige Hände verharren, als sie mich anschaut. Ihre lange Nase wirkt in dem schmalen Gesicht noch länger. »Ich habe mir gedacht, dass es Sommer werden würde.« Sie lächelt grimmig. »Paul meinte, ich hätte mich geirrt, aber ich irre mich nie.«

»Sie wussten es?«

Frieda schnalzt mit der Zunge und führt die beiden Pferde an mir vorbei. Ich nehme an, das heißt Ja. Nach einem Moment ruft sie: »Kommst du? Ich könnte etwas Hilfe beim Führen der Pferde gebrauchen. Du kannst doch noch laufen, oder?«

Ich folge Frieda aufs Feld. In den nächsten Stunden pflügen

wir, ich führe die Pferde und Frieda leistet die mühsame Arbeit, den Pflug zu führen. Nicht zu tief, nicht zu hoch, genau richtig. Der Pflug bricht den Boden auf und gibt die fruchtbare schwarze Erde frei. *Anscheinend schicken mich die Lindmanns doch nicht weg*, denke ich, während ich hin- und herlaufe. Das Land hier ist flach und in Quadrate, Rechtecke und schmale Streifen geschnitten. Hier und da werden die Felder bearbeitet, ein Großteil liegt brach. Im Nordosten liegt die Stadt Magdeburg. Weder Oma noch ich haben sie bisher besucht. Paul sagt, sie sei von den Bomben fast völlig dem Erdboden gleichgemacht, bestehe nur noch aus Ruinen und Schutt.

An diesem Abend gibt mir Frieda eine Extraportion Kartoffeln. Sie sagt nichts, obwohl sie oft in meine Richtung zu schauen scheint. Paul bleibt ebenfalls wortlos, aber ich weiß, dass sie über mich gesprochen haben.

»Da ist dieser Junge … mein Nachbar … Freund, er ist weggegangen«, beginne ich und spüre, wie sich Omas Augen in meine Schläfe brennen. *Warum halte ich nicht einfach die Klappe?* »Seine Eltern haben einen großen Bauernhof, sie züchten Pferde.«

»Er ist der Vater.« Frieda sieht ihren Mann mit einem süffisanten Blick an.

»Wir sind verliebt.«

Frieda macht eine Art »tsk« und sagt: »Wo ist er jetzt?«

Paul schlägt mit einer dürren Faust auf den Tisch und antwortet seiner Frau an meiner Stelle: »Wo sie alle sind. Dieser verdammte Krieg frisst unsere Kinder auf.«

Oma nickt und tätschelt meinen Unterarm.

Als ich das Haus verlasse, drückt Frieda mir ein paar Kekse in die Hand. Es werden keine Worte gewechselt, nur unsere Blicke treffen sich, vielleicht als Bestätigung, dass wir alle zerbrochen sind und dass es besser ist, gemeinsam zerbrochen zu sein als allein.

Als ich mich auf die Pritsche lege, wird mir bewusst, dass ich heute Geburtstag habe. Ich bin siebzehn.

KAPITEL DREIZEHN

Ein entsetzliches Geräusch ertönt. Ich lasse den Wassereimer fallen und überlege, ob ich ins Haus rennen oder mich auf den Boden werfen soll. Ich kenne dieses Geräusch, weiß, was es bedeutet. Als ich merke, dass ich wahrscheinlich kein Ziel bin, siegt die Neugier und ich ducke mich neben der Pumpe.

Über den Feldern im Norden verdunkelt sich der Himmel mit Hunderten von Flugzeugen, deren Dröhnen unaufhörlich und aggressiv zu uns dringt. Die Momente dehnen sich zu Minuten aus. Ich kann nicht aufstehen, kann mich nicht bewegen, weil ich warte …

Es sind weniger als zehn Kilometer bis zur Magdeburger Innenstadt, nur eine Frage von … Die Erde beginnt zu vibrieren, die Luft füllt sich mit dem Geräusch explodierender Bomben. Der Rest von Magdeburg wird ausgelöscht. Irgendwo heult viel zu spät eine Luftschutzsirene auf.

Ich denke an die Menschen, die noch zwischen den Ruinen hausen, an Kinder, die in Kellern vor sich hin vegetieren, an Frauen, die nach Nahrung suchen. Das Dröhnen wird leiser, dann hört es auf. Ich gehe langsam zum Rand der Scheune, von wo aus ich einen guten Blick nach Norden und Osten habe.

Schwarzer Rauch steigt in die Luft, Magdeburg brennt wieder. Ich denke an Insterburg, frage mich, ob von dieser Stadt noch etwas übrig ist. Diejenigen, die für die Bombardements verantwortlich sind, haben sicher nicht angenommen, dass sich in den Trümmern Soldaten versteckt halten. Kümmert sie das überhaupt? Gibt es überhaupt noch Menschlichkeit auf der Welt?

Eine Hand legt sich auf meine Schulter. Frieda steht neben mir und blinzelt in Richtung Stadt. »Diesmal sind es die Amerikaner«, sagt sie. »Unsere Welt geht unter.«

Für Deutschland ist es vorbei, dank des Verrückten in Berlin. Ist Hitler stolz auf sich? Stolz darauf, all diese Männer in den Krieg zu schicken, stolz darauf, Millionen zu töten, stolz darauf, unsere Häuser zu stehlen und zu zerstören? Der Geschmack in meinem Mund ist bitter.

»Komm Kind, lass uns Bohnensuppe kochen.«

Langsam folge ich Frieda ins Haus. Oma und Paul umarmen mich, dann setzen wir uns an den Tisch, um Kartoffeln zu schälen.

Am nächsten Tag, dem 17. April, erklingt ein neues Geräusch. Wieder vibriert die Erde, Schüsse werden abgefeuert, kurz darauf dröhnen Explosionen: Artillerie. Paul kehrt von einem Besuch beim Nachbarn zurück und berichtet, dass amerikanische Panzer nach Osten in die Stadt dringen.

»Sie durchqueren gerade Ottersleben und Sudenburg«, sagt er. »Unterwegs brennen sie Bauernhöfe nieder.«

Ich beginne zu zittern. Ottersleben liegt weniger als zehn Kilometer nordwestlich von hier.

Frieda sieht mich an, dann Oma. »Und wenn sie hierherkommen?«

Paul schluckt, seine Augen leuchten im schwachen Licht der Bauernküche. »Wir haben den Wurzelkeller. Das muss reichen.«

Ich denke an die beiden alten Pferde in ihrem Stall. »Nein!« Der Schrei explodiert aus meiner Kehle, ich springe auf. »Die Pferde werden verbrennen. Sie dürfen nicht sterben …« Die Energie verlässt mich und ich lasse mich schluchzend auf die Bank zurücksinken.

Frieda eilt zum Ofen und holt die Teekanne, Oma streichelt mein Handgelenk. Auf dem Tisch stehen dampfende Tassen, als ob das einen Unterschied machen könnte. Aber irgendwie tut es das … wenn auch nur ein bisschen.

Während in der Ferne Geschosse explodieren, schlürfen wir Pfefferminztee, jeder von uns in Gedanken versunken.

18. April 1945

Ich erwache in der Stille. Im frühen Licht beobachte ich Oma beim

Schlafen. Sie sieht friedlich aus, ihr Mund ist entspannt, der verkniffene Ausdruck fehlt auf ihren Zügen. Sie hat in dem Moment ihre Tochter verloren, in dem ich meine Mutter verloren habe. In Situationen wie dieser spüre ich unseren Verlust wie einen körperlichen Schmerz, einen tiefen Schnitt durch meine Brust, wo einst mein Herz saß. Das Mädchen, das vor ein paar Monaten Insterburg verlassen hat, das einen Jungen geliebt hat und sein Kind in sich trägt, ist nun eine leere Hülle, die ziellos durch diese Farce von Leben treibt.

Die Bewegung in meinem Bauch ist hart und schnell. Emma ist wach. Allen Widrigkeiten zum Trotz lächle ich. Emma ist der Grund, warum ich noch hier bin. Wenn die Amerikaner sich wie Russen benehmen, könnte es bald vorbei sein, denn ich habe keine Energie mehr, wegzulaufen oder mich zu verstecken – Oma erst recht nicht.

Doch der Tag vergeht ohne Zwischenfälle. Die Feuer in der Stadt brennen aus. Es kommt die Nachricht, dass Magdeburg vor den Amerikanern kapituliert hat. Angeblich kontrollieren amerikanische Panzer die Stadt, Soldaten bewachen die Straßen.

Ich kann nur daran denken, dass es endlich vorbei ist. Zumindest hier in dieser Stadt. Ich besuche die beiden Stuten und füttere sie mit getrockneten Apfelstücken. Sie wiehern und stupsen mich mit ihren weichen Nasen. Frieda hat immer noch Angst, dass die Amerikaner kommen und sie und ihren Mann mitnehmen, deshalb bleiben sie die meiste Zeit drinnen. Wir haben es geschafft, ein paar Felder mit Zuckerrüben und eines mit Kartoffeln zu bestellen und einen Gemüsegarten mit Karotten, Kohlrabi, Kohl und verschiedenen Kräutern anzulegen.

Das Graben in der Erde lässt mich meinen inneren Schmerz ein wenig vergessen, obwohl es immer schwieriger wird, mich zu bücken und zu knien. Ich werde schneller müde und schleiche mich manchmal in unsere Hütte, um ein Nickerchen zu machen.

Frieda sagt kein Wort dazu. Paul auch nicht.

Erst gestern habe ich gesehen, wie sie Oma ein paar Bettlaken und Garn in die Hand gedrückt hat. Die meisten der Babykleider, die Mama für mich genäht hat, sind auf dem Weg hierher verloren gegangen.

KAPITEL VIERZEHN

Hitler ist tot, Deutschland hat den Krieg verloren. Endlich, es ist geschafft. Erleichterung durchströmt mich, mischt sich mit der Hoffnung auf mein altes Leben. Bald können wir nach Hause zurückkehren, meinen Vater treffen … Werner wiedersehen.

Die Radionachrichten sind düster. Es gibt so viel Zerstörung, dass es Jahrzehnte dauern wird, sie zu beseitigen. Trotzdem kann ich aufatmen, weil ich nicht mehr um mein Leben fürchten muss. Ich kann nach draußen gehen, ohne den Himmel nach dunklen Flecken abzusuchen und Bomben explodieren zu hören.

Jetzt, wo der Krieg zu Ende ist, übernimmt eine Idee meine Gedanken. Ich will sobald wie möglich nach Hause, damit Werner und Vater mich finden können. Oma muss nach Hause, damit sie an einem vertrauten Ort wieder Kraft schöpfen kann. Sie ist ganz blass und schrumpelig, und obwohl sie nie weint, glaube ich, dass die Traurigkeit sie von innen auffrisst.

Ich weiß, wir können nicht sofort verschwinden, mein Bauch sieht schon aus wie ein reifer Kürbis. Ich bin ständig außer Atem und mein Rücken schmerzt, wenn ich länger herumlaufe. Frieda sagt, dass das Baby Anfang Juli kommen wird. Vielleicht können wir im Herbst abreisen, vielleicht fahren bis dahin auch wieder Züge. In der Zwischenzeit überlege ich, Albert einen Brief für Werner zu senden und ihn zu bitten, Vater zu sagen, wo wir sind. Es ist ein einfacher Brief …

Lieber Werner,

Oma und ich sind bei den Lindmanns in Beyendorf bei Magdeburg untergebracht. Wir wollen bald nach Hause kommen, bitte warte dort auf uns. Ich kann es kaum erwarten, dich zu sehen.

Ich liebe dich,

Annie

Ich schreibe hundert Versionen, in einigen erzähle ich ihm von unserem Baby, in anderen bitte ich ihn, mich abzuholen. Noch mehr Briefe schreibe ich in Gedanken an meinen Vater. Darin erzähle ich ihm von Oma, vom Leben auf dem Hof der Lindmanns. Was ich weglasse, ist Mama. Ich kann nicht in Worte fassen, was mein Verstand sich weigert, als Wahrheit anzuerkennen.

In meinen Träumen kehrt Mama zu uns zurück. Sie steht einfach da in ihrem Wintermantel, den sie trug, als sie die Pferde aus der Stadt brachte. Ihr Gesicht ist ruhig, sogar entspannt. Ich rufe nach ihr, aber sie schaut mich nur mit diesen besonnenen Augen an, spricht nicht und reagiert nicht auf meinen Anblick. Ich will zu ihr laufen, aber je näher ich komme, desto durchsichtiger wird sie. Es ist, als bestünde sie aus Luftpartikeln, die der kleinste Windstoß zerstreuen würde. Als ich sie erreiche, fasse ich nur noch Luft, die etwas wärmer ist als der Rest. Ich renne durchs Haus, über den Hof, suche in der Scheune und unserer Hütte. Mama ist nicht da. In dieser Leere und der Erkenntnis, dass Mama für immer fort ist, wache ich auf.

Der Schweiß rinnt zwischen meinen Brüsten entlang, die so stark gewachsen sind, dass Frieda mir zwei neue BHs anfertigen musste. In der Dunkelheit des frühen Morgens rasselt mein Atem und ich habe Angst, Oma zu wecken. Ich kann nie sagen, ob sie schläft, weil sie so geräuschlos daliegt. Ein paar Mal bin ich aufgestanden, um genauer zu lauschen und zu sehen, ob sie noch atmet.

Als ich mich umdrehe, sind ihre Augen weit geöffnet und auf mich gerichtet.

»Guten Morgen«, sage ich.

Sie blinzelt als Antwort, also schwinge ich meine Beine über die Kante, was nicht mehr so einfach ist, und sehe sie an. »Ich habe nachgedacht. Sobald das Baby auf der Welt ist, vielleicht im Frühherbst, sollten wir nach Hause fahren.«

Oma antwortet nicht, obwohl ich die Andeutung einer Reaktion zu entdecken glaube. Etwas haben diese Worte in ihr ausgelöst, aber was? Hoffnung?

»Vielleicht werden bis dahin Züge fahren, es würde einige Tage dauern, aber ich bin sicher, dass wir es schaffen können. Vor allem, weil es keine Kämpfe mehr gibt.«

Oma murmelt etwas. Ich erkenne das Wort »Baby«.

»Ich bin sicher, dass Frieda uns genug zu essen mitgeben wird, vielleicht auch ein bisschen Geld für den Zug … Wir könnten es ihr in einiger Zeit zurückzahlen, du weißt schon, nach der nächsten Ernte. Vielleicht hilft uns Mila …«

Oma bleibt stumm und sieht mich mit diesen dunklen Augen an.

Der 5. Juli ist heiß und schwül. Ich wache völlig durchnässt auf, die Luft in dem kleinen Haus ist so schwül, dass es mir vorkommt, als würde ich erhitzten Dampf einatmen. Mein Bauch hängt wie eine riesige Wassermelone an mir. Ich sehe weder meine Füße, noch kann ich mich bücken oder hinknien. Stattdessen verbringe ich viel Zeit in Friedas Küche, putze, schäle und konserviere Gemüse und Beeren.

Ich stopfe mich mit Süßkirschen voll, esse sie, sobald Paul sie hereinbringt, bis meine Finger klebrig sind und sich kleine Berge von Kernen auf dem Tisch türmen.

»Du wirst dich noch krank machen«, schimpft Frieda, während sie einen Eimer gewaschener grüner Bohnen vor mir auf den Tisch kippt.

Ich antworte nicht, sondern überlege, wie ich das Thema unserer Heimreise ansprechen soll. Wenn man bedenkt, wie ich aussehe – fett wie eine Kuh – und wie ich mich fühle – verschwitzt und ständig erschöpft –, erscheint es lächerlich. Vor allem, seit Paul mit weiteren Neuigkeiten über den Zustand des Landes nach Hause gekommen ist. Die meisten Bahnstrecken sind zerstört, und wenn eine noch befahrbar ist, gilt das höchstens für ein paar Kilometer am Stück. Die meisten Städte liegen in Schutt und Asche, die Bahnhöfe sind nicht wiederzuerkennen, wie alles andere auch. In Potsdam, südlich von Berlin, beraten die Alliierten über das Schicksal Deutschlands. Frankreich, Großbritannien, England und Russland entscheiden jetzt darüber, was mit uns geschieht.

Ein Stich, scharf wie von zerbrochenem Glas, fährt durch

meinen Unterleib. Bohnen und Küchenmesser fallen mir aus den Fingern, während meine Hand meinen steinharten Bauch, die Beulen von Emmas Ellenbogen und Füßen findet. Sie tritt mir in die Rippen, aber das ist es nicht, was diesen wahnsinnigen Schmerz ausgelöst hat. Etwas Warmes wie Pipi tropft mir die Beine hinunter. Ein weiterer Stoß schießt durch mich hindurch. Ich keuche.

Frieda stellt das Einmachglas ab und eilt an meine Seite. »Es kommt«, sagt sie und mustert meine schweißnasse Stirn. »Ich schicke Paul, um die Hebamme zu holen.«

Oma schlurft mit einem Korb voll roter Johannisbeeren herein. Der Schmerz hat nachgelassen, sodass ich ein halbes Lächeln zustande bringe. Aber irgendwie weiß sie Bescheid. Viel schneller als sonst stellt sie den Korb ab und bereitet einen kühlen Waschlappen vor.

»Baby.«

Ich reibe über die massive Rundung und wünsche mich weit weg. Ich weiß nicht, was genau auf mich zukommt, nur dass es sehr schmerzhaft sein wird. Nach ein paar Minuten setzt eine weitere Wehe ein. Härter und stechender. Mehr Wasser tröpfelt und Oma führt mich zu einem gepolsterten Stuhl, auf den sie ein paar Handtücher drapiert.

»Ich will mich hinlegen«, keuche ich.

Oma schüttelt den Kopf. Aus irgendeinem Grund will sie, dass ich aufrecht bleibe.

Der Schmerz kehrt in Wellen zurück, schneller, rauer und unerbittlich. Ich möchte fliehen, gleite in den Schlaf, nur um nach ein paar Minuten von einer weiteren Wehe geweckt zu werden.

Frieda wirft immer wieder einen Blick zur Tür, aber Paul lässt sich mit der Suche nach der Hebamme Zeit. Je stärker die Schmerzen werden, desto mehr Angst bekomme ich. Ich will Mama, ich will sie neben mir haben, sie soll meine Hand halten und mir versichern, dass alles gut werden wird. Aber es gibt keine Mutter mehr. Ich habe sie getötet, sie von Russen vergewaltigen, schlagen und entführen lassen.

Ein weiteres Schluchzen erhebt sich, aber der Schmerz ist diesmal so groß, dass ich mich ganz auf das Atmen konzentrieren muss. Mein Bauch sieht aus, als hätte ich einen Sack voller Knochen verschluckt, ganz höckerig und hart.

Paul kehrt zurück, eine tiefe Sorgenfalte zerschneidet sein

langes Gesicht in zwei Hälften. »Sie ist bei einer anderen Geburt. Sie konnten mir nichts Genaues sagen … Ich habe eine Nachricht hinterlassen.« Er hat leise gesprochen, aber ich höre alles so kristallklar, als hätte er mir ins Ohr geflüstert.

Eine weitere Wehe überrollt mich. Ich schreie auf. Das Baby wird mich entzweibrechen. In der darauffolgenden Atempause stelle ich mir vor, dass Werner bei mir ist und mir durch diesen Albtraum hilft, seine dunklen Augen schauen mich besorgt an, seine Hände streicheln meinen Nacken und meine Schultern. Ich erinnere mich, wie er mir nach meinem Fahrradunfall durch den Regen half, seine sanften Bewegungen, seine Hand auf meinem Oberschenkel.

Der Schmerz durchschneidet mich. Ich beginne zu weinen, dann schreie ich.

Frieda und Paul flüstern, Oma kühlt meine schweißgetränkte Stirn. Ich schleppe mich zur Couch, wo Frieda Laken und Decken ausgebreitet hat. Ich fühle mich so verloren, wünsche mir, dass der Schmerz mich verlässt, aber ich weiß, dass das nicht geht, denn ich muss dieses Baby herauspressen.

Ich fühle mich schwach, wie eine alte Frau. Geht es Oma immer so?

Glassplitter zerschneiden mich, gleich darauf steigt mir die Galle in den Hals. Wie lange muss ich das noch aushalten? Ich huste und übergebe mich in den Wassereimer zu meinen Füßen. Verdammtes Baby. Warum hat Werner nicht aufgepasst? Ist *er* nicht derjenige, der das Geschehen hätte aufhalten können?

Du wolltest es auch. Du liebst ihn.

Ich schaue auf die Uhr … es ist nach fünf. Draußen brennt die Sonne, hier drinnen möchte ich sterben. Ich bin wütend … nicht wegen der Qualen, sondern wegen Mama, auf die Russen … auf Werner, der mich verlassen hat.

Um sieben hänge ich, halb liege ich auf der Seite. Ich bin so müde, dass ich nur noch schlafen möchte. Die Angst ist wieder voll da, ich hätte nicht gedacht, dass es so schmerzhaft ist, ein Baby zu bekommen. Irgendetwas muss nicht stimmen, das Baby liegt schief da drin. Warum hat mir niemand gesagt, wie schlimm es sein würde?

Frieda ist zwischenzeitlich weggegangen und wiedergekommen, ich weiß, dass sie selbst die Hebamme gesucht hat. Oma schneidet ein Bündel alter Laken in Quadrate, hat ein

Paket mit Babykleidung auf den Tisch gelegt.

Als die Dunkelheit hereinbricht, schluchze ich. Die Wehe ist unerträglich, scharfe Krallen kratzen an meinen Eingeweiden, klettern meine Wirbelsäule hinauf bis zum Hals. Aber diesmal ist da ein neues Gefühl, ein Druck tief unten, der sich auf meinen Po und meine Oberschenkel auszudehnen scheint.

»Was?« Oma schwebt vor mir, ihre Augen sind in dem gelblichen Licht fast schwarz.

»Ich weiß nicht, irgendetwas ist anders, das Baby … ich glaube, es kommt.«

Oma zieht eine Grimasse und winkt Frieda herbei. »Baby!«

Und dann stütze ich mich auf die Ellbogen, und mein Unterleib liegt der ganzen Welt offen. Aber es ist mir egal, es ist mir egal, dass Paul im anderen Zimmer hin- und herläuft oder Frieda und Oma mich sehen. Alles, was ich will, ist, dass dieses Kind herauskommt und mich in Ruhe lässt.

Während Oma meinen Bauch massiert, positioniert sich Frieda zwischen meinen Beinen.

»Press jetzt, press, ich sehe den Kopf.«

Und genau das mache ich, atmen und pressen, nichts anderes zählt, der Schmerz ist jetzt anders, eine Wassermelone spreizt mich auseinander. Ich schreie aus voller Kehle. Sollen mich ruhig alle hören.

Und dann folgt eine Befreiung, eine Art Erleichterung. Wieder presse ich, während Frieda schreit. »Es ist ein Mädchen.« Ein Wimmern kommt von dem faltigen Bündel in Friedas Armen, dann ein kleiner Schrei. Oma nimmt das Baby, wickelt es in das Tuch, während Frieda die Nabelschnur durchtrennt. Wie gut, dass wir das Bauernleben kennen.

Die Hebamme kommt rechtzeitig, um die Nachgeburt zu kontrollieren, Anweisungen zu geben und mich und das Baby zu untersuchen. Ein kleiner Mund findet meine Brustwarze, beginnt zu saugen. Ich betrachte das winzige Gesicht, die geschwollenen Augen und die kleinen Hände, den Kopf voller dunkler Haare, während mir die Tränen über die Nase laufen. Emma ist perfekt.

Mama hätte sie geliebt.

KAPITEL FÜNFZEHN

Mein Leben besteht aus vier Aktivitäten: eimerweise Wasser trinken, stillen, essen und schlafen. Emma ist klein, aber sie stürzt sich unersättlich auf meine Brustwarzen. Oma und Frieda streiten sich darum, wer ihre Windel wechseln oder sie in den Schlaf wiegen darf.

Eine Reihe von trocknenden Windeln ziert ständig den Hof. Wir verbringen immer mehr Zeit im großen Haus, essen gemeinsam und setzen uns danach zum Tee zusammen.

Der August beginnt mit einer Hitzewelle. Die Luft flimmert über den Feldern, die oberen Erdschichten sind trocken, Gräser und Blumen verdorrt und braun. Frieda und Paul befürchten, die Zuckerrübenernte zu verlieren, das Kartoffelgrün verwelkt.

Nachts liege ich schweißgebadet wach und warte darauf, dass Emma, die wie ein Uhrwerk trinkt, sich meldet. Jetzt, wo das Baby geboren ist, möchte ich Pläne für unsere Rückkehr nach Hause schmieden. Wir müssen eine Route finden, vielleicht Kontakt zu anderen Flüchtlingen aufnehmen. Ich habe von Hunderten gehört, die in diese Gegend gezogen sind, aber ich hatte noch keine Gelegenheit, welche zu treffen.

Am Morgen hebe ich Emma aus der alten Weidenwiege, die Paul mir geschenkt hat. Oma ist schon weg. Ich finde sie, Frieda und Paul in der Küche, die Luft duftet nach gebackenem Brot.

»Ich frage mich, ob ihr noch andere Evakuierte aus Ostpreußen kennt«, sage ich und drücke Emma an meine Brust.

»Nicht persönlich, warum fragst du?«, meint Frieda.

»Ich denke, wir könnten uns für die Rückreise zusammentun.«

Frieda wirft Oma einen Blick zu, dann Paul. Keiner von ihnen sagt ein Wort, jeder von ihnen weicht meinem Blick aus.

»Was?«, schreie ich.

»Sag du es ihr«, brummt Frieda ihrem Mann zu, der noch niedergeschlagener wirkt als sonst.

»Was soll er mir sagen?« Emma rutscht von meiner Brust und beginnt zu wimmern. Ihre winzige Faust rudert unbeholfen durch die Luft. Sie ist einen Monat alt, ihre Wangen sind prall geworden, ihr dunkles Haar dichter – Werners Haar.

Ich führe ihr kleines Gesicht zurück zur Milch, irritiert über das Verhalten der anderen.

Paul räuspert sich. Er steht von seinem Stuhl auf und geht zum Fenster, schaut hinaus, seufzt tief und wendet sich mir zu. »In den letzten Wochen haben sich die Alliierten in Potsdam getroffen. Du weißt schon, Stalin, Churchill, Truman …?«

Ich nicke und überlege, was diese Männer mit meinen Plänen zu tun haben sollen.

»Nun, sie haben angekündigt, was sie mit Deutschland machen werden. Es ist eine lange Liste, aber was du wissen musst, ist, dass Stalin den nördlichen Teil Ostpreußens für die Russen beansprucht, der Süden geht an Polen.«

»Was bedeutet das?«, frage ich und schaue von Paul zu Frieda und dann zu Oma. Ein Kloß breitet sich in mir aus, wird größer und drückt mir die Kehle zu.

Paul seufzt. »Es bedeutet, dass du nicht mehr dorthin zurückkehren kannst, weil dein Zuhause beschlagnahmt wurde. Ganz Ostpreußen wird in die Hände der Russen und Polen übergehen. Sie beanspruchen das Land und alles, was darauf ist, als ihr Eigentum. Stalin wird das Sowjet-Territorium, auch uns, von nun an regieren … wieder ein Diktator.«

»Unser Hof?«, brülle ich. »Das können sie nicht machen. Er gehört uns … Oma und Mama.«

»Sie können«, sagt Frieda. »Wir haben den Krieg verloren. Sie können machen, was sie wollen.«

Emma beginnt zu wimmern, weil mein Arm, der sie stützt, zur Seite gesunken ist. Ich bemerke es kaum. Diese Männer da oben in Potsdam haben mir gerade mein Zuhause gestohlen. Meine Träume von einer Rückkehr zu Vater und Mama sind geplatzt. Und Werner?

»Wie sollen sie uns finden?«, murmele ich.

»Wer?«, fragt Frieda.

»Meine Familie … Werner. Sie werden dorthin zurückkehren und wir werden nicht da sein.« Meine Stimme kreischt, gesellt sich zu den Schreien des Babys.

Oma nimmt mir Emma ab und ich bemerke ihre feuchten Wangen. Sie weiß genau, was los ist.

Der Kloß hat meine Kehle erreicht, drückt wie knochige Finger zu, drückt mir die Luft ab. Ich stürze aus dem Zimmer, laufe nach draußen, die Gasse hinunter zur Hauptstraße. Es ist schon heiß, die Luft ist voller Staub und dem Duft von Phlox. Mein Unterleib schmerzt, nach der Geburt bin ich noch nicht bereit zum Laufen. Ich werde langsamer, gehe einfach weiter, weg vom Hof, auf dem ich seit sechs Monaten wohne. Bis jetzt habe ich ihn als vorübergehende Unterkunft betrachtet, als einen Ort, der uns über Wasser hält, bis wir nach Hause reisen können. Insofern war es erträglich, weil ich wusste, dass es nicht für lange Zeit sein würde.

Tränen vernebeln meine Sicht, ich heule laut auf und sinke auf die Knie. Der Verlust, den ich empfunden habe, ist dauerhaft geworden, meine Hoffnungen haben sich in Luft aufgelöst. Mein altes Leben ist tot. Ich bin heimatlos … ohne Wurzeln … und treibe in dieser Welt wie ein Nebelschwaden. Auf dem staubbedeckten Gras krabbelt ein Grashüpfer in meine Richtung. Er bewegt seine kräftigen Hinterbeine und putzt sich den Kopf. Ich merke, dass ich mich genauso winzig und unbedeutend fühle wie das Insekt. Ich habe mein Zuhause verloren, meine Familie bis auf Oma … meinen Freund und den Vater meines Kindes. Wieder schluchze ich.

»Was ist passiert?«, fragt eine männliche Stimme. Ich habe nicht gehört, dass sich jemand genähert hat, und zucke zusammen, weil ich erwarte, dass jemand mit einer Waffe auf mich zielt.

Das Gesicht, das ich sehe, als ich aufschaue, ist das eines jungen Mannes, gezeichnet und schmutzig, aber definitiv freundlich. Der Kragen seiner Uniform ist zerrissen und viel zu weit für den schmalen Hals, seine Hose ist mit Schmutz verkrustet. Er riecht schlecht, nein, er stinkt.

Als ich nicht antworte, hält er mir eine schmutzige Hand hin.

Ich starre auf die Finger, die seit Monaten keine Seife mehr gesehen haben, und frage mich, was mit ihm passiert ist. Dem

Mann scheint den Zustand seiner Haut bewusst zu werden und er zieht sich zurück. »Tut mir leid, ich wollte nicht … Ich gehe jetzt besser.«

Ich beobachte ihn, wie er den Weg hinuntergeht, langsam, vorsichtig, als wären seine Beine zu schwach oder zu unsicher für lange Schritte. Er ist ein heimgekehrter Soldat, jemand wie Werner und Vater. Nur hat er hellbraunes Haar.

Ich richte mich auf, mir ist auf einmal heiß und ich habe großen Durst. Bis auf das unaufhörliche Zirpen der Grillen ist es still. Ich denke an Emma, mein Baby. Sie hat das alles nicht verdient, weiß nichts von dem Ort, an dem sie hätte aufwachsen sollen … von den Feldern und dem Bauernhaus … Werners Pferden. In diesem Moment wird mir klar, dass es an mir liegt, ein Zuhause für sie zu schaffen, in dem sie glücklich sein kann.

Ich pflücke ein paar wilde Brombeeren und laufe zurück zu Friedas und Pauls Hof.

Niemand ist draußen, also trinke ich am Brunnen, wische den Staub von meinen Kleidern und gehe zurück ins Haus. Ich muss mit Oma sprechen, mit ihr über unsere Zukunft reden.

»Es tut mir leid, dass ich weggelaufen bin …«

Zuerst glaube ich, dass die Küche leer ist, aber dann bemerke ich Oma auf der Bank mit der schlafenden Emma im Arm. Und dort, neben dem Fenster, klammern sich Frieda und Paul an einen Mann in einer schmutzigen, zerrissenen Uniform – es ist der Mann, der mich draußen angesprochen hatte. Alle drei weinen, stille Tränen laufen über ihre Gesichter, während sie sich umarmen.

Frieda winkt mich näher heran. »Unser Sohn, Robert. Robert, das ist Annie.«

Ich nicke dem schmutzigen Mann mit dem alten Gesicht zu.

»Wir haben uns getroffen«, sagt Robert. »Draußen.«

Ich gehe auf ihn zu und reiche ihm die Hand. »Ich bin froh, dass du zu Hause bist.«

Robert fügt sich ohne viel Aufhebens in unser Leben ein. Er ist fast so wortkarg wie Oma, die beiden scheinen sich zu mögen. Nachdem er ein Bad genommen hat, stellt sich heraus, dass er blond ist. Er hat ein Arbeitshemd und einen alten, viel zu großen Overall angezogen. Seine Oberarme sind dünn, die Haut am Bizeps ist locker und fast faltig.

Frieda füttert ihn mit Suppe und Brot, das er langsam und vorsichtig kaut.

»Die Zähne sind locker«, sagt er mit einem schwachen Grinsen.

In den ersten Tagen schläft er fast so viel wie Emma, während wir auf Zehenspitzen herumgehen. Wir könnten genauso gut schreien, denn er schläft in fast jeder Position: am Tisch sitzend, draußen auf der Bank unter dem Vordach, auf dem Sofa …

Frieda hat uns erzählt, dass er in einem französischen Kriegsgefangenenlager war und zu Fuß nach Hause gelaufen ist. Sie und Paul sind wie ausgewechselt, sie lächeln ständig. Während Frieda sich beim Kochen und Backen austobt, hat Paul begonnen, diverse Dinge im Haus zu reparieren. Ich komme mir dumm und nutzlos vor, eigentlich überflüssig. Sie haben ihren Sohn zurück, ihre Familie ist intakt. Jetzt müssen sie mit den Folgen des Krieges fertigwerden, aber irgendwann werden sie sich davon erholen.

Im Gegensatz zu uns …

Wie hässlich, kommentiert die Stimme in meinem Kopf. *Du bist neidisch, obwohl du dich für sie freuen solltest.*

Ich freue mich für sie und bin gleichzeitig furchtbar traurig.

KAPITEL SECHZEHN

Im Laufe des Jahres ändert sich das Leben auf dem Bauernhof kaum. Wir leben zusammen, arbeiten, essen und schlafen, folgen den Jahreszeiten der Aussaat, der Feldarbeit und Ernte. Wie viel Glück ich habe, hier draußen zu sein, erfahre ich später, als bekannt wird, dass nach dem Krieg Millionen von Deutschen in den Städten noch drei Jahre lang schrecklich hungern mussten. Unter diesen Umständen wäre es schwierig bis unmöglich gewesen, Emma aufzuziehen und genügend Milch zu produzieren. So aber kann ich stillen, habe zwei Frauen, die sich um mich kümmern … und, wie sich herausstellt, auch Robert.

Der Beginn seines Werbens fällt mit einem anderen Ereignis zusammen, dessen Bedeutung ich erst begreife, als es zu spät ist. Anfang September 1945 – sobald die amerikanische Armee Magdeburg verlässt – ordnet die russische Besatzung die Bodenreform an. Die Großbauern werden gezwungen, alles Land über zweihundertsiebenundvierzig Hektar ohne jegliche Entschädigung abzugeben. Das Land wird an Kleinbauern umverteilt, wodurch Frieda und Paul zusätzlich einhundertdreißig Hektar erhalten. In vielerlei Hinsicht ist das unsinnig, denn sie haben weder die Arbeitskräfte noch die Maschinen, um das Land zu bearbeiten. Aber das unerwartete Geschenk gibt ihnen Hoffnung auf eine bessere Zukunft und verleiht Robert eine Art neuen Schwung.

Als er wie zufällig in meiner Nähe auftaucht, leise über das Wetter oder anderen unwichtigen Blödsinn redet, bin ich bereit, es zu akzeptieren. Vor allem, weil ich in seinen Augen das sehe, was ich damals in Werners Augen erkannt habe, ein Interesse an mir, ein bisschen Liebe und Aufmerksamkeit, die ich so lange vermisst habe. Er ist gut zu Emma, eine ruhige Präsenz, die ich schätze. Stimmt, ich liebe Robert nicht, ich bin pragmatisch. Aber das sind wir alle, wir müssen es sein, um die Anstrengung zu leben fortzusetzen.

»Erzähl mir von deinem Zuhause«, sagt er an einem Abend Ende September. Wir machen einen Spaziergang und begutachten die Boskop-Apfelbäume, deren Früchte fast erntereif sind.

Ich werfe ihm einen Seitenblick zu und merke, dass er es ernst meint. Eigentlich ist er immer ernst, redet kaum und lächelt fast nie. In seinen Augen stehen Erfahrungen, die er nicht teilen kann. Diese unaussprechlichen Dinge haben tiefe Furchen in sein Gesicht geätzt. Ich frage mich, ob Werner auch so aussieht.

»Wir hatten solche Apfelbäume«, erkläre ich. »Auch Birnen und Pflaumen, Stachelbeeren und Erdbeeren.«

»Du musst dein Heim schrecklich vermissen.«

Ich sehe ihn an und wage es nicht zu sprechen. Es ist zu frisch, zu real.

»Es tut mir leid«, beeilt er sich. »Ich bin ein Idiot.« Er zieht eine Grimasse und nimmt unbeholfen meine Hand. »Aber ich bin so froh, dass du hier bist, das macht die Rückkehr viel einfacher.«

»Wolltest du Landwirt werden?«

Er grinst spöttisch. »Niemals. Ich wollte nach Berlin ziehen, Betriebswirtschaft studieren.« Seine Miene wird wieder ernst. »Aber wie kann ich jetzt gehen, wo mein Vater so krank ist und der Hof ohnehin schwer zu führen ist.« Er drückt meine Hand. »Könntest du dir vorstellen, hierzubleiben … bei uns … bei mir?«

Ich sehe Robert an, der in vielerlei Hinsicht das Gegenteil von Werner ist, nicht nur äußerlich. Robert ist so ruhig, zurückhaltend, während Werner voller Leben war, überschwänglich, lustig. Aber die Dinge, die wir erleben, verändern uns. Ich bin nicht mehr diejenige, die ich vor unserer Abreise war, auch Werner dürfte ganz anders sein … wenn er noch lebt.

Das Leben auf dem Bauernhof ist tröstlich in seiner Vertrautheit, die Jahreszeiten, die Tiere, die Gerüche, die Arbeit. Zumindest suggeriert mir all das ein Gefühl von Heimat, die Routinen beruhigen mich.

Ich spüre, wie sich Roberts Blick in mich hineinbohrt,

versuche ein Lächeln und nicke. »Ich bin froh, hier zu sein.« Es ist wahr und gleichzeitig schmerzt mein Herz so sehr, dass ich mich losreiße und den Weg hinunterlaufe, um meine Tränen zu verbergen. Wenn ich bei Robert bleibe, bestätigt dies, dass mein früheres Leben vorbei ist, meine Chance, mich mit Werner wiederzuvereinen.

Robert eilt hinter mir her, legt vorsichtig einen Arm um meine Schulter, während wir weitergehen. »Ich bin froh. Wir werden eine gute Familie sein, du wirst sehen. Mit all dem zusätzlichen Land können wir eine Menge machen.«

Irgendwo da draußen küsst er mich. Seine Lippen sind weich, doch innerlich spüre ich nichts. Nicht, als er mich in seine Arme zieht, mich festhält, nicht, als ich sein Verlangen an meinem Bauch spüre. Da weiß ich, dass ich in einem Leben gefangen bin, das ich mir nie gewünscht habe, weil ich immer davon ausgegangen bin, Werner zu heiraten.

Wie schlimm es ist, wird deutlich, als wir an meinem achtzehnten Geburtstag am 15. März 1946 heiraten. Robert schreit oft in seinen Träumen und wacht schweißgebadet auf. Ich nehme ihn in den Arm, wie ich Emma in den Arm nehme, bis er sich beruhigt und schließlich wieder einschläft. Dann liege ich da, denke über mein Leben nach und erkenne, was für ein Glücksspiel es geworden ist. Ich bin wieder auf einem Hof, aber nichts ist mehr wie vorher, unser Liebesspiel ist kurz und mühsam, eine nutzlose Übung, die ich beenden will, bevor sie beginnt. Zum Glück werde ich nicht schwanger, und nachdem die erste Aufregung abgeklungen ist, hat Robert Probleme. Es macht ihn wütend, vielleicht schämt er sich. Auch darüber sprechen wir nicht.

Paul stirbt im Sommer. Er hatte sich eine Blutinfektion an einem rostigen Gerät zugezogen. Er schien fast froh zu sein, gehen zu können, und verblasste innerhalb weniger Tage. Friedas Gesicht wurde so faltig, dass ihre Augen fast in ihren Höhlen verschwanden. Sie tut mir leid, aber es bleibt wenig Zeit für Gefühle. Jeder von uns geht durch den Tag und versucht, so etwas wie Normalität zu erreichen, einen Tagesablauf zu schaffen, der so viele Erinnerungen wie möglich vermeidet.

Es ist ein einfaches Leben, das mir hilft, mich etwas zu beruhigen. Nur Oma macht mir mehr und mehr Sorgen. Sie hat sich daran gewöhnt, auf Emma aufzupassen, während ich Robert und Frieda bei der Arbeit auf dem Hof helfe, aber an einem Nachmittag finde ich sie, als ich in die Küche zurückkehre, dösend auf der Bank vor, während Emma auf dem Boden spielt.

Ich eile näher, um nach Emma zu sehen, die vor dem Kamin herumkrabbelt und sich Hände und Knie mit Ruß beschmiert hat.

»Oma?«

Sie öffnet ihre Augen, scheint mich aber nicht zu sehen.

»Was ist denn los?«, frage ich. »Du bist beim Aufpassen auf das Baby eingeschlafen.«

Oma hält sich eine Hand vor den Mund und schüttelt den Kopf. »Entschuldigung.«

Ich setze mich neben sie, Emma in meinen Armen. »Es ist gefährlich, wenn du schläfst. Geht es dir gut?«

Oma sieht mich nur an, ihre dunklen Augen glänzen in dem verschrumpelten Gesicht. Sie ist weiter geschrumpft und erinnert mich an einen ängstlichen Vogel. Seitdem wir erfahren haben, dass Insterburg jetzt russisch ist, hat Oma zunehmend das Interesse am Leben verloren. Natürlich haben die Russen es damit nicht auf sich beruhen lassen, sie haben jede Stadt, jeden Fluss und jeden Berg umbenannt. Insterburg heißt jetzt unaussprechlich Tschernjachowsk.

Es ist, als hätten unsere Heimat, unsere Stadt, unser Leben nie existiert – sie wurden ausgelöscht und aus der Geschichte gestrichen, die Bewohner bedroht, getötet oder gewaltsam vertrieben.

Seit einiger Zeit kommen neue Flüchtlinge aus dem Osten nach Magdeburg und Robert und Frieda diskutieren darüber, eine weitere Familie aufzunehmen. Wir brauchen die Hilfe auf den Feldern, aber ich merke, dass sie sich davor scheuen, noch mehr Leute wie Oma und mich aufzunehmen, Menschen, um die sie sich kümmern müssen, die eine Belastung sind.

Ich setze Emma auf den Boden und nehme Omas knochige Hände in meine. »Willst du mir sagen, was dich bedrückt?« Als ob ich das nicht wüsste. Als Oma nicht antwortet, richte ich mich auf. Ich bin frustriert, dass ich ihr nicht helfen oder sie wenigstens von ihrem Verlust ablenken kann. Ich setze mich wieder hin und zwinge mich zu einem Lächeln. »Du hast mir nie erzählt, warum du kein Huhn und keine Eier magst.«

Oma starrt mich an. Dann wirft sei einen Blick zu Emma hinüber, die nach der Strohpuppe vor ihr greift, und räuspert sich.

»Ich erzähle es dir.«

Ich weiß, dass sie mehr sagen möchte, aber es fällt ihr schwer. Ich bringe ihr ein Glas Wasser, das sie in kleinen Schlucken trinkt. Wieder sieht sie mich an, nickt dann, vielleicht um sich selbst Mut zuzusprechen.

»Im Sommer 1914 kamen die Russen auf unseren Hof bei Gumbinnen«, sagt sie. »Deine Mutter war neun. Dein Opa und ich haben sie in einem Schrank auf dem Dachboden versteckt, aber zu mehr blieb keine Zeit.« Ihr Mund und ihr Kiefer arbeiten, kauen die Worte heraus. »Ich habe versucht, mich zu verstecken, aber es hat nichts gebracht. Sie schwärmten aus wie hungrige Ratten nach einem Schiffbruch, erschossen unsere Kühe … Pferde … Hühner. Sie brachten mich in den Stall …« Tränen glitzern in Omas Augen. »Ich lag da inmitten von all dem Blut, den Federn, starrte auf die toten Vögel, während sie …«

Ich ziehe ihre Hand an meine Brust. »Oh nein, sie haben dich vergewaltigt.«

Oma nickt. »Dein Großvater musste zusehen. Danach meldete er sich freiwillig … starb in Frankreich in einem Schützengraben.«

Mich friert, während ich Oma fest umarme und versuche, mir den Schrecken vorzustellen, den sie empfunden haben muss, den schrecklichen Missbrauch, der sie wie eine Giftwolke umgibt, und obendrauf ihren Mann fortgehen zu sehen … Drei Generationen von Frauen haben ihre Männer im Krieg verloren. Was ist nur los mit der Menschheit? Was ist los mit den Regierungen, die beschließen, Millionen ihrer Bürger zu töten? Wozu? Für mehr Macht, mehr Land?

Emma zupft an meinem Ärmel. Ich ziehe sie in unsere Umarmung und wir sitzen zu dritt umschlungen da, bis Robert die Küche betritt.

Nach diesem Tag hört Oma ganz auf zu sprechen. Es ist, als hätte sie alle Worte aufgebraucht. Sie hat sich von der Seele geredet, was sie vor vielen Jahren zum Schweigen gebracht hat. Jetzt gibt es für sie keinen Grund mehr zu sprechen. Und so verblasst sie, bis sie eines Tages nach Weihnachten nicht mehr zum Frühstück erscheint. Sie ist längst ins Haupthaus gezogen und wohnt in einem winzigen Zimmer am hinteren Ende des Hauses.

»Oma?« Als sie auf mein Klopfen nicht antwortet, öffne ich die Tür und finde sie im Bett liegend vor. »Es ist schon nach zehn«, sage ich und betrachte die kleine Gestalt. Ihre Haut ist wie gelbes Pergament, und obwohl ihre Augen geschlossen sind, weiß ich sofort, dass sie tot ist.

Mir kommen keine Tränen, ich stehe einfach nur da und betrachte die letzte Verbindung, die ich zu meinem Zuhause hatte. Oma war die ganze Zeit bei mir, hat mich auf ihre Weise beschützt und getröstet. Sie hatte schon vor mir von dem Baby gewusst, hatte ihren Mann, ihre Tochter und alles, was ihr lieb war, verloren. Das Schlimmste ist, dass sie, als die Russen kamen, in diesem Stall sich selbst verlor.

Inzwischen haben uns Berichte über russische Grausamkeiten erreicht, über Frauen und Mädchen, die immer wieder vergewaltigt und anschließend erschossen und weggeworfen wurden. Oma ist nicht an dem Grauen, das sie erlebt hat, gestorben, aber vielleicht war es schlimmer, mit solchen Erinnerungen zu leben. Sie hat alles für sich behalten, und um es irgendwie durchzustehen, hat sie aufgehört zu reden. Jetzt hat sie endlich ihren Frieden gefunden.

Wir begraben sie auf dem Grundstück der Familie Lindmann – wenn schon nicht zu Hause, so doch wenigstens in der Nähe von Emma und mir. Ich glaube, an diesem Tag wird mir erst richtig klar, dass ich nie mehr zurückkehren, nie mehr etwas über Vater oder Werner erfahren werde.

Wenn sie überlebt haben, was ich inzwischen bezweifle, werden sie uns nicht finden. Bei Mutter ist das etwas anderes. Sie ist in meinen Träumen allgegenwärtig, tritt mit einer Selbstverständlichkeit in sie ein, die es umso schwerer macht, in der Realität zu erwachen. Träume sind grausam, sie täuschen, führen einen in die Irre, bis man erkennt, dass sie eine Illusion sind, eine gemeine Lüge. Ich erzähle Robert nie, was ich getan habe, und er erzählt mir auch nicht, was er während des Krieges erlebt hat.

Viel später sollte ich herausfinden, dass das Rote Kreuz in den westdeutschen Bundesländern einen effektiven Suchdienst eingerichtet hatte, bei dem die Menschen ihre Vermissten melden konnten – 1950 waren es noch mehr als vierzehn Millionen.

Auch die Sowjets schaffen einen Suchdienst für vermisste Deutsche, der jedoch nicht sehr effektiv zu sein scheint. Zweimal hinterlasse ich Anfragen für meine Eltern und Werner, beide Male höre ich nichts mehr. Es ist, als ob sie sich zusammen mit unseren Höfen in Luft aufgelöst hätten.

Im Juni 1948 beschließt Stalin, Berlin zu übernehmen, das

teilweise von Westdeutschland regiert wird und wie eine Insel inmitten des von Russland besetzten Ostdeutschlands sitzt. Irgendwie ist er der Meinung, dass Berlin Teil des russischen Reiches werden sollte, und lässt Straßen, Züge und Wasserwege blockieren, sodass die Versorgung von zwei Millionen Menschen, die in den westlichen Sektoren leben, unterbrochen wird. So beginnt die Berlin-Blockade, ein elfmonatiges Patt zwischen Ost und West. Wenn die Russen geglaubt haben, dass es eine einfache Übernahme sein würde, haben sie sich getäuscht. Die westlichen Alliierten fliegen daraufhin alles ein, was die Bürger Westberlins brauchen: Mehl, Getreide, Fett, Fleisch, Fisch, Zucker, Kaffee, Salz und Käse. Sie fliegen Kohle, Diesel und Benzin für Automobile ein.

1949, vier Monate nachdem Westdeutschland offiziell zur demokratisch geführten Bundesrepublik Deutschland wird, wird der von den Sowjets besetzte Teil Deutschlands zur Deutschen *Demokratischen* Republik. Ha, was für ein Scherz. Dieses neue Ostdeutschland ist alles andere als demokratisch. Die Sowjetunion diktiert weiterhin unser Leben. Ich habe den Zweiten Weltkrieg gegen den Kalten Krieg getauscht, Hitlers Tyrannei gegen Stalins.

BUCH ZWEI: Werner 1944 – 1947

KAPITEL SIEBZEHN

Oktober 1944

Am Morgen, an dem ich zum Volkssturm aufbreche, bringt mich Mutter mit dem Pferdewagen zum Bahnhof in Insterburg. Es ist schon ziemlich kalt, ein feiner weißer Nebel hat sich auf die Pflanzen und Bäume gelegt, die Luft ist frisch und sauber … still, bis auf ein gelegentliches Zirpen oder Rascheln. Normalerweise ist dies meine Lieblingstageszeit. Heute Morgen finde ich keine Freude daran, drehe mich nicht einmal um, um unser Haus und die Scheunen, die ordentlich eingezäunten Koppeln und grasenden Pferde noch einmal zu betrachten.

Ich denke an die Aufgabe, mich zu verabschieden, ohne mein Gesicht zu verlieren. Ich wäre viel lieber allein zum Bahnhof gelaufen, aber Mutter wollte nichts davon hören. Es ist dumm, denn meistens haben wir uns nicht viel zu sagen, und heute Morgen sagen wir gar nichts.

Ich schaue geradeaus und wünsche mir, dass die Fahrt vorübergeht. Mutter räuspert sich immer wieder, während sie die Pferde lenkt.

Als der Bahnhof von Insterburg in Sicht kommt, beginne ich, auf der Bank herumzurutschen.

»Ich steige hier aus«, erkläre ich mit rauer Kehle. Ich wünsche mich weit weg.

»Aber ich dachte …« Mutters Blick wandert zum Gebäude, zu den Menschen, die sich am Eingang und auf dem Bahnsteig tummeln.

»Mir wäre es lieber, wenn du wieder fährst«, sage ich viel zu laut. »Hier kann man sowieso viel einfacher wenden.«

Insgeheim hoffe ich, noch etwas Zeit mit Annie allein zu sein. Mein Gewissen lastet auf mir, weil ich sie gestern Abend nicht besucht habe, aber Mutter ist in ihrem Schlafzimmer auf- und abgegangen und ich konnte nicht riskieren, dass sie mich hört.

Tränen schießen in Mutters Augen. Sie weint fast nie, und das zu sehen, schockiert mich nicht nur, sondern macht mich innerlich ganz weich. Blinzelnd umarme ich sie und klettere hinunter, gebe ein »Ich schreibe bald.« von mir, bevor ich mich auf den Weg mache.

In der Nähe des Eingangs entdecke ich meinen besten Freund Lothar, einen kleinen Kerl mit einem Gesicht voller Sommersprossen und dazu passenden sandfarbenen Locken. Im Moment ist davon nicht mehr viel übrig, denn die Hitlerjugend zwingt uns zu super kurzen Haarschnitten. Nur oben und auf Lothars Stirn tummeln sich noch Locken.

Zum Glück sind meine Augen einigermaßen trocken, als ich ihn erreiche.

»Hat dich deine Mutter hergebracht?«, fragt er. Zu meiner Erleichterung entdecke ich Spuren von Tränen auf seinen Wangen, aber das scheint ihn nicht zu kümmern. »Die meisten anderen sind schon drinnen.«

Ich nicke, denke an Mutter, traue mich aber nicht, mich umzudrehen. Stattdessen suche ich die Eingangshalle nach Annie ab.

»Suchst du jemanden?« Lothar war immer schon schwer zu täuschen.

»Nur Annie.«

»Ach, *nur* Annie?«

Ich werfe ihm einen irritierten Blick zu. »Ja, was geht dich das an?«

Lothar kichert und klopft mir gutmütig auf den Rücken. »Mir kannst du nichts vormachen.«

Meine Wangen werden warm, also lenke ich ab, indem ich zu den anderen Jungs hinübergehe. Ich kann jetzt nicht über Annie sprechen … oder über das, was wir getan haben. Nicht einmal mit Lothar.

Einige Kameraden haben ihre Mütter neben sich – Väter sind heutzutage ziemlich selten –, die den gleichen traurigen

Gesichtsausdruck wie Mutter tragen. Wir alle unterhalten uns viel zu laut und viel zu fröhlich, ich bin mir ziemlich sicher, dass wir alle versuchen, die Geister des Schreckens zu vertreiben, die in uns aufsteigen.

Hin und wieder drehe ich mich in der Halle um, beobachte den Eingang, wo weitere Jungs mit blassen Gesichtern und nervösem Ausdruck eintreffen. Dann fällt mein Blick auf die Uhr, folgt dem unvermeidlichen Weiterrücken der Zeiger. Nur noch zehn Minuten bis zur Abfahrt des Zuges. *Annie ist nicht hier.*

Schon steigen die ersten Jungs ein, pfeifen und schreien aus den Fenstern.

»Sollen wir los?«, fragt Lothar.

»Geh schon mal vor, halte mir einen Platz frei.«

Lothar wirft mir noch einen Blick zu und greift nach seiner Tasche. Es ist ihm hoch anzurechnen, dass er den Mund hält. Ich gehe zurück zur Tür, erkenne Mutters geraden Rücken hoch auf dem Kutschbock. Meine Beine zucken, mein Brustkorb scheint zu schrumpfen, weil ich nicht genug Luft bekomme. Ich will ihr hinterherlaufen, ihr versichern, dass ich bald wieder da bin, dass sie sich keine Sorgen machen soll.

Eine Pfeife trillert. Um mich herum verabschieden sich die letzten Jungen, Schluchzer steigen auf. Mit gesenktem Kopf kehre ich auf den Bahnsteig zurück. Ich bin so abgelenkt, dass ich fast Lothars Ruf verpasse, der sich aus einem Wagenfenster lehnt.

Annie ist nicht gekommen.

Im Abteil hebt Ralf Engel Tommie Wagner ins Gepäcknetz. Tommie, der kleinste Junge in der Klasse, versucht, Ralf zu treten und sich zu wehren, aber es ist wie David gegen Goliath. Im Vergleich zu Tommie ist Ralf riesig und hat die breiten Schultern eines gestandenen Mannes. Haare sprießen auf seinem Kinn *und* seiner Brust. Er ist so etwas wie das Aushängeschild Hitlers, denn er ist blond und hat wässrig-blaue Augen. Nur seine Nase wirkt deplatziert, so krumm und oben breit erinnert sie mich an Max Schmeling.

»Lass mich runter«, schreit Tommie von oben, aber sobald er versucht, sich zu bewegen, stößt Ralfs riesige Pranke ihn zurück.

»Du bist nichts weiter als ein dürres Baby«, schnauzt Ralf. »Wie willst du denn Gräben ausheben oder gegen die Russen kämpfen, wenn du nicht mal eine Schaufel halten kannst?«

»Zum Kämpfen gehört mehr als rohe Kraft«, sagt Tommie.

Ich bewundere ihn für seinen Mut, denn Ralf ist bekannt dafür, dass er eine kurze Lunte hat.

Natürlich packt er Tommie an der Wade und drückt zu. »Wiederhole doch mal, was du gerade gesagt hast.«

Tommie stehen die Tränen in den Augen, während er vergeblich versucht, Ralfs tellergroße Hand zu entfernen. Tommies Unterschenkel färbt sich rot, sein Gesicht auch.

»Pass besser auf, der Schaffner kommt«, sage ich beiläufig. »Du willst doch nicht aufgeschrieben werden, das könnte sich schlecht in deinem Führungszeugnis machen.« Ich habe keine Ahnung, ob sie irgendwelche Akten über uns anlegen, aber Ralf ist nicht für seinen Grips bekannt.

Sein Arm fällt zur Seite, während er den Gang entlangstarrt. »Ich sehe nichts.«

»Er ist im nächsten Waggon«, meint Lothar.

»Ich würde mich hinsetzen«, füge ich hinzu.

Als Ralf noch einmal einen Blick auf uns wirft und sich auf die Bank plumpsen lässt, klopfe ich auf den Sitz neben mir und zwinkere Tommie zu, der aus dem Netz krabbelt. Gegenüber von uns kramt Lothar in seiner Tasche und reicht Tommie ein Stück Lakritze. Es hat bessere Tage gesehen, sieht aus, als wäre es schon eine Weile in Lothars Tasche gewesen, aber Tommie steckt es sich freudig in den Mund.

Der Zug zittert, dann setzt er sich in Bewegung. Rauch zieht an unseren Fenstern vorbei, irgendwo weiter vorn trillert eine Pfeife. Los geht's.

Die anfängliche Energie und unsere Gespräche lassen nach, es kehrt Stille ein. Es ist eine schwere, zähe Stille, die sich nicht so leicht durchdringen lässt. Um meine Klassenkameraden nicht anzuschauen, starre ich aus dem Fenster und versuche, Annies Gesicht in der vorbeiziehenden Landschaft heraufzubeschwören. Zweifel nagen an mir … *Warum hat sie mich nicht verabschiedet?*

Die Lokomotive führt uns von zu Hause fort, um im Krieg zu helfen. »Russen abschießen«, wie Ralf zu sagen pflegt. Ob wir wohl eine Ausbildung oder Uniformen bekommen?

Da ich in den letzten Nächten nicht viel geschlafen habe, nicke ich ein.

KAPITEL ACHTZEHN

Pfeifen trillern und ich werde ruckartig wach. Alle drängeln sich an den Fenstern, ich quetsche mich neben Lothar. Der Zug steht mitten auf einem Feld, die Lokomotive tuckert leise und langsam. Irgendwo in der Ferne grollt Donner.

»Was ist los?« frage ich.

»Jemand hat gesagt, wir warten auf russische Flugzeuge.«

Wie auf Kommando blicken wir alle hinaus und zum Horizont. Kälte breitet sich in meinen Eingeweiden aus, ein Gefühl des Ausgeliefertseins, der Hilflosigkeit. Solange ich mich erinnern kann, war ich in der Lage, mich aus brenzligen Situationen zu befreien. Diesmal nicht. Wenn russische Flugzeuge uns finden, sind wir hier draußen ebenso leichte Beute wie angeschossene Enten bei einer Treibjagd.

Der Moment dehnt sich, alle werden unruhig. Das Geflüster wird lauter, Lothar und Tommie zappeln neben mir. Die Angst, die ich spüre, dieses Gefühl des Untergangs ist greifbar. Ich könnte in wenigen Augenblicken tot sein. Ein Glucksen erhebt sich aus meiner Brust, formt sich zu einem Kichern. Wie dumm wäre das denn, erschossen zu werden, bevor wir überhaupt angefangen haben?

»Was ist so komisch?«, fragt Ralf vom nächsten Fenster.

Ich kann sehen, dass er auf einen Kampf brennt, irgendetwas, um sich von seiner eigenen Angst abzulenken. Manche Menschen werden still, wenn sie Angst haben, ich werde komisch, aber Ralf, der wird aggressiv wie ein wütender Stier.

Ich grinse ihn an und schüttele dann den Kopf. Ich mag durch das viele Reiten und die Arbeit auf dem Hof in guter Form sein, aber gegen Ralf richte ich nichts aus.

Lothar stupst mich in die Seite, bevor er aufsteht und das Fenster einen halben Meter herunterschiebt. Der Donner ist jetzt lauter, nur dass es gar kein Donner ist, sondern Artilleriefeuer. Irgendwo in nicht allzu weiter Ferne liegt die Front.

Letztes Jahr haben wir *Im Westen nichts Neues* gelesen. Seitdem überkommt mich bei dem Wort Front das kalte Grauen. Es ist ein Ort, an dem Menschen verstümmelt werden und sterben, aber das ist nur ein kleiner Teil der Geschichte. Die eigentliche Geschichte handelt von den seelischen Kämpfen, von der Überwindung des eigenen schlimmsten Albtraums, von dem Bewusstsein, dass man jeden Moment sterben kann, von den Leiden der Mitmenschen, den körperlichen Entbehrungen, dem ständigen Nagen von Hunger und Durst – und vor allem von der Angst vor dem sicheren Untergang. Und dann, wenn man überlebt, ist man so kaputt, dass man nicht mehr ins Leben hineinpasst.

Ich beginne zu zittern. Lothar denkt, es ist wegen der kalten Luft und schließt das Fenster.

Der Wagen ruckelt, die Eisenbahn nimmt wieder Fahrt auf. Um mich abzulenken, wühle ich in meinen Vorräten. Ich nehme einen Apfel, biete Lothar einen an, kaue und schlucke, kaue und schlucke.

Irgendwann am Abend halten wir an. Es ist dunkel, die Lichter im Zug sind aus.

»Alle raus!«, erschallt es von der Tür.

Ich richte mich auf, dann erinnere ich mich an meinen Rucksack und versuche, mich zu erinnern, wo ich ihn gelassen habe.

Wir rennen wie wild auf die Tür zu, quetschen uns hindurch und landen auf einem offenen Feld. Bis auf ein paar gedämpfte Laternen ist es dunkel. Dem Geflüster nach zu urteilen, müssen wir mindestens hundert Leute sein.

»Ruhe hier!« Die Stimme ist tief und gewohnt, Befehle zu erteilen. Das Flüstern verstummt. »Hört zu.« Die hünenhafte Gestalt vor uns trägt eine Uniform und den langen Mantel eines Offiziers. »Ich bin SS-Hauptmann Hillmeier. Ab morgen werdet ihr zusammen mit euren Kameraden Gräben ausheben. Ich erwarte absoluten Gehorsam. Heute Abend marschiert ihr jeweils zu zweit ins Lager. Eine falsche Bewegung kann euch hier draußen umbringen. Kein Licht, kein Feuer, kein Gerede. Ihr seid jetzt Soldaten, vergesst das nicht.«

Ich habe mich nie als Soldat gemeldet, denn wenn Mutter und ich uns in einer Sache einig waren, dann darin, dass ich niemals zum Militär gehen würde. Und doch bin ich nun hier, mit einem Haufen anderer Jungs, und kämpfe gegen einen unsichtbaren Feind. Man weiß nie genau, wo er ist und wie weit seine vielen Arme reichen.

Die Scheune, zu der wir geführt werden, ist schon ziemlich voll mit schlafenden Gestalten. Auf der Suche nach einem freien Platz treten wir auf Beine, stolpern über Taschen und Koffer. Die Luft ist eiskalt und stinkt nach ungewaschenen Körpern und verdreckter Kleidung. Lothar und ich finden einen Platz am äußeren Rand. Niemand will an den Außenwänden liegen, denn da ist es noch kälter. Tommie gesellt sich zu uns, und so rollen wir uns zu dritt in unsere Decken ein und legen uns auf die Seite, seltsam eng zusammen, ungewohnt. Bis auf unsere Schuhe haben wir alle unsere Kleider anbehalten. Ich wünsche mir mein Federbett, das weiche Kissen und mein sauberes Bad.

Die Latrine, die wir am Morgen aufsuchen, ist grauenhaft, schlampig gebaut und trotz der kalten Temperaturen übelriechend. Es gibt kaum Wasser, jedenfalls nicht genug zum Waschen. Wir drängen uns draußen zusammen und essen Reste und eine wässrige Suppe aus Kohl und Kartoffeln.

Um sieben Uhr dreißig stellen wir uns auf. Jeder von uns erhält eine Schaufel. Ich betrachte die Gesichter der Jungs und Männer, die offensichtlich schon seit Wochen hier sind. Sie alle sehen müde und schmutzig aus, einige wirken kränklich. Nach einem stummen dreißigminütigen Marsch durch einen Wald kommen wir auf einem flachen, weiten Feld an. Ein großer Teil Preußens sieht so aus: riesige, flache Weiten mit einem Himmel, der sich endlos fortsetzt.

Wir gesellen uns zu den Hunderten von alten Männern, jungen Männern, Männern in Uniform und Zivil, Jungen aus der Hitlerjugend, die bereits hier sind und einen riesigen Graben ausheben, mannshoch und zwei Meter breit mit schräg aufragenden Wänden. Diese Rinnen sollen die russischen Panzer aufhalten. Hier und da stehen Jungen in Hitlerjugend-Uniform Wache, einige von ihnen tragen sogar Gewehre.

Der Boden ist hart und steinig, die Arbeit zermürbend. Meine

Handflächen schwitzen und innerhalb weniger Stunden bilden sich Blasen, eine an der Unterseite jedes Fingers, eine riesige in der Mitte meiner Daumen. Ich trockne mir immer wieder die Hände ab, aber die brutale Arbeit produziert ständig neuen Schweiß … und Durst. Mein Rücken beschwert sich auch, der Schmerz sitzt tief in der Wirbelsäule, aber wenn ich mich aufrichte, schießt er bis in den Nacken.

Lothar seufzt immer wieder und Tommie stützt sich halb auf seine Schaufel. Nur Ralf pfeift weiter und feuert uns an. Die Mittagspause kann nicht früh genug kommen. Wir marschieren zurück zum Lager und stellen uns wieder für eine dünne Suppe an.

»Glaubst du, dass sie uns ausbilden werden?«, flüstert Lothar auf der Suche nach einem freien Platz, als wir am Abend in unser Quartier zurückkehren. Ich bin hundemüde, mein Rücken pulsiert, meine Finger sind steif von den Blasen, die sich blutig gefärbt haben.

Tommie lässt sich neben uns auf den Boden fallen. »Im Winter wird es schrecklich sein.«

»Hoffentlich sind wir bis dahin zu Hause«, sagt Lothar. »Der Graben sieht aus, als wäre er schon kilometerlang.«

»Ich habe gehört, dass einige schon seit dem Sommer hier draußen sind.« Tommie begutachtet die aufgerissene Haut an seinen Fingerspitzen. »Ich werde es nicht einmal eine Woche schaffen.«

Ich klopfe ihm auf den Rücken. »Wer weiß, vielleicht gewöhnst du dich schnell dran und machst Ralf einen Strich durch die Rechnung.«

Tommie grinst, aber sein Blick wird wieder ernst. Wir haben alle Angst und wollen schnell nach Hause zurückkehren.

Wir verbringen eine weitere ungemütliche Nacht, dann noch eine und noch eine. Jeden Tag schleichen wir ein Stück weiter nach Norden in Richtung Tilsit. Ich weiß das nur, weil ich einen der Hitlerjungen im Gespräch mit Ralf belauscht habe. Beide haben damit geprahlt, dass sie richtige Kämpfe sehen wollen. Allein der Gedanke, nahe der Front zu sein, lässt mich erschaudern.

Nach zwei Wochen haben wir die Möglichkeit, in einem verlassenen Freibad zu duschen. Das Wasser ist kalt, aber es fühlt sich gut an, sauber zu sein. Ich reinige meine Unterwäsche und hänge sie zum Trocknen in der neuen Unterkunft, einer leeren Lagerhalle, auf.

Wir haben noch immer keine Ausbildung oder Ausrüstung bekommen, geschweige denn eine Uniform. Auch erklärt uns niemand etwas. Wir sollen Befehle befolgen, marschieren, graben, essen und schlafen. Man munkelt, dass Iwan jeden Tag näher rückt. Sollen wir ihn mit unseren Schaufeln bekämpfen, wenn er mit Panzern und Artillerie auftaucht?

Ich nehme mir vor, zu schreiben, vor allem Annie, aber ich kann mich nicht dazu bringen. Abends haben wir kaum Zeit zu essen und unsere schnell zerschleißende Kleidung zu flicken. Morgens kann ich kaum aufstehen. Mein gesamter Körper ist wund und ich habe unerträglichen Hunger. Außerdem, was sollte ich denn sagen?

Ich wünschte, ich hätte ein Foto von Annie mitgenommen. Verdammter Krieg. Ein paar Mal habe ich unsere Begegnung in der Scheune noch einmal durchlebt, ihre weiche Haut gespürt, ihren Atem neben mir gehört, mich in Gedanken zusammen mit ihr bewegt … Ich habe damit aufgehört, weil allein der Gedanke an sie mich furchtbar geil macht. Und an diesem Ort gibt es buchstäblich keinen privaten Zentimeter. Ich zähle jeden Tag, jede Stunde, wünsche mich so schnell wie möglich nach Hause.

Lothar kommt nach dem Essen zu mir. Fünfzig Meter von den anderen entfernt sitze ich auf einer niedrigen Mauer, um endlich etwas an Mutter und Annie zu schreiben.

»Vielleicht sollten wir uns davonschleichen«, flüstert Lothar. »Bei so vielen Leuten wird uns keiner vermissen.«

»Da wäre ich mir nicht so sicher, sie haben die Namen und Geburtsdaten von allen. Sie wissen, wo wir wohnen.«

»Wir könnten uns eine Weile verstecken.«

Wut steigt in mir auf. *Wo?* »In den Wäldern wimmelt es von deutscher Infanterie, das Essen ist ohnehin schlecht. Da draußen würden wir verhungern.«

Lothar schaut nachdenklich drein. »Deine Familie hat riesige Gebäude, Scheunen und alles. Es wäre einfach, sich zu verstecken. Deine Mutter könnte uns versorgen.«

»Weißt du, was passiert, wenn die SS uns findet?«

»Ich habe euch gesucht.« Tommie kommt mit einem Becher in der Hand auf uns zu. »Sie sagen, wir ziehen wieder um. Zurück in Richtung Königsberg. Die Russen werden nicht kommen.«

Was soll sie aufhalten?

Lothar und ich tauschen einen Blick aus. Es ist besser, andere, auch Tommie, nicht in unsere Fahnenfluchtgedanken einzuweihen. Vielleicht ergibt sich später noch eine Möglichkeit, zu verschwinden. Königsberg liegt direkt westlich von Insterburg, eine einfache Strecke von vielleicht hundert Kilometern. Vielleicht schaffen wir es sogar, einen Zug zu erwischen. Erleichtert packe ich Papier und Stift wieder ein.

Am Morgen werden wir auf Lastwagen verladen, um dann ein paar Kilometer weiter zum Stehen zu kommen. Deutsche Infanterie kriecht vorbei … Fußsoldaten, Panzer, Lastwagen und VW-Kübelwagen, Militärfahrzeuge mit offenem Dach, ähnlich wie Jeeps. Die Männer darin wirken grimmig – oder sind sie entschlossen? Ich stelle mir vor, dass mein Vater in einem der Lastwagen sitzt, frage mich, wie er aussieht und wie es ihm geht. Mutter hat in all den Jahren, seit er fort ist, nie viel gesagt. Nur einmal, als ich nicht schlafen konnte, habe ich sie mit den Briefen meines Vaters auf dem Schoß erwischt, ein Taschentuch in der Hand. Sie war auf der Couch eingeschlafen. Ich schlich auf Zehenspitzen zurück in mein Zimmer, aber in dieser Nacht schlief ich bis zum frühen Morgen nicht. Ich begriff, dass, nur weil Menschen nicht reden, es nicht bedeutet, dass sie nichts fühlen. Manchen fällt es nur schwer, sich auszudrücken.

Die Briefe an Annie und Mutter sind noch nicht fertig, aber ich habe mir geschworen, sie zu beenden, sobald wir Königsberg erreichen. Die Fahrt dauert den ganzen Tag und je näher wir kommen, desto voller werden die Straßen. Nicht nur die Wehrmacht hat hier Stellung bezogen, sondern auch Tausende von Flüchtlingen mit Wagen, Karren und Rucksäcken drängen sich durch.

Wir schlafen in einer verlassenen Grundschule am Rande von Königsberg und werden zu Besorgungen und Arbeiten in die Stadt geschickt. Wir helfen Frauen und Kindern, Unterkünfte zu finden, beladen Lastwagen, entladen Lastwagen, verteilen Lebensmittel und Decken. Wir haben weder eine Ausbildung noch eine Ausrüstung erhalten, geschweige denn Waffen.

Vor der Schule hat die Wehrmacht ihr Lager aufgeschlagen, ein paar einfache Soldaten reinigen ihre Gewehre.

Einer von ihnen zwinkert und wirft mir eine Zigarette zu. Ich rufe »Danke!« und stecke sie mir hinters Ohr. Ich rauche nicht, aber bei einem Handel wird sie nützlich sein.

Er lächelt und winkt mich näher heran. »Woher kommst du?«

»Insterburg. Und Sie?«

»Berlin.«

Nachdem wir unsere Namen ausgetauscht haben – er heißt Willi – schaut er sich kurz um und sagt dann mit leiser Stimme: »Zieh das Ding aus und geh.« Er deutet auf die Armbinde, die ich trage und auf der *Deutscher Volkssturm Wehrmacht* steht – das einzige Stück Uniform, das wir erhalten haben. »Iwan kommt zurück, dieses Mal für immer. Wir haben kaum genug Munition für einen Tag, geschweige denn für Wochen oder Monate.« Sein Freund, der neben ihm sitzt, nickt grimmig und saugt kräftig an seiner Zigarette. Seine Finger sind fast schwarz vor Dreck, die Ärmel seines langen Mantels sehen mottenzerfressen aus.

Diese Worte von einem hartgesottenen Mann zu hören, beeindruckt mich mehr als die eifrigste Radioansprache. »Was ist, wenn sie mich erwischen?«

Der Mann zuckt mit den Schultern. »Ist riskant, aber Iwan in die Hände zu fallen, wird schlimmer sein.«

Es ist wahr, inzwischen haben uns Geschichten über schreckliche Gräueltaten erreicht. Es heißt, die Rote Armee vergewaltige Frauen und töte sie und ihre Kinder. Die russischen Soldaten sollen stehlen und verbrennen, was übrig ist. Ein Schauer durchfährt mich, als ich mir vorstelle, wie Mutter einer Reihe russischer Panzer gegenübersteht. Wenn ich zu Hause wäre, könnte ich ihr wenigstens helfen, zu fliehen. Die Russen sind wütend über all die deutschen Grausamkeiten in ihrem eigenen Land, jetzt ist es für sie an der Zeit, sich zu rächen. Wer kann es ihnen verdenken? Aber warum erwischen sie immer die Unschuldigen?

Doch wir setzen uns nicht ab, weder an diesem noch am nächsten Tag. Jedes Mal, wenn Lothar und ich anfangen, darüber zu reden, verlässt uns der Mut. Die Temperaturen sind gefallen, es ist mindestens ein Dreitagesmarsch und die SS scheint überall zu sein. Ein einziger Halt würde genügen, gefunden und hingerichtet zu werden.

»Wie wäre es, wenn wir während der Weihnachtszeit verschwinden?«, frage ich, während Lothar und ich einen großen Suppentopf zu einer Flüchtlingsunterkunft tragen. »Dann sind die Leute abgelenkt, wahrscheinlich gibt es keinen normalen Dienst.«

»Wir könnten Silvester mit unseren Familien feiern.« Lothar klingt verträumt, dann grinst er mich an. »Lass es uns so machen.«

An Heiligabend schreibe ich endlich Briefe an Mutter und Annie. Es ist nicht viel, nur eine kurze Notiz, dass es mir gut geht und ich sie gern besuchen würde. Ich kann ihnen nicht von unseren Plänen erzählen, weil es sein könnte, dass unsere Post geöffnet wird. Zu Weihnachten hat uns die Wehrmacht mit einem Sammelsurium an Lebensmitteln versorgt … Fleischkonserven, Kartoffeln, Apfelmus … sogar Schnaps.

Ralf erzählt Geschichten über weibliche Eroberungen. Angeblich hatte er schon fünf Freundinnen. Ich habe ihn nie mit einem Mädchen gesehen. Meine Gedanken wandern zu Annie, es gibt wirklich keine Stunde am Tag, in der ich sie nicht vermisse. Aber ich würde den anderen nie etwas von unserer gemeinsamen Zeit erzählen. Sie liegt wie ein kostbares Juwel in mir.

»Du meinst wohl deine Schafe?«, sage ich und nehme einen weiteren Schluck aus der Flasche. Der klare Schnaps brennt in der Kehle, aber daran habe ich mich inzwischen gewöhnt. Wir befinden uns in der ehemaligen Turnhalle, die Luft ist angenehm warm und schwer von Alkoholdämpfen.

Einige Jungs kichern, andere starren mich an, als hätte ich einen Todeswunsch.

Ralf wirft mir einen bösen Blick zu. »Neidisch, was?«

»Wie heißen sie denn?«

»Was geht dich das an?«

Ich spüre Lothars Hand an meinem Ärmel, wahrscheinlich, um mich zu warnen. Aber ich fühle mich gut, wirklich gut. »Nun, ich würde gern wissen, wer sie sind. Immerhin kennen wir sie sicherlich auch. So groß ist Insterburg doch gar nicht.«

Die Temperatur im Raum steigt, ich spüre die Blicke der anderen auf mir.

Ralf kommt herübergestapft, viel schneller, als man es von einem so klobigen Kerl erwarten würde. »Willst du das wiederholen?«

Von meinem Platz aus sieht er noch größer aus als sonst. »Ja«, sage ich grinsend. »Ich glaube, du bindest uns einen Bären auf.«

Ohne Vorwarnung fährt Ralfs Faust in mein Gesicht. Der Schmerz ist stechend und überrascht mich. Ich schmecke Blut. Um mich herum ertönen Rufe … »Kampf, Kampf, Kampf.« Ich fühle mich ermutigt, rutsche auf die Knie, richte mich auf … ein bisschen wackelig, aber ich schaffe es, Ralf anzusehen.

»Hör auf damit«, murmelt Lothar neben mir.

»Ist das alles, was du kannst?«, frage ich Ralf. Mein Gesicht schmerzt von dem Lächeln, das ich aufsetze.

Ralfs Faust schwingt ein zweites Mal, ein bösartiger Hieb gegen mein Kinn, der mich rückwärts auf den Boden katapultiert. Dort liege ich mit gespreizten Beinen und kann, obwohl mein Kopf brummt, nur noch lachen.

Lothars besorgtes Gesicht erscheint über mir, aber ich rolle zur Seite und mühe mich wieder auf die Knie. Mein Kiefer und meine Wangenknochen pochen, aber ich werde nicht unten bleiben … nicht in einer Million Jahren. Als ich aufschaue, kommt Ralf auf mich zu, aber kurz bevor er mich erreicht, lässt ihn eine scharfe Stimme erstarren.

»Was hat das zu bedeuten?« Ich erkenne die Stimme von SS-Offizier Hillmeier, höre die Absätze seiner Stiefel rhythmisch über den hölzernen Turnhallenboden klacken, denn plötzlich ist es im Raum so still wie in der Kirche beim Gebet.

Ich knie immer noch auf dem Boden, mein Kopf fühlt sich an, als wolle er herunterfallen, und etwas Klebriges tropft aus meiner Nase. Von meiner Position aus beobachte ich, wie die Farbe aus Ralfs Gesicht weicht. Er war total in Rage, aber jetzt steht er nur mit hängenden Armen da.

»Erklär mir, was hier los ist!« Hillmeier baut sich vor Ralf auf, der locker einen Kopf größer ist. Nur, dass er jetzt aussieht, als wäre er in der ersten Klasse.

»Nichts … ich meine …«

Ich habe Ralf nie für besonders helle gehalten, aber jetzt klingt er wie ein Schwachkopf, was ich unglaublich lustig finde. Ein Kichern entweicht meiner Kehle und erhebt sich laut und deutlich in der Turnhalle.

»Was machst du denn da unten?« Hillmeier wirft mir einen irritierten Blick zu. »Steh auf, Mann. Schnell.«

Seine Rede erinnert mich an Pistolenschüsse. Ich rappele mich auf, drohe, das Gleichgewicht zu verlieren, als Lothar mir einen Arm entgegenstreckt und mich stützt.

»Verdammt, Männer, ihr sollt euch auf den Krieg vorbereiten, nicht gegeneinander kämpfen.« Hillmeier funkelt Ralf an. »Du hast Toilettenputzdienst.«

»Was?«

»Jetzt sofort. Auf der Stelle.«

Ralf stolpert davon, während Hillmeier sich mir zuwendet.

»Was ist *deine* Ausrede? Wisch dir das dumme Grinsen aus dem Gesicht. Offensichtlich bist du zu betrunken, um zu kämpfen.«

»Jawohl.«

»Halt die Klappe. Wie heißt du?«

Wenn ich die Klappe halten soll, kann ich ja nichts sagen, was ich schon wieder unglaublich komisch finde. »Werner … Baran.«

»Geh in dein Quartier und schlaf dich aus, bevor du dich ernsthaft verletzt.« Hillmeier mustert die schweigende Menge. »Ihr stellt alle eure Flaschen weg, räumt auf und geht ins Bett. Wenn ich in fünf Minuten irgendetwas sehe oder höre, wenn sich etwas bewegt, wird das Konsequenzen haben.«

Als ich losstolpere, ruft Hillmeier mir hinterher: »Baran, melde dich morgen früh um acht Uhr bei mir.«

Der Flur vor mir verschwimmt. Ich habe gerade unsere Chance verspielt, unbemerkt zu verschwinden.

Am ersten Weihnachtstag hämmert mein Kopf, meine Kehle ist ausgedörrt und ich kann mich nicht entscheiden, ob ich Hunger habe oder kotzen muss. Als die Erinnerung an letzte Nacht zurückkehrt, wird mir klar, wie dumm ich gewesen bin. Heute Morgen hätte ich die Reste unserer Feier mitnehmen und verschwinden können, ohne allzu viel Verdacht zu erregen. Stattdessen habe ich mich auf das Radar von Hillmeier katapultiert.

Im eiskalten Waschraum tauche ich meinen Kopf unter den Wasserhahn. Als ich mich im Spiegel betrachte, lässt das Hämmern etwas nach. Dunkle, blutunterlaufene Augen starren mich an.

»Du bist ein verdammter Narr«, erkläre ich meinem Spiegelbild.

»Verdammt richtig.« Lothar erscheint hinter mir. »Du konntest es nicht lassen, oder?« Er spuckt fast, so wütend ist er.

»Tut mir leid.«

Lothar ignoriert mich und stellt sich ans Pissoir. Ich warte, aber als er fertig ist, wäscht er sich die Hände und marschiert davon, als ob ich Luft wäre.

Ich beschließe, ein Stück übrig gebliebenes Brot zu nehmen und einen Spaziergang zu machen. Die Luft schneidet mir in die Haut und schnürt mir die Kehle zu. Es müssen wieder minus zwanzig Grad sein. Ich laufe ziellos umher, vorbei an schneebedeckten Karren und vergessenen Rucksäcken. Im Eingang eines Gebäudes liegen zwei Gestalten – eine Frau und ein kleines

Mädchen – auf dem Rücken, ihre Körper und Gesichter bedeckt mit einer kristallisierten Schicht aus Neuschnee. Sie sind in der Nacht erfroren. Man sagt, es sei ein guter Tod, dass man einfach einschlafe und nicht mehr aufwache.

Annies Gesicht erscheint vor meinem inneren Auge. Sie sieht mich mit ihrem typischen ernsten Blick an und mustert mich, während ich ihr erkläre, dass zu viel Gras Pferde krank macht, besonders nach einem langen Winter im Stall. In diesem Moment möchte ich einfach zu ihr gehen und ihr helfen, wenn die Russen auftauchen. Ich frage mich, ob sie geflohen ist und wie ich sie finden werde.

Die Hakenkreuzfahne des SS-Quartiers hängt schlaff in der Dämmerung. Hillmeier sitzt hinter einem provisorischen Schreibtisch und sieht mürrisch aus.

»Gut geschlafen, wie ich sehe«, bellt er und ignoriert meinen Gruß. »Such dir drei Männer, einen Karren und bringt, verdammt noch mal, die gefrorenen Kadaver weg. Man kann kaum einen Schritt machen, ohne auf sie zu treten.«

»Sie meinen, ich …«

Hillmeier fuchtelt mit den Armen. »Die Toten, du Idiot. Jetzt halt die Klappe, bevor ich dich aufschreibe.«

Ich weiß nicht mehr, wie ich an den Wagen gekommen bin und wie ich die drei unglücklichen Seelen aus unseren Reihen um Hilfe gebeten habe. Ich habe mich nicht getraut, Lothar anzusprechen, und ich hatte auch nicht den Mut, Ralf zu fragen. Woran ich mich erinnere, sind die Gesichter der Toten. Den ganzen Tag streifen wir durch die Straßen, sammeln gefrorene Leichen ein … Babys, Kleinkinder, Erstklässler, Mütter und alte Frauen. Wir stapeln sie wie Holz auf den Karren und bringen sie zum Friedhof. Manche Mütter halten ihre Kinder noch in den Armen, umklammern sie mit starren Händen. Wir lassen sie so liegen. Was gäbe uns das Recht, sie jetzt zu trennen? Es gibt keinen Platz, um sie zu begraben, der Boden ist steinhart gefroren, also legen wir sie nebeneinander entlang einer Hecke, bis der Boden wie ein tragischer Flickenteppich bedeckt ist.

Der Schnee verhüllt sie mit weichem, federleichtem Weiß, verbirgt sie vor der Welt. Aber nicht vor mir, denn ihr Anblick hat sich in mein Hirn gebrannt. Es ist *eine* Sache, wenn Männer im Kampf sterben, was schon schlimm genug ist, aber diese Frauen und Kinder haben es nicht verdient, auf der Straße zu erfrieren, vergessen, als wären sie unbedeutende Menschen, um die sich niemand sorgt.

Irgendwo wartet gewiss jemand auf sie … eine Familie … und fragt sich, wo sie geblieben sind und warum sie nicht ankommen. Keiner ihrer Angehörigen wird jemals erfahren, was mit ihnen geschehen ist.

Meine Hände und Füße sind taub vor Kälte, als wir ins Quartier zurückkehren. Ich sehe Lothar nirgends, nehme mir nur einen Apfel und etwas übrig gebliebene Suppe und rolle mich auf meiner Pritsche zusammen. Die ganze Nacht wandern die erfrorenen Menschen durch meine Träume, mit eingesunkenen Augen und winzigen Eiszapfen an den Wimpern, die Haut von einem weißlichen Blau. Eine Träne quetscht sich hinter meinen geschlossenen Lidern hervor und landet auf der Innenseite meiner Nase. Bis auf ein gelegentliches Schnarchen ist es still. Ich vergrabe mich tiefer unter der Decke und versuche, die Schreckensbilder mit Erinnerungen an Annie zu verjagen.

Aber dann denke ich an sie, wie sie erfroren in irgendeinem Hauseingang liegt … vergessen. Ist sie hier irgendwo und wird von unglücklichen Jungs aufgesammelt? Oder Mutter?

Der Drang, abzuhauen, wird so stark, dass meine Finger zucken. Ich muss mich vergewissern, dass sie am Leben sind. Warum habe ich nicht früher geschrieben, damit sie antworten konnten? Sie müssen sich große Sorgen um mich machen.

Eine weitere Träne kullert heraus. Ich bin ein kompletter Idiot.

Das neue Jahr beginnt mit einer weiteren halbherzigen Feier. Die Wehrmacht hat für mehr Alkohol und ein paar Leckereien gesorgt … Wurst, Kekse, mehr Schnaps, sogar Weißwein. Diesmal trinke ich kaum einen Schluck und denke an meine verpasste Chance, nach Hause zu kommen. Wange und Kinn sind nach Ralfs Attacke ziemlich gut verheilt, die blauen Flecken unter dem Auge und am Kiefer haben sich gelb verfärbt.

Hillmeier scheint es auf mich abgesehen zu haben, denn er lässt mich die ganze Woche über *wegräumen*. Und er taucht auf, wenn man ihn am wenigsten erwartet, stets mit einem undurchdringlichen Gesichtsausdruck.

»Warum evakuieren sie uns nicht?«, fragt mich Tommie, als wir abends in die Turnhalle gehen. Es ist Neujahr und er hat heute mit mir den Aufräumdienst übernommen, weil er Hillmeier nicht zackig genug begrüßt hat. »Ich meine, du hast doch die Trecks gesehen. So viele Leute gehen nach Westen.«

»Ich kann nicht weg«, sage ich und bin abgelenkt, weil Lothar an mir vorbeigeht, ohne mich eines Blickes zu würdigen. »Ich muss erst sehen, was mit meiner Familie los ist.«

»Aber wenn die Russen schnell kommen, bleibt keine Zeit mehr.« Tommies Stimme vibriert vor Sorge.

»Ihr habt Gauleiter Koch gehört.« Hillmeier hat es geschafft, aus dem Nichts aufzutauchen. »Niemand geht nach Hause und niemand wird evakuiert.« Er beugt sich, die Fäuste in die Hüften gestemmt, über uns. »Wir haben bisher widerstanden, und das werden wir auch weiterhin tun. Alles andere wäre Verrat.«

Was ist mit den Gerüchten, dass sich drei russische Truppen an der Ostgrenze versammeln, nicht einmal hundertdreißig Kilometer von hier entfernt … und noch näher an Insterburg … an Annie?

Aber ich sage nichts, beobachte nur den Mann in seiner schicken Uniform, der die anderen herumkommandiert. Da keiner von uns etwas erwidert, marschiert Hillmeier weiter.

Ich lese in Tommies Worten, was ich selbst denke. Dass es nur eine Frage der Zeit ist.

KAPITEL NEUNZEHN

Mir geht noch etwas anderes durch den Kopf: Lothar. Ich habe seit fast zwei Wochen nicht mehr mit ihm gesprochen, nicht nur, weil er eine andere Arbeit macht und wir beide den ganzen Tag unterwegs sind, sondern weil er mir aus dem Weg geht. Nach Hillmeiers dummer Bemerkung bin ich mehr denn je davon überzeugt, dass ich nach Hause und mich vergewissern muss, dass es Annie und Mutter gut geht. Lothars Mutter ist noch älter als meine und lebt allein, sein Vater ist seit Stalingrad verschollen. Er hat keine Geschwister oder Tanten, er hat nur seine Mutter.

Am Morgen des 12. Januar werde ich von Tommie geweckt. Der Flur ist schwarz wie Tinte, die Luft eisig. »Hörst du das?«

Ich stecke meine Nase aus der Decke und lausche. In der Ferne höre ich ein Grummeln. Mein erster Gedanke ist Gewitter … Annie … die Scheune.

»Die Russen kommen.« Tommies Stimme zittert. »Ich weiß nicht, was ich tun soll. Mutter ist da drüben, deine bestimmt auch.«

»Wie spät ist es?«

»Fünf Uhr dreißig.«

Ich kämpfe gegen die Schlaftrunkenheit an und setze mich auf. Jetzt, wo ich wach bin, erkenne ich das Artilleriefeuer deutlich. Es hat eine schwer zu beschreibende Qualität, ein hartes Knirschen, manchmal mit einer kurzen Pause, bevor eine Detonation erfolgt. Dieser Angriff klingt anders als die, an die ich mich erinnere. Es ist ein anhaltendes Krachen, viel lauter als in der Vergangenheit. Und lauter bedeutet näher und wahrscheinlich gewaltiger.

Ich ziehe Schuhe und Mantel an und folge Tommie durch den Gang. Gelegentliches Rascheln verrät mir, dass einige der anderen aufgewacht sind. Draußen, im Osten, flackert der Himmel. Irgendetwas Großes ist im Gange. Das Gefühl des Unbehagens kehrt zurück, ein Gefühl, dass ich etwas tun muss und nicht weiß, was.

In der Dunkelheit nähert sich jemand. »Iwan wird uns fertigmachen.« Lothars Stimme klingt resigniert, aber auch wütend.

Ich drehe mich zu ihm und die Worte sprudeln aus mir heraus. »Es tut mir so leid, wir hätten längst nach Hause gehen sollen. Es ist alles meine Schuld, ich war leichtsinnig.«

Lothar legt einen Arm auf meine Schulter. »Schon gut.« Dann flüstert er. »Was machen wir jetzt?« Er nickt in Richtung des erleuchteten Himmels.

Trotz seines leisen Tons hat Tommie ihn gehört. »Ich komme mit.«

Und so beschließen wir, abzuhauen. Wir müssen vorsichtig sein und den richtigen Moment abpassen.

Gegen zehn Uhr dröhnt eine zweite Welle von Artilleriefeuer im Osten auf. Ich kann nicht sagen, wie weit die Front entfernt ist, aber selbst von hier aus ist klar, dass es sich um einen gewaltigen Kampf handelt. Heute Morgen verlassen die deutschen Truppen Königsberg. Einige der Fußsoldaten, mit denen wir hin und wieder gesprochen haben, versammeln sich und marschieren los. Ich lese in ihren Gesichtern, dass sie nicht damit rechnen, zurückzukehren. Jeden Moment kann Hillmeier auftauchen und uns mitschicken. Doch von ihm ist nichts zu sehen.

Wir setzen unsere Arbeit in der Stadt fort, aber nach einem lausigen Abendessen mit Kohlsuppe gehen Lothar, Tommie und ich wieder nach draußen. Der Boden ist gefroren und knirscht unter unseren Stiefeln. Ich denke an die Männer da draußen, frage mich, ob sie sich in den Gräben verstecken, die wir ausgehoben haben, ob diese breiten Gräben die russischen Panzer aufhalten können.

»Wir müssen *bald* aufbrechen«, meint Lothar. »Ich schlage vor, wir gehen nach Hause, holen unsere Familien und schlagen uns dann Richtung Westen durch.«

»Was ist mit Hillmeier?«, fragt Tommie. »Er ist wie ein böser Geist.«

»Heute hat ihn noch niemand gesehen«, sage ich.

»Er stellt wahrscheinlich Truppen für die Front zusammen«, sagt Lothar.

»Was ist, wenn er *uns* hinschickt?«, frage ich.

Irgendwo knallt eine Tür, Schritte knirschen im Schnee, ein Feuerzeug flackert und Zigarettenrauch steigt mir in die Nase. Wenn jemand von unseren Plänen Wind bekäme, würden wir wegen Desertion hingerichtet. Ich habe von improvisierten Erschießungen gehört, sogar von Zivilisten, die sagen, dass der Krieg verloren ist und dass wir fliehen müssen, bevor es zu spät ist.

»Lasst uns morgen weiterreden«, flüstert Lothar. »Dann machen wir einen Plan und legen ein Datum fest. Keine Verzögerungen mehr. Denkt darüber nach, wie wir an zusätzliche Essensrationen kommen können.«

Ich denke an die Hunderten von Toten, die wir bereits eingesammelt haben und deren Leichen nun die Friedhöfe von Königsberg füllen. »Wir brauchen Decken und etwas zum Feuermachen«, sage ich. »Durch dieses verdammte Wetter sterben die Menschen wie die Fliegen. Wir werden mindestens zwei oder drei Tage brauchen.«

In dieser Nacht und am nächsten Tag denke ich über unsere Flucht nach. Decken sind kein Problem, aber genug zu essen zu bekommen, damit wir mehrere Tage durchhalten können, wird schwierig. Wenn wir erst einmal zu Hause sind, können wir auf Mutters riesigen Vorrat an Lebensmitteln zurückgreifen, und wir haben ja noch das geheime Lager in der Scheune.

Die Stadt ist in heller Aufregung. Hillmeier ist nirgends zu sehen, worüber ich sehr froh bin. Immer mehr Menschen strömen in die Stadt. Sie blicken mit fahrigen Gesten um sich, sprechen in kurzen, abgehackten Sätzen, als wären sie ständig außer Atem, manche zeigen Erfrierungserscheinungen. Sie bleiben nicht, sagen, sie reisen nur durch nach Westen und Süden, tragen Rucksäcke, ziehen Schlitten und Karren. Die Bessersituierten haben Pferde und Wagen, obwohl ich immer mehr Pferde sehe, die vor Hunger und Erschöpfung sterben. Ich tausche mein Taschenmesser gegen einen Sack gekeimter Kartoffeln. Kein schlaues Geschäft, aber es gibt so gut wie nichts zu kaufen. Die Läden sind seit über einem Jahr geschlossen, doch selbst wenn sie geöffnet hätten, würde es mir nichts nützen, denn ich habe kein Geld. Und selbst Geld würde kaum etwas bringen, denn es ist heutzutage kaum noch etwas wert. Man muss mit Zigaretten, Schnaps, Lebensmitteln oder Wertsachen bezahlen – Feuerzeuge, Messer, Landkarten – Dinge, die man auf der Flucht gebrauchen kann.

Am Abend versammeln wir uns wieder draußen.

»Habe auf dem Heimweg eine Feldflasche gefunden.« Tommie hält einen verbeulten Militärcontainer hoch, der schon bessere Tage gesehen hat.

»Was ist mit dir?« frage ich Lothar.

Er zuckt mit den Schultern. »Wir haben den ganzen Tag Waffen auf Lastwagen geladen. Außer einer wässrigen Graupensuppe gab es nichts zu essen.«

»Nehmen sie nicht auch Proviant mit an die Front?« fragt Tommie.

An der Art, wie Lothar blinzelt, erkenne ich, dass er gereizt ist. »Die verdammten Lastwagen sind besser gesichert als eine Ladung Gold. Hatten einen Haufen Soldaten mit Maschinengewehren dabei.«

»Wie wäre es, wenn wir Pferdefleisch besorgen, um uns über Wasser zu halten?« frage ich.

»Die Wehrmacht erschießt Pferde und konfisziert die Kadaver«, meint Lothar.

»Wir müssen einfach schneller sein«, sagt Tommie. »Ich glaube aber nicht, dass ich das kann. Ich habe auch kein vernünftiges Messer, geschweige denn eine Säge. Bei diesem Wetter friert das Fleisch im Handumdrehen ein und wird hart wie Stein.«

Das Wetter hat sich noch verschlimmert, ich schätze, es sind um die minus fünfundzwanzig Grad. Egal, wie viel Kleidung wir tragen, die eisige Luft kriecht mit Leichtigkeit in mein Innerstes. Ich habe vor allem Angst, im Freien zu schlafen. Der Rückweg führt bis auf wenige Ausnahmen durch offenes Gelände mit ein paar kleinen Waldstücken.

Ein paar Tage später haben wir endlich Glück. Ich treffe Willi, den Soldaten, der mir bei unserer Ankunft in Königsberg eine Zigarette geschenkt hat.

»Du bist ja immer noch hier.« Dieses Mal lächelt er nicht einmal.

Ich verziehe das Gesicht. »Wir versuchen abzuhauen, aber wir müssen genug zu essen haben, sonst schaffen wir es nicht.«

»Ist vielleicht zu spät.« Willi schüttelt den Kopf und presst die Lippen zusammen. Er sieht furchtbar aus – sein Gesichtsausdruck ist verhärmt, seine Hände sind noch schmutziger als bei unserer ersten Begegnung. Er wirkt unkonzentriert, irgendwie zerstreut und zappelig. »Iwan kommt, und diesmal wird er nicht aufhören, bis er Berlin erreicht hat.«

Der Schauer ist wieder da, ein Grauen, das mich in Wellen durchläuft. »Kannst du mir helfen … uns?«, frage ich leise. »Wir sind zu dritt. Wollen nur unsere Mütter holen und dann nach Westen reisen.«

Zum ersten Mal richtet der Mann seinen Blick auf mich. Mit einem Nicken sagt er: »Also gut, komm heute Abend nach Einbruch der Dunkelheit zum Lagerhaus. Du weißt schon wo, richtig?«

Am Abend machen Tommie, Lothar und ich uns mit Willis Hilfe auf den Weg. Unsere Taschen sind gefüllt mit Fleischkonserven, weiteren Kartoffeln, drei Laiben Kommissbrot, einer weiteren Feldflasche und zwölf Zigaretten zum Tauschen. Willi winkt ab, bevor ich mich bedanken kann. Irgendwie weiß ich, dass er nicht mehr lange leben wird. Und er weiß es auch.

Es ist der 18. Januar und das Artilleriefeuer ist zu einem ständigen Grollen geworden. Als wir die Straße nach Insterburg erreichen, bleiben wir stehen. Menschen, Fuhrwerke, Schlitten, Pferde und Wagen kommen auf uns zu. Es ist wie ein Schwimmen gegen den Strom, während wir versuchen, dem steten Zufluss an Flüchtlingen auszuweichen. Selbst im Dunkeln gehen sie die Straße weiter, die wir gerade entlanggekommen sind.

Es ist nicht nur schwierig, sich einen Weg zu bahnen, auch die Unsicherheit, ob das, was wir tun, sinnvoll ist, wächst mit jeder Minute. Wie können wir sicher sein, dass unsere Mütter … und Annie … nicht Teil des Trecks sind? Vielleicht sind sie schon auf dem Weg nach Westen. Wir würden sie in dieser Menge verpassen.

Ich versuche, mir jedes Gesicht anzusehen – in der Dunkelheit ist das völlig unmöglich, erst recht, weil es so viele sind. Alles, worauf ich mich verlassen kann, ist mein Bauchgefühl, dass Mutter nicht einfach ohne mich gehen würde.

Da wir nur langsam vorankommen, überlegen wir, ob wir von der Straße abweichen und über die Felder laufen sollen. Aber wir haben nicht an den Schnee gedacht, der sich überall auftürmt. Die Winter in Ostpreußen bringen immer viel davon. Hier draußen reichen uns die Verwehungen bis zu den Knien, manchmal bis zur

Hüfte. Ich bin außer Atem, meine Beine sind taub vor Kälte, während wir uns abwechselnd durch die weiße Pracht kämpfen und den anderen so immerhin eine schmale Schneise schaffen.

Irgendwann nach Mitternacht beschließen wir, uns unter ein paar Bäumen auszuruhen. Nase und Wangen brennen von der Kälte, ich versuche, meine Zehen in den zu engen Stiefeln zu bewegen. Die Wolldecke, in die ich mich einwickele, ist dem Wetter nicht gewachsen. Wir drängen uns dicht aneinander, um uns gegenseitig mit unseren Körpern zu wärmen, kauen etwas Brot und dösen.

Gegen fünf Uhr beschließen wir, auf der Straße weiterzuwandern. In den ersten paar Stunden ist weniger los und wir kommen halbwegs gut voran, aber dann wird der Treck, der uns entgegenkommt, von Minute zu Minute dichter. Die meisten Flüchtlinge schauen nach unten, ihre Augen sind leer, als hätte das Leben sie bereits verlassen. Wieder ertappe ich mich dabei, wie ich jedes Gesicht auf der Suche nach Mutter und Annie absuche. Einmal glaube ich, eine ehemalige Klassenkameradin zu sehen. Aber ihr Kopf ist halb von einem Schal verdeckt, und ich kann mir nicht sicher sein. Irgendwie ist alles grau geworden.

Lothar und Tommie sind ganz still. Ich möchte etwas sagen, möchte über die Möglichkeit sprechen, dass unsere Häuser leer sein werden, aber die Luft ist so kalt, dass mir die Kehle vom Atmen wehtut. Jetzt zu reden, würde Energie kosten, die ich nicht habe. Also stapfen wir weiter, die Köpfe gesenkt, dem Ansturm der Flüchtlinge ausweichend. Das einzig Gute daran ist, dass die SS uns wahrscheinlich nicht finden wird. Wir haben uns der Armbinden entledigt und sie am ersten Abend im Schnee vergraben. Ohne sie sehen wir aus wie die Tausenden um uns herum.

Ein paar Mal ruft uns jemand zu: »Wo wollt ihr hin, Jungs? Es ist zu spät … Falsche Richtung … Kehrt um, die Russen kommen.«

Jedes Mal komme ich mir dumm vor, habe das Gefühl, dass die Zeit abläuft.

KAPITEL ZWANZIG

Am Morgen des dritten Tages erreichen wir den Stadtrand von Insterburg. Der Artilleriebeschuss wird immer intensiver, je näher wir kommen. Jetzt vibriert die Luft vom Geräusch abgeworfener Luftminen, gefolgt von Explosionen, die den Boden unter unseren Füßen erschüttern. Rauch steigt auf, hier und da brennen Gebäude. Insterburg ist unter Beschuss.

»Was sollen wir tun?«, schreit Tommie, als wir in der Nähe eines verlassenen Bauernhauses, dessen Tür aus den Angeln gerissen wurde, in Deckung gehen. Im Hof liegt ein totes Pferd auf der Seite, sein muskulöses Hinterteil ist mit einer Schneeschicht bedeckt.

»Schnell einen Weg hindurch finden«, meint Lothar.

»Einverstanden«, sage ich. »Jede Minute, die wir warten, ist eine zu viel.« Ich bin hundemüde, doch so nah am Ziel durchfährt mich ein Energieschub, als hätte ich einen Haufen Zucker gegessen. Ich stelle mir vor, wie Annie ihre Arme um mich wirft, wie Mutter lächelt, als ich die Küche betrete.

Offenbar geht es den anderen ähnlich, denn wir eilen im Laufschritt weiter, bahnen uns einen Weg durch weitere Flüchtlinge, bis wir rechts in eine Seitenstraße einbiegen können. Der Weg ist menschenleer, die Häuser verlassen. Die meisten Gebäude haben zerbrochene Fenster, Vorhänge bewegen sich geisterhaft im Wind. Hier wohnt niemand mehr.

Irgendwo auf der anderen Seite der dreistöckigen Häuserreihe explodiert eine Granate. Der Boden bebt, Mörtelsplitter regnen auf uns herab. Meine Ohren klingeln vom Lärm, ein hohes Summen, das mich ablenkt. Wir stolpern vorwärts, eilen … eilen, vorbei an Ruinen und Trümmern, zerfetzten Küchen und Badezimmern. Mitten auf der Straße liegt ein Teddybär. Sein braunes, wuscheliges Fell ist völlig intakt, seine Knopfaugen starren mich an, als wollte er sagen: »Endlich rettet mich jemand.« Ich hebe ihn auf und packe ihn in meinen Rucksack.

»Ich glaube nicht, dass wir da lang können«, ruft mir Lothar ins Ohr. Er deutet auf die nächste Kreuzung, wo Rauch aufsteigt. Die Häuser drum herum stehen nicht mehr, ihre Trümmer liegen auf der Straße. Das Hinüberklettern würde wertvolle Zeit kosten, Zeit, die wir nicht haben.

Wir kehren um, versuchen es in einer anderen Seitenstraße, eilen an den verlassenen Häusern entlang. Schon letzten Sommer fiel ein Großteil der Altstadt russischen Bombern zum Opfer. Jetzt ist es noch viel schlimmer, wir befinden uns in einem von Kämpfen zerrissenen Kriegsgebiet.

Die Zweifel sind zurück. Wir sind zu spät gekommen, Mutter und Annie längst weg, irgendwo unterwegs.

Als wir um die Ecke biegen, verharren wir augenblicklich wie auf Kommando. Ein russischer Panzer steht mitten auf der Straße, wie in Zeitlupe richtet das Maschinengewehr auf dem Dach seinen Lauf auf uns.

Ich höre, wie Lothar die Luft einsaugt, spüre, wie Tommie auf der anderen Seite zittert. Ganz langsam hebe ich meine Arme. Jetzt werde ich sterben. Unser planloses Herumhetzen hat uns an einen denkbar ungünstigen Punkt geführt, direkt in die Arme der Roten Armee.

Ich schnaufe oder schluchze, ich weiß es nicht, weil ich auf den Lauf der Waffe starre und auf das Unvermeidliche warte. Es wird schnell gehen, ein Schwall Kugeln wird uns augenblicklich zerreißen. Ich denke an Annie … Mutter … meinen Vater, der irgendwo weit weg einen Krieg kämpft, der längst verloren ist.

Der Panzer verschwimmt. Es war zu kurz, mein Leben hat kaum begonnen. Ich sehe Annies nackten Körper, spüre ihre weiche Haut an meiner. Wenigstens das hatte ich.

Vier russische Soldaten mit Kalaschnikows im Anschlag kommen auf uns zu. Sie schreien etwas, das ich nicht verstehe. Angst ist eine seltsame Sache. In ihrer normalen Ausprägung macht sie einen wachsam und bereit, loszurennen. Todesangst ist etwas ganz anderes – sie lähmt, verstopft die Ohren und schaltet jeden gesunden Menschenverstand aus. Selbst wenn die Kerle perfektes Deutsch sprechen würden, würde ich sie nicht verstehen.

Ich starre nur und beobachte, wie sie sich nähern. Sie sind kaum älter als wir, gestikulieren, wollen unsere Rucksäcke. Während zwei von ihnen sie aufreißen und den Inhalt auf den Boden werfen, halten die anderen beiden ihre Waffen auf uns gerichtet. Genugtuung spiegelt sich in ihren Gesichtern, die Überzeugung, die nur ein Sieger empfinden kann.

Einer von ihnen schreit etwas, wahrscheinlich um zu bestätigen, dass wir keine Waffen haben. Er bückt sich und nimmt die Feldflasche, schüttelt sie, öffnet sie und schnuppert daran. Dann steckt er sie in seinen Mantel. Der andere hat den Teddybär gefunden, lacht grob und stopft ihn in seine Manteltasche. Ich schaue ihn an, beobachte distanziert die heraushängenden Bärenbeine. *Er wird kalte Füße bekommen.* Doch dann stößt einer der beiden anderen vor uns seinen Lauf in meine Brust und deutet auf mein Handgelenk.

»Zeig …«

Langsam ziehe ich meinen Ärmel hoch, um die Armbanduhr freizulegen, die Vater mir gegeben hatte, bevor er in den Krieg zog. Gier spiegelt sich in den Augen des Mannes wider. Ich möchte ihm die Uhr nicht geben, aber ich weiß, dass er mich erschießen und sie sich dann einfach nehmen kann. Ich löse das Armband und er reißt es mir aus den Fingern. Mit einem breiten Grinsen legt er seine Waffe nieder und befestigt meine Uhr an seinem Arm, wo sie sich zu sechs anderen Uhren gesellt. Sein Freund, der wohl merkt, dass er den Kürzeren zieht, bittet Lothar und Tommie, ihre Arme zu zeigen. Lothar hat keine Uhr. Tommie schon, aber er hat so viel Angst, dass seine Finger wie besessen zittern. Vergeblich versucht er, das Band zu lösen, bis der Russe wütend wird und ihm eine Ohrfeige gibt.

Verdammte Idioten, als ob das etwas helfen würde. Ich will eingreifen, aber sobald ich mich bewege, schlägt mich der Russe auch schon nieder. Meine rechte Wange brennt und ich sehe, wie zwei der Russen Tommie die Uhr vom Handgelenk reißen und ihn zu Boden stoßen.

Die Panik, die ich gerade gespürt habe, verwandelt sich in Wut. Aber was kann ein siebzehnjähriger Junge schon gegen einen Haufen Russen mit Kalaschnikows und einen Panzer ausrichten?

Ich schmecke Blut, traue mich aber nicht, mich zu bewegen. Die vier Soldaten scheinen darüber zu streiten, was sie als Nächstes tun sollen. Offenbar sind sie unzufrieden mit dem Mangel an Schätzen und versuchen zu entscheiden, ob sie uns jetzt oder in fünf Minuten erschießen sollen.

Die Ungewissheit, der Schrecken in mir sprudeln wieder hoch. Mein Mund ist voller Blut und ich beginne zu zittern. Ich will leben, will Annie wiedersehen. Ich will nach Hause zu Mutter, zu meinem Vater. Ich glaube nicht, dass Betteln helfen wird. Lothar ist der Einzige, der noch aufrecht steht, aber er verharrt in stocksteifer Position, hält nur die Arme hoch.

Ich wünschte, ich könnte Russisch sprechen und alles erklären, diesen Rüpeln sagen, dass ich nur ein Schüler bin, der noch nie mit einer Waffe geschossen und schon gar nicht jemanden getötet hat.

Die Luke des Panzers öffnet sich, eine Stimme ruft etwas, das rau und schnell klingt. Die vier Soldaten stehen stramm, dann meldet sich einer von ihnen, die Hand an der Schläfe, bei dem Mann, der in der Luke zu sehen ist.

Sekunden später marschieren wir zwischen den vier Soldaten am Panzer vorbei und durch die zerstörte, brennende Innenstadt. Während wir laufen, sind immer wieder Explosionen zu hören. Bald sind wir wieder auf einer Straße, die beiden Männer vor uns legen ein solch hohes Tempo vor, dass ich kaum mithalten kann. Tommie geht es noch schlechter, seine Beine sind ziemlich kurz und er ist ohnehin schon müde. Sobald er langsamer wird, stößt ihn einer der Männer hinter uns in die Nieren. Tommie stolpert, also helfe ich ihm, die Balance zu halten.

Wir marschieren nach Norden aus der Stadt hinaus. Ich erkenne den Weg, war schon einmal mit Vater hier.

Hinter mir flüstert Lothar: »Wohin gehen wir?«

Keine Ahnung, will ich sagen, traue mich jedoch nicht zu sprechen. Wenigstens sind wir noch nicht tot.

Nach einer guten Stunde kommt hinter einer Steinmauer das Gestüt Georgenburg in Sicht, ein mittelalterlich anmutendes dreistöckiges Gebäude mit einem separaten quadratischen Turm. Vater hat mich früher hierhergebracht, um die Pferde zu besichtigen. Damals arrangierte er Anpaarungen mit Julmond, dem Deckhengst, oder kaufte das eine oder andere Tier. Georgenburg ist der führende Züchter von Trakehnern und Rheinisch-Deutschen Kaltblütern im Land und hält mehr als vierhundert

Pferde.

Ich bin schockiert, als uns die russischen Soldaten durch das Tor auf das riesige Gelände führen. Vor dem Hauptgebäude steht ein russischer Panzer, daneben parken Lastwagen. Soldaten der Roten Armee marschieren an uns vorbei in Richtung der schneebedeckten Pferdekoppeln. Dort liegen Dutzende von Pferden auf der Seite, zweifellos erschossen. *Warum?* Ich möchte weinen. *Warum tötet ihr diese schönen Geschöpfe? Sie haben euch doch nichts getan.*

Wir halten am Verwaltungsgebäude, wo ein Russe unsere Namen, Geburtsdaten, Adressen und Dienstgrade notiert. Natürlich haben wir keinen Dienstgrad, aber das scheint ihn nicht zu interessieren. Er kritzelt unleserliche Dinge in ein Notizbuch und gibt jedem von uns ein Stück Stoff mit einer grob geschriebenen Nummer, die wir uns an die Brust heften müssen.

Einer der vier Soldaten, die uns in Insterburg aufgegriffen haben, führt uns zum Pferdestall, einem rechteckigen Gebäude, das so lang wie ein Fußballfeld ist und komplett aus Ziegeln gebaut wurde. Ich war schon drinnen, die Pferde werden hier gut versorgt in riesigen Boxen gehalten. Große Fenster lassen viel Licht herein, das Stroh ist immer frisch und wird täglich gewechselt.

Als wir eintreten, erkenne ich nur Männer mit schmutzigen Gesichtern und zerrissenen Uniformen. Abzeichen oder Insignien fehlen, zweifellos wurden sie von Russen auf der Suche nach Trophäen entfernt. Das edle Gestüt hat sich in ein Gefangenenlager verwandelt.

Wir bekommen einen Schubs, die Tür fällt zu. Tommie beugt sich vor und drückt sich die Hände auf den Bauch. Er kann sich kaum aufrecht halten, also nehme ich seinen Ellbogen und helfe ihm auf der Suche nach einem Rastplatz. In jeder Box sitzen, lehnen oder schlafen Männer. Einige von ihnen schauen uns an, die meisten starren teilnahmslos vor sich hin. Auf halber Strecke werden die Boxen immer leerer und wir schlüpfen in eine hinein. Zum Glück haben sie uns unsere Decken gelassen. Das Stroh ist sauber, sodass wir uns einfach zusammenrollen und vor Erschöpfung einschlafen.

Ich erwache durch einen Aufruhr. Dutzende deutsche Gefangene drängeln vorbei und nehmen in den nächsten Boxen Quartier. Tommie und Lothar schlafen noch, also stehe ich auf und schaue den breiten Gang hinunter, der endlos zu sein scheint.

Der Geruch von Pferden schwebt immer noch in der Luft und versetzt mich nach Hause. Ich sehe unsere Scheunen, Mutter, die über den Büchern brütet … Annie erscheint auf ihrem Fahrrad, winkt und lächelt. Ich bin auf den plötzlichen Schmerz, der mich durchfährt, nicht vorbereitet. Jetzt, wo ich nicht mehr da draußen erfriere, überkommen mich Heimweh und Sehnsucht. Ein Knoten bildet sich in meiner Kehle, droht, in meine Augen überzulaufen. Ich darf jetzt nicht weinen, nicht wo all diese Männer mich sehen. Was nützt es überhaupt? Ich muss hier so schnell wie möglich weg.

Ich erkenne den Geschichtslehrer aus der achten Klasse meiner Schule, ein paar Ladenbesitzer, einer ist unser Lieblingsbäcker, bei dem zweiten hat Mutter Stoff und Garn gekauft. Der Bäcker hat einen blutigen Lappen um die Stirn gebunden, das Gesicht darunter ist weiß und geschwollen. Alle drei sitzen nur da und erkennen mich nicht, sie starren durch mich hindurch, als wäre ich Luft.

»Werner, du bist auch hier?«

Als ich mich umdrehe, stehe ich Vlad, dem Hausmeister unseres Hofes, gegenüber. Vladimir ist ein alter Pole, der schon seit Jahrzehnten bei uns lebt und arbeitet. Offenbar hat Vater ihn nach dem Ersten Weltkrieg kennengelernt und sie wurden Freunde, das heißt, Vater brachte ihn nach Hause, um ihn im Auge zu behalten. Vlad trägt die Wehrmachtsjacke eines einfachen Soldaten und eine Zivilhose.

»Warum haben sie mich hier reingesteckt?«, fragt er. »Ist Scheune, für Pferde.« Seine Wangen wirken eingefallen unter den breiten Wangenknochen, er scheint um Jahre gealtert zu sein, seit ich vor ein paar Monaten fort bin. Er ergreift meine Hände, dreht sie hin und her. »Geht es dir gut? Wir haben nichts gehört, deine Mutter macht sich Sorgen.« Er lächelt mich an, die meisten seiner oberen Zähne fehlen, der Rest sind braune Stümpfe. Vor Jahren hatte er einen Reitunfall und ist ziemlich langsam, aber Vater hat ihn immer beschutzt.

»Wie geht es Mutter?« Ich weiß, dass ich viel zu laut spreche, also senke ich meine Stimme. »Eigentlich sind wir hergekommen, um sie zu holen.«

Vlads Miene wird ernst, dann kehrt das Grinsen zurück. »Mutter vermisst dich furchtbar.«

Frustriert drücke ich Vlads arbeitsgehärtete Finger. »Wann warst du zuletzt zu Hause?«, frage ich langsam.

Vlad zieht die Augenbrauen zusammen. »Bin nur in die Stadt, um etwas zu besorgen. Iwan nimmt mich mit.«

»Woher hast du die Militärjacke?«

»Vlad kalt, also nehme ich sie von totem Soldaten.«

Dummer Vlad!, möchte ich schreien, aber ich sage nichts. Er weiß nicht, dass es eine dumme Idee ist, Wehrmachtskleider zu tragen, wenn die Rote Armee die Stadt einnimmt.

»Wann hast du Mutter zuletzt gesehen?«, versuche ich es noch einmal.

Vlad legt konzentriert die Stirn in Falten. »Ich glaube, gestern oder Freitag?«

Ich greife wieder nach Vlads Pranken. »Was denn nun? Denk nach!«

Vlads Grinsen verblasst, seine Augen glitzern. »Vlad erinnert sich nicht.« Ein Schluchzen erhebt sich aus seiner Brust, ein trauriger, einsamer Laut, der mich meinen Tonfall bedauern lässt.

»Ist in Ordnung.«

»Vlad hat Hunger.« Er hat offensichtlich schon vergessen, worüber wir gerade gesprochen haben.

»Ich auch«, erwidere ich. »Setz dich lieber hin und ruh dich aus. Sie werden uns sicher bald etwas zu essen bringen.«

Gehorsam lässt Vlad sich aufs Stroh sinken. Ich klopfe ihm auf die Schulter und kehre zu Lothar und Tommie zurück.

»Ist das Vlad?«, fragt Lothar. Jeder in der Stadt kennt ihn, die meisten ignorieren oder tolerieren ihn.

Ich lasse mich neben Tommie fallen. »Er kann sich nicht erinnern, wann er Mutter zuletzt gesehen hat.«

»Was sollen wir jetzt tun?«, flüstert Tommie. Ich sehe, dass er geweint hat.

»Frag lieber, was sie mit unseren Familien machen werden.« Lothars Stimme ist leise, aber nicht leise genug.

Tommie dreht sich zu ihm um. »Sag das nicht, das macht mich verrückt«, schnieft er und wischt sich über die Augen.

Ich schieße Lothar einen Blick zu und schüttele den Kopf. Der Idiot macht uns alle kirre. Meine Gedanken wandern zu Annie und Mutter und zu den Gerüchten darüber, was russische Soldaten mit den Frauen machen, denen sie begegnen. Ich suche unseren Stall nach einem Fluchtweg ab. Unmöglich. Die Außenwände sind aus massiven Ziegeln gebaut. Wenn überhaupt, dann müssten wir ein Fenster einschlagen. Aber wie soll das gehen, wenn überall russische Wachen postiert sind und der ganze Hof voller Panzer steht?

Wir haben keine Waffen und kaum noch Kraft. Jetzt können wir nur hoffen, dass sie uns bald gehen lassen. Schließlich sind wir nur Jungs, die zur Schule gegangen sind.

Irgendwie sagt mir mein Bauchgefühl, dass ich naiv bin.

KAPITEL EINUNDZWANZIG

In der Nacht wache ich fünfzig Mal auf. Immer mehr Männer schlurfen und stolpern an uns vorbei auf der Suche nach Platz. Schon jetzt ist die Luft mit dem Gestank von zu vielen Menschen erfüllt. Unsere Toilette besteht aus Blecheimern neben der Tür, die überzulaufen drohen. Gestern Abend haben die Russen ein paar ähnliche Eimer hereingebracht, einige mit Wasser, andere mit nassem, klebrigem Brot. Ein wahnsinniges Gedränge begann, jeder stürmte nach vorn, um ein Stück zu ergattern. Als ich es nach vorn schaffte, war das Wasser weg und ich musste einen Tritt gegen das Knie und ein paar Schläge einstecken, aber ich bekam zwei Stücke Brot, eines für Tommie. Lothar hat selbst welches ergattert. Ich hätte Vlad gerne geholfen, aber er ist viel zu langsam und ging leer aus. Ich habe die anderen gebeten, ihm ein Stück von ihrem Brot zu geben. Zusammen mit meinem Teil ist es fast eine Ration.

Trotzdem weinte er, woraufhin die Männer um ihn herum ihn anschrien, er solle still sein. Aber Vlad ist wie ein kleines Kind, er kapiert es nicht. Wenn er unglücklich ist, lässt er es jeden wissen. Und während die Stimme eines Kindes schwach ist, ist seine die eines Mannes, tief und durchdringend.

Als das erste Licht hereinkriecht, schleppe ich mich zum Eingang, um zu pinkeln. Es stinkt fürchterlich, der Überlauf tränkt das Stroh, aber was soll man machen, wenn man muss.

Kaum bin ich fertig, werden die Türen aufgerissen und drei russische Soldaten mit Kalaschnikows treten ein.

»*Raus*«, schreit einer mit so heftigem Akzent, dass das Wort kaum zu erkennen ist. Dennoch reime ich mir zusammen, dass wir nach draußen gehen sollen. Ich möchte in der Nähe meiner Freunde sein, aber es gibt keine Möglichkeit, zurückzulaufen, wenn alle den Gang verstopfen. Ich will auf keinen Fall noch weiter in die stinkende Ecke gedrängt werden, also haste ich nach draußen. Die Russen lassen uns in Fünferreihen antreten und ich reihe mich neben Lothar und Tommie ein. Da ich vorn stehe, kann ich nicht sagen, wie viele hier draußen sind, aber es müssen tausend oder mehr sein. Ein Schrei am Scheunentor lässt mich zusammenzucken. Einer der Soldaten treibt einen schreienden Vlad nach draußen. Vlad ist groß und breitschultrig, aber er geht jetzt gebückt und hält sich den Bauch.

»Vlad Schmerzen«, schreit er, was ihm einen weiteren Stoß mit dem Gewehrkolben einbringt. Er heult erneut auf, stolpert und fällt auf die Knie.

Hier und da erhebt sich Gekicher, ein paar der Gefangenen kommentieren das Geschehen: »Dreckiger Polacke … Dorftrottel … geschieht ihm recht.«

Wut steigt in mir auf. Wenn man ihn ansieht, weiß man, dass er behindert ist, aber das ist diesen Rüpeln egal. Mein Vater hatte immer Angst, dass ein SS-Arschloch ihn abholen würde. Die Nazis bezeichnen Menschen mit Einschränkungen als *minderwertig*. Noch bevor Vater in den Krieg zog, musste Mutter ihm versprechen, Vlad auf dem Grundstück zu behalten. »Lass ihn nicht weglaufen«, hatte er mehrmals gesagt. Die Tatsache, dass Vlad in der Stadt war und sich eine *kostenlose* Uniformjacke besorgt hatte, bedeutete, dass Mutter entweder nicht auf ihn aufgepasst hatte oder dass er irgendwie entwischt war.

Während Vlad wimmert, tritt ein russischer Offizier mit einem Klemmbrett vor. Eine nach der anderen ruft er unsere Nummern auf und notiert sich etwas auf seinem Blatt. Das Ganze geht so entsetzlich langsam, dass meine Füße einschlafen. Es müssen wieder um die zwanzig Grad minus sein, bleierne Wolken versprechen weiteren Schnee und ein fieser Wind bläst uns Eiskristalle ins Gesicht. Neben mir frösteln Tommie und Lothar so sehr, dass ich spüre, wie sie zittern. Mein Magen ist ein leerer, schmerzender Beutel und mein Mund brennt vor Durst. Sehnsüchtig starre ich auf den Schnee auf der Koppel, wo ein paar Pferdekadaver erfroren liegen.

Hier waren wir fast zu Hause – wir *sind* zu Hause – in unserer

Heimatstadt, wo alles gleichermaßen vertraut und unheimlich anders ist. Ich denke an Mutter, stelle mir vor, wie sie verhaftet und auf einem Lastwagen abtransportiert wird. Sie rächen sich für Hitlers Angriff auf Russland. Jetzt sind wir dran.

»891?«

Ich komme zu mir und stelle fest, dass der Offizier Vlad gerufen hat. Aber Vlad begreift nicht, dass er die Nummer auf seiner Brust lesen soll, er ist verletzt, nicht nur körperlich, sondern auch seelisch, und er steht unter Druck. Er ist aufgestanden, hält den Kopf gesenkt.

»891?« Als würde man einen Schalter umlegen, ist der Russe mit einem Mal wütend.

»Hier drüben«, rufe ich und zeige auf Vlad, der zwei Männer weiter rechts steht. »Vlad geht es nicht gut.«

»Im Kopf«, murmelt jemand.

Der Blick des Russen landet auf mir. »Kennst du Mann?«

Ich nicke, unsicher, ob ich etwas erklären soll. Ich denke, weniger ist besser und warte.

Der Russe, ein Offizier mit kalten blauen Augen und einer Pelzmütze winkt ungeduldig, zeigt auf mich und dann auf Vlad. »Pass auf ihn.«

Trotz der starrenden Augen schlüpfe ich seitwärts und nehme Vlads Arm. »Komm, lass uns zusammenstehen.«

Vlad wirft mir einen verletzten Blick zu. »Vlad Bauchweh.«

»Ich weiß, es tut mir leid«, sage ich und bin erleichtert, dass Vlad mir folgt. Natürlich hält diese Erleichterung nicht lange an. Ein oder zwei Minuten später fragt er, wann er essen kann.

Ich schüttele den Kopf und lege einen Zeigefinger auf die Lippen. Wir sollen schweigend stehen, was bei den eisigen Temperaturen eine lästige Pflicht ist, aber für Vlad ist es unmöglich.

Bald darauf fragt er erneut. In diesem Moment murmelt ein Kerl hinter uns »Halt die Schnauze.« und schlägt ihm auf den Hinterkopf. Vlad heult auf, woraufhin der Offizier einem seiner Handlanger zuwinkt, der seinerseits herbeieilt, Vlad auf die Knie zwingt und ihm eine Waffe an die Schläfe hält.

»Bitte«, höre ich mich schreien. »Töten Sie ihn nicht. Er meint es nicht böse.«

An der Art, wie der Soldat dasteht, kann ich erkennen, dass er kein Wort Deutsch versteht. Vlad wimmert und scheint endlich zu begreifen, dass dies nicht gut enden wird.

Vorn sagt der Offizier etwas, woraufhin der Soldat seine Waffe wegpackt. Er dreht sich abrupt um und nimmt seine Position neben dem Offizier ein. Ich helfe Vlad auf die Beine. Er weint und jammert nicht mehr, sondern steht nur noch mit schockierter Miene da.

Eine weitere Stunde vergeht, bevor wir wieder in unsere Scheune gelassen werden. Ich stelle fest, dass all unsere Sachen, das Wenige, was wir noch hatten, durchsucht und auseinandergenommen wurden. Ein paar der Männer schreien wütend auf. Während wir draußen standen, haben die Russen jegliche Wertsachen und Ausrüstung an sich gerissen.

Tommie und Lothar helfen mir mit Vlad, der in unsere Box gezogen ist. Das Essen ist nach wie vor grauenhaft, nasses Brot, wässrige Kohlsuppe, ein bisschen Salzfisch, der mich unerträglich durstig macht. Täglich kommen mehr Männer an, die sich auf jeden freien Platz quetschen. Das Stroh ist nicht mehr sauber und frisch, die überquellenden Latrineneimer haben einen Sumpf gebildet, der sich langsam einen Weg durch den Gang bahnt. Normalerweise muss eine unglückliche Seele die Eimer draußen entleeren und verschüttet dabei die Hälfte. Meine Hände sind erst grau, dann schwarz geworden von dem Dreck um mich herum, mein Mantel ist fleckig, meine Hose noch schlimmer.

Ich schäme mich dafür, wie ich aussehe und rieche, und noch mehr schäme ich mich dafür, wie ich meine Mitgefangenen als Konkurrenten um das bisschen Nahrung betrachte. Ein paar Male haben wir versucht, eine geordnete Schlange für die Rationen zu bilden, so wie wir es von den Bezugsscheinen her kannten. Ein oder zwei Mal hat es geklappt, aber dann haben wir wieder angefangen, uns gegenseitig zu bekämpfen und uns nach vorn zu drängen. Zwei ältere Männer sind bereits gestorben und ich mache mir Sorgen um Tommie, der blass aussieht. Das ganze Herumliegen ist nicht gut – wir haben zu viel Zeit, um über unsere Familien nachzudenken … unsere bedrohliche Lage … den Tod.

»Was werden sie mit uns machen?«, fragt Tommie nach einer Woche.

»Keine Ahnung.«

»Ich habe mit angehört, wie einige der Männer gesagt haben, dass sie uns nach Sibirien schicken werden.« Ein Schauer durchfährt Tommies schlanken Körper.

»Warum sollten sie das tun?«, frage ich.

»Damit wir Wälder abholzen oder in ihren Goldminen arbeiten.« Tommies Augen sind groß und ängstlich. »Ich glaube nicht, dass ich lange durchhalten würde.«

Ich zwinge mich zu einem Lächeln. »Warten wir's ab. Wir haben nichts Falsches getan, haben nie gekämpft.«

»Das ist denen egal«, ruft Lothar vom Boden aus. Er ist schon seit Tagen schlecht gelaunt. Ohne den Kopf zu heben, murmelt er: »Wir sind deutsche Männer, das reicht denen.«

Aber wenn man feststeckt und nichts zu tun hat, schleichen sich faulige Gedanken in den Kopf. Sie sind wie vergiftete Pfeile, deren Gift sich immer weiter ausbreitet, bis man an nichts anderes mehr denken kann. Das heißt, abgesehen von der besten Strategie zur Nahrungsbeschaffung.

Ich nehme die Gespräche der anderen Gefangenen auf, die über die Bedingungen in den russischen Gulags berichten. Sie sagen, dass es einem Todesurteil gleichkomme, dorthin geschickt zu werden, dass die Temperaturen auf unvorstellbare Werte sinken, dass die Männer hungern und sich zu Tode arbeiten müssen.

Mich schaudert, wenn ich mir erlaube, daran zu denken, dass ich weggebracht werde. Wer kümmert sich schon um ein paar Jungs, die in diesem Moment zur Schule gehen sollten? Und doch spüre ich einen Hoffnungsschimmer, dass sie zur Vernunft kommen werden, wenn sie sich nur die Zeit nehmen … wenn dieser Schrecken des Krieges vorbei ist. Denn eins ist klar. Dass er zu Ende gehen wird, ist nur eine Frage der Zeit. Deutschlands Soldaten sind am Ende, unfähig, die russische Macht zu stoppen, die Millionen ausgebildeten Soldaten, die riesige Menge an Panzern und Artillerie.

Ich werfe einen Blick auf Vlad, der mit dem Rücken an der Außenmauer sitzt und die Augen weit aufgerissen hat. Seit der Beinahe-Erschießung hat er nicht mehr gesprochen. Ich muss versuchen, ihn dazu zu bringen, mir über Mutter zu berichten.

KAPITEL ZWEIUNDZWANZIG

Drei Monate sind vergangen. Ich behalte den Überblick, indem ich Striche in die Holzwand ritze. Der Ort ist so überfüllt, dass es kaum Platz gibt, sich nachts hinzulegen. Nicht, dass ich überhaupt schlafen möchte, denn wenn es dunkel wird, kommen die Dämonen.

Tagsüber haben Tommie, Lothar und ich jede Menge zu tun. Wir veranstalten Läusewettkämpfe, jagen und zählen Bettwanzen und freuen uns, sie zu zerquetschen, hören uns Geschichten von ankommenden Soldaten an, nähen unsere zerrissenen Hosen mit geliehenen Nadeln, überlegen, wann wir näher an die Tür rücken müssen, um eine bessere Chance auf eine anständige Ration zu haben, und spielen endlose Runden Drei gewinnt mit Kieselsteinen und Stroh. Das Essen ist immer noch schlecht und reicht kaum aus, wir haben alle abgenommen – Vlad am meisten, seine einst breite Brust ist geschrumpft, der Hemdkragen schlackert um seinen Hals. Ich spüre seine Blicke auf mir. Er wirkt traurig und verwirrt, versucht offensichtlich, sich in dieser neuen Welt zurechtzufinden. Ich habe mehrmals probiert, etwas über unseren Gutshof herauszufinden, über den Tag, an dem Vlad von den Russen gefangengenommen wurde, aber das Leben hier hat ihn noch mehr verwirrt. Er könnte mit Leichtigkeit gegen fünfundneunzig Prozent der Männer kämpfen und gewinnen, aber er kennt seine eigene Stärke nicht und in seinem Herzen ist er ein verängstigter kleiner Junge.

Nachts, wenn es keine Ablenkungen gibt, wird es schlimm.

Eingequetscht zwischen Tommie und Lothar, starre ich in die Dunkelheit und in das immer größer werdende Loch in meinem Herzen. Wir wissen, dass die russische Armee durch Insterburg gekommen ist und dass alle Zivilisten entweder geflohen sind oder ermordet oder verhaftet wurden. Im besten Fall sind Annie und Mutter auf der Flucht nach Westen. Im schlimmsten Fall sind sie tot. Obwohl ich mir immer einbilde, ich wüsste, wenn ihnen etwas zugestoßen wäre. Aber ist das wirklich möglich?

Meine Gedanken wandern zu meinem alten Leben, dem Pferdehof, Annie … zu unserer letzten Begegnung. Ihre Haut war so glatt und weich wie Seide, warm an meiner. Ich denke an ihre Brüste, klein und hoch, und perfekt rund. Ein Seufzer entweicht mir, bringt mich zurück in die Gegenwart. Ich bin nicht mehr wütend, dass sie nicht zum Bahnhof gekommen ist. Ich habe noch die Erinnerung an unsere Nacht in der Scheune. Das muss genügen.

Das sage ich mir immer wieder. Bis ich an die Hölle denke, in der ich lebe, und an die über allem schwebende Frage: Wie lange noch? Das Wetter hat sich gebessert, es ist auch erheblich wärmer geworden. Nur lässt sich die Luft jetzt kaum noch atmen, sie besteht aus dem Gestank von ungewaschenen Männern, Exkrementen, Urin und Hoffnungslosigkeit.

Ich kann es kaum erwarten, nach draußen zu gehen, wo wir damit begonnen haben, die ehemaligen Pferdekoppeln in Ackerland zu verwandeln. Wir haben kaum Werkzeuge und die körperliche Arbeit ermüdet mich schnell, aber es ist eine Chance, mir ein bisschen Normalität vorzugaukeln, Luft zu atmen, die nicht von tausend Lungen und körperlichen Ausdünstungen, faulen Kleidern und Latrineneimern verdorben ist.

Ich mache mir Sorgen um Tommie, der vor meinen Augen schrumpft, und um Vlad, der nur noch eine Hülle seines früheren Selbst ist. Lothar, der früher viel geredet hat, ist jetzt ein schweigsamer Fremder, der mit leerem Blick vor sich hin schlurft.

Wir sind erst seit drei Monaten hier und es ist nur eine Frage der Zeit, bis wir uns hinlegen und aufgeben. Einige Männer wurden bereits weggetragen. Sie sterben meist nachts, als hätte der Tod Angst, uns sein Gesicht im Licht zu zeigen. Die Toten sind nicht unbedingt die Kleinen und Schwachen, sondern oft diejenigen, die auf den ersten Blick stark und selbstbewusst wirkten. Das zeigt mir, dass es nicht nur um die körperliche Kraft geht, sondern vor allem um die Gemütslage, um die Gedanken. Sobald diese umschalten und ein Mann aufgibt, verkümmert er einfach. Ich sage mir, dass ich nicht so weit gehen werde, dass ich nicht verzweifeln darf. Ich muss nach Hause zurückkehren und Annie finden, Mutter, meinen Vater.

Ein ironisches Lachen schallt mir durch den Kopf, gefolgt von einer Stimme. *Du Narr, die Russen richten sich in deiner Stadt ein, erwartest du wirklich, deine Familie und deine Freundin wiederzusehen?*

Und so geht es hin und her, meine Gedanken drehen sich und wirbeln in diese und jene Richtung, ich analysiere und hoffe jeden Tag aufs Neue.

Am 1. Mai, nachdem wir uns draußen versammelt haben, erscheint der Offizier, den wir am Anfang getroffen haben, wieder. Er lächelt, was seltsam ist, denn diese russischen Soldaten lächeln nur, wenn sie einem die Wertsachen wegnehmen. Den Rest der Zeit sehen sie aus, als wollten sie einen erschießen und sprechen in einer Sprache, die ich nicht verstehe.

»Euer Führer ist tot«, sagt er ohne Vorrede. »Hat sich umgebracht wie ein Feigling.« Er spuckt aus und winkt dem Soldaten mit seinem Klemmbrett zu.

Als unsere Zahlen aufgerufen werden, denke ich an Hitler und seinen verrückten Krieg. Bis auf die Schlacht um Stalingrad habe ich mich wenig darum gekümmert. Ostpreußen liegt so weit im Osten, dass es sich wie ein eigenes kleines Land anfühlt. Wie alle hatten wir Bezugsscheine, aber wir waren bekannt als die Kornkammer Deutschlands, die riesige Mengen an Weizen und Roggen und auch Kartoffeln produzierte.

Mutter schaffte es immer, zusätzliche Lebensmittel anzubauen und zu verkaufen. Wir hatten viel Platz für einen Garten und hier draußen gibt es nur wenige Menschen, die die Ernte stehlen. Mir ist klar, dass ich naiv war, zu glauben, der Krieg würde mich nicht einholen … uns. Spätestens als wir im letzten Herbst eingezogen wurden, hätte ich es merken müssen. Es fühlt sich an, als wären seitdem hundert Jahre vergangen. Selbst Annies Gesichtszüge beginnen, in meiner Erinnerung zu verschwimmen. Wie ist das möglich, wo sie doch das Einzige ist, wonach ich mich sehne?

KAPITEL DREIUNDZWANZIG

In den nächsten Tagen treffen weitere Männer ein, andere verschwinden. Sicher nicht, um nach Hause zu gehen, sondern um nach Osten transportiert zu werden. In den Ställen geht die Angst um – irgendjemand hat die Worte *Stirb oder Sibirien* an die Wand gemalt. Wir wissen nie, wer der Nächste ist, aber es scheint, dass die Russen zuerst die ehemaligen deutschen Offiziere abtransportieren.

Manchmal kommt ein Offizier – mit frisch abgerissenen Emblemen – und erwartet eine Sonderbehandlung. Er marschiert herum und sucht einen Platz zum Sitzen und Schlafen, einen bequemen und sauberen Ort. Hier gibt es nichts mehr, was sauber ist. Da wir die Weiden in Ackerland verwandeln und alle Geräte zerstört oder entfernt wurden, haben wir wenig bis gar kein neues Stroh mehr. Was übrig bleibt, ist schwarz und schimmelig. Es hat sich noch mehr Ungeziefer angesiedelt, obwohl die Männer alles fangen und essen, was sich bewegt. Ratten und Mäuse werden wie Delikatessen gehandelt.

Wir haben alle noch mehr Gewicht verloren. Vlad wurde zweimal von anderen Insassen angegriffen, einmal, als er jemandem auf den Fuß trat, und einmal, als er das Brot eines anderen ein wenig zu genau betrachtete. Danach rollte er sich in unserem Verschlag auf dem Boden zusammen und weinte.

Ich versuche, ihm zu helfen, aber ich fühle mich ziemlich schwach. Wenigstens hält Tommie sich wacker. Er ist dürr wie ein Zweig, aber er macht stoisch weiter … anders als so manche, die groß und mutig erscheinen.

Zumindest habe ich den Vorteil, dass ich mich hier auskenne, sodass ich bei einigen Gelegenheiten den Aufsehern schon einiges erklären konnte. Zum Beispiel, als sie uns befahlen, das Abwassersystem für die Kanalisation des Gutes auszugraben. Ich fand schnell heraus, dass diese Typen nur Plumpsklos und Latrinen kannten. Jeden Tag sieht man Dutzende von ihnen hinter dem nächstbesten Busch pinkeln und scheißen.

»Was?«, hatte der Aufseher gebellt, ein stämmiger, bärtiger Mann mit Armen so dick wie meine Oberschenkel. Dieser wirkte besonders dumm, mit tiefliegenden Augen und fetten Neandertal-Augenbrauen.

»Wenn ihr die Rohre zerstört, werdet ihr Probleme bekommen«, sagte ich. An der Art, wie er mich ansah, konnte ich erkennen, dass er kein Wort verstand. Ich zeigte auf die Rohre, dann auf meinen Hintern und schüttelte den Kopf. »Njet.«

Lothar, der neben mir arbeitete, nickte und rief: »Scheiße!«, was schallendes Gelächter bei den Mitgefangenen auslöste.

Verärgert über unsere Vorführung, fuchtelte der Aufseher mit seinem Gewehr, um uns so zu bedeuten, dass wir weitermachen sollten, doch einer der anderen russischen Soldaten schien dies zu bemerken und rannte auf das riesige Herrenhaus zu.

Minuten später kam er mit einem kleinen Mann in Zivil zurück, der sich als Übersetzer herausstellte. Ich erklärte ihm, dass das Zerstören der Rohre zu einem Rückstau in den Anlagen des Anwesens führen würde. Er rief dem Wachmann etwas zu, der uns woanders weiterarbeiten ließ. An diesem Abend erschien ein Soldat im Stall und forderte mich auf, ihm zu folgen.

Der Offizier, der mir befohlen hatte, mich um Vlad zu kümmern, und der Übersetzer warteten draußen.

»Kennst dich hier aus?«, fragte er.

»Früher haben wir hier Pferde gekauft«, sagte ich.

Das Gesicht des Offiziers verriet nichts. »Du aus Insterburg?«

»Ja.«

Er schien noch mehr sagen zu wollen, winkte dann aber einem anderen Wachmann, mir ein Bündel zu geben, und ging davon.

Das Bündel enthielt einen ganzen Laib Brot und ein Stück Hartkäse, das ich mit den Jungs und Vlad in meiner Box teilte.

Natürlich ist es nie gut, wenn man in Zeiten des Hungers herausgegriffen und bevorzugt behandelt wird. Ein hungernder

Mensch tut alles, um an Essen zu kommen, betrügt sogar seine Mitgefangenen oder lügt. Hunger und Elend erzeugen auch Neid und Wut.

So finde ich mich am nächsten Tag im Latrineneimerdienst wieder. Hier und da ragt ein Bein heraus, sodass ich stolpere. Der Hauptzorn der Männer fällt auf Vlad. Es ist kein Geheimnis, dass ich versuche, ihn zu unterstützen, und er ist ein leichtes Ziel … naiv und einfältig. Sein ehemals starker Körper ist gebrechlich wie der eines alten Mannes, seine Arme sind nicht dicker als meine. Die Haut hängt nur noch lose an ihm, eine Ansammlung von Falten, die bei jeder Bewegung wackeln.

Abends finde ich Vlad in unserem Stall mit einer blutigen Nase und einem halbgeschlossenen, geschwollenen Auge. Ich habe eine neue Aufgabe übernommen, das Setzen und Reparieren von Zäunen für eine Rinderherde, die die Russen hier untergebracht haben. Die Arbeit ist leichter und die Wachen sind freundlicher. Wir haben viel Wasser und etwas mehr Brot. Ich habe es sogar geschafft, Lothar und Tommie dazu zu bringen, sich mir anzuschließen.

»Was ist passiert?«, frage ich, aber Vlad weint nur leise und starrt ins Leere.

Theo lehnt sich über die Trennwand, ein hässliches Grinsen im Gesicht. »Dein Freund muss aufhören, uns zu belästigen.«

Theo ist in den Dreißigern, hat einen rötlichen Bart und durchdringende grüne Augen. Er ist das, was man einen Rüpel nennt, mit einem aufbrausenden Temperament und einer Verschlagenheit, die die meisten Männer auf Distanz hält. In gewisser Weise erinnert er mich an Ralf aus meiner Klasse, den ich in Königsberg aus den Augen verloren habe, nur schlimmer. Es muss in jedem Lager einen Theo geben, einen Mann, der so gemein und skrupellos ist wie ein Mafiaboss in Chicago. Er ist nicht einmal besonders groß oder stark. Aber solche Männer scharen in der Regel eine Gefolgschaft von schwächeren Charakteren um sich, die ihnen zu Willen sind. Wo immer Theo hingeht, tun ihm seine Fans kleine Gefälligkeiten, wie sein Hemd aufzuhängen oder seine Schüssel zu reinigen. Theo wirft mir einen bösen Blick zu und sagt: »Bring ihn zum Schweigen, oder wir tun es.«

Ich beuge mich herunter und flüstere Vlad zu: »Komm schon, Mann. Sei still. Du hörst Theo. Er wird dich und mich bestrafen.«

Vlad konzentriert sich auf mich, seine Augen sind feucht. »Du hast nichts getan.«

»Ich weiß, aber er ist verärgert, also versuch es einfach, in Ordnung?«

Vlad schlingt die Arme um seine Knie und nickt. »Vlad müde und hungrig.«

»Ich weiß.«

Ich klopfe ihm auf die Schulter und richte mich auf. Mein Rücken schmerzt vom vielen Bücken, aber aus irgendeinem Grund fühle ich mich weniger verzweifelt. Wenn es mir … wenn es uns hilft, werde ich weiter mit den Russen zusammenarbeiten. Weder habe ich Geheimnisse zu verraten, noch habe ich eine Waffe getragen oder gekämpft.

Deshalb denke ich mir nicht viel dabei, als der Wächter mich auffordert, ihm nach dem Essen zu folgen.

Ich war nur ein einziges Mal mit meinem Vater in dem Herrenhaus, aber ich kann sagen, dass die Russen jeden Zentimeter des Hauses verwüstet haben. Viele der alten Schränke, Ornamente und Wandbehänge fehlen, der Boden ist mit dem Dreck Hunderter Stiefel besudelt. Niemand scheint sich die Mühe zu machen, zu putzen oder aufzuräumen.

Ich werde in einen kahlen Raum mit einem einzigen Schreibtisch und zwei Stühlen geführt.

Die Tür knallt hinter dem Wachmann zu und ich bin allein. Es ist fast dunkel hier drin, das Fenster ist winzig und die Wände sind mindestens einen Meter dick. Ich friere und bin müde, aber mir ist nicht danach, mich zu setzen. Entscheiden sie hier, wer nach Sibirien muss? Dort kann nichts Gutes passieren – unfassbare fünftausend Kilometer östlich. Die Insassen sprechen von Gulags, in denen Männer wie Sklaven schuften müssen, bis sie an Erschöpfung, Kälte oder Unterernährung sterben.

Bitte lass mich hierbleiben.

Ich suche an den Wänden nach geheimen Botschaften von anderen Gefangenen, aber außer grauem, feuchtem Stein ist nichts zu sehen.

»Du aus Insterburg.« Der Offizier zeigt auf den Platz vor dem Schreibtisch, während er es sich dahinter bequem macht.

Unsicher, was ich sagen soll, schweige ich. Er weiß ja schon, dass ich von hier bin, also was soll's. Er muss das Fragezeichen in meinem Gesicht gesehen haben, denn er fährt fort: »Du kennst diese Gegend gut.«

Ich nicke.

»Das Volk?«

Ich nicke erneut.

»Kennst Männer, die hier festgehalten werden?«

Wieder nicke ich.

»Bäcker, zum Beispiel?«

Einen von ihnen. Vor dem Krieg gab es in Insterburg viele Bäckereien, denn die Deutschen *lieben* Brot.

Der Offizier beugt sich vor. Er ist glattrasiert, seine Finger, sogar seine Nägel sind sauber. Im Gegensatz zu meinen, die aussehen, als hätte ich mit bloßen Händen im Kohlenkeller gegraben.

Jetzt zeigt er ein Lächeln, kein echtes, denn nur die Mundwinkel gehen nach oben. »Wir brauchen Informationen. Kannst du uns geben?«

Welche Informationen?, möchte ich fragen, aber ich kann mich nicht dazu durchringen, zu sprechen. Von dem Mann geht etwas Kaltes und Kalkulierendes aus. Mein Magen bockt, Angst kriecht durch mich hindurch.

Der Mann scheint auf meine Antwort zu warten.

»Was?«, frage ich schließlich.

»Du erzählst uns Dinge … du weißt schon, wir geben dir Essen, helfen, deinen Freund zu beschützen … Vlad.« Das gleiche seltsame Lächeln.

Sie wollen, dass ich die anderen Häftlinge verpfeife. Auch wenn ich nichts weiß und niemanden gut genug kenne.

»Weißt du, welche Männer in der SS … Nazis?«

Ich denke an Hillmeier und wie er praktischerweise verschwand, bevor Königsberg in Flammen aufging. Er muss es gewusst haben und hat uns einfach im Stich gelassen. Wenn er hier wäre, würde ich ihn ausliefern. Aber er ist nicht hier, und wenn es SS-Leute im Lager gibt, dann kenne ich sie nicht. Die Russen haben Tausende Männer von überallher verhaftet, viele sind nicht einmal aus Ostpreußen, geschweige denn von hier.

»Ich kenne keine«, sage ich.

»Aber du bist von hier, deine Familie hat Pferdehof.«

»Stimmt, aber …«

Der Gesichtsausdruck des Offiziers verändert sich, nicht einmal mehr die Mundwinkel sind hochgezogen. Stattdessen blinzelt er, wirkt misstrauisch. »Was versteckst du?«

»Nichts.« Ich habe das Gefühl, dass sich eine Schlinge um meinen Hals zieht, ich will schreien, doch nicht mal ein Seufzer entkommt mir. »Sie haben mich nach Königsberg geschickt, und alles, was ich getan habe, war, Leichen von den Straßen aufzusammeln.«

Der Offizier schweigt, sieht mich nur mit diesem skeptischen Blinzeln an.

»Davor bin ich zur Schule gegangen. Ich habe nie eine Waffe getragen.«

»Aber deine Familie hat doch gute Beziehungen, oder? Hat Geld … Land … Pferde?«

Ich sehe ihn an und versuche herauszufinden, was er will. »Meine Eltern haben Pferde gezüchtet.«

»Du Kulak, du reich.«

Bis jetzt habe ich noch nie darüber nachgedacht. Vielleicht ist es dumm, aber viele Leute hier draußen haben Land, züchten Tiere oder bauen Getreide an. Ich denke an Annie und ihre Familie, ihre kleine Farm. Verglichen mit ihnen waren wir gut dran.

»Ja?« Die Stimme des Offiziers ist scharf.

»Ich denke schon.«

Der Mann wirft mir einen bösen Blick zu, steht abrupt auf und geht. Ich denke darüber nach, was ich in der Schule über den russischen Kommunismus gelernt habe. In den späten 1920er-Jahren hatte Stalin ein Programm namens Entkulakisierung gestartet, bei dem Landwirte mit viel Besitz enteignet und entweder erschossen oder in Gulags verbracht wurden, oder, wenn sie Glück hatten, in staatseigene sozialistische Betriebe eintraten oder in unfruchtbare Gebiete deportiert wurden, um dort Landwirtschaft zu betreiben.

Stalin hasst jeden, der Land besitzt … wie meine Familie – mich.

Plötzlich weiß ich genau, warum ich hier bin. Ich werde in irgendeinem Gulag in Sibirien landen für das Verbrechen, eine Familie zu haben, die Pferde züchtet. Mann! Als ich das realisiere, springe ich auf. Ich schäume vor Wut und möchte auf etwas einschlagen, am besten auf die Visage des kalten Offiziers. Es ist schrecklich, mit so vielen Menschen in einem solchen Dreck zu leben, aber bisher hatte mich die Tatsache beruhigt, dass ich in der Nähe meines Zuhauses bin. Ich hatte mir eingeredet, dass es nur noch eine Frage von Tagen sei, bis ich entlassen würde.

Nach einer gefühlten Ewigkeit taucht der Offizier wieder auf. Er wirkt ruhig und unnahbar, als er sich wieder hinsetzt. »Du bringst Informationen über Männer.«

Oder aber … Ich schmecke die Drohung des Mannes im Mund. So bringen sie die Leute dazu, ihren Willen zu befolgen. Sie erpressen sie, jagen ihnen Angst ein. Das Gefühl der Hilflosigkeit lässt mich den Kopf senken. Ich will den Mann nicht ansehen, will nicht, dass er bemerkt, wie besiegt ich mich fühle. Wie verängstigt ich bin.

Die Tür öffnet sich und ein Wachmann packt mich am Arm.

Ich liege bis zum frühen Morgen wach. Zum Glück war es dunkel, als ich zurückkam. So konnte ich mein Gesicht verbergen. Ich versuche, mich mit der Tatsache abzufinden, dass ich jetzt für die Russen spioniere. Ich wünschte, ich hätte ihnen nichts von den Abflussrohren erzählt. Sollen sie doch in ihrer eigenen Scheiße verrecken. Ein Keuchen ist zu hören, es ist mein eigenes. Irgendwo hustet ein Mann, andere schnarchen. Tommie und Lothar neben mir spenden keinen Trost. Ich muss es ihnen sagen.

Aber Gelegenheiten zu privaten Gesprächen sind selten. Abends stehen wir dicht gedrängt beieinander, tagsüber arbeiten wir zusammen mit vielen anderen.

»Mann, wo warst du?«, flüstert Lothar, als wir uns zum Appell versammeln.

Ich zucke mit den Schultern und murmele: »Später.«

Während wir frühstücken und danach auf die Felder gehen, spüre ich Lothars Augen auf mir. Aber nicht nur seine, auf einmal habe ich das Gefühl, dass mich alle anstarren, als hätte ich eine Zielscheibe auf dem Rücken.

Als wir uns zur Mittagspause hinsetzen, schleicht sich Theo heran und zischt: »Du warst gestern Abend lange weg. Hast du mit deinen russischen Freunden gesprochen?« Er grinst böse. »Pass lieber auf dich auf. Niemand mag Verräter.«

Ich starre geradeaus und hoffe, dass mein Gesicht mich nicht verrät. Tommie und Lothar kümmern sich um Vlad, aber ich höre nicht, was sie sagen, weil ich mich innerlich wie eine morsche Linde fühle, irgendwie hohl und unkonzentriert. Als ich zur Latrine gehe, eilt Lothar mir hinterher.

»Was ist denn los?«, fragt er.

»Nichts.«

»Was wollten sie von dir?«

Ich zucke mit den Schultern, bin mir nicht mehr sicher, dass ich überhaupt was sagen soll. Lothar könnte es Tommie erzählen, jemand anderes könnte sie dabei belauschen.

»Komm schon, Mann. Etwas nagt doch an dir.«

Lothar geht mir auf die Nerven. »Lass mich in Ruhe«, belle ich und bin gleichermaßen wütend auf Lothar und bedauere, dass ich es ihm nicht verraten kann.

Ein verletzter Ausdruck spiegelt sich in Lothars Augen. Wir sind Freunde, solange ich mich erinnern kann. Ich wende mich ab, weil ich nicht nachgeben will. Ich kann nicht.

Ich erledige mein Geschäft und kehre zum Ruheplatz zurück, wo Tommie mich mit seinen traurigen Augen anstarrt. Ich ignoriere auch ihn und bringe nur die Kraft auf, nach Vlad zu sehen, der im Schatten hockt. Wenigstens urteilt er nicht über mich. Sein Gesicht ist rot und geschwollen, obwohl es heute nicht so heiß ist. Wenigstens ist sein Auge nicht mehr geschlossen.

»Alles in Ordnung?«, frage ich.

Er hebt kaum den Kopf, als ob er zu schwer wäre. »Vlad immer müde.«

»Ich weiß, halte durch, bald gehen wir nach Hause.«

Ein Hoffnungsschimmer erhellt Vlads Züge, einen Moment lang beneide ich ihn um seinen einfachen Verstand. Ich verziehe das Gesicht zu einem Grinsen und gehe zum Wassereimer. Theo, der seit Kurzem zu unserer Gruppe gehört, stößt mich so hart in die Seite, dass ich fast hinknalle.

»Verräter bekommen kein Wasser.«

Ich bin so erregt, dass ich ihn nur anstarren kann. Er umklammert den Wassereimer und die Kelle, grinst böse. Er ist nicht viel größer oder schwerer als ich, aber sehnig, zäh – gegen ihn hätte ich keine Chance.

»Arschloch«, murmele ich leise vor mich hin, als der Pfiff ertönt.

Mit meiner trockenen Kehle wird der Nachmittag ewig dauern.

KAPITEL VIERUNDZWANZIG

Da Lothar und Tommie auf Distanz bleiben, fühle ich mich einsam, also konzentriere ich mich auf Vlad, helfe ihm, seine Rationen zu erkämpfen, leiste ihm Gesellschaft. In diesen ruhigen Momenten, in denen ich mit Vlad zusammensitze, zerbreche ich mir den Kopf darüber, wie ich irgendetwas Bedeutsames von den Männern herausfinden kann, und gleichzeitig verabscheue ich mich dafür, dass ich es versuchen will.

Die meisten Gespräche in den Ställen sind wertlos und drehen sich um die nächste Mahlzeit, Familiengeschichten und die Frage, wann wir von hier verschwinden können. Keiner der Gefangenen verliert ein Wort über seine Beteiligung am Krieg. Nicht, weil sie etwas verheimlichen wollen, sondern weil sie Dinge gesehen haben, die sie nicht noch einmal erleben wollen – der Horror steht ihnen ins Gesicht geschrieben, spiegelt sich in ihren Augen.

Ich denke an die Kaufleute in der Stadt, die Männer, die ich während des Krieges gekannt habe. Doch ich habe nur mit meinen Eltern Georgenburg besucht und Mutter in ein paar Geschäfte begleitet, bei diesen Gelegenheiten waren der Krieg und wer auf wessen Seite steht nie ein Thema. Außerdem habe ich auch gar nicht darauf geachtet. Die Russen wollen etwas Belastendes, das ich nicht liefern kann.

Ich denke darüber nach, etwas zu erfinden, aber jede Behauptung wird zweifellos überprüft werden. Die kurze Antwort lautet: Ich habe keine Ahnung, was ich ihnen sagen soll, und lebe in der Angst, jeden Moment in den Verhörraum gerufen zu werden.

Schlimmer ist, dass Theo mich ständig beobachtet, und wenn nicht er, dann einer seiner Lakaien. Früher konnte ich mich wenigstens entspannen, wenn wir in den Stall zurückgekehrt waren. Jetzt bin ich die ganze Zeit nervös. Ich denke an Annie und daran, wo sie sein könnte, ob sie in Sicherheit ist … glücklich. Meine Kehle wird eng, Tränen drängen empor. Ich kann es mir nicht leisten, hier schwach zu werden, also verschließe ich die Erinnerung an Annie tief in mir. Ich weiß, dass sie da ist, und das muss im Moment genügen.

Zwei Tage später verkündet der Offizier, dass der Krieg beendet ist.

»Deutschland kaputt, euer Führer kaputt.« Er lacht und beobachtet uns, wie ein Fuchs einen Hühnerstall beobachtet, bevor er zuschlägt. Die Wachen um ihn herum lachen auch. Ich folge den anderen Gefangenen auf das Feld, wo wir Unkraut zwischen den kleinen Kohlpflanzen zupfen. Die meiste Zeit arbeiten wir auf Händen und Knien, kriechen durch den Dreck. Ich lausche hier und da auf Reaktionen. Keiner der Männer scheint besonders traurig oder wütend darüber zu sein, dass der Krieg vorbei ist.

»Vielleicht können wir jetzt nach Hause«, sagt Lothar. Irgendwie hat er es geschafft, zu mir herüberzukommen, ohne dass ich es bemerkt habe.

Wohin nach Hause?, möchte ich entgegnen. Ich bezweifle sehr, dass Mutter und Vater zurück sind oder Annie. Doch der Gedanke, dass sie vielleicht dort sind und ihr Leben wieder aufnehmen, gibt mir ein kleines bisschen Frieden.

»Warum redest du nicht mit mir?«, murmelt Lothar. »Du verheimlichst etwas.«

Ich halte meinen Blick auf die Erde vor mir gerichtet und zupfe Unkraut. »Quatsch! Es gibt nichts zu erzählen.«

»Du lügst.«

Ich weiß, dass Lothar verärgert ist, aber ich kann ihm nichts erzählen. Ich will nur, dass es vorbeigeht, dass die Russen uns gehen lassen. Mein Bauchgefühl sagt mir etwas anderes. Wahrscheinlich bin ich nicht der Einzige, den sie als Spion benutzen. Ständig treffen weitere Männer ein, während andere weggebracht werden … ein verwirrendes Durcheinander, das vermutlich die Pläne der Russen verschleiert.

Ich schaudere trotz der Sonne auf meinem Rücken. Wenn ich nicht liefern kann, werden sie auch mich fortschicken. Dem

Bäcker, den der Offizier erwähnt hatte, geht es immer schlechter. Er kann nicht mehr arbeiten, liegt nur noch auf dem Rücken, seine ehemals runden Wangen sind eingefallen. Bald wird auch er verschwinden, allerdings eher ins Grab als nach Sibirien.

Als wir zur Scheune zurückkehren, ist Vlad nicht da. Er hat auf einem anderen Feld gearbeitet, sodass ich ihn nicht beobachten konnte.

»Hat jemand Vlad gesehen?«, frage ich.

Über die Trennwand hinweg grinst Theo sein böses Grinsen. »Hast du dein idiotisches Baby verloren?«

Ich ignoriere ihn und haste den Gang entlang, frage jeden der Männer einzeln, ob jemand von ihnen Vlad gesehen hat. Sie schütteln alle den Kopf. Doch das besagt nicht unbedingt, dass sie tatsächlich nichts über seinen Verbleib wissen, denn sie haben Angst, sich mit Theo anzulegen.

Als ein Russe unsere Eimer mit nassem Brot, halbgekochten Kohlblättern und gesalzenem Fisch hereinbringt, spreche ich ihn an: »Ich suche nach Vlad, er ist nicht hier.«

Der Wachmann sieht mich an, sein Blick wirkt gleichgültig. Was ist schon ein weiterer Deutscher, der fehlt, vor allem ein einfacher Mann?

»Es fehlt jemand«, schreie ich.

Mein Ausbruch erregt die Aufmerksamkeit des zweiten Soldaten, der an der Tür Wache hält, denn er rennt weg und schreit etwas. Einen Moment später erscheint der schmächtig aussehende Übersetzer und ich sage auch ihm erneut, dass ich Vlad vermisse.

Als die Dunkelheit hereinbricht – ich habe Lothar und Tommie mein Essen gegeben –, denke ich an Vlad und wohin er verschwunden sein könnte. Haben die Russen ihn mitgenommen, hat er sich irgendwie verirrt?

Die meisten Häftlinge sind schon schlafen gegangen, als ein Wärter auftaucht und mich auffordert, ihm zu folgen.

Ich stolpere an ruhenden Gestalten vorbei ins Freie, wo zwei Soldaten mit Fackeln warten. Sie führen mich um die Scheune herum zu den Außenlatrinen. Halb untergetaucht, mit dem Gesicht nach unten im stinkenden Dreck, liegt ein Mann, den ich sogar im flackernden Licht erkenne. Schwer zu sagen, wie lange er schon hier liegt, nur eines ist klar, Vlad ist tot. Um ihn herum schwimmt Blut, wie es aussieht von einer Kopfwunde.

Trotz meiner Vorahnung bin ich schockiert. Ich beginne zu

zittern, wende mich ab … der Boden beginnt zu wirbeln, also blinzele ich und schlucke, zwinge mich, wieder hinzusehen.

»Was ist passiert?«, flüstere ich.

»Was weißt du?« Der Offizier ist neben mir erschienen.

»Er wurde ermordet«, sage ich. »Jemand hat ihm den Kopf eingeschlagen.«

Ich weiß genau, wer es war, aber ich kann nichts beweisen. Keine Frage, Theo wird ein Alibi haben. Außerdem ist es für die Russen nur eine weitere Leiche. Keine große Sache.

»Morgen wir reden.« Der Offizier fordert die Männer auf, Vlad aus der Jauchegrube zu holen. Wenigstens muss ich das nicht tun.

Mit gesenktem Kopf kehre ich in die Scheune zurück. Die Tür schließt sich hinter mir, als ich mich auf den Weg zurück in meinen Verschlag mache.

»Was ist passiert, wo ist Vlad?« Trotz der Dunkelheit spüre ich Lothars Blick auf mir.

Ich breche neben ihm zusammen. Meine Sicht verschwimmt, ein Schluchzen bricht aus meiner Kehle, rau und so laut, dass es alle in der Scheune aufwecken muss. »Vlad ist tot.«

»Was?« Lothars Hand landet auf meiner Schulter. »Hat er sich verletzt?«

»Er wurde getötet«, krächze ich.

»Denkst du, Theo …?«

»Mit Sicherheit.«

»Schwein.«

Schließlich schläft Lothar wieder ein, aber ich liege fast die ganze Nacht wach, denke an Vater, der sich um Vlad gekümmert hat, an Vlads einfaches Lächeln, seine Hingabe an meine Familie. Jetzt werden sie ihn in irgendein Massengrab werfen. Niemand wird wissen, wo er begraben liegt. Ist ja nur ein Narr, der ein frühes Ende fand. Vater hatte immer Angst, dass jemand Vlad bei der SS denunzieren würde. Hitler hasste nicht nur die Juden, er wollte auch jeden, der eine Krankheit oder Behinderung hatte, ermorden. Die Leute verschwanden einfach, sagte Vater, sie wurden umgebracht.

Hatte ich wirklich erwartet, dass das Ende des Krieges Erleichterung, eine Art Besserung bringen würde? Wenn überhaupt, dann ist alles nur schlimmer geworden. Ich bin ein Gefangener, der den Launen eines Tyrannen und eines russischen Offiziers ausgeliefert ist, der mich in einem sibirischen Gulag verschwinden lassen kann. Meine Familie ist weg, meine Liebe auch. Ich sitze in einem stinkenden Strohhaufen. Wäre es nicht einfacher, alles zu beenden? Die Russen so zu provozieren, damit sie mich erschießen?

Ich merke, dass ich trotz all des Elends noch nicht bereit dazu bin. Ich habe noch Hoffnung, möchte in meine Heimat zurückkehren, möchte meine Eltern und Annie finden.

»Was weißt du?« Der Offizier sitzt hinter seinem Schreibtisch, seine kalten Augen sind auf mich gerichtet.

Ich starre zurück auf den Mann mit seiner makellosen Uniform und den sauberen Fingern, dem glatt rasierten Kinn und den dünnen Lippen, der will, dass ich meine Mitgefangenen denunziere. Wenn ich Theo verrate, werden mich seine Freunde umbringen. Aber dann bin ich sowieso tot. »Ich weiß nur, dass Theo Vlad nicht mochte, ihn für wertlos hielt.«

Der Offizier prüft seine Listen. »Theo Tabke?«

»Er hat Vlad mehr als einmal bedroht.«

»Was ist mit den anderen? Männer, die für SS, Gestapo arbeiten, Pioniere der Wehrmacht … die Frauen und Kinder in Russland in die Luft sprengen?«

Ich zappele auf meinem Stuhl. *Warum ist der Mann nicht an Vlads Mord interessiert?* »Ich kenne niemanden von der SS. Niemand redet darüber, was er früher getan hat … Jeder interessiert sich nur für Essen und dafür, wann er zurück nach Hause kann.«

Offensichtlich von mir genervt, steht der Offizier abrupt auf. »Du kannst gehen.«

Ich werde zurück zu den Feldern geführt, wo Lothar und Tommie Seite an Seite Unkraut zupfen. Der Regen hat viel Unkraut hervorgebracht, das zehnmal schneller wächst als jeder Kohl.

Ich platziere mich zwischen meinen Freunden und bin froh, mich auf die Knie fallen lassen und den Kopf senken zu können, sodass mein Gesicht verborgen ist.

»Und?«, flüstert Lothar.

»Ich soll für die Russen spionieren.«

Lothars behelfsmäßige Harke fällt ihm aus der Hand. »Was?«

»Sie sagen, ich kann ihnen entweder etwas über die Männer erzählen oder ich kann nach Sibirien gehen. Der Offizier hasst es, dass wir Pferde züchten.«

»Aber das ist doch das Geschäft deiner Eltern«, schreit Tommie viel zu laut.

Ich schaue mich nervös um. Zum Glück sind die anderen mindestens zwanzig Meter entfernt. Aber man weiß ja nie. »Ich habe ihnen gesagt, dass Theo Vlad hasst.«

»Ich bin sicher, dass er es war«, murmelt Lothar. »Wenn nicht er, dann einer seiner Freunde.« Er nimmt seine Harke wieder auf und fügt hinzu: »Wenn sie hören, was du getan hast, bist du der Nächste, selbst wenn du gar nichts sagst.«

»Mal sehen, was heute passiert.« Ich versuche, lässig zu klingen, aber die Angst sitzt mir im Nacken. Der Offizier könnte sich zu einem Doppelspiel entscheiden und sich auf Theos Seite schlagen. »Ich will weg.«

Die Worte hängen einen Moment in der Luft. Es ist ein schöner Tag im Mai, die Sonne glitzert über den Feldern, die Luft ist frisch. Zu Hause wäre ich mit meinem Pferd ausgeritten.

»Bist du verrückt?«, raunt Lothar.

»Eher verzweifelt.« Ich attackiere einen Klumpen Löwenzahn. »Wenn ich dem Offizier nichts liefere, was ich nicht kann, weil ich nichts habe, schickt er mich nach Sibirien. Wenn ich bleibe, werden Theo oder seine Freunde mich umbringen.«

»Wie willst du es machen?« Tommies Stimme bebt vor Angst.

Ich lasse meinen Blick noch einmal über die Umgebung schweifen und beobachte, wo sich die Wachen befinden. Meistens bewachen nur zwei Soldaten ein Feld. »Siehst du die Wälder östlich von hier? Sie grenzen fast an den Acker. Wenn wir in den nächsten Tagen näher am Rand arbeiten, könnte ich mich vielleicht während einer Mittagspause davonschleichen. Vor dem Abend werden sie keinen weiteren Appell machen. Bis dahin muss ich weit genug fort sein.«

Ich spüre, wie sich Lothars Augen in meine rechte Schläfe bohren. »Du gehst doch nach Hause, oder?«

»Nur zur Kontrolle. Danach werde ich nach Westen fliehen und vielleicht eine Weile abwarten.«

»Und Annies Hof?«

Ich drehe den Kopf, starre Lothar an. Nicke.

Er blinzelt. »Ich habe immer gewusst, dass du sie liebst.«

Ohne ihm zu antworten, wende ich meine Aufmerksamkeit wieder dem Unkraut zu. Lothar ist zu schlau für sein eigenes Wohl.

»Die Russen werden nicht mehr fortgehen«, meint Lothar nach

einer Weile. »Niemals.«

Woher willst du das wissen?, möchte ich schreien. Stattdessen konzentriere ich mich auf das Unkraut und krieche ein Stück weiter, um Zeit zu gewinnen.

Aber Lothar kann ein sturer Idiot sein. Er folgt mir. »Hast du eine Ahnung, was passiert, wenn sie dich erwischen?«

»Ich komme nach Sibirien.«

»Oder sie erschießen dich auf der Stelle.«

Ich sage nichts, starre nur auf die fruchtbare Erde. Ein Käfer huscht vorbei und versteckt sich in den Kohlblättern. Ich möchte ihm folgen, mich einfach im Dunkeln verlieren.

»Ich komme besser mit.«

Ich bin so überrascht, dass ich meinen Freund ansehe. »Du machst Witze.«

»Ganz und gar nicht, ich –«

»Aber sie haben nichts gegen dich. Wahrscheinlich werden sie dich sowieso bald gehen lassen. Warum solltest du das riskieren?«

»Ich bezweifle, dass sie uns entlassen, aber viel wichtiger ist, dass ich dein Freund bin.«

Als das Wort *Freund* zwischen uns schwebt, wird mir die Kehle eng. Zu eng, um zu antworten. Ich huste und riskiere schließlich einen Blick.

Lothar grinst von Ohr zu Ohr. »Ohne mich bringst du dich nur noch mehr in Schwierigkeiten. Außerdem will ich dabei sein, wenn du Annie wiedersiehst.«

Ich grinse zurück, als sich Tommie auf der anderen Seite meldet. »Was ist mit mir?«

»Du könntest auch mitkommen«, sage ich und denke an unsere Flucht aus Königsberg.

»Ich glaube nicht, dass ich es schaffe.« Tommie klingt, als würde er keine Luft bekommen. »Ich bin so kaputt, ich würde euch nur aufhalten. Sicherlich lassen sie mich bald raus. Mein Vater ist Arzt, das wird den Russen sicher nichts ausmachen.«

»Schwer zu sagen«, sagt Lothar. »Wir würden dir helfen.«

Tommie wirft seine Harke zu Boden. Sie ist aus Holz und zwei der vier Speichen fehlen. »Ich werde es nicht riskieren. Ihr würdet erwischt und es wäre meine Schuld.« Er zögert. »Ich könnte ein Ablenkungsmanöver starten.«

Wie willst du das anstellen?, will ich fragen, aber Tommie ist schon in Fahrt. »Ich tue so, als wäre ich krank oder … oder als hätte ich mich verletzt. Irgendwas, um die Wachen abzulenken. So könnt ihr beide ungesehen fliehen.« Er zögert, seine Augen glänzen, während er mich anschaut. »Versprich mir nur, dass du nach meinem Haus schaust … Danziger Straße 19, ja?«

Ich begegne Tommies Blick, blinzle ein Ja. »Du solltest mitkommen, sicher können wir uns davonschleichen.«

Er schüttelt den Kopf. »Hier beachtet mich niemand. Ich werde bald nach Hause kommen, du wirst sehen. Dann treffen wir uns … gehen zusammen aus, du und Annie und Lothar und ich.«

So, wie Tommie es sagt, glaube ich es fast.

Ich überfliege erneut mit meinem Blick das Feld und versuche abzuschätzen, wann wir die andere Seite erreichen und in die Nähe des Waldes kommen. Höchstens in ein oder zwei Tagen. Morgen werden wir versuchen, als Erste in der Schlange zu stehen und einen Platz an der Spitze einzunehmen. Auf diese Weise können wir hoffentlich die Richtung der Feldarbeit bestimmen.

Als wir zur Scheune zurückgehen, fühle ich mich besser. Endlich haben wir einen Plan, vielleicht finde ich Mutter … Annie. Ich stelle mir gerade vor, was sie sagen würden, wenn sie mich wiedersehen, als ich vor mir Stimmen höre. Theo wäscht sich an der Pumpe, Wasser spritzt und läuft seinen sehnigen Rücken hinunter. Als er mich sieht, blinzelt er und ein Ausdruck des Abscheus streift über sein Gesicht.

Ich schaue weg und versuche, mich normal zu verhalten, das heißt, den Kerl zu ignorieren. Irgendwie habe ich mir vorgestellt, dass er weg ist.

»Heulsuse! Oder sollte ich sagen, Verräter?«

Einige seiner Kumpel fallen ein: »Verräter, Verräter.«

Ich spüre, wie meine Wangen heiß werden, und versuche, an ihnen vorbei in die Düsternis der Scheune zu gelangen. Eine Hand krallt sich in meinen Unterarm.

»Nicht so schnell.« Jetzt, wo Theo vor mir steht, wirkt er noch boshafter. »Ich habe dir schon mal gesagt, du sollst aufpassen.«

Wut steigt in mir auf, Wut auf die russischen Wachen, die nur dastehen und grinsen. Wut auf den Offizier, der mit mir spielt, und Wut auf diesen Affen vor mir.

»Oder was?«, höre ich mich sagen. Verflucht. Jetzt bin ich tot.

»Was machst du da?«, flüstert Lothar hinter mir.

Ich weiß, dass er mir den Rücken stärkt, aber gegen diese

Männer haben wir keine Chance.

Theos hässliches Gesicht nähert sich. Er beugt sich über mich, während sich der Griff um meinen Unterarm wie ein Schraubstock zusammenzieht. Der Schmerz ist unerträglich, aber ich beiße die Zähne zusammen. Er wird kein Stöhnen von mir zu hören bekommen.

»Appell«, ruft eine Stimme. Zwei der Soldaten fuchteln mit ihren Kalaschnikows. Ich löse mich aus Theos Griff und schließe mich den anderen an, die sich in einer unordentlichen Reihe aufstellen. Meine Hände sind schlammverschmiert. Dank Theo kann ich mich nicht einmal waschen.

Etwas anderes wird mir klar: Ich muss so schnell wie möglich weg.

Den ganzen Abend suche ich nach einer Gelegenheit, mit Lothar und Tommie zu sprechen, aber jedes Mal, wenn ich mich umschaue, beobachten mich entweder Theo oder einer seiner Lakaien. Zweifellos versuchen sie, mich allein zu erwischen.

Als hätte Lothar meine Gedanken gehört, bleibt er wie ein siamesischer Zwilling an meiner Seite, holt gemeinsam mit mir seine Ration und geht zu den Latrineneimern, wenn ich gehe. Es ist schwieriger, zwei Jungen zu töten als einen.

Irgendwann schlafe ich vor Erschöpfung ein. Mein letzter Gedanke gilt der Frage, ob ich den Morgen erleben werde.

Lothars Gesicht erscheint über mir, seine haselnussbraunen Augen sind schwer zu lesen. »Morgenappell in zwei Minuten.«

Ich werde auf die Männer aufmerksam, die sich zur Tür drängen. Ich habe den Pfiff nicht gehört. Eskortiert von Lothar und Tommie gehe ich nach draußen, stelle mich auf, frühstücke und kehre aufs Feld zurück. Ich fühle mich träge und müde, die Sorge wegen Theo hat meinen Schlaf gestört, die ständige Arbeit und das schlechte Essen haben meinen Körper geschwächt. Jetzt, wo es hell ist, erscheint mir mein Plan lächerlich. Nur ein Mann, der nichts zu verlieren hat, würde in die Wälder laufen, wo doch wahrscheinlich überall Russen lauern. *Du hast nichts zu verlieren!*

Da wir uns in der Nähe des vorderen Ackerteils befinden, sind wir den anderen Gefangenen zu nahe. Ich weiß nicht einmal, was Tommie tun würde, um die Wachen abzulenken, geschweige denn, wann.

Lothar nickt mir ein paar Mal zu, sein Gesichtsausdruck ist

ernst und gleichzeitig erwartungsvoll, als würde er auf mein Signal warten.

Der Morgen schleicht in Zeitlupe dahin. Am Waldrand liefern Soldaten Eimer mit Brot und Wasser, unser Mittagessen. Ein Pfiff ertönt.

Ich lasse meine Harke fallen und gehe hinüber zu den Rationen, beobachte aus dem Augenwinkel, wie die beiden Russen verschwinden.

Wir wechseln uns an der Wasserkelle ab, dann schnappen wir uns Brot und setzen uns an den Stamm der nächstgelegenen Bäume. Ab und zu werfe ich einen Blick zu den beiden Wachen, die gelangweilt und verschwitzt aussehen. Sie haben ihre Mützen und Mäntel ausgezogen und sitzen am Rande des Feldes, um uns im Auge zu behalten.

Die meisten Gefangenen legen sich hin und schließen die Augen.

Ich zwinkere Tommie zu, der unschuldig zurückgrinst. *Weiß er, was ich will? Dass dies der Moment ist, den ich gewählt habe, um die kleine Chance zu ruinieren, die ich gehabt haben mag?* Offensichtlich nicht, denn er schaut wieder zu Boden.

Neben mir zappelt Lothar und räuspert sich, was Tommies Aufmerksamkeit erneut auf sich zieht. Ich sehe, wie ihm ein Licht aufgeht, und keine dreißig Sekunden später steht Tommie auf und geht auf die Wachen zu. Er beugt sich vor und fasst sich an den Bauch. »Oh, nein«, schreit er, »oh, ich kann nicht …« Dann bricht er zu einem Haufen zusammen. Wenn ich es nicht besser wüsste, würde ich mir Sorgen machen.

Die beiden Wärter sind aufgesprungen und eilen an Tommies Seite. Einige der anderen Gefangenen dösen weiter mit geschlossenen Augen vor sich hin, während diejenigen, die wach sind, die Szene beobachten, die sich abspielt. Jede Ablenkung vom eigenen Elend ist Unterhaltung. Tommie liegt auf dem Boden und windet sich.

Neben mir richtet sich Lothar auf, ich tue es ihm gleich. Die Augen auf die Menge gerichtet – eine der Wachen rennt auf die Burg zu –, gleiten wir rückwärts ins Dickicht des Waldes. Vorsichtig bewegen wir uns weiter, fünf Schritte, zehn … zwanzig. Die Menge verschwindet aus dem Blickfeld. Lothar und ich drehen uns gleichzeitig um und laufen tiefer in den Wald hinein. Hier drinnen ist es kühl und still. Während wir zwischen den Bäumen dahinrennen, lausche ich auf Schritte, Pfiffe, Schreie oder Hundegebell. Es ist nichts zu hören außer dem Rauschen der Äste über uns und unseren dumpfen Schritten. Noch hat niemand etwas bemerkt.

Nachdem wir eine Stunde lang im Zickzack gelaufen sind, stoßen wir auf einen Weg, der nach Osten führt. Ich zögere. Ich möchte nichts lieber, als nach Hause zu gehen, aber das Mindeste, das ich tun kann, ist, was ich versprochen habe …

»Was ist los?« Lothar hat mich eingeholt.

»Wir müssen zuerst in Tommies Haus nachsehen, bevor wir die Stadt verlassen.«

Lothar zieht hörbar die Luft ein. »Hast du vergessen, was letztes Mal in der Stadt passiert ist?«

»Lass uns wenigstens zuerst in die Richtung gehen.«

Lothar sagt nichts, aber ich weiß, dass er wütend ist.

Wir hasten nach Süden in Richtung Stadt und nähern uns von Osten. Die Danziger Straße liegt in der Nähe des Bahnhofs. Ich denke an unsere Verhaftung im Januar, als wir den Panzern gegenübergestanden haben. Ein zweites Mal werden sie uns nicht entwischen lassen.

Gespenstische Stille schwebt über der Stadt. Nichts bewegt sich, so wie die Häuser aussehen, sind sie alle leer. Niemand hat die zerbrochenen Fenster ausgewechselt, die Haustüren repariert. Wir eilen vorwärts, in höchster Alarmbereitschaft, unsere Schritte knirschen auf den Glasscherben, die niemand aufgefegt hat. Unsere ehemals saubere Stadt ist tot. Als wir die Danziger Straße erreichen, werde ich langsamer. Ich suche nach Hausnummer neunzehn … aber es gibt keine. Wo Tommies Heim und das Büro seines Vaters standen, erhebt sich ein Schuttberg neben einem Krater. Wenn Tommies Eltern noch am Leben sind, sind sie woanders hingezogen.

»Verdammt«, zischt Lothar.

Ich sage nichts, zu schockiert bin ich über die Zerstörung und die erdrückende Stille. Wir kehren auf demselben Weg zurück, den wir gekommen sind, eilen über die Felder und dann zurück in den Wald.

Wir laufen eine Weile geradeaus, bis ich eine Kreuzung von zwei Wanderwegen erkenne. Wir sind in der Nähe unseres Hofes, nicht mehr als zwei Kilometer entfernt. Lothar hält sich die Seiten. »Zu dir und dann zu mir?«

Ich nicke und wir gehen weiter durch den Wald, während ich die ganze Zeit über die schreckliche Zerstörung nachdenke, die wir gerade gesehen haben. Wo sind all die Menschen hin? Im Januar waren sie auf der Flucht vor der russischen Armee, aber jetzt, wo der Krieg zu Ende ist, sollten sie da nicht zurückkehren? Und vor allem, was werde ich bei mir zu Hause vorfinden? Ich merke, dass Lothar auch grübelt, sein Gesicht sieht ganz verkniffen aus.

In diesem Moment bin ich mehr als dankbar, nicht nur, weil Lothar bei mir ist, sondern auch für unsere Verbindung. Keiner von uns muss viel sagen, wir wissen, wie es um den jeweils anderen steht.

Der Wald endet abrupt, vor uns öffnen sich die Felder zu einer weiten Wiese … und dahinter liegt unser Hof.

KAPITEL FÜNFUNDZWANZIG

»Warte«, flüstere ich. »Ich muss erst noch zu Annie.«

Ich spüre Lothars Missbilligung, aber er schweigt. Ich weiß, dass es riskant ist. Je länger wir in der Nähe von Insterburg bleiben, desto wahrscheinlicher ist es, dass man uns erwischt. Aber ich muss nach Annie sehen. Das ist es, was mich in den letzten acht Monaten aufrecht gehalten hat.

Wir eilen den Weg hinunter, den ich schon tausendmal mit dem Rad gefahren bin, mit Annie an meiner Seite. Ihr Hof liegt hinter einem kleinen Pappelbestand. Als wir uns dem Eingang nähern, weiß ich es schon. Es ist keine einzige lebende Seele zu sehen. Die Türen zur Scheune und zum Haus stehen offen, die Fenster sind zerbrochen, genau wie in der Stadt. Ich möchte nach ihr rufen, möchte ihren Namen herausschreien, aber ich starre nur. Über uns flüstern die Pappeln im Wind.

Lothar legt eine Hand auf meinen Unterarm und schüttelt den Kopf.

Ich drehe mich abrupt um und sprinte den Pfad entlang, den Weg zurück, den wir gekommen sind, zu unserem eigenen Hof. In meinen Gedanken sehe ich Annie und ihre Mutter aus dem Haus rennen, Annies Augen sind vor Angst geweitet. Ich renne weiter, bis das Seitenstechen mich zwingt, stehenzubleiben.

»Vielleicht sollte ich bei uns nachsehen«, japst Lothar, der mich eingeholt hat. »Wir könnten uns später wieder treffen.« Lothar wohnt südlich der Hauptstraße, etwa drei Kilometer entfernt.

Ich antworte nicht, zu sehr bin ich abgelenkt von dem, was vor mir liegt. Die Zäune um unsere Koppeln sind niedergemäht worden. Kein einziges Pferd ist zu sehen. Normalerweise grasen sie um diese Jahreszeit, die Stuten sind mit ihren Fohlen unterwegs und lassen es sich auf den Weiden gut gehen.

»Siehst du etwas?«, frage ich.

Lothar blinzelt in die Ferne. »Nichts.«

Die Angst lässt mein Herz wie verrückt hämmern, mein Inneres bebt, als wäre ich von einem bösen Geist besessen. »Vielleicht sollten wir zusammenbleiben. Zumindest so lange, bis wir uns den Hof genauer angesehen haben.« Unsere Blicke treffen sich und Lothar nickt.

Ich gehe weiter, über die satten Wiesen und die kaputten Zäune. Normalerweise wäre das Gras von unseren Pferden abgefressen oder zu Heu gemäht worden. Jetzt reicht es bis zu den Oberschenkeln und der Wind treibt es in Wellen – das ganze Frühjahr war hier kein einziges Pferd.

Wir schleichen uns zur Hauptscheune und schauen hinein. Ein schrecklicher Gestank steigt von dort auf. Schwärme von Fliegen kreisen. Noch bevor ich weitergehe, weiß ich, was mich erwartet. Aus irgendeinem seltsamen Grund hat die russische Armee keine Verwendung für Pferde, sie erschießt sie mit Vorliebe.

In der Dunkelheit der Ställe liegen unsere halb verwesten Reittiere, ihre Häute vertrocknet, ihre Augen hohl. Überall sind Fliegen. Nur durch Zufall entdecke ich die menschliche Gestalt, bei der es sich der Kleidung nach um einen Feldarbeiter handeln muss. Genaueres kann ich nicht mehr erkennen, denn das Gesicht ist so verzerrt, dass ich nicht einmal sagen kann, ob es ein Mann oder eine Frau ist.

Lothar würgt und bei diesem Geräusch kommt auch mir die Galle hoch. Aber bevor ich mich dem Haupthaus zuwende, möchte ich noch einen Ort überprüfen und nach meiner Stute sehen, die ich letzten Oktober zurückgelassen habe. Hinter der brusthohen Tür liegt Daisy auf der Seite, ihr Zaumzeug ist noch fest. Nur ihr Fell hat etwas von dem Honigbraun behalten, das ich so geliebt habe. Sie war ein sanftes Wesen, das mir half, reiten zu lernen.

Ich weine, fühle mich gleichermaßen angezogen und abgestoßen von dem, was ich sehe.

Lothar zupft an meinem Ärmel und gemeinsam gehen wir wieder nach draußen, füllen unsere Lungen mit frischer Luft. Wie von einem Gummiband gezogen, wandert mein Blick zum Haupthaus. Die meisten Fenster sind zerbrochen, die weißen Spitzenvorhänge flattern im Wind. Vor der offenen Haustür liegen Küchenstühle, eine Bank und eine Kommode, allesamt kaputt, und auch ohne einen Fuß hineinzusetzen, weiß ich, dass niemand da ist.

Trotzdem kann ich mich nicht davon abhalten, mein Haus zu betreten, irgendetwas treibt mich vorwärts, ein Drang, Gewissheit zu haben … mich dem Unvermeidlichen zu stellen. Alles, was die Küche einst beherbergte, ist zerbrochen, die Fliesen sind unter Porzellan- und Glasscherben begraben. Der Küchentisch liegt auf der Seite, die Schränke stehen offen, ihr Inhalt ist auf dem Boden verteilt. Im Wohnzimmer ist jedes Kissen aufgeschlitzt, jedes Möbelstück zerfetzt, Holzsplitter vermischen sich mit zerrissenen Büchern. Neben Mutters umgestürztem Schreibtisch bedecken Briefe, Papiere, Rechnungen den Teppich. Der Spiegel über dem Kamin ist in tausend Scherben zersprungen.

Ich drehe mich abrupt um, eile zu den Schlafzimmern im zweiten Stock. Die Verwüstung wiederholt sich, unsere Matratzen sind aufgeschlitzt, wie Schnee bedecken die Federn des Bettzeugs alles ringsum.

»Hast du was zum Anziehen?« Lothars Blick hängt auf meinem dreckverkrusteten Hemd. Mir wird bewusst, wie schmutzig wir sind, und so durchsuche ich unsere Kleiderschränke nach sauberen Klamotten.

Schweigend ziehen wir uns um. Nur Schuhe finde ich keine. Die müssen die Russen mitgenommen haben.

Gedankenverloren stehe ich in meinem ehemaligen Zimmer, denke an mein altes Leben.

»Wir sollten los.« Lothars Augen schimmern.

Mein Inneres schreit: *Ich kann nicht!* Ich muss bleiben und hier aufräumen, alles in Ordnung bringen, bevor Mutter zurückkehrt. *Mutter, was ist mit dir passiert?* Ich klettere über die Reste unseres Hausstands, suche nach einem Zettel oder einem Zeichen, nach einem Hinweis, wo sie hingegangen sein könnte. Doch hier ist nichts außer einer zerbrochenen Hülle meines früheren Lebens.

Lothars Hand findet meine Schulter. »Wir müssen gehen. Sicherlich wird dieser Offizier Männer aussenden, die uns hier suchen. Außerdem brauchen wir was zu essen.«

Ich nicke und merke, dass mein Magen vor Hunger schmerzt. Ich habe seit dem Frühstück nichts mehr gegessen. »Nimm dir einen Kissenbezug und geh zum Schuppen an der Seite des Hauses. Dort ist eine geheime Falltür. Ich sehe im Vorratskeller nach.«

Während Lothar davoneilt, öffne ich die Holztür zum Keller. Sofort steigt mir der Geruch von Essig und etwas, das ich nicht definieren kann, in die Nase. Im Licht einer einzigen Glühbirne klettere ich hinunter, sehe mich um.

Eingemachte Pflaumen, Birnen, Apfelmus, Brombeer- und Erdbeermarmelade, eingelegte Gurken und das Fass Sauerkraut bedecken den Steinboden in einem klebrigen Durcheinander. Die Fächer, wo sonst Kartoffeln und Zwiebeln lagern, sind leer. Ich hebe zwei Kartoffeln auf, die sich unter einer Glasscherbe verstecken, und stopfe sie in meine Tasche.

Einen Moment lang stehe ich nur da, unfähig zu denken oder mich zu bewegen. Lothar wartet sicher schon. Ein dumpfes Geräusch rüttelt mich wach. Ich drehe mich zur Treppe und stürme nach draußen. Irgendwo auf der anderen Seite des Gebäudes höre ich eine Stimme – nicht Lothars Stimme, sondern die eines Mannes, wahrscheinlich Russe, wahrscheinlich feindlich.

Panik steigt in mir auf, meine Beine drängen mich dazu, zu fliehen. Aber wie kann ich davonlaufen, wenn Lothar in Gefahr sein könnte? Ich gehe zurück ins Haus und untersuche den Küchenboden. In der Nähe des Fensters, halb verdeckt von einem zerbrochenen Tontopf, in dem Mutter früher Knoblauch aufbewahrt hat, glitzert etwas. Ich bahne mir einen Weg und fische das Küchenmesser heraus, wische die zwölf Zentimeter lange Klinge an meinem Hemd ab.

Mit dem Messer in der Faust schleiche ich nach draußen. Ich schmiege mich an die Hauswand und arbeite mich zur Ecke vor, besorgt darüber, was ich dort vorfinden werde. Meine Ohren sind in höchster Alarmbereitschaft.

Der Mann spricht wieder, irgendein Kauderwelsch, das ich nicht verstehe. Ganz langsam spähe ich um die Ecke. Vor dem Schuppen steht Lothar mit erhobenen Armen, den gefüllten Kopfkissenbezug zu seinen Füßen. Ein Mann in Uniform, der mit dem Rücken zu mir steht, hält eine Waffe auf ihn gerichtet. Verdammt! Wenn ich jetzt angreife, könnte er Lothar erschießen … und wenn ich nicht schnell genug bin, mich ebenfalls.

Ein leichtes Glitzern in Lothars Augen verrät mir, dass er mich gesehen hat. Sofort wendet er seine Aufmerksamkeit wieder dem

Soldaten zu, der mit seiner Waffe auf den Kissenbezug deutet.

Lothar senkt langsam einen Arm, um den Inhalt zu zeigen. Weizenkörner quellen heraus.

»Da ist noch mehr.« Lothar zeigt über seine Schulter. »Ich kann's dir zeigen.«

Der Russe murmelt etwas Unverständliches, aber ich sehe, dass er seine Waffe ein wenig sinken lässt. Lothar weist erneut zum Eingang zur Hütte. Mutter hielt den geheimen Lagerplatz, den Vater für Notfälle angelegt hatte, gut gefüllt. 1940, bevor er abreiste, hörte ich ihn zu Mutter sagen, wie besorgt er darüber sei, so nahe an der russischen Grenze zu leben.

»Geh«, sagt der Mann gerade und fuchtelt mit der Waffe.

Lothar lässt den Kopfkissenbezug liegen und wendet sich dem Schuppen zu. Der Soldat folgt ihm. Ich schleiche hinter ihnen her. Es ist düster hier drinnen, nur ein winziges Fenster lässt etwas Licht herein. Der Geruch von getrocknetem Getreide –süßlich und staubig zugleich – liegt in der Luft, obwohl die Fächer, in denen Weizen, Roggen und Hafer lagerten, leer sind.

Lothar geht tiefer in die Hütte hinein, der Soldat ist ihm auf den Fersen. Ich arbeite mich nah ran, aber der Mann hat seine Waffe immer noch auf Lothar gerichtet. Im hinteren Teil bleibt Lothar stehen und zeigt auf eine hölzerne Falltür.

Der Russe bedeutet Lothar mit seiner Waffe, die Luke zu öffnen. Lothar gehorcht, aber dann tut er so, als wäre sie zu schwer. Er zieht und stöhnt gleichzeitig, die Kante der Falltür gleitet ihm aus den Fingern.

Gier kann unser Freund sein, denn der Soldat lehnt sein Gewehr an die Wand und beugt sich neben Lothar. Blitzschnell springe ich vor und ramme ihm das Messer in den Rücken. Ich setze so viel Kraft ein, dass die Klinge bis zum Heft verschwindet.

Während Lothar zur Seite springt, sinkt der Russe auf die Knie und schaut in Zeitlupe erst zu Boden, dann zu Lothar und mir, bevor er mit einem Gurgeln zusammenbricht. Ich stehe einfach nur da, kann meinen Blick nicht von dem sich schnell ausbreitenden roten Fleck auf der Jacke des Mannes und der Pfütze, die auf dem Boden wächst, losreißen. Die Finger des Soldaten öffnen und schließen sich, während er in einer fremden Sprache vor sich hinmurmelt.

Erst als Lothar »Komm schon!« ruft, erwache ich aus meiner Benommenheit.

Ich folge ihm nach draußen, wo die Abendsonne unser Haus in ein prächtiges Orange taucht. Lothar schnappt sich den Kopfkissenbezug und rennt los. Ich folge ihm langsamer, denn das Bild des Messers, das in den Rücken des Mannes schneidet, wiederholt sich unendlich in meinem Kopf. Ich habe einen Mann getötet.

Die Panik von vorhin ist wieder da, nur anders, statt eines Adrenalinstoßes fühle ich mich erschöpft, meine Oberschenkel sind schwer, als wären meine Knochen aus Stein.

Aus dem Augenwinkel sehe ich eine Bewegung bei der großen Scheune … ein zweiter Russe schreit etwas. Ich befehle meinen Beinen, schneller zu laufen. Lothar ist schon am Rande der ersten Koppel, aber jetzt dreht er sich um und wartet. *Du Idiot, lauf!*, will ich schreien. Aber ich habe keine Luft mehr, nur noch ein Gefühl von Untergang umgibt mich.

Hinter mir ertönen Schüsse, dem Klang nach von einer Handfeuerwaffe. Ich erwarte, dass ich mit einem Schuss in den Rücken zusammenbreche, aber er bleibt aus. Ich laufe weiter auf Lothar zu, dessen Aufmerksamkeit von mir auf seine Schulter wandert. Eine grellrote Blume blüht auf seinem Hemd, breitet sich rasant auf seinem Arm und seiner Brust aus. Er lässt den Kopfkissenbezug fallen und dreht sich etwas wackelig um, läuft weiter.

Ich folge im Zickzack, um die Aufmerksamkeit des Schützen hinter uns auf mich zu ziehen. Ein weiterer Schuss fällt, dann noch einer … vier … fünf. Lothar bewegt sich immer langsamer, sodass ich ihn einhole und einen Arm um seine Taille lege.

»Komm, nur noch ein Stückchen. Der Wald ist nicht mehr weit.«

Lothar sagt nichts, sein Atem geht laut und mühsam.

Der Soldat hinter uns hat aufgehört zu schießen. Vielleicht denkt er, dass wir sowieso geschnappt werden, oder er muss nachladen … oder vielleicht ist ihm der Proviant, den er gerade gefunden hat, wichtiger. Ich ziehe Lothar mit mir zwischen die Bäume, wo wir am Fuß einer Eiche zusammenbrechen.

Er ist blass wie Mehl, seine Augen wirken glasig. Der rote Fleck kriecht über seine Brust und seinen rechten Arm. Er wird verbluten.

»Lass mal sehen.« Ich erkenne meine Stimme kaum wieder, so zittrig ist sie.

Er schüttelt den Kopf. »Hau bloß ab.«

»Quatsch.«

»Idiot.« Lothar schnaubt, aber er scheint zu große Schmerzen zu haben, um zu widersprechen.

Ich öffne sein Hemd und sehe mir die zerfetzte, nässende Wunde an. Ich habe keine Ahnung von medizinischen Behandlungen und wir haben auch nichts dabei, um die Blutung zu stoppen oder die Wunde zu desinfizieren.

Vor wenigen Augenblicken hatte ich noch Angst, einen Mann getötet zu haben, aber dieser neue Schrecken ist etwas ganz anderes. Mein bester Freund könnte sterben, wenn ich keine Hilfe organisiere.

»Kannst du noch ein bisschen laufen?«, frage ich. Jetzt wird mir klar, dass die Nähe zu unserem Bauernhof und zu Insterburg ein Rezept für eine Katastrophe ist.

Lothar kaut auf der Unterlippe und nickt. Ich helfe ihm auf, während er grunzt und keucht, und wir schlagen eine neue Richtung ein: Süden. Zum Glück kenne ich mich in dieser Gegend gut genug aus, um die Richtung zu halten, selbst als die Dämmerung einsetzt und es unter den Bäumen dunkel wird.

In der Nähe einer umgestürzten Buche lassen wir uns für die Nacht nieder. Die Kälte ist erträglich, aber wir haben weder Wasser noch Essen. Sehnsüchtig denke ich an die Rationen im Lager und schimpfe dann mit mir selbst, weil ich so leichtsinnig war, hier so viel Zeit zu verschwenden. Wenn Lothar stirbt, ist es meine Schuld.

Jedes Mal, wenn ich aufwache, höre ich Lothars Atem rasseln. Er versucht, sein Stöhnen zu unterdrücken, aber ich weiß, dass er große Schmerzen hat. Am Morgen glänzt sein Gesicht vor Schweiß. Die Blutung hat fast aufgehört, aber ich bin mir ziemlich sicher, dass die Kugel noch in ihm steckt, denn es gibt keine Austrittswunde.

»Ich habe Durst«, flüstert er.

»Hör zu«, sage ich und versuche, optimistisch zu klingen. »Ich hole jetzt Hilfe, zumindest werde ich Essen und Wasser organisieren.«

Ich lese Zweifel in seinem Gesicht, weiß, dass er Angst hat, allein zu sein, aber er nickt trotzdem. In diesem Moment wird mir klar, dass mein bester Freund nicht nur loyal, sondern auch verdammt mutig ist.

Ich richte mich auf und grinse ihn an. »Bin bald zurück.«

Ein paar Kilometer südlich liegt das Dorf Didlacken. Auf der Straße ist es ein Weg von weniger als einer Stunde, aber ich beschließe, im Wald zu bleiben. Sollte ich erwischt werden, wäre das Lothars Todesurteil.

Schweißgebadet, den Bauch hohl und schmerzend, die Kehle trocken wie die Wüste, nähere ich mich Didlacken von Norden her.

Es ist ein kleiner Ort mit bescheidenen Häusern, die sich entlang einer Landstraße aneinanderreihen. Es ist noch früh, die Sonne ist kaum aufgegangen. Nichts bewegt sich, als ich mich zum ersten Haus schleiche. Das Innere ist menschenleer, durchwühlt wie mein Haus. Ich stöbere herum und finde nichts Brauchbares. Entmutigt ziehe ich weiter zum nächsten Haus. Es ist etwas größer, jedoch genauso geplündert. Im dritten Haus finde ich eine verbeulte Thermoskanne, fülle sie mit Wasser aus der Pumpe und trinke, bis ich kurz vorm Platzen bin. Nachdem ich sie wieder gefüllt habe, gehe ich zu einem weiteren Haus. Ich will gerade eintreten, als ich aus der Scheune ein Grunzen und die gedämpften Schreie einer Frau höre.

Erschrocken schiebe ich mich hinter einen wilden Rosenstrauch, will mich wegbewegen, doch irgendetwas hält mich an Ort und Stelle fest. Während ich noch hadere, was ich tun soll, erscheint ein Mann mit einem dichten, rostfarbenen Bart im Eingang der Scheune. Er stopft sein Hemd in die Hose – Teil einer russischen Uniform – und steuert auf das Haupthaus zu.

Komm schon, drängt mein Verstand. *Hau ab, bevor sie dich erwischen.* Aber ich kann und will nicht. Irgendetwas ist hier faul.

Während ich warte, taucht der Russe wieder auf, diesmal mit einem Gewehr auf der Schulter, und marschiert die Straße entlang. Ich warte weiter. Nichts bewegt sich, keine gackernden Hühner, nicht einmal Vogelgezwitscher. Eine atemlose Stille liegt über dem Ort.

Ich ignoriere die Stimme in meinem Kopf und laufe zur Scheune. Nachdem sich meine Augen an das Dämmerlicht gewöhnt haben, gehe ich an den leeren Boxen vorbei. In der letzten hockt eine Frau im schmutzigen Stroh, ihr rechtes Handgelenk ist mit einer Handschelle und einer Kette an der Wand befestigt. Der rechte Ärmel und das Oberteil ihres Kleides sind zerrissen, sodass die Hälfte ihrer Brust freiliegt. Sie trägt weder Strümpfe noch Schuhe, blutige Rinnsale sind an ihren Oberschenkeln getrocknet.

Ihr Kopf hängt nach vorn, sie scheint zu schlafen. Neben ihr steht ein Eimer, aus dem es stark nach Urin riecht.

»Hallo?«, sage ich leise.

Sie schaut abrupt auf und sieht sich mit weitaufgerissenen Augen um.

»Hier drüben«, sage ich und trete in ihr Blickfeld.

Unsere Blicke treffen sich, ihre Augen sind dunkel, fast schwarz und passen zu ihrem Haar. Sie ist eine Schönheit mit vollen Lippen und einer hübschen, kecken Nase.

»Hilf mir.«

Ich kämpfe mit meiner Verlegenheit wegen ihrer Nacktheit und inspiziere die Kette, erinnere mich an eine Mistgabel und eile zum Eingang, um das Werkzeug zu holen.

Ich hake eine der Zinken durch das Kettenglied in der Nähe der Wand, nutze die Hebelwirkung des Gabelgriffs und zwinge den Bolzen aus der Wand. Zum Glück ist das Holz spröde und gibt leicht nach. Sobald die Kette fällt, versucht die Frau, sich zu bedecken.

»Hier.« Ich werfe ihr ein altes Arbeitshemd zu, das an einem Haken hängt. Sie zieht es ohne zu zögern an und versucht aufzustehen, schwankt und fällt zurück ins Stroh.

Ich reiche ihr die Hand und sie nimmt sie. Gemeinsam stolpern wir zum Eingang der Scheune. Wie lange wird sie schon so festgehalten?

»Wir müssen uns beeilen«, sagt sie. »Manchmal ist er den ganzen Tag weg, manchmal nur eine Stunde.«

»Haben Sie Medikamente oder Verbandszeug im Haus? Mein Freund ist angeschossen worden. Wir fliehen nach Westen.«

Die Frau fordert mich auf, ihr ins Haus zu folgen. Die Küche ist ein einziges Chaos, schmutziges Geschirr stapelt sich in der Spüle, Fliegen wimmeln. Sie schnaubt angewidert und fordert mich auf, mit ins Schlafzimmer zu kommen. Hier holt sie Unterwäsche und Socken aus einer Kommode, wählt ein Kleidungsstück aus einem schmalen Schrank und sagt mir, ich solle die zweite Schublade öffnen.

»Handtücher und Sachen zum Verbinden einer Wunde. Taschen sind unterm Bett.«

Während ich das Material verstaue, rasselt die Kette. Ohne sich um meine Anwesenheit zu kümmern, reißt sie sich die Kleider vom Leib, wäscht und schrubbt sich wie besessen und zieht sich wieder an.

»Haben Sie eine Zange?« frage ich.

»Küche.«

In einer Schublade finde ich Werkzeug. »Kommen Sie«, rufe ich, als sie erscheint. Mit hochgestecktem Haar und gewaschenem Gesicht sieht sie wie verwandelt aus. Beim Licht des Küchenfensters entferne ich die Manschette vom Handgelenk und werfe sie in die Ecke.

Sie holt die Kette zurück und hängt sie an einen Haken neben der Tür. Sie will, dass er sie sieht. Gemeinsam öffnen wir alle Schränke, finden dunkles Brot, Sardinendosen, Hartkäse und ein Stück geräucherten Trockenschinken.

Die Frau lächelt grimmig. »Die Sachen gehören mir nicht, aber wir nehmen sie mit.«

Im Wurzelkeller sammeln wir Kartoffeln und Zwiebeln ein.

Mit einer letzten Bewegung holt die Frau ein Messer und mopst eine Flasche mit einer klaren Flüssigkeit vom Küchentisch. »Brauchen wir für deinen Freund.«

An der Tür zögert sie. Die Angst steht ihr in den Augen, lässt sie zittern.

Wieder biete ich meine Hand an. »Ich führe Sie in den Wald. Er ist den Weg hinuntergegangen, wahrscheinlich patrouilliert er auf der Hauptstraße.«

Sie nickt grimmig und folgt mir dann. Ich bewundere diese Frau schon jetzt für ihren Mut und ihre Entschlossenheit.

»Wir gehen nach Norden, nur ein paar Kilometer.«

Wieder nickt sie. Auf dem Weg erzähle ich ihr von Lothar, unserer Flucht aus dem Internierungslager.

Wir finden ihn dort, wo ich ihn zurückgelassen habe. Auf den ersten Blick befürchte ich, dass er tot ist. Er liegt so still, dass ich auf die Knie sinke und mein Ohr an seine Brust lege. Da ist ein leises Gurgeln in der Kehle, ein sanftes Heben und Senken im Oberkörper. Erleichterung durchströmt mich.

»Bin wieder da«, sage ich leise. »Habe viel Essen mitgebracht, auch Hilfe.«

Lothars Augenlider flattern auf. Er setzt ein schwaches Grinsen auf, dann dreht er langsam seinen Kopf zu der Frau, die sich lächelnd über ihn beugt.

»Ich bin Cecile, lass mich dir helfen.«

Während ich Lothar beim Trinken aus der Feldflasche helfe

und das Essen vorbereite, zieht Cecile Lothar vorsichtig das zerfetzte Hemd aus und inspiziert die Wunde. »Die Kugel ist noch drin.«

Sie untersucht die violette Haut und Lothar stöhnt – seine Augen sind wieder geschlossen. Ohne Pause schnappt sie sich das Messer, tränkt es und das Handtuch mit dem Wodka und schüttet eine ordentliche Portion davon über die Wunde. Lothars Augen springen auf und er brüllt.

Ich packe seine gute Schulter und eine seiner Hände: »Ruhig, Junge, sie wird die Kugel herausholen. Dann bist du gleich wieder wie neu.«

Während Cecile in dem zerfetzten Fleisch herumstochert, versuche ich, mich abzulenken, was natürlich nicht funktioniert. Lothar stöhnt, sein Schmerz überträgt sich durch seine verkrampften Finger auf mich.

»Da ist sie.« Auf Ceciles blutverschmierter Handfläche liegt ein unförmiges Geschoss aus einem Kleinkaliber.

Lothar stöhnt wieder, Blut fließt über seine Schulter und tränkt den Boden darunter. Cecile drückt auf die Wunde. Wieder schreit Lothar. Es muss unglaublich weh tun. Auch ich zittere und trotz der Kühle im Schatten rinnen mir Schweißtropfen über die Schläfen. Sie kitzeln, aber ich kann Lothar in diesem Moment nicht loslassen. Irgendwie versuche ich, ihm meine Kraft zu übertragen, ihm durch meine Finger mitzuteilen, dass es ihm gut gehen wird.

Der Aufruhr in mir geht weiter. Auch wenn die Kugel raus ist, heißt das nicht, dass Lothar überleben wird. Wir werden tagelang nicht weit laufen können, die Russen werden nach uns suchen – der bei mir zu Hause, weil ich seinen Kumpel getötet habe, der Rohling wegen Cecile und da ist noch der eiskalte Offizier in Georgenburg.

Ich beobachte Ceciles Gesicht, versuche, ihre Gedanken über Lothar zu lesen. Aber sie gibt mir kein Zeichen, reißt nur ein Handtuch auseinander und legt ein mit Wodka getränktes Stück auf seine Schulter, dann wickelt sie eine Bandage darum, um es zu fixieren.

Schließlich lehnt sie sich zurück und setzt sich mit dem Rücken an die gefallene Buche. Die Anspannung fällt von ihrem Gesicht, ihr Mund lockert sich und sie schließt die Augen. Tiefe Schatten liegen unter ihnen. Im nächsten Moment ist sie eingeschlafen. Ich esse mechanisch und warte darauf, dass Lothar aufwacht.

Als er endlich die Augen öffnet, füttere ich ihn mit mehr Wasser und Brot- und Käsestücken. Soweit ich das vom Verband her beurteilen kann, hat die Blutung aufgehört.

»Wie geht's dir?«, flüstere ich.

Lothar bewegt die Finger an seinem verletzten Arm. »Besser. Wer ist sie?«

»Fand sie in Didlacken, südlich von hier.«

»Du hast sie gefunden?«

»Ja, ich …« Die Szene in der Scheune wiederholt sich in meinem Kopf und ich weiß, dass ich nicht darüber reden kann. Nicht jetzt. Ich habe das Gefühl, dass es mir nicht zusteht, ihre Situation zu beschreiben, zumindest nicht ohne ihre ausdrückliche Einwilligung. »Wie auch immer, wir sind weggelaufen. Ich glaube, sie wird mitkommen.« Jetzt, wo ich es laut ausspreche, wird mir klar, dass ich nicht mit ihr darüber gesprochen habe, was sie vorhat. Bis jetzt wollte ich nur, dass Lothar überlebt.

»Ich weiß nicht, ob ich weiterkann. Vielleicht solltet ihr beide allein losziehen.«

»Ich habe dir schon gesagt, dass ich ohne dich nirgendwo hingehen werde.«

»Idiot.« Ein leichtes Lächeln umspielt Lothars Lippen, das von einem Stöhnen abgelöst wird.

In der Ferne erklingen Schreie, Lastwagen rumpeln … die Erde vibriert. Ceciles Augen springen auf, sie schaut sich wild um, bevor sie offensichtlich merkt, dass sie nicht mehr in der Scheune ist. Unsere Blicke treffen sich und ich lege einen Zeigefinger auf meine Lippen.

Sie nickt und bleibt still sitzen.

Irgendwo hinter den Bäumen bewegen sich russische Truppen. Sie wissen nicht, dass wir hier sind oder in welche Richtung wir wollten, aber wenn sie uns finden, haben wir keine Möglichkeit, uns zu verteidigen. Ein verletzter Mann, eine misshandelte Frau und ein Mörder. Trotz unserer Situation wiederholt sich die grausame Szene im Getreidespeicher in meinem Kopf. Ich höre das Grunzen des Mannes, sehe, wie er zusammenbricht und regungslos liegen bleibt.

Lothar zupft an meinem Ärmel. »Sie sind weg. Wir sollten wohl versuchen, ein Stück zu laufen.«

Ich sehe ihn an. Er ist nach wie vor blass und ich entdecke

eine neue Schmerzfalte um Nase und Mund.

»Wir versuchen es später. Erst einmal schläfst du.«

Wir brechen erst am nächsten Tag im Morgengrauen auf. Nach einer weiteren ungemütlichen Nacht sind meine Ohren bei jedem Geräusch in höchster Alarmbereitschaft: knackende Zweige, zwitschernde Vögel, ein Rascheln im Unterholz, die Atemzüge meiner Reisegefährten – jeder Laut lässt mich innerlich erschaudern. Ich wache ständig auf, lausche, schlafe ein … Es ist zu kühl ohne Decken, aber Cecile hat nur eine mitgebracht und ich verlange nicht, dass sie sie teilt. Sie hat viel durchgemacht und mir mit Lothar geholfen. Das ist das Einzige, was zählt.

Ich helfe Lothar auf, reiche ihm einen Haselnuss-Stock, den ich mit Ceciles Messer geschnitten habe.

»Ich schätze, wir werden nicht zu mir nach Hause gehen«, sagt er mit einem so traurigen Gesichtsausdruck, dass ich wegschauen muss.

Das können wir nicht, will ich sagen. Wahrscheinlich sind überall Russen. Ich denke an Tommies Zuhause, an das Schicksal seiner Familie, an Tommie, der uns selbstlos geholfen hat. Wegen uns hat er sich in schreckliche Gefahr begeben.

»Was machen wir wegen Tommie?«, frage ich leise.

Unsere Blicke treffen sich wieder. Lothar schüttelt leicht den Kopf. »Ich glaube nicht, dass wir etwas tun können.«

Hilflosigkeit ist eine schreckliche Sache. Sie raubt einem die Energie, lässt einen nicht mehr klar denken und bringt eine alles verschlingende Schwärze mit sich.

Mit gesenktem Kopf und voller Zweifel stolpern wir los, in Richtung Westen.

KAPITEL SECHSUNDZWANZIG

Lothar geht es langsam besser, aber wir kommen nur im Schneckentempo voran. Ich schätze, dass Berlin mindestens sechshundert Kilometer entfernt ist und wir bei dem derzeitigen Tempo sechs bis acht Wochen brauchen werden.

Überall, wo wir hinschauen, hat der Krieg schreckliche Spuren hinterlassen. Die Straßen sind übersät mit Karren, Wagen, Militärlastwagen, kaputten Panzern, Skeletten toter Pferde, Männer, Frauen und Säuglinge. Ein lebloser Schleier liegt über dem Land, eine Stille, die sich auf uns überträgt, als ob der Tod so vieler Menschen unsere Seelen zerreißen würde.

Gleichzeitig bin ich wie betäubt. Ich mache alles mechanisch, stehe auf, gehe pinkeln, trinke ein wenig, bereite die Mahlzeiten für die anderen vor, esse, gehe weiter mit Lothar und Cecile an meiner Seite. Wir sagen kaum etwas, nicht nur, weil wir auf verdächtige Geräusche lauschen, sondern weil wir mit unseren Gedanken ganz woanders sind.

Ich denke an mein Zuhause und den toten Mann in der Hütte, an Tommie im Lager, aber auch an Mutter und Vater, vor allem jedoch an Annie, deren Zuhause genauso leer ist wie meines. Anstatt sie im Januar zu holen, bin ich so leichtsinnig gewesen, mich gefangen nehmen zu lassen, und habe Monate in einem Gefangenenlager verschwendet. Damals hätten wir vielleicht eine Chance gehabt, gemeinsam zu fliehen. Das Bedauern nagt an mir, vermischt sich mit Wut, weil ich weiß, dass wir zu spät gekommen sind. Zu spät für alle unsere Familien.

In meinen Tagträumen stelle ich mir vor, wie ich zu Annies Haus gehe und sie in der Küche vorfinde. Sie steht von ihrem Stuhl auf und wirft sich in meine Arme. In meiner Vorstellung sieht sie immer gleich aus, trägt diese süßen Shorts und eine Bluse, ihr blondes Haar ist zu einem Pferdeschwanz gebunden. Sie lächelt mich an, bietet mir ihre Lippen zum Kuss.

Ich habe nicht mit Lothar gesprochen, aber ich kann mir vorstellen, dass er an seine Familie denkt und daran, dass er nicht einmal nachsehen konnte, ob das Haus noch steht.

Und Cecile? Sie schreit oft im Schlaf und wacht dann mit Tränen in den Augen auf. Ich möchte sie fragen, was der Mann ihr angetan hat, aber ich kann es nicht. Mancher Schmerz sitzt zu tief, um darüber zu sprechen, es ist besser, ihn zu begraben und so zu tun, als wäre er nie geschehen. Obwohl ich bereits weiß, dass diese Taktik nicht funktioniert.

Meine Stiefel sind in einem furchtbaren Zustand, die Sohlen locker und undicht. Kieselsteine, Stöckchen und Geröll krabbeln immer wieder hinein und zwingen mich, anzuhalten und den Schuh auszuziehen. Das Gute ist, dass Lothars Wunde weiter heilt und er ein bisschen kräftiger wird. Er kann sogar seinen Unterarm ein wenig anheben.

Cecile meint, er habe Glück gehabt, denn die Kugel habe das Schlüsselbein und eine der Arterien nur knapp verfehlt. Ich erfahre, dass ihr Mann Tierarzt war und dass sie oft bei der Pflege von Nutztieren geholfen hat.

»Wo ist er?«, frage ich eines Abends, als wir uns in der Nähe eines kleinen Sees niederlassen. Der Juni ist heiß und schwül, es wimmelt von Mücken. Auf einem verlassenen Feld haben wir ein paar Kartoffeln gefunden, die wir über einem kleinen Feuer zubereiten. Lothar hat sich auf Ceciles Decke schlafen gelegt.

»Ich weiß es nicht. Er ist vor drei Jahren eingezogen worden und nach einigen Briefen habe ich nichts mehr von ihm gehört.« Sie sieht mich an, ihre Augen schimmern wie dunkle Pfützen in der Dämmerung. »Was ist mit dir und deiner Familie passiert?«

Ich will eigentlich nicht darüber sprechen, will eine dumme Ausrede erfinden, um ihrer Frage ausweichen zu können, aber irgendetwas an ihrem Gesichtsausdruck macht mich ganz weich. Sie muss mindestens fünfunddreißig oder vierzig sein, so alt wie meine Mutter, und doch wirkt sie viel jünger. Also erzähle ich ihr, wie es dazu kam, dass ich Annie verlassen musste, wie ich mich dem Volkssturm anschloss, wie ich erfrorene Kinder von den Straßen Königsbergs sammelte, von unserer Flucht nach Insterburg und der Zeit im Lager.

Ich lasse Vlad und den toten Soldaten in der Kornhütte aus.

»Lothar wurde in deinem früheren Zuhause angeschossen?« Ein Stirnrunzeln zeichnet eine senkrechte Falte auf ihre Stirn.

Ich nicke. »Die Russen kamen, als wir gerade Essen einsammeln wollten.«

»Sie sind wie die Pest und befallen alles.«

Ich möchte sie erneut fragen … über den rotbärtigen Russen, der sie in Ketten gehalten hat. Aber auch das tue ich nicht.

»Ich habe dir nie gedankt«, sagt sie. Und flüsternd: »Du hast mein Leben gerettet.«

»Du hast das von Lothar gerettet.«

Wir schweigen, nur das Feuer knistert. Ich verliere mich wieder in meinen Gedanken, habe das Gefühl, im Niemandsland zu schwimmen, ohne Orientierung, ohne Ziel. Ich weiß nur, dass wir hier wegmüssen.

»Hast du dort drüben Familie?« frage ich nach einer Weile.

Dort drüben ist der Westen, alles außerhalb der Reichweite der Russen.

Cecile schüttelt den Kopf. »Ich muss irgendwie neu anfangen.«

»Ich auch nicht, ich frage mich, ob ich meine Eltern finden werde.« *Annie.* Wenn sie es geschafft hat, werde ich sie sicher irgendwann finden.

»Und ich meinen Mann.«

Wenn sie noch am Leben sind. Dieser Satz schwebt zwischen uns, ein Schreckgespenst der Ungewissheit, das wir nicht einmal definieren können. Es ist eine Frage, die wir in unseren Herzen tragen, eine Bürde, die uns nie verlässt.

Knapp drei Wochen später nähern wir uns einer der Hauptstraßen südlich von Danzig. Bis jetzt haben wir jede größere Stadt gemieden, uns von Hauptstraßen ferngehalten. Jede Nacht schleichen wir uns in ein Gebüsch oder eine verlassene Scheune, durchsuchen verlassene Häuser in der Abenddämmerung oder gleich nach Sonnenaufgang.

Jeder Ort, auf den wir treffen, ist so verlassen wie Insterburg und das Dorf Didlacken. Es ist nicht nur so, dass die Menschen aus ihren Häusern verschwunden sind, es scheint auch sonst nichts mehr dort zu leben … keine Hühner, kein Vieh, keine Schafe, keine Katzen oder Hunde.

Die Erde ist im wahrsten Sinne des Wortes verbrannt. Brücken liegen zerfallen im fließenden Wasser, Häuser sind Ruinen und Fabriken bestehen aus Schutthalden. Ich fühle mich wie in einem surrealen Film, wenn wir an den in Trümmern liegenden Dörfern vorbeiwandern. Bitterer Groll erfüllt mich, lässt mich innerlich zusammenschrumpfen, als hätte jemand Essig auf meine Seele geschüttet. Hitler hat allen gesagt, er würde ein Großdeutschland schaffen. Er hat das Gegenteil getan, er hat alles und jeden zerstört. Ich bin froh, dass er tot ist.

Nicht, dass es etwas nützen würde. Es ist zu spät, alles zu spät.

Lothar geht es besser, doch seine Füße schlurfen, Cecile bewegt sich wie im Halbschlaf. Ostpreußen, wo wir aufgewachsen sind, der Ort, den wir Heimat nannten, hat sich aufgelöst.

Wir sind gerade dabei, die Straße südlich von Danzig zu überqueren, als zwei Russen in Uniform hinter den Mauern eines abgebrannten Hauses auftauchen.

»Halt.« Einer von ihnen richtet seine Kalaschnikow auf uns, der andere übernimmt das Reden. »Wohin ihr geht?«

»Nach Westen«, sage ich, zu überrascht, um mir etwas Interessanteres einfallen zu lassen.

»Ihr Soldaten?« Er mustert Cecile, obwohl er nicht den Eindruck macht, sich körperlich für sie zu interessieren.

Wahrscheinlich, weil wir aussehen wie Tiere, die aus einer Höhle hervorgekrochen sind. Unsere Kleidung ist fleckig und staubig, wir müssen zum Himmel stinken.

»Nein, Schuljungen«, sagt Lothar. »Wir versuchen, unsere Familien im Westen zu finden.«

Die Kalaschnikow deutet auf unsere Taschen, während beide Männer uns misstrauisch beäugen.

»Waffen?«

Ich schüttele den Kopf. »Keine Waffen, nur ein paar Sachen für unterwegs.« Innerlich bebe ich. Jeden Moment werden sie unsere Bündel zu durchsuchen und alles mitnehmen würden, was sie wollen.

»Papier?«

»Keine Papiere«, sagt Lothar. »Wir haben alles verloren, unsere Häuser sind abgebrannt.«

Der Mann mit dem Gewehr pfeift und ein dritter Soldat mit

einem dunklen Bart, der sein Gesicht wie eine wilde Pflanze aussehen lässt, erscheint mit einem Notizbuch.

»Name?« Der Bärtige zückt einen Bleistift. »Woher?«

Ich schaue Lothar an, dann Cecile. Ich hatte nicht erwartet, nach meinem Namen gefragt zu werden. Sicherlich hat das Lager in Insterburg einen Fahndungsaufruf herausgegeben und wir werden hingerichtet, wenn man uns erwischt. Ich sehe die kalten Augen des Offiziers, der mich gebeten hat, meine Mitgefangenen auszuspionieren, den Bäcker, der längst tot ist. Der Russe würde an mir ein Exempel statuieren wollen.

»Werner Ba … Becker«, platze ich heraus. »Aus der Nähe von Gumbinnen.«

Der Soldat kritzelt etwas in sein Buch.

»Lothar … Fontane«, sagt Lothar. »Auch aus der Nähe von Gumbinnen.«

Ich unterdrücke ein Grinsen. Lothar hat den Nachnamen seines Lieblingsdichters Theodor Fontane gewählt.

»Cecile Klausner, Gumbinnen.«

Der Mann fuchtelt mit seiner Waffe herum, ich sehe in seinen Augen, dass er uns am liebsten durchlöchern würde. Aber der andere Soldat scheint netter zu sein, vielleicht nicht so blutrünstig.

»Ihr kommt spät, viele Leute schon weg«, sagt er nur. Er wedelt mit den Armen. »Das hier jetzt Russland.« Und nach einem weiteren Blick auf die Frau: »Geht jetzt, hier nicht willkommen.«

Wir sehen uns an und stolpern dann weiter, über die Straße auf einen Feldweg, während die Worte *hier jetzt Russland* in meinem Kopf widerhallen.

Im Geschichtsunterricht hieß es damals, dass Ostpreußen auf eine verrückte Geschichte zurückblicke: Erst war es polnisch, dann eine Monarchie, und seit 1871 gehört es zu Deutschland. Russisch war es nie. Aber was kümmert es die Russen, wenn das Land bis zur Unkenntlichkeit verbrannt und leer ist?

Ich folge Lothar und Cecile benommen und denke über die langfristigen Folgen nach. Heißt das, wir können nie wieder nach Hause? Niemals unser Leben wieder aufnehmen und Pferde züchten? Mit Annie Ausritte unternehmen, sie heimlich im Stall lieben, die Schule beenden und in Königsberg studieren?

Ich denke an die Folgen meines Mordes, an meinen neuen Namen. Becker ist ziemlich gewöhnlich, kein Name, der Aufmerksamkeit erregt. Ohne Papiere, die das Gegenteil beweisen, bin ich ein neuer Mensch, wenn auch nur dem Namen nach.

Egal was kommt, ich trage meine Vergangenheit in mir, meine Familie, mein Erbe, daran hat sich nichts geändert. Nicht meine Verbindung zu Insterburg, nicht meine Liebe zu Annie.

Ich weiß, dass ich trotz alledem nichts davon aufgeben möchte.

KAPITEL SIEBENUNDZWANZIG

»Wir müssen weiter nach Süden«, sagt Lothar, als wir am Nachmittag anhalten.

Der Schreck von vorhin hat mich nicht verlassen und ich ertappe mich dabei, wie ich ständig über meine Schulter schaue. Ich merke, dass auch die anderen aufgewühlt sind. Cecile zuckt beim kleinsten Geräusch zusammen und Lothar atmet so laut, dass es klingt, als hätte er einen Blasebalg in der Brust.

»Wir sind in Polen«, sagt Cecile. »Warum sind die Russen hier?«

»Vielleicht sollten wir nach einem Zug suchen oder auf einem Lastwagen mitfahren«, meint Lothar.

Ich lasse mir seinen Vorschlag durch den Kopf gehen. Wir sind nicht gut vorangekommen, und nach dem Halt habe ich mehr Angst denn je, wieder verhaftet zu werden. Ich kann mir nicht vorstellen, was Cecile nach ihrer Tortur in der Scheune denken muss.

Wir beschließen, uns nach Süden und Westen zu wenden, in der Hoffnung, eine Stadt oder ein Dorf zu finden, in dem wir etwas zu essen oder eine Unterkunft bekommen, oder noch besser, eine Mitfahrgelegenheit nach Berlin.

Der erste Ort, den wir erreichen, ist ein ähnliches Dorf wie Didlacken. Nur dass in diesen Häusern Menschen wohnen. Aber als wir anhalten, um um Wasser und Brot zu bitten, fängt die Frau an, auf Polnisch zu schreien und mit der Faust zu drohen. Ich habe keine Ahnung, was genau sie sagt, aber Fluchen ist eine universelle

Sprache.

Wir probieren es bei zwei weiteren Häusern und erhalten die gleiche Reaktion. Am Dorfrand stoßen wir auf ausgebrannte Wehrmachtspanzer und ein paar skelettierte Lastwagen. Die Deutschen waren hier, um Menschen zu töten und das Land zu übernehmen. Jetzt sind die Polen dran, uns rauszuschmeißen. Wer kann es ihnen verdenken? Aber ich mache mir Sorgen um unser Überleben. Viele der Felder, an denen wir vorbeiwandern, tragen keine Ernte, Gärten in der Nähe von Häusern werden wahrscheinlich bewacht. Ich habe keinen Zweifel daran, dass sie uns erschießen oder mit einer Mistgabel aufspießen werden, wenn wir versuchen, uns etwas zu essen zu stehlen.

Wilde Brombeeren sind die einzige Nahrung, die wir bis zum Abend finden, als wir schließlich auf ein weiteres Dorf stoßen. Die wenigen Menschen, die wir sehen, starren uns feindselig an, also eilen wir hindurch, in der Absicht, wenigstens einen Brunnen und einen Platz zum Schlafen zu finden.

Mein Magen knurrt wütend und spiegelt meine Frustration über die Menschheit wider. Es wird noch mehrere Wochen dauern, Polen zu durchqueren. Bei diesem Tempo werden wir verhungern, bevor wir Berlin erreichen.

»Hört ihr das?«, flüstert Lothar und zeigt nach vorn. »Da drüben.«

Die Dämmerung setzt ein, es muss fast vierzig Grad heiß sein. Mein Hemd ist durchgeschwitzt und meine Kehle ist so trocken, dass meine Zunge sich geschwollen anfühlt.

Ich lausche. Stimmen … mehrere … der Schrei eines Kindes. Ich denke an unsere letzten Begegnungen und fordere Lothar und Cecile auf, mir leise zu folgen. Keine fünfzig Meter weiter, direkt an der Straße, richten sich ein Mann, zwei Frauen und zwei Kinder für die Nacht ein. Sie haben weder Wagen noch Pferde, kein Feuer, nur ein paar Decken und eine Plane, die der Mann an einem niedrigen Ast befestigt.

Eine der Frauen bettet die beiden Kinder darunter und spricht mit beruhigender Stimme: »Schlaft jetzt, morgen wird es besser.« Sie spricht Deutsch, sogar der Dialekt klingt wie daheim.

Ich vergesse alle Vorsicht, eile nach vorn und rufe: »Hallo.«

Der Mann dreht sich um und schnappt sich einen Knüppel, während sich die beiden Frauen hinter ihn drängen.

»Wir kommen in Frieden«, rufe ich und versuche zu lächeln.

»Auf dem Weg nach Berlin … aus Ostpreußen.«

Lothar tritt neben mich und Cecile winkt: »Wir sind einfach froh, dass wir ein paar Deutsche finden.«

Ein spürbares Beben geht durch die Familie, dann senkt der Mann seinen Stock. »Tut mir leid, es ist nur …« Er zieht eine Grimasse. »Der Krieg ist vorbei und doch ist er es nicht.«

Eine der Frauen tritt vor. »Ihr seid herzlich eingeladen, euch uns anzuschließen. Heute können wir nicht weiter, nicht mit den Kindern.«

»Woher kommt ihr?«, fragt Lothar.

»Allenstein.« In der einbrechenden Dunkelheit schüttelt der Mann den Kopf. »Die Russen haben es den Polen übergeben.«

»Sie sind in unserem Haus erschienen und haben uns befohlen, mit nur einem Koffer wegzugehen. Sie haben das ganze Dorf ausgeräumt.« Die Frau, die spricht, ist klein und gedrungen, viel älter als die beiden anderen. Ihre Lippen zittern, als würde sie gleich anfangen zu weinen. »Wir hatten nur ein paar Stunden Zeit, sie haben uns einfach aus unserem eigenen Haus geworfen.«

»Ich nehme an, dass jetzt ein Pole auf unserem Sofa sitzt«, fügt der Mann hinzu. Auch seine Stimme zittert, aber ich weiß, dass es von einer schrecklichen Wut herrührt. »Wenn ich nur –«

»Ruhig, Mischa.« Die jüngere Frau tätschelt dem Mann den Unterarm. »Das Seltsame ist, seine Mutter war Polin, aber Mischa ist in Ostpreußen geboren und als Deutscher aufgewachsen.«

Lothar seufzt. »Es tut mir so leid.«

Die Frau nickt. Sie sieht auf die Kinder hinunter, die auf dem Boden liegen und fest eingeschlafen sind. »Die Kleinen leiden schrecklich.« Sie blickt auf, schaut Cecile an, die etwas zusammengekauert dasteht. »Ihr müsst erschöpft sein … und durstig. Wir haben Wasser, aber wir können nichts zu essen anbieten.«

Wir alle nicken eifrig. »Wasser ist großartig«, sage ich, als die Frau uns einen Krug reicht.

Wir füllen unsere einzige Feldflasche auf und trinken daraus. Mein Magen brüllt weiter, aber dagegen können wir nichts tun.

»Was ist denn mit euch passiert?«, fragt der Mann und lädt uns ein, Platz zu nehmen.

Wir erzählen ihnen vom Lager, vom zerbombten Insterburg, von unserem zerstörten Hof. Sie seufzen, schütteln im Dunkeln den Kopf. Was kann man angesichts solchen Grauens, einer solchen Ungerechtigkeit sagen? Wenn ich mir erlaube, darüber nachzudenken, wird der Zorn, den ich empfinde, übermächtig. Aber ich habe kein Ventil, keinen würdigen Empfänger für meine Wut. Ich glaube, ich wäre wieder fähig zu töten, wenn Hitler sich zeigen würde. Die Russen hatten recht. Er war ein Feigling, hat uns ausgeblutet, sich die ganze Welt zum Feind gemacht, und wer muss dafür bezahlen?

»Was ist mit euren Eltern?«, fragt die Frau.

Lothar und ich tauschen einen Blick aus.

»Ich weiß nicht«, sagt er. »Als wir zu Hause ankamen, waren schon alle weg.«

»Zu Hause … was ist das überhaupt?« Mischa massiert sich nachdenklich die Stirn. »Ich bezweifle, dass wir jemals zurückkehren werden.«

»Moment mal, wie wollt ihr sie denn finden?« Die jüngere Frau, die bis jetzt noch nichts gesagt hat, starrt uns an.

Ich zucke mit den Schultern, sehe in ihren Augen die Frage, die wir nicht zu stellen wagen … ob unsere Familien überhaupt noch leben. »Keine Ahnung, vielleicht gibt es Aufzeichnungen, einen Suchdienst. Es sind so viele, da muss es doch eine Möglichkeit geben.«

Der Mann schaut auf die Frauen, dann auf die schlafenden Kinder unter der Plane. »Ich denke, wir können froh sein, dass wir noch uns haben.«

Er hat recht, am Ende zählt nichts außer den Menschen, die man liebt. Das macht unsere Situation noch schlimmer, denn wir haben weder ein Zuhause noch eine Familie. Man hat uns so ziemlich alles genommen, was uns definiert. Bis auf eines … Ich habe noch Lothar, meinen besten und einzigen Freund, meine Verbindung zur Vergangenheit. Ich beobachte ihn, lächele nicht, sehe nur den Jungen an, der meine Familie geworden ist. Der Kloß in meinem Hals wächst und ich schlucke ihn hinunter. Sentimental zu sein, macht alles nur noch schlimmer. »Ich glaube, wir sollten uns lieber ausruhen.«

Lothar sackt neben mir zusammen und flüstert: »Wirst du mir jemals von Annie erzählen?«

In der Dunkelheit kann ich sein Gesicht nicht erkennen, und ich bin froh, dass er meines nicht sehen kann. »Warum?«

»Weil zwischen euch was passiert ist.«

Ich stöhne leise. Dann rolle ich mich zusammen und kneife

meine Augen zu. Sofort erscheint Annie vor meinen geschlossenen Lidern. Es dauert lange, bis ich einschlafe.
Am Vormittag lassen wir die Familie und ihre beiden Kinder hinter uns. Sie sind viel langsamer als wir, und obwohl wir uns selbst lahm wie Schnecken bewegen, können wir es uns nicht leisten, noch länger zu brauchen.

Der Mangel an Nahrung lastet schwer auf meinem Gemüt. Ceciles Haut hat einen durchsichtigen Ton angenommen, als würde sie sich langsam auflösen. Lothar stolpert über seine eigenen Füße und ich verliere die Orientierung. Ich höre schlecht und kann mich nicht auf meine Umgebung konzentrieren. Vorsichtig zu sein, erscheint nicht halb so wichtig, wie unsere Mägen zu füllen. So einen Hunger habe ich noch nie erlebt. Er vernebelt nicht nur meine Gedanken, das ständige Nagen ist eine wahre Qual – ähnlich wie Schmerzen, die permanent andauern, an nichts anderes denken lassen und vor allem den Körper schwächen.

Als wir an einem Maisfeld mit reifen Kolben vorbeikommen, reiße ich einige ab und stopfe sie in mein Hemd, Lothar und Cecile machen es mir nach. Hinter einer Hecke inhalieren wir den rohen Mais. Keine Stunde später ist das nagende Gefühl im Magen zurück. Es ist ein weiterer heißer Tag und mein Durst ein ständiger Begleiter.

In der Mitte des nächsten Dorfes steht eine alte Kirche, deren Fenster größtenteils zersprungen oder mit Brettern vernagelt sind, aber als wir uns nähern, höre ich ein Rinnsal. An der Wand tropft Wasser aus einem Wasserhahn in ein steinernes Becken. Wir werfen unsere Rucksäcke ab und trinken uns satt. Ich tauche meinen Kopf ein, wasche mein Gesicht, kühle meinen brennenden Hals. Oh, herrliches Wasser. Während Lothar unsere Feldflasche auffüllt und Cecile ihre Arme und Beine mit einem Lappen abwischt, merke ich, dass wir nicht allein sind. Ein Mann in einem schwarzen Gewand beobachtet uns vom Eingang der Kirche aus.

»Wir sind schon wieder weg«, sage ich in seine Richtung.

Anstatt eine Beleidigung zu brüllen, kommt der Mann langsam auf uns zu. Er muss siebzig oder achtzig Jahre alt sein, sein Gesicht ist schrumpelig, seine Augen wirken traurig und die Haut darunter ist grau und geschwollen.

»Flüchtet ihr nach Westen?«, fragt er schlicht, sein Deutsch ist erstaunlich gut.

Ich nicke. An diesem Morgen, nach einer weiteren von

unzähligen schlimmen Nächten, nachdem wir vom Schicksal der verbliebenen Deutschen in Ostpreußen erfahren haben, beginnt sich eine neue Sorge in mir zu regen. Seit Wochen, nein, seit Monaten halte ich an dem Glauben fest, dass wir nach Hause zurückkehren werden, wenn sich die Lage beruhigt hat. Der Krieg muss einfach zu Ende sein, die Menschen werden zu ihrer Arbeit und ihrem Leben zurückkehren, sicher, sie müssen aufräumen und ihre Heime und Städte wieder aufbauen, aber irgendwie werden sie schon weitermachen …

Der Priester, der uns schweigend beobachtet hat, öffnet seine Arme und zeigt auf die kleine Kirche. »Möchtet ihr euch zu mir setzen?« Ich muss ein Gesicht machen, dem deutlich anzusehen ist, dass ich weder aufs Beten Lust habe noch darauf, noch mehr Zeit zu verschwenden, denn er fügt eilig hinzu: »Ich wollte gerade frühstücken. Ihr könnt mir gern Gesellschaft leisten.«

Mein Mund öffnet und schließt sich, ich bekomme kein Wort heraus, so überrascht bin ich. Ich starre den kleinen Mann in Schwarz einfach nur an.

Lothar wirft mir einen kurzen Blick zu und sagt: »Sehr gern, danke.«

Wir folgen dem Priester in die Kirche und durch eine Seitentür in einen Innenhof, wo im Schatten eines Kirschbaums ein Tisch für eine Person gedeckt ist.

»Lucy, wir haben Gäste«, ruft der Pfarrer laut.

Eine Frau mit eisgrauem Haar erscheint am Fenster des benachbarten bescheidenen Hauses, das ganz aus rotem Backstein besteht.

»Herr Pfarrer?«, ruft sie zurück, obwohl sie nicht mehr als zwei Meter entfernt ist.

Der Priester lehnt sich ins Fenster und schreit: »Wir haben Gäste.« Er dreht sich zu uns um, bedeutet uns, Platz zu nehmen, und verschwindet im Hauseingang.

Gleichzeitig werfen wir unsere Bündel zu Boden und lassen uns nieder. Wann habe ich zuletzt auf einem richtigen Stuhl gesessen, an einem Tisch gegessen? Ich fühle mich wie ein Tier, das über den Boden kriecht, stiehlt und Reste verschlingt. Nach dem Kurzaufenthalt am Brunnen sind meine Hände einigermaßen in Ordnung, aber der Rest ist so ekelhaft, dass ich jeden verjagen würde, der in einem solchen Zustand vor meiner eigenen Haustür auftauchen würde.

»Der Kaffee wird einen Moment dauern«, sagt der Priester und stellt ein Tablett auf den Tisch. Mir fallen fast die Augen aus dem Kopf, denn es gibt nicht nur einen Korb mit duftendem, dunklem Brot, sondern auch rote Marmelade, Honig, Butter, einen weißen Frischkäse und sogar eine Salami. Mir gegenüber beugt sich Cecile vor, während Lothars Kehle vom vielen Schlucken gurgelt.

Der Pfarrer scheint es nicht zu bemerken, er stellt Teller und Tassen mit einem zierlichen Muster aus gelben Rosen vor uns hin. Ich betrachte das saubere weiße Tischtuch, das glänzende Silberbesteck. Für einen Moment bin ich wieder zu Hause, beim Essen mit Mutter. Der Tisch verschwimmt und ich schlucke schwer, um den Kloß in meinem Hals loszuwerden.

»Hier ist der Kaffee.« Die grauhaarige Frau gießt das dampfende Gebräu in unsere Tassen und reicht Cecile das Milchkännchen. »Sahne«, ruft sie, als säßen wir fünfzig Meter entfernt.

Cecile lächelt nur und nickt. Sie schenkt sich ein und reicht mir die Milch weiter. Als ich mich über meine Tasse beuge, sauge ich den Duft ein. Das muss echter Kaffee sein.

Der Priester sitzt nur da und beobachtet uns. Als die kleine Frau verschwindet, neigt er den Kopf. »Gott, wir danken dir, dass du uns die müden Reisenden geschickt hast und dass du sie auf ihrer Wanderung beschützt. Amen.« Er lehnt sich zurück und zeigt auf den Tisch. »Wartet nicht auf mich.«

In Sekundenschnelle essen wir, kauen und schlucken. Wieder verschwimmen der Tisch und der Priester dahinter, dieses Mal, weil ich so heftig kaue. Ich versuche, langsamer zu werden, mich daran zu erinnern, dass ich Tischmanieren habe und ein Gespräch beginnen sollte, aber mein Körper siegt über meinen Verstand. Die anderen beiden verhalten sich genauso, ihre Augen sind auf das Essen vor ihnen gerichtet, als würde es ihnen jeden Moment jemand wegreißen. Die Frau kommt mit einer Wasserkaraffe und vier Gläsern zurück, nimmt den leeren Brotkorb und füllt ihn wieder auf, bringt einen Teller mit Kirschstreuselkuchen heraus.

Der Priester sitzt nur da, nippt an seinem Kaffee und beobachtet uns.

Mein Magen beschwert sich über den plötzlichen Überfluss, aber ich kann mich nicht davon abhalten, auch den Kuchen zu probieren. Schließlich mache ich die Augen zu und atme tief ein.

»Ihr habt einen weiten Weg hinter euch«, sagt der Pfarrer.

»Insterburg«, sage ich. Einen Mann, der so viel Mitgefühl zeigt, lügt man nicht an. Ich stelle uns vor, und als der Mann weiterhin schweigt, erzähle ich ihm von unserer Reise. Seine Augen wandern zwischen uns hin und her, unglückliche und gleichzeitig gütige Augen, die schon viel Elend gesehen haben.

»Unsere Welt ist zum Irrenhaus geworden.« Er blickt zum blau strahlenden Himmel, als ob er zu Gott sprechen würde. »Wohin wollt ihr?«

»Berlin«, sagt Lothar achselzuckend, »wir wissen es nicht genau.«

Der Pfarrer trinkt seinen Kaffee aus und sieht Cecile an, die kein Wort gesagt hat. »Ihr könnt gern ein paar Tage bleiben, um wieder zu Kräften zu kommen.«

Nervös schaut sie sich im Hof um, reibt sich das Kinn. »Wir wollen Sie nicht stören.«

Er gluckst leise. »Hier wird uns niemand behelligen. Die Dorfbewohner sind daran gewöhnt.«

Wir bleiben drei Tage, drei herrliche Tage der friedlichen, ruhigen Erholung, in denen die alte taube Frau unsere Wäsche wäscht, Cecile bei der Behandlung ihrer wunden Füße und Lothars Schulter hilft und uns drei feste Mahlzeiten am Tag gibt. Lothar und ich helfen, indem wir den Gemüsegarten bearbeiten, Kirschen pflücken und die Kirche fegen. Die restliche Zeit ruhen wir uns im Schatten des Baumes aus. Ich döse und schlafe, lasse meine Seele zur Ruhe kommen, meinen Geist wieder fokussieren – ich verbringe sogar abseits des Fegens Zeit in der Kirche, atme den Weihrauch ein, beobachte das Flackern der Kerzen, während ich versuche, mit Gott zu sprechen. Irgendwie gelingt es mir in der dämmrigen, stillen, kühlen Kirche, mein zerrüttetes Selbst ein wenig zu heilen.

Pater Jakub zeigt uns selbstloses Mitgefühl. Er fragt uns nie aus setzt uns auch anderweitig nicht unter Druck, sondern er beobachtet und wartet. Am dritten Tag erzähle ich ihm von Annie, unserer Zeit im Gefangenenlager, sogar von dem russischen Soldaten, den ich in meinem eigenen Haus ermordet habe. Er nickt nur, während seine traurigen Augen auf mir ruhen, ohne zu urteilen. Das Schweigen zwischen uns ist so angenehm wie das von alten Freunden.

»Dein Herz ist groß«, sagt er an einer Stelle. »Ohne dich wäre dein Freund vielleicht nicht mehr am Leben. Mit deiner Tat hast du Lothar geholfen … und dann Cecile.« Er nimmt einen Schluck Wasser. »Gott wirkt auf wundersame Weise.«

Ich frage mich, ob Cecile ihm von ihrer Zeit in der Scheune erzählt hat. Offensichtlich weiß er mehr, als er zugibt. »Glauben Sie, ich werde meine Eltern jemals wiedersehen, und meine Freundin?«

Jakub seufzt. »Ich bete, dass all das Leid nicht umsonst war.« Er mustert mich aufmerksam, als müsse er sich entscheiden, ob er fortfahren soll. »Stalin und die anderen Alliierten haben offiziell Anspruch auf Ostpreußen erhoben. Sie haben beschlossen, es sich einzuverleiben … und einen Teil an Polen abzugeben.«

»Was meinen Sie?«

»Es hat ein Treffen der Alliierten gegeben, in Potsdam. Stalin beansprucht den größten Teil Ostpreußens für sich. Ich fürchte, das Land … dein Land … ist verloren.«

Ich springe auf und starre den Mann in Schwarz an. »Das kann er nicht tun.«

Die Augen des Priesters finden meine. »Natürlich kann er das. Deutschland hat den Krieg verloren und die Sieger nehmen sich, was sie wollen.« Er seufzt. »Die Menschen leiden und sterben, weil es die Machthaber so wollen.«

Ich denke an das pastorale Land, unsere Pferde, die Scheunen und das Haus, in dem ich aufgewachsen bin. Ich denke an Annie von nebenan, unsere Schule … Insterburg. Die Russen haben nicht nur Georgenburg, die berühmteste preußische Pferdezucht, eingenommen und in ein hässliches Gefangenenlager verwandelt. Sie trampeln auf allem herum, was mir lieb und teuer ist, und jetzt haben sie es für immer gestohlen.

Meine Kehle schnürt sich zu. Ich will nicht weinen, weiß, dass es sinnlos ist, aber es passiert trotzdem. Erschöpft lasse ich mich auf meinen Stuhl zurücksinken.

»Es ist viel zu verkraften«, sagt Jakub leise. »Und ich kenne dich erst seit ein paar Tagen. Aber …«, die Hand des Priesters wandert zu seiner Brust, »du hast mir gezeigt, dass du stärker bist, als es in deinem Alter üblich ist, und ich weiß in meinem Herzen, dass du deinen Weg finden wirst.«

Ich sitze dort im Schatten des Kirschbaums und stelle fest, dass ich zum ersten Mal seit vielen Monaten und trotz der schrecklichen Nachrichten einen Funken Hoffnung verspüre.

Manchmal braucht es nur eine kleine Geste, ein paar Worte, um einen Menschen zu ermutigen, um einen winzigen Funken nach viel Dunkelheit zu entzünden. An diesem Tag hat Pater Jakub das für mich getan.

Als wir uns am nächsten Morgen trennen, legt er seine Finger auf mein Herz. »Vergiss nicht, dass du dich selbst da drin trägst – das kann dir keiner nehmen.«

Ich ergreife seine Hand, drücke sie fest und hoffe, dass meine Miene ihm zeigt, wie dankbar ich bin.

Cecile, die sich wochenlang betont von uns ferngehalten und jede Berührung abgelehnt hat, umarmt die alte Frau und lächelt Jakub an. Sogar Lothar hat wieder ein bisschen Schwung in seinen Schritten.

Ich weiß nicht, woher sie das Essen haben, aber unsere Bündel sind prall gefüllt mit Brot, Käse, einem Glas Erdbeermarmelade, Birnen, Gurken, Äpfeln und Kartoffeln. Lothar hat sogar einen ganzen Kirschkuchen bekommen, weil er die Backkünste der alten Frau so sehr liebt.

KAPITEL ACHTUNDZWANZIG

Je näher wir Berlin kommen, desto mehr Zerstörung sehen wir. Die Zeichen des Krieges sind überall: ausgebrannte Autos, Lastwagen und Panzer, zerbombte Gebäude, Krater, Ruinen und Schutt. Einige Straßen sind unpassierbar, andere werden immer schmaler, bis sie Fußwegen ähneln, die durch eine Trümmerwüste führen. Einige Orte sind völlig schwarz vom Feuer, andere sind mit Staub bedeckt. Man würde nicht glauben, dass es inmitten all dieser Zerstörung Menschen gibt, aber es gibt sie. Sie hausen in Kellern und behelfsmäßigen Hütten. Kinder jeden Alters streifen durch die Straßen. Auf ihren Schultern tragen sie schmutzige Säcke, die sie mit erbeuteten Schätzen füllen.

Keiner von uns war jemals westlich von Königsberg, aber was wir vorfinden, zerreißt uns innerlich. Dieses Gefühl der Verzweiflung und Frustration spiegelt sich in den Gesichtern der Frauen und Kinder wider, die hier vor sich hin vegetieren. Männer, gesunde, starke Männer, sind rar gesät. Diejenigen, die wir sehen, tragen die Zeichen des Krieges in ihren Gesichtern und Körpern. Viele haben Verletzungen oder sind regelrecht invalide. Alle wirken unterernährt.

Wir kommen an endlosen Flüchtlingstrecks vorbei, an Frauen und Kindern, die Koffer und Karren schleppen, wie die Familie, die wir in Polen getroffen haben. Es sind so viele.

Ab und zu passieren wir Straßensperren aus russischen Panzern. Iwan ist überall. Ich habe keine Angst mehr, mit dem Gefangenenlager oder dem Mord in Verbindung gebracht zu werden. Es fühlt sich an, als wäre ein ganzes Leben vergangen, seit wir Ostpreußen verlassen haben.

»Was machen wir jetzt?«, fragt Cecile, nachdem wir einen weiteren Kontrollpunkt passiert haben.

Wir sitzen am Straßenrand und beobachten Frauen in Kopftüchern und Schürzen, die in langen Reihen Ziegelsteine putzen und stapeln. Sie arbeiten schweigend, mit gesenktem Blick, konzentriert auf ihre Arbeit. Mit Blick auf den Trümmerberg scheint ihre Aufgabe unüberwindbar … geradezu lächerlich. Aber sie scheinen sich davon nicht abschrecken zu lassen, ihre Münder und Kiefer sind fest geschlossen – entschlossen.

Die ganze Zeit haben wir darüber gesprochen, nach Berlin zu wandern, und jetzt, wo wir hier sind, wird mir klar, dass ich nicht weiß, was ich tun soll. Berlin ist vom Bombenkrieg noch stärker betroffen als Insterburg. Wie soll man da etwas zu essen, eine Wohnung oder Arbeit finden? Doch die Aussicht, weiterzulaufen, ist noch weniger verlockend.

Wahrscheinlich sind auch andere größere Städte bis auf die Grundmauern niedergebrannt. In der Unermesslichkeit des Geschehens muss ich unweigerlich an Annie denken. Selbst wenn sie hierher nach Berlin gekommen wäre, würde ich sie nie finden. Der Kloß in meinem Hals ist wieder da, die Gewissheit, dass es nie einen Weg nach Hause geben wird, eine Möglichkeit, meine Vergangenheit zurückzuerobern. Ich darf nicht daran denken, darf mir nicht erlauben, im längst Vergangenen zu verweilen und mich in Sehnsüchten zu verlieren. Ich muss an das Hier und Jetzt denken … und an meine Zukunft.

Ich tausche einen Blick mit Lothar, der ebenso verstört wirkt. Ratlos.

»Jakub meinte, Berlin sei in Sektoren aufgeteilt worden«, sagt Cecile. »Jede der Alliiertenmächte verwaltet einen.«

»Sieht so aus, als ob wir immer noch in Iwans Gebiet sind.« Lothar betrachtet die russischen Soldaten und die rote Flagge auf einem Panzer.

»Das ist der einzige Ort, an dem ich mit Sicherheit nicht sein möchte«, sage ich. »Nicht nach dem, was sie getan haben.«

»Einverstanden«, erwidert Lothar. »Wir sollten in den amerikanischen Sektor gehen. Ich habe immer gehört, dass die Amis nett sind.«

Um uns herum, soweit das Auge reicht, liegen Gebäude in

Trümmern. Es gibt keine einzige intakte Wand, kein einziges Glasfenster mehr.

Lothar eilt an meine Seite. »Bist du sicher, dass wir in Berlin bleiben wollen? Wo sollen wir denn hin in diesem Chaos? Es gibt mit Sicherheit keine Zimmer oder Wohnungen.«

Ich antworte nicht, habe die gleichen Gedanken, die gleichen Zweifel. Das Gefühl der Hilflosigkeit kehrt zurück, eine Art Schwimmgefühl, aber nicht wie in einem Schwimmbecken oder Teich mit definierten Rändern, sondern als würde ich in einem endlosen Ozean treiben, in dem ich nichts sehe als einen verschwommenen, ungewissen Horizont. Der Hunger hat mich wieder in seinen Klauen, es sind Tage vergangen, seit wir etwas Anständiges gegessen haben. Die Vorräte, die wir von Jakub erhalten haben, sind längst aufgebraucht. Ich bin mir nicht einmal sicher, welcher Tag heute ist. Ich schätze, es ist Ende August oder Anfang September.

Vor uns kommt ein Schild in Sicht und etwas, das wie ein Schlagbaum aussieht, versperrt die Straße. Auf dem Schild steht *Border US Occupation Zone.*

Wir gehen auf die amerikanischen GIs zu.

»Wir kommen aus Ostpreußen und wollen hier eine Arbeitsstelle finden«, sage ich.

Der schwarze Mann, glattrasiert, Anfang zwanzig, schaut uns halb gelangweilt an und sagt in schrecklichem Deutsch. »Sie haben Papier?«

Ich schüttele den Kopf. Aus einer Laune heraus antworte ich auf Englisch, froh über den strengen Englischunterricht von Herrn Zeitner. »Wir haben keine Papiere, haben unterwegs alles verloren. Aber wir mussten aus Gumbinnen in Ostpreußen fliehen.«

Falls der Mann überrascht ist, dass ich seine Sprache spreche, lässt er es sich nicht anmerken.

Lothar fügt, ebenfalls auf Englisch, hinzu: »Wir wollen uns im Westen niederlassen.«

»Warten hier«, sagt der Soldat.

Ich schaue auf den Jeep in der Nähe, auf die drei oder vier Männer in Uniform, die dort herumlungern. Würden sie schießen, wenn wir einfach hinüberlaufen? Würden sie uns verhaften?

Der Soldat kommt mit einem zweiten Mann im Schlepptau zurück. »Ihr müsst weiter zu einem Flüchtlingslager«, sagt dieser in besserem Deutsch. »Wir haben weder Unterkünfte noch genug zu essen, nicht einmal für die Menschen, die hier leben.«

Alles, was ich höre, ist das Wort Lager. Noch ein Lager wie Georgenburg, wo wir zusammengestopft werden wie Ratten auf einem Schiffsboden? Nein, danke.

»Welches Lager?«, fragt Lothar. Ich merke, dass er auch nicht gerade begeistert ist, denn er hört sich an, als ob er jeden Moment auf den Boden spucken will.

»Gießen.«

»Wo ist das?« Lothars Stimme ist laut und klingt frustriert.

Der Soldat zuckt mit den Schultern, ist desinteressiert, für ihn sind wir nur drei weitere von Tausenden verzweifelten Menschen in zerlumpter Kleidung, die er loswerden muss.

»Südwestlich … fünfhundert Kilometer. Oder ihr könnt in den britischen Sektor wechseln. Sie haben ein Lager südlich von Hamburg eingerichtet.«

»Wir sind über sechshundert Kilometer gewandert«, sage ich und starre den Soldaten an. »Wollen Sie, dass wir uns zu Tode laufen?«

Der Mann zuckt zurück. »Es gibt Züge … Busse. Ihr müsst warten.«

»Was sollen wir denn da tun?«, frage ich.

»Dort wird man entscheiden, wo du lebst. Ihr bekommt Medizin und eine Unterkunft.« Sein Blick schweift über uns, hinunter zu unseren zerfallenden Schuhen und wieder hinauf. »Lebensmittelkarten … Kleidung. Vielleicht geht ihr auf einen Bauernhof.«

Ich habe genug gehört, drehe mich abrupt weg. Es war die Hölle, es bis hierher zu schaffen, und jetzt wollen sie uns wie Vieh auf einem Feld absetzen?

»Wir werden darüber nachdenken«, rufe ich über meine Schulter und fordere Lothar und Cecile auf, mir zu folgen. Ich höre nicht, was der Amerikaner schreit, ich will nur noch weg.

»Wohin gehst du?«, ruft Cecile mir nach. »Ich bin so hungrig.«

»Halt die Klappe.« Ich taumele die Straße entlang, habe nicht die Kraft, mich umzudrehen. Ich bin so erschöpft, dass ich nicht mehr geradeaus gehen kann, mein Inneres fühlt sich vor lauter Hunger und Durst an wie Brei.

Irgendwann lasse ich mich einfach auf den Boden sinken und vergrabe meinen Kopf in den Armen. Lothars Stiefel tauchen neben mir auf, dann Ceciles ehemals braune und jetzt staubbeschichtete, abgewetzte.

Ich bleibe sitzen, denn plötzlich muss ich weinen. Ich kann nicht weitermachen, und doch muss ich es tun, denn sonst müsste ich mich in ein anderes Lager begeben. Vielleicht wäre ich dort kein Gefangener, aber es würde sich so anfühlen. Ich selbst könnte keine Entscheidungen treffen, irgendein Kerl hinter einem Schreibtisch würde das tun.

»Was willst du nun machen?«, fragt Lothar leise. Er hat sich zu mir auf den Boden gesetzt.

Schließlich hebe ich den Kopf, sehe ihn an, dann Cecile. »Ich will die Schule beenden und wie ein Mensch leben.«

Lothar tätschelt meinen Arm. »Das will ich auch. Aber wir brauchen Hilfe.«

»Ich kann so nicht weitermachen«, fügt Cecile hinzu. »Ich dachte, ich würde es nie so weit schaffen, aber jetzt, wo ich hier bin …« Sie starrt auf die Ruinen, die den Himmel ausfüllen. »Ich werde sie bitten, mich zu diesem Flüchtlingslager zu bringen. Wenigstens haben sie dort Essen und Wasser zum Waschen.«

Ich nicke, richte mich mühsam auf. »Es tut mir leid, dass ich dich angeschrien habe. Ich kann da nicht hingehen, ich kann's nicht.«

Sie zieht mich in eine Umarmung. »Ist schon gut, du und Lothar werdet es hier schaffen, ich weiß es.« Sie lehnt sich zurück und lächelt durch ihre Tränen. »Es hat eine Zeit gegeben, in der ich nicht geglaubt habe, noch einen Tag länger zu leben. Du hast mich auf so viele Arten gerettet.«

Wir umarmen uns ein letztes Mal. Dann geht sie, eine tapfere Frau, die monatelange Misshandlungen überstanden hat und Hunderte von Kilometern gelaufen ist, um sich zu retten.

Nachdem wir eine Weile dort gesessen und Dutzende von Flüchtlingen vorbeischlurfen sehen haben, erwacht Lothar wieder zum Leben. »Ich habe eine Idee.«

KAPITEL NEUNUNDZWANZIG

»Siehst du jemanden?«, frage ich.

Lothar grunzt, was wohl Nein bedeuten soll. Wir hocken hinter der Hecke zum Eingang einer Gartenkolonie, irgendwo im Süden Berlins. Dahinter liegen in der Dämmerung Hunderte von kleinen, durch hüfthohe Hecken oder Zäune getrennte Gärten mit Hütten.

Nachdem Cecile abgehauen war, sind wir zu den Amis zurückgekehrt und haben behauptet, vom amerikanischen Sektor aus ein Flüchtlingslager aufsuchen zu wollen.

»Worauf warten wir noch?«, flüstere ich und zupfe Lothar am Ärmel.

Wir klettern über das Tor und eilen den Weg entlang. Hier und da leuchten Lichter in den Fenstern der kleinen Häuser. Hier leben Menschen.

»Ich dachte, die sollen hier nicht übernachten«, sagt Lothar, als wir vorbeieilen.

»Hast du die Stadt gesehen? Wo sollen sie sonst hin.«

Im hinteren Bereich entdecke ich einen Garten, der überwuchert ist … geradezu vernachlässigt. Unkraut bedeckt Blumen- und Gemüsebeete, Sträucher und Bäume sind zu einem wilden Gewirr verwachsen. Auch die Hütte hat schon bessere Tage gesehen. Die Regenrinne hängt herunter und es fehlen Schindeln.

»Die hier«, sage ich und klettere über die Hecke, die aussieht, als wäre sie seit Jahren nicht mehr geschnitten worden.

Wir schleichen näher heran, aber es rührt sich nichts. Der

kleine Weg zur Haustür scheint unbenutzt, zwischen den Pflastersteinen wächst Gras.

Die Tür ist verschlossen.

»Lass uns nach dem Schlüssel suchen«, flüstere ich.

Wir überprüfen den Türrahmen, schauen unter der zerfressenen Fußmatte nach. Nichts.

Endlich winkt Lothar. »Hier, unter dem Blumentopf.«

Drinnen ist die Luft muffig und abgestanden. Ich öffne das einzige Fenster und suche nach etwas, mit dem man Licht machen kann. In der Ecke steht eine Öllampe, die noch einen Fingerbreit Öl enthält. Die Streichhölzer sind alt, aber das dritte fängt Feuer. Im gelblichen Dämmerlicht machen wir eine Bestandsaufnahme unseres nächtlichen Zuhauses: eine Pritsche mit einer verfilzten Häkeldecke und einem fleckigen Kissen, ein mit Staub und toten Spinnen bedeckter Tisch, ein leerer Eimer in der Ecke, an einem Gestell hängende Gartengeräte, angekatschtes Geschirr und ein paar Teile Besteck auf einem klapprigen Regal.

»Es wird reichen«, sage ich leise. Es muss.

»Erst mal brauchen wir Wasser«, meint Lothar. »Ich verbrenne.« Ohne eine Antwort abzuwarten, verschwindet er mit dem Eimer.

Ich beschließe, den Tisch mit einem alten Lappen abzuwischen und den Boden zu fegen.

Bei den sich nähernden Schritten zucke ich zusammen, aber es ist nur Lothar. »Hab's gefunden.« Lothar stellt den Eimer auf den Tisch, aus dem wir zwei Emaillebecher füllen. »Ist auch nicht weit.«

»Hat dich jemand gesehen?«

Er zuckt mit den Schultern und grinst. »Morgen werden wir auch etwas zu essen finden.«

Ich wache bei Tagesanbruch auf. Nachdem ich noch etwas getrunken habe, schlüpfe ich nach draußen und erleichtere mich hinter der Hütte.

Die Luft ist frisch und sauber, ganz anders als inmitten des Staubes und Rußes der zerbombten Stadt. Bei Licht sieht der Garten noch schlimmer aus als letzte Nacht. Die Beete sind so von Unkraut überwuchert, dass man kaum noch erkennen kann, ob da etwas wächst. Das einzig Gute ist ein Birnbaum, der hoch oben noch Früchte trägt. Alles, was in Reichweite ist, wurde längst gepflückt.

An der Seite lehnt eine Leiter, die ich benutze, um in den Baum zu klettern. Ich fülle mein Hemd mit reifen Birnen und steige wieder hinunter.

Der Saft läuft mir über das Kinn, während ich die Frucht verschlinge. Himmlisch!

Nachdem ich eine zweite gegessen habe, bringe ich den Rest nach drinnen, wo Lothar sich auf der Pritsche rührt – wir haben vereinbart, dass wir uns jeden Tag abwechseln.

Ich fühle mich fast glücklich, obwohl die Birnen das brennende Hungergefühl in meinem Magen nicht ganz beruhigen können. Wir brauchen etwas Deftigeres, Kartoffeln oder Brot.

»Mhmm, Birnen.« Lothar schlingt eine Birne hinunter, dann noch eine.

»Wir sollten besser nach Essen suchen. Oder uns Bezugskarten besorgen.«

»Braucht man dafür nicht eine Adresse?«

Ich antworte nicht, weil ich durch einen Ordner neben dem Geschirr abgelenkt bin. Darin liegen zwei Briefumschläge, adressiert an Wilfred Timm in Berlin Neukölln. Die Schrift ist kaum zu entziffern, aber ich erkenne einen Feldpostbrief, wenn ich einen sehe.

2. April 1942
Lieber Vater,
es tut mir leid, dass ich so spät schreibe. Wir haben letzte Woche das neue Lager erreicht, waren aber sehr beschäftigt. Mir geht es einigermaßen gut, obwohl ich Dich und Mutter schrecklich vermisse. Da Du fragst, was Du mir schicken könntest, ich würde mich sehr über ein neues Paar Socken freuen. Meine weisen mehr Löcher als Stoff auf, da wir unsere Schuhe ständig anlassen. Die meisten Männer tragen jetzt stattdessen Fußlappen, aber ich mag das Gefühl nicht und meine Fersen werden wund. Ich gehe davon aus, dass wir bald wieder nach Osten ziehen werden, aber ich bin sicher, dass man Eure Post an mich weiterleiten wird. Ich freue mich darauf, zu hören, wie es Dir in Berlin ergeht. Ich hoffe sehr, dass sie Dich nicht zwingen, den Laden zu schließen. Die Leute müssen trotzdem essen. Versprich mir nur, vorsichtig zu sein.
In Liebe,
David

»Vielleicht sollten wir nach diesem Mann suchen«, sagt Lothar. »Wenn er einen Laden hat, können wir vielleicht arbeiten und etwas zu essen bekommen. Wir könnten ihn um Erlaubnis bitten, hier zu schlafen.«

»Warum war er so lange nicht mehr hier?«

Lothar öffnet die Tür, schnuppert die Luft. »Vielleicht ist er beschäftigt.«

Aber irgendwie klingt das unwahrscheinlich. Ich stecke die Briefe in meine Tasche und folge ihm zur Tür hinaus.

Nachdem wir uns umgehört haben, finden wir die Straße. Doch der Laden im Erdgeschoss steht leer, die Fenster sind zerbrochen, der Stuck ist von Granatsplittern durchlöchert. *Timms Lebensmittel*, verkündet ein Schild über dem Eingang. Im Inneren gibt es nicht mal Regale, selbst das Holz von Wänden und Böden fehlt.

Auch die beiden Stockwerke darüber scheinen leer zu stehen, die Dachziegel fehlen größtenteils.

Als eine Frau die Straße entlangschlendert, halte ich sie an. »Wissen Sie, was mit dem Laden passiert ist, wohin der Besitzer gegangen ist?«

Die Frau blinzelt. »Herr Timm war mit einer Jüdin verheiratet, wurde wahrscheinlich verhaftet.«

In den Zeitungen, die wir gelegentlich ergattern, lese ich Horrorgeschichten über das Verschwinden von Juden und Kommunisten und die Entdeckung der Vernichtungslager: Auschwitz, Dachau, Bergen-Belsen … und mehr. Hitler und die SS müssen die schlimmsten Menschen sein, die je auf dieser Erde existiert haben. Wenn es eine Hölle gibt, dann hoffe ich, dass sie für ewig brennen. Sie haben all diese Menschen umgebracht und noch einige mehr. Die meisten von ihnen waren unschuldig, wollten nicht einmal einen Krieg.

Kein Wunder, dass sich die Russen gerächt haben, dass amerikanische, französische und britische Truppen Deutschland besetzen. Deutschland ist es nicht wert, ein Land zu sein. Ich stehe vor dem deprimierenden Gebäude, während die Wut in mir zu neuen Höhen aufsteigt. Die Frau ist schon lange weg und ich starre immer noch auf den zerschundenen Laden, den irgendein Mann einst führte. Es ist alles so traurig, so unnötig. Die Wut braucht ein Ventil, aber das habe ich nicht, nur einen leeren Magen und das Gefühl, dass das Leben nicht mehr lebenswert ist.

»Verdammte Schweine«, schimpfe ich. »Allesamt.«

Lothar, der in die anderen Stockwerke geklettert ist, kehrt mit einem verbeulten Metallkanister zurück. »Leer, aber ich dachte, wir könnten ihn zum Aufbewahren nutzen. Es gibt auch Bücher, aber ich habe keine Lust zu lesen.«

Ich kann nur nicken. Trotz meiner Gedanken bin ich begierig darauf, etwas zu essen zu finden. Die Birnen von vorhin sind längst verdaut.

In einer Seitenstraße kommen wir an einer Reihe von Frauen und Kindern vorbei, die vor einem anderen Lebensmittelladen Schlange stehen und amerikanische Bezugsscheine in der Hand halten.

»Der Nächste.« Die Frau hinter dem Schalter sieht gleichermaßen müde und irritiert aus. Wir haben nach dem Weg zur neuen Verwaltung im Stadtteil Neukölln gefragt. Offenbar hat die amerikanische Besatzung einen Bürgermeister und eine Reihe von Einheimischen gewählt, die den Bezirk mitregieren.

»Wir brauchen Bezugsscheine.« Lothar drückt seine Brust heraus.

»Ausweis?«

»Sind verbrannt«, behaupte ich.

Die Frau schaut uns an, ein angewiderter Ausdruck vertreibt ihre gelangweilte Miene. Sie muss jetzt arbeiten und tatsächlich darüber nachdenken, was sie tut.

»Wie verbrannt?«

Werte Dame, es herrschte Krieg. Sind Sie blind? Stattdessen lächele ich. »Wir haben unser Zuhause verloren.«

»Adresse?«

»Wir kommen aus Gumbinnen in Ostpreußen.«

Die Frau starrt uns an. Ich erkenne, dass sie nicht weiß, was sie tun soll.

»Warten Sie hier.« Sie eilt davon und kommt kurz darauf mit einem kleinen, glatzköpfigen Mann zurück.

»Sie sind nicht von hier?«, fragt er, offensichtlich stolz auf seine hohe Position.

»Aus Gumbinnen in Ostpreußen«, wiederhole ich.

»In diesem Fall müssen Sie sich in einem Flüchtlingslager registrieren lassen. Dort wird Ihnen geholfen.«

Er nickt der Frau zu und will sich gerade abwenden, als ich ihm nachrufe. »Wir haben Familie hier … in Neukölln, deshalb sind wir ja hierhergekommen.«

Der Mann beäugt uns misstrauisch. »Und wer soll das sein?«

»David Timm ist unser Cousin zweiten Grades. Wilfred Timm ist der Sohn meines Großvaters Friedrich, der auch eine Tochter hatte, die meinen Vater in Gumbinnen heiratete. Onkel Wilfred hatte einen Lebensmittelladen und –«

Der Mann winkt ungeduldig mit dem Arm, aber ich bin in Fahrt. »Wir wollten zu David, aber wir haben ihn nicht finden können. Und Onkel Wilfred auch nicht. Aber wir wohnen in ihrer Hütte in den Schrebergärten, Sie müssen sich also keine Sorgen um eine Unterkunft machen. Wir brauchen nur ein paar Bezugsscheine …«

Wieder fuchtelt der Mann mit dem Arm, um mich zum Schweigen zu bringen. Aber dieses Mal wendet er sich an die Frau. »Geben Sie ihnen, was sie wollen. Wir haben nicht den ganzen Tag Zeit.«

»Wie alt sind Sie?«, fragt die Frau.

»Siebzehn«, sagen wir beide gleichzeitig.

Sie tauscht einen Blick mit dem Mann aus, nickt und tippt mit dem Zeigefinger auf einen Stapel bedruckter Papiere. »Dann brauchen Sie den Entnazifizierungsfragebogen nicht auszufüllen.«

Lothar stößt mich in die Seite, während wir zusehen, wie die Frau zwei Karteikarten mit unseren Namen, Geburtsdaten und Adressen ausfüllt. Dann händigt sie uns die Zuteilungskarten aus, die unsere Zukunft sichern werden.

Ich unterdrucke ein Grinsen und füge hinzu: »Wir brauchen auch Ausweise.«

Sie blinzelt wieder und zeigt den Gang hinunter. »Da lang, erste Tür rechts.«

An diesem Nachmittag kehren wir nicht nur mit Brot, Margarine und Fleischkonserven zurück, sondern haben auch offizielle Ausweise dabei. Seltsam, wie schnell sich das Leben ändert. Vorhin war ich bereit, dem Ganzen ein Ende zu setzen, mich vielleicht aufzuhängen oder von einem Gebäude zu springen, jetzt kehre ich triumphierend in unser neues Zuhause zurück.

Zugegeben, es ist ein trauriges Loch, aber es ist ein Dach über dem Kopf und alles andere wird folgen. Zurückschauen ist keine Option, ich darf jetzt nicht vergleichen oder mich erinnern. Ich kann es nicht, will nicht an Annie oder meine Eltern, meine Pferde und mein altes Leben denken.

Wir wollen gerade die Tür aufschließen, als wir jemanden von jenseits der Hecke schreien hören. »Was glaubt ihr, was ihr da tut?«

Ich drehe mich erschreckt um und sehe einen Mann in Wehrmachtshosen und einem alten schwarz-weiß gestreiften Hemd über das Tor klettern. Er ist klein und drahtig und hält einen Spaten in der Hand.

Mein Herz sinkt, ich zwinge mich, dem Mann ins Gesicht zu sehen, ihm direkt in die Augen zu schauen. »Wir wohnen hier.«

»Wohl kaum.«

Lothar zittert neben mir, aber seine Anwesenheit gibt mir Kraft. »Wer sind Sie?«

Ein hässliches Grinsen huscht über das Gesicht des Mannes, der sich wie ein lauerndes Tier nähert. »Es reicht, dass ihr wisst, dass ich in den Gärten für Ordnung sorge.«

»Ich bin ein Cousin zweiten Grades von David Timm, aus Gumbinnen.«

»*Bist* du das? Von diesem Judenliebhaber?« Der Mann spuckt mir vor die Füße.

»Die Zeit ist vorbei«, sage ich mit Nachdruck. »Falls Sie es noch nicht bemerkt haben, Nazis werden von den Alliierten gesucht und verhaftet.«

Der kleine Mann zuckt ein wenig zusammen. Er hat also Angst, entdeckt zu werden.

»Ich schlage vor, Sie lassen uns in Ruhe«, ruft Lothar.

Der Mann zögert, aber dann geht er rückwärts bis zum Tor, klettert darüber und murmelt etwas wie »Passt bloß auf … kommunistisches Ungeziefer.«

Wir schließen die Tür hinter uns und sinken auf die Pritsche.

Lothar grinst. »Einfach genial, wusste gar nicht, dass du einen Onkel hier hast.«

Ich grinse zurück. »Wusste ich selbst nicht.«

»Und wir haben eine Bleibe.«

Wie lange?, möchte ich fragen. Wie lange, bis der kleine Mann sich etwas Gemeines überlegt? Ich bin sicher, dass er nicht der einzige Nazi ist, der nach dem Krieg übriggeblieben ist. Offensichtlich glaubt er, dass er hier regiert. Wir müssen auf der Hut sein.

KAPITEL DREISSIG

Jedes Mal, wenn wir nach draußen gehen, habe ich das unheimliche Gefühl, dass uns jemand beobachtet. Die Freude, die ich empfunden habe, als wir unsere Bezugskarten und Ausweise bekamen, ist verschwunden. Der Krieg, von dem ich glaubte, er läge endlich hinter uns, ist wieder ausgebrochen.

Die Menschen sind wütend und leiden, es gibt nicht genug Wohnungen, nicht genug Vorräte, nicht genug von allem. Selbst die einfachsten Dinge wie Klopapier oder Glühbirnen fehlen. Nicht nur hat Hitler Millionen Juden und Angehörige anderer Minderheiten bestialisch umgebracht, er hat auch das deutsche Volk ausbluten lassen.

Bei unseren Ausflügen in die Stadt bemerken wir jedoch subtile Veränderungen. Ziegelsteine werden geputzt und gestapelt, Straßen werden geräumt und gefegt, neue Fußwege tauchen zwischen den Trümmern auf. Ein paar von den US-Streitkräften belieferte Läden bieten Lebensmittel an. Natürlich gibt es überall Schlangen, nicht wie beim Bäcker am Morgen, sondern Schlangen, die sich Hunderte von Metern um die Gebäude winden … vor den Geschäften, vor den Büros, überall, wo es etwas zu kaufen gibt. Die Menschen erschnüffeln solche Angebote wie Bluthunde verletzte Eichhörnchen, und innerhalb weniger Minuten kommen oft Hunderte zusammen.

In der Nähe einer solchen Schlange finde ich einen zertrampelten Tagesspiegel, eine neue vierseitige Zeitung. Ich stecke ihn in die Tasche, um ihn später zu lesen. Als wir dreißig

Meter von der Tür des Ladens entfernt sind, ist das, was sie angeboten haben – Zucker, Mehl und irgendeine Art von Fett – bereits ausverkauft. Enttäuscht machen wir uns erneut auf den Weg.

Wir haben die Blumen- und Gemüsebeete gesäubert, ein paar Zwiebeln gefunden, aber wir haben weder Saatgut noch Pflanzen für den Winteranbau. Stattdessen durchstöbern wir die Trümmerberge, die verlassenen Gebäude, suchen nach Schätzen … ein Kochtopf ohne Deckel, eine Gabel, zwei Esslöffel und eine Suppenkelle, ein Stück Holz. Ich denke an die Aufgabe, das Häuschen im Winter zu heizen. Viele der Hütten haben behelfsmäßige Öfen oder Herde, aber unsere hat nichts, keinen Strom, kein fließendes Wasser. Da die Nächte immer kälter werden, brauchen wir auch mehr Bettzeug.

»Vielleicht sollten wir in die andere Richtung gehen«, sage ich zu Lothar. »Weiter raus aufs Land.«

»Du erinnerst dich doch an die Landkarten mit den Sektoren, oder?«, meint er. »Südlich und östlich von hier sitzen die Russen. Wir sind eingeschlossen.« Er wirft mir einen finsteren Blick zu und beißt sich auf die Unterlippe. »Vielleicht sollten wir ja doch in ein Lager gehen. Zumindest würden sie sich dort um uns kümmern. Wir müssten uns nicht den ganzen Tag abrackern.«

Ich schüttele hartnäckig den Kopf. Um mich abzulenken, nehme ich die Zeitung heraus. Teile sind weggerissen, andere mit Flecken übersät. Es ist von der Geburt der Demokratie die Rede … von einem Neuanfang, einem Auferstehen aus der Asche, auch eine Art kurze Abrechnung mit Hitlers Terrorherrschaft gibt es. Auf der letzten Seite erregen zwei Anzeigen meine Aufmerksamkeit: Die Buchhandlung Gsellius und die Plahnsche Buchhandlung suchen gebrauchte Bücher.

»Hattest du nicht einen Haufen Bücher in dem Haus gesehen, in dem Wilfred Timm gewohnt hat?«, frage ich.

Lothar schaut mürrisch drein, nickt aber. Ohne ein weiteres Wort laufe ich los.

Sekunden später höre ich Lothar hinter mir. »Weißt du, es würde dir nicht schaden, ab und zu mit mir zu reden. Es ist ja nicht nur *dein* Leben.«

Ich gehe weiter, meine Gedanken sind bei den Büchern und dem nahenden Winter. Lothar hat recht. Das Leben hier ist hart und wird wahrscheinlich noch härter werden. Jeden Tag sehen wir mehr Flüchtlinge in den Straßen. Ein paar Mal haben wir mit ihnen gesprochen und erfahren, dass sie aus Schlesien und Ost- und Westpreußen kommen, sogar aus Polen und Russland. Sie alle müssen in Lager, um sortiert zu werden, denn es gibt keinen Platz. Die Menschen sind genervt, verlaust, hungrig, verzweifelt. Die Euphorie, endlich Frieden zu haben, ist der Erkenntnis gewichen, dass es Jahrzehnte dauern wird, sich zu erholen. Nicht einmal die einfachsten Dinge wie Handtücher oder Seife sind vorhanden. Lothar und ich waschen uns mit Wasser aus dem Eimer, aber wie soll man ohne Seife Wäsche waschen? Außerdem besitzen wir nichts außer der Kleidung, die wir tragen. Die Nähte meines Hemdes lösen sich, Löcher breiten sich an Knien und Gesäß aus. Ich habe nichts zum Flicken, keinen Stoff, keine Nadel, keinen Faden.

Mit Büchern bepackt, brauchen wir den ganzen Vormittag, um die Buchhandlung in der Mohrenstraße zu finden. Die Schaufenster sind zugenagelt, aber die Tür steht weit offen. Wir verkaufen, was wir hergeschleppt haben, und versprechen, mehr zu bringen, aber die Summe, die wir bekommen, ist so gering – zugegeben, der Zustand der Bücher ist miserabel –, dass sich die lange Wanderung kaum lohnt. Es ist nicht so, als würde man ein paar Kilometer eine Straße entlanggehen, es ist ein Hindernislauf durch die Trümmerstadt.

Auf dem Weg nach draußen bemerke ich ein Schild an der Tür: *U.S. Besatzung eroffnet Suchzentrum für Vermisste.* Ich ergreife Lothars Arm und zeige auf das Schild. »Weißt du, was das bedeutet?«, schreie ich.

Lothar, der den ganzen Vormittag kein Wort gesagt hat, konzentriert sich auf das Papier und ruft dann: »Endlich können wir unsere Eltern suchen.«

Meine Kehle ist plötzlich zu eng für Worte, ich kann nur noch nicken.

Seit Monaten gehen wir an Wänden, Tafeln, Litfaßsäulen und Masten vorbei, die mit Hinweisen zugeklebt sind: … *auf der Suche nach Anton Meier, der zuletzt im September 1944 in Tilsit gesehen wurde … wer hat Leni Stiller gesehen, die seit Februar 1945 in Berlin-Schöneberg vermisst wird …* Einige der Hinweise zeigen Fotos von Männern, Frauen und Kindern in ihren Sonntagskleidern, die in irgendeinem Garten oder Wohnzimmer posieren, ohne jemals daran gedacht zu haben, dass sie eines Tages vermisst werden könnten.

Als wir uns dem Suchdienst nähern, stellen wir fest, dass wir nicht die Einzigen sind. Die Schlange ist noch länger als die, die wir zuvor passiert haben.

»Verdammt«, sagt Lothar. »Das wird Stunden dauern.«

»Ist mir egal«, sage ich und stelle mich hinter einer Frau im Hauskleid an, die ein kleines Mädchen an der Hand hält.

Während wir warten, essen wir ein bisschen Brot und teilen uns einen Apfel, den wir in einem der Schrebergärten neben dem, in dem wir leben, *gefunden* haben. Es ist gefährlich, dort zu stehlen, wo man wohnt, denn inzwischen weiß jeder, dass wir die Heruntergekommenste der Hütten bewohnen. Zum Glück hat sich der böse kleine Mann noch nicht wieder blicken lassen, obwohl ich schwören könnte, dass er überall lauert, wo wir hingehen.

Es ist fast fünf Uhr nachmittags, als wir den Schalter erreichen. Die Frau dahinter wirkt müde, ihre Augenlider sind geschwollen und ihre Finger vom Notieren geschwärzt. In einem Nebenraum hocken ein Dutzend Männer und Frauen und sortieren Karteikarten. Das Klacken von Schreibmaschinen erfüllt den Raum.

»Sie suchen jemanden?« Die müden Augen der Frau richten sich auf mich.

»Meine Eltern … und meine Freundin«, sage ich.

Sie streckt eine Hand aus. »Ausweis? Ich brauche die Namen Ihrer Eltern, Geburtsdaten, Adresse, zuletzt gesehen. Fotos wären hilfreich.«

Ich habe schon den Ausweis in der Hand, als es mir klar wird. Ich habe einen falschen Namen, Lothar auch. Wie können wir nach unseren Eltern suchen, wenn die Namen nicht übereinstimmen? Alles wird ans Licht kommen. Man könnte uns verhaften, weil wir gelogen und uns falsche Ausweise haben ausstellen lassen. Ich beuge mich zu Lothar hinüber und flüstere: »Das können wir nicht machen, nicht unsere Eltern.«

Lothars Augen werden so groß, sie scheinen aus seinem Kopf zu fallen.

»Was ist denn?«, fragt die Frau und winkt ungeduldig. »Lassen Sie uns das heute machen, wenn möglich. Tausende warten.«

Ich lehne mich über den Schreibtisch. »Ich suche meine Freundin Annie Manstein aus Insterburg, geboren am 15. März 1928.«

Wieder winkt die Frau. »Ausweis?«

Ich händige meinen neuen Personalausweis aus und beobachte, wie die Frau meine persönlichen Daten notiert. *Werner Becker* schreibt sie auf das Papier. Verdammt, wie konnte ich nur so dumm sein?

»Ihre Eltern?«, fragt sie und gibt mir meinen Ausweis zurück.

Ich schüttele den Kopf. »Ich komme später wieder.« Aus Angst vor dem, was sie sagen wird, eile ich an den neugierig blickenden Leuten vorbei, die hinter uns anstehen.

Lothar holt mich auf der Straße ein. Die Türen zum Gebäude sind jetzt geschlossen, die Leute, die draußen gewartet haben, sind verschwunden.

Er ist knallrot im Gesicht, als er schreit: »Verdammte Scheiße, was haben wir getan?« Dann sinkt er auf einen Stapel frisch geputzter Ziegelsteine und bricht in Tränen aus. »Wir werden unsere Familien niemals wiederfinden.«

Ich lege einen Arm um ihn, drücke seine Schulter und warte, bis er sich beruhigt hat. »Vor langer Zeit hast du mich nach Annie gefragt.«

Ich spüre Lothars Blick auf mir, aber ich kann jetzt nicht hinsehen, sonst breche ich selbst zusammen. »Weißt du noch, als wir zum Volkssturm mussten? Ich war an dem Abend bei Annie …«

Ich erzähle Lothar alles, abgesehen von den intimen Details, wie Annie mir das Gefühl gab, vollkommen zu sein, die unglaublichen Empfindungen, die mich überfluteten und mit denen ich kaum etwas anzufangen wusste, aber die Tatsache, dass wir uns geliebt haben, dass ich sie liebte … sie immer noch liebe, sie so sehr vermisse, dass mir ein Stück meines Herzens fehlt.

»Glückspilz.« Lothar gibt mir einen Schubs, dann wird er still. Nach einer Weile sagt er: »Du hast nie etwas von ihr gehört … ich meine, danach?«

»Ich habe ihr zu spät geschrieben.« Die Worte purzeln aus mir heraus. »Ich hätte etwas tun können, ihr sagen können, dass es uns gut geht. Vielleicht hätte sie mir schreiben können, wohin sie wollte.«

Lothar gibt ein quietschendes Geräusch von sich, sein Blick ist in weite Ferne gerichtet. »Wahrscheinlich ist sie eine von den Tausenden, die wir auf der Straße gesehen haben. Wie meine Mutter.« Er nimmt einen zittrigen Atemzug. »Ich schätze, wir gehen besser nach Hause und stellen sicher, dass der gemeine Kerl unsere Hütte nicht abreißt.« Er steht auf und streckt eine Hand aus.

Ich nehme sie gern. Lothar ist die einzige Familie, die ich habe.

KAPITEL EINUNDDREISSIG

Ich weiß ehrlich gesagt nicht, wie wir den Winter überstanden haben. Wie Tausende andere waren wir jeden Tag unterwegs, egal bei welchem Wetter, auf der Suche nach Schätzen … nach Nahrung und allem, was sich zu handeln lohnte. Wir brachen in Häuser ein, rissen Dielen und Verkleidungen heraus und schleppten sie zu unserer Feuerstelle im Freien. Sie war gerade weit genug von der Hütte entfernt, um sie nicht in Brand zu stecken, aber wir benutzten sie, um Wasser zu erhitzen und Suppe zu kochen. Meistens war es ein wässriges Gebräu aus allem, was wir gerade zur Hand hatten.

Nach diesem Tag im Suchzentrum sprachen wir wochenlang kaum miteinander, jeder von uns war in seine eigenen Gedanken versunken. Ich wollte mein altes, verlorenes Leben hinter mir lassen und hatte angenommen, ein neuer Name würde mir einen Neuanfang ermöglichen, nicht nur Abstand von dem Mord, den ich begangen hatte. Stattdessen verflüchtigte sich dadurch die Hoffnung auf eine Wiedervereinigung mit meiner Familie wie eine Streichholzflamme im Sturm. Durch meine Dummheit hatte ich mich endgültig der Möglichkeit beraubt, meine Eltern zu finden, insbesondere meine Mutter. Wenn sie noch lebten, würden sie nach Werner Baran suchen, die Suchkarten würden nicht übereinstimmen. Offiziell kam ich jetzt aus Gumbinnen – die einzige Chance, die ich hatte, war, Annie zu finden und über sie vielleicht meine Eltern.

Lothar hatte es schlimmer erwischt, denn er hatte ebenfalls die

Chance vertan, seine Eltern zu finden. Es war keineswegs klar, ob sie überhaupt noch lebten, aber jetzt konnte er es auch nicht mehr durchziehen. Außer mir hatte er niemanden mehr.

Nach dieser anfänglichen Phase des Schweigens begannen wir, darüber zu diskutieren, uns den Behörden zu stellen. Sicherlich waren wir nicht die Einzigen, die mit neuen Namen neu anfingen. Aber die Männer in Uniform, die Maschinengewehre trugen, machten uns Angst. Also taten wir es nicht, weil wir fürchteten, sie würden uns als Spione verdächtigen und verhaften.

Über allem lag die Bedrohung durch den kleinen Mann, der immer wieder seine hässliche Fratze zeigte. Ein paar Mal hatten wir ihn in der Nähe unserer Wohnung erwischt, einmal hatte ich ihn durchs Fenster spähen sehen. Wir achteten darauf, immer abzuschließen und den Schlüssel mitzunehmen, aber es wäre ein Leichtes gewesen, einzubrechen. Nicht, dass wir viel zu stehlen gehabt hätten.

»Wir müssen etwas tun«, sagt Lothar eines Abends, als wir mit einer Packung Waschmittel und fünf Pfund Kartoffeln zurückkehren, die die US-Besatzung organisiert hat. Wieder haben wir den alten Nazi in der Nähe des Eingangs zu den Gärten lauern und uns dann in einiger Entfernung folgen sehen.

»Lass uns ihm einen Besuch abstatten«, sage ich, obwohl ich mich nicht besonders darauf freue, mehr Zeit im Freien zu verbringen als unbedingt nötig. Der Januar hat mit einem Haufen Schnee und einem eisigen Wind begonnen, der Kleider und Wände durchdringt.

Nachdem wir Kartoffeln geröstet und heißes Wasser getrunken haben, schlüpfen wir hinaus in die Dunkelheit und machen uns auf den Weg. Inzwischen ist jede Hütte besetzt, aber das Wetter zwingt die Menschen nach drinnen. Das Häuschen des kleinen Mannes befindet sich in der Nähe des Zapfhahns, an dem alle Wasser holen. Als Alibi nehmen wir unseren Zinkeimer mit. Ein schwaches Licht leuchtet durch das schmierige Fenster, und nachdem wir ein paar Minuten gewartet haben, beschließen wir, über den Zaun zu klettern und uns zur Hütte zu schleichen.

Durch einen Schlitz im Vorhang beobachten wir den Mann, der in einem alten Sessel sitzt und aus einer Tasse trinkt. Als er den Kopf bewegt, ducke ich mich, aber da ich nichts höre, schaue ich noch einmal hin. Jetzt ist der Platz leer. Wenn er die Tür öffnet, wird er uns mit Sicherheit erwischen. Doch nach einer Minute oder so kehrt der Mann zu seinem Sessel zurück, in der Hand ein Bündel Lumpen.

Aus dem Bündel wickelt er eine Militärpistole, die er nah an seine Augen führt. Dann lächelt er.

Lothar schnappt nach Luft. »Eine Luger.«

Drinnen reibt der Mann liebevoll mit dem Lappen den schlanken Lauf ab und steckt die Pistole zurück in das Tuch. Wieder verschwindet er aus dem Blickfeld.

Lothar zupft an meinem Ärmel, aber ich will sehen, was er als Nächstes tut. Der Stuhl bleibt leer.

»Komm schon«, sagt Lothar.

»Moment noch.«

Ich lasse meinen Blick durch das Innere schweifen, versuche zu sehen, was der Mann noch versteckt hat, irgendein Zeichen seiner Nazi-Vergangenheit.

Ein Schatten fällt auf uns. Zu spät reagiere ich, bevor ein Stock auf meine Schulter prallt.

»Verdammte Spione …«

Lothar schreit und zerrt mich weg. Gegen den plötzlichen Schmerz ankämpfend, folge ich ihm, fliege über die Hecke, kippe den Eimer um, den Lothar aufhebt, rase die schmalen Pfade hinunter. Der kleine Mann ist hinter uns, denn ich höre ihn keuchen. Zum Glück ist er zu langsam, um uns einzuholen, aber er weiß ja, wo wir wohnen.

»Gute Idee«, schimpft Lothar, als wir uns unserer Hütte nähern.

Ich untersuche meine schmerzende Schulter. Zum Glück hat der Nazi meinen Kopf verfehlt und der alte Wollmantel, den ich mit unseren Bezugskarten ergattert habe, hat den Schlag abgefedert.

Eine Gestalt lauert vor der Tür unserer Hütte. Wie konnte der böse Mann nur so schnell sein?

Aber dann sehe ich, dass er es nicht ist. In der nahenden Dunkelheit wirkt die Figur viel größer und dünn wie ein Pfahl.

»Können wir Ihnen helfen?«, rufe ich der schemenhaften Gestalt zu.

Erst als wir vor ihm stehen, spricht der dürre Mann. »Das hoffe ich doch, vielleicht könnt ihr mir erklären, was ihr im Gartenhaus meines Vaters macht.«

Hitze steigt in meiner Kehle auf, verbrennt meine Wangen. Neben mir gibt Lothar ein quietschendes Geräusch von sich. *Die Briefe*, schreit mein Verstand.

Ich zwinge meine Stimme, mir zu gehorchen, und sage strahlend: »Du musst David Timm sein.«

Der Mann schwankt leicht, vielleicht habe ich ihn ja überrascht. »Und ihr seid?«

»Werner Becker und Lothar Fontane, ich bin ein Cousin zweiten Grades aus Ostpreußen.«

David schweigt einen Moment lang. »Seltsam«, sagt er, »ich dachte, mein Vater sei ein Einzelkind.« Ein unangenehmes Bellen erhebt sich aus seiner Brust. Er spuckt und lehnt sich sichtlich erschöpft gegen den Türrahmen.

»Ich wusste, dass ihr nichts taugt«, ruft jemand vom Weg her. »Bastarde, ich werde euch kriegen!«

»Wer ist das?«, fragt uns David.

»Böser Kerl, alter Nazi«, sagt Lothar leise.

»Halt lieber die Klappe«, ruft David in Richtung Tor. »Wir haben keine Verwendung für euresgleichen.«

Ich weiß nicht, ob der kleine Mann überrascht oder verängstigt ist, aber er schleicht sich im Dunkeln davon.

»Die meisten von ihnen sind Feiglinge«, meint David. Und nach einer Pause, in der ich mich frage, was er mit uns vorhat, fährt er fort: »Wollt ihr mich reinbitten, oder was?«

Lothar und ich kramen nach dem Schlüssel, und während Lothar den Mann hereinwinkt, zünde ich unsere einzige Öllampe an. Zwei Männer sind in der engen Hütte kaum auszuhalten, aber drei sind unerträglich.

»Sieht aus, als hättet ihr es euch gemütlich gemacht.«

»Willst du Tee?«, frage ich und versuche, das Unvermeidliche hinauszuzögern, dass er uns wegen unserer Lüge rauswirft.

David sinkt auf die Pritsche, und jetzt, im tanzenden Licht der Lampe, wird mir klar, dass er ziemlich krank sein muss. Seine Wangenknochen ragen heraus wie die von Männern, die aus Hitlers Konzentrationslagern befreit wurden.

Ich biete ihm einen angeschlagenen Becher mit lauwarmem Pfefferminztee an, den er in zwei Sekunden hinunterschluckt. Dann reiche ich ihm ein Stück von dem Brot, das wir zum Frühstück essen wollten.

Er schlingt es auf ähnliche Weise hinunter, räuspert sich und sagt: »Tut mir leid, ich habe schlechte Manieren, ich habe das letzte Jahr im Gefangenenlager verbracht.«

»Es tut mir leid, dass wir deine Hütte eingenommen haben«, sage ich. »Wir sahen keinen Ausweg, konnten nirgendwohin.«

David lächelt reumütig. »Berlin ist eine Katastrophe, na ja, das gilt für jede Stadt, die ich gesehen habe.« Er sieht sich um. »Ich hatte gehofft, meine Eltern zu finden, zumindest meinen Vater ...«

»Wir haben den Laden gesehen und gehört, dass dein Vater verhaftet wurde.«

Wieder das reumütige Lächeln. »Mutter war Jüdin, damit war sie diesen Schweinen nicht gut genug.« Er hört sich an, als wolle er spucken, aber dann seufzt er nur. »Ich bin furchtbar müde.« In Zeitlupe sinkt er mit geschlossenen Augen auf die Seite ... und schläft ein.

Lothar und ich tauschen einen Blick aus, dann nehmen wir David unter die Arme und ziehen ihn auf der Liege gerade, decken ihn zu.

»Was sollen wir jetzt tun?«, fragt Lothar, während wir die zweite Schaumstoffunterlage begutachten, die wir von einem Bombenfundort geschnorrt haben. Heute Nacht werden wir zusammengepfercht und kalt auf dem Boden liegen müssen. Wahrscheinlich ist es harmlos im Vergleich zu dem, was David erlebt hat.

Im Morgenlicht sieht unser Gast noch schlimmer aus. Obwohl er nicht viel älter als fünfundzwanzig sein kann, ist sein Gesicht faltig wie das eines Fünfzigjährigen. Seine Hände sind fast schwarz vor Dreck und die Reste seiner Kleidung sind auch nicht besser. Ähnlich müssen wir ausgesehen haben, als wir aus Georgenburg geflüchtet sind.

Ich mache mir Sorgen, dass er uns rausschmeißt, aber er sieht so erbärmlich aus, dass es mir egal ist. Meine Schulter schmerzt, ist blau und geschwollen.

»Wie wäre es, wenn wir dich zur amerikanischen Administration bringen, damit du dich für Lebensmittel und Kleidung anmelden kannst?«, frage ich ihn, als er aufwacht.

David nickt. »Ich muss zum Himmel stinken.«

Lothar nickt ernsthaft, aber dann fangen wir drei an zu lachen. »Nicht schlimmer als die Latrine im Gefangenenlager«, sage ich.

»Ihr wart auch im Lager?«

»Georgenburg bei Insterburg. Die Russen haben uns erwischt.«

David nickt. »Ich habe schreckliche Dinge über Gulags gehört. Aber die Franzosen waren auch nicht gerade nett.«

Am Nachmittag treffen wir uns wieder in der Hütte. David wurde mit einem neuen, drei Nummern zu großen Anzug ausgestattet, der in Falten an ihm herunterhängt, außerdem hat er Verpflegung und neue Ausweispapiere erhalten. Kaum ist er zurück, legt er sich nach einem weiteren Hustenanfall wieder auf die Pritsche.

»Wir müssen etwas tun«, flüstert Lothar, während wir David beim Schlafen zusehen. »Für drei ist es hier drin zu klein.«

Ich nicke, kann mich des Mitleids nicht erwehren, das ich für den jungen Mann empfinde, der seine Eltern verloren hat – wie wir. In Gedanken versunken koche ich Kartoffel- und Linsensuppe auf der Feuerstelle im Freien. Mit Davids Rationen wird es tatsächlich für ein anständiges Abendessen reichen.

Er hat sich unser einziges Ersatzhandtuch geliehen und sich draußen mit eiskaltem Wasser gewaschen. Er erinnert mich an ein Skelett mit Haut, aber er scheint besser gelaunt zu sein, als er ins Haus zurückkehrt.

»Ich wünschte, ich könnte meine Verlobte finden«, sagt er, während wir unsere Suppe schlürfen.

»Du warst verlobt?«

David schaut aus dem Fenster. »Es kommt mir vor, als wären hundert Jahre vergangen, aber Margie und ich wollten schon vor zwei Jahren heiraten.«

»Ich wette, sie sucht nach dir«, sagt Lothar.

»Wenn sie noch lebt.«

»Wusste sie, dass du im Gefangenenlager warst?«, frage ich.

David zuckt mit den Schultern.

Als ich den Schmerz in seinem Gesicht sehe, seine schreckliche Erschöpfung, beschließe ich, das Thema zu wechseln. Wir müssen uns um wichtigere Dinge kümmern, zum Beispiel darum, mehr Lebensmittel für uns drei aufzutreiben, denn das amerikanische Rationierungssystem ist unzureichend. Es nützt nichts, Bezugsscheine für bestimmte Lebensmittel zu besitzen, wenn man sie nicht gegen Lebensmittel eintauschen kann.

Jeden Tag gehen Lothar und ich auf die Suche, während wir David in Ruhe lassen. Die Situation wird immer schlimmer. Lothar und ich streiten uns, können uns nicht einigen, in welche Richtung wir gehen, wonach wir suchen, wie weit wir gehen sollen. Der

Januar hat arktische Temperaturen gebracht, meine Hände und Füße schmerzen und mein Gesicht scheint ständig gefroren zu sein. Nachts liegen wir zusammengepresst auf der Schaumstoffunterlage, während David im Schlaf schreit. Außerdem zeigt der fiese Nazi immer wieder seine hässliche Fratze und sucht offenbar nach einer Gelegenheit, sich an uns zu vergreifen. Wenigstens ist David jetzt da, um auf *unsere* Wohnung aufzupassen. Und ich bin dankbar, dass er uns nicht einfach rauswirft.

Nicht, dass er dazu in der Lage wäre. Er sitzt oft wortlos da und starrt ins Leere. Gelegentlich bitte ich ihn, mit mir spazieren zu gehen, nur damit er etwas Bewegung bekommt. Nicht, dass ich das nötig hätte, nachdem ich durch die Straßen gestreift bin. Normalerweise sagt er nicht viel, also erzähle ich ihm von meinem Leben in Insterburg, von den Pferden, die ich geliebt habe. Nur über Annie spreche ich nicht.

Nach einem besonders kalten und windigen Tag trete ich nach draußen, um ein Feuer für das Abendessen zu machen. Es ist fast dunkel und meine Hände sind halb taub. Ich mache mir Sorgen, dass ich die Streichhölzer nicht zum Brennen bringen kann.

»David?«

Aus meinen düsteren Gedanken aufgeschreckt, entdecke ich eine Gestalt am Tor. Dem Klang der Stimme nach zu urteilen, muss es eine Frau sein.

»Nur eine Sekunde«, rufe ich und eile näher. Die Frau trägt einen zerschlissenen Wollmantel und einen Schal mit einer Mütze darüber.

»Oh, Entschuldigung.« So wie es sich anhört, ist sie völlig entmutigt.

»Sie suchen nach David Timm?«

»Ich habe gehört, er wäre vielleicht zurückgekehrt.« Die Hoffnung ist wieder da. »Ich bin seine Verlobte, Margie.«

»Er ist hier.«

Ich fordere Margie auf, mir in die Hütte zu folgen. Im Schein der Öllampe schneidet Lothar Zwiebeln, Kartoffeln und eine verschrumpelte Möhre für unsere abendliche Suppe. Er blickt neugierig auf, als er die Frau in der Tür entdeckt. Unser Blick fällt auf David, der auf der Pritsche schläft. Ausnahmsweise wirkt er friedlich, die Lippen sind leicht geöffnet, die Stirn ist glatt.

Margies Blick folgt uns zur Pritsche. Sie eilt herbei, stellt sich über den Mann und mustert ihn. Tränen erscheinen in ihren

Augen, während sie eine Handfläche auf ihren Mund legt.

»David«, sage ich leise. »Du hast Besuch.«

David öffnet die Augen, wirkt verwirrt, bevor er zu mir aufblickt, dann zu der Frau an meiner Seite. Er beginnt zu zittern, versucht sich zu setzen, während die Frau neben ihm auf die Pritsche sinkt. Sie fallen sich in die Arme und verharren dort. Margie streichelt sein Haar, spricht in einem beruhigenden Ton zu ihm, wie man es bei einem kleinen Kind tun würde. Ein Schluchzen erhebt sich aus Davids Brust, erfüllt den Raum. Für uns ist kein Platz mehr, also schleichen Lothar und ich nach draußen.

Keiner von uns spricht, während wir ein Feuer entfachen, Holz aufschichten und uns die Hände wärmen. Es ist still geworden und ich bin in Gedanken bei dem Paar, das sich wiedergefunden hat. Würden Annie und ich so wieder zusammenkommen? Für einen Moment erlaube ich mir, davon zu träumen, dass sie hier erscheint, wir ein neues Leben beginnen, eine Wohnung finden und die Schule beenden.

Die knarrende Tür reißt mich aus meinen Gedanken. David und Margie stehen zusammen, ihre Finger sind ineinander verschränkt. Beide lächeln, kein breites Lächeln, nein, ein stilles Lächeln, das tief ins Innere dringt.

»Ich gehe«, sagt David. »Margies Wohnung ist in einem passablen Zustand.« Er sieht uns an und nickt. »Danke, dass ihr euch um mich gekümmert habt. Ich glaube nicht, dass ich hier ohne euch überlebt hätte.«

»Ich bin froh, dass wir helfen konnten«, sage ich und meine es ernst.

»Ihr könnt so lange hierbleiben, wie ihr wollt.«

»Passt auf euch auf«, erwidert Lothar.

Mit einem weiteren Nicken verschwinden David und seine Verlobte in der Dunkelheit. Einen Moment lang erfüllt ihr Glück mein Herz. Aber dann ergreift mich wieder die Kälte … und mein leerer Magen macht sich bemerkbar.

Lothar reicht mir den Suppentopf. »Bin ich mit dem Feldbett dran?«

Nach Davids Abreise kehren Lothar und ich zu unserer Routine zurück. Der fiese Kerl geht mir nicht aus dem Kopf, da wir unsere Unterkunft unbeaufsichtigt lassen müssen. Eines Tages wird er etwas anstellen. Ich habe Angst, dass er einbricht und unsere Sachen stiehlt oder einfach alles abbrennt. Soweit ich gesehen habe, machen die anderen Nachbarn einen großen Bogen um ihn, also werden wir von ihnen keine Hilfe bekommen.

Auf halbem Weg in die Stadt fällt mir etwas ein. »Welcher Tag ist heute?«

Lothar wirft mir einen Blick zu, als ob ich den Verstand verloren hätte. »Dienstag.«

»Nein, ich meine, welches Datum?«

»Der zweiundzwanzigste, glaube ich.«

Ich werde langsamer, bleibe stehen. »Lass uns einen Umweg machen.«

»Warum?«

»Das hier ist wichtiger, glaub mir.«

Zögernd folgt Lothar mir. »Sagst du mir jetzt endlich, was los ist?«, fragt er.

»Sekunde.«

Doch als das Büro des US-Kommandanten vor uns auftaucht, bleibt er stehen. »Entweder du rückst mit der Sprache heraus oder ich gehe.«

Ich kann mir ein Grinsen nicht verkneifen. »Ich habe einen Weg gefunden, dem Übel ein Ende zu bereiten. Vor ein paar Tagen las ich in einer alten Zeitung, dass der Alliierte Kontrollrat den Besitz aller Schusswaffen verboten hat.«

Ein Licht leuchtet in Lothars Augen auf.

»Jeder muss seine Waffen innerhalb von zehn Tagen abgeben. Der letzte Tag war der siebzehnte.«

»Verdammt«, schreit Lothar, wobei er über das ganze Gesicht strahlt.

Ich wäre gern dabei gewesen, als die Amerikaner den Nazi besuchten, aber als wir an diesem Nachmittag vom Sammeln zurückkehrten, war er nicht zu Hause. Auch am nächsten oder übernächsten Tag sahen wir ihn nicht. Ich bin mir ziemlich sicher, dass die SS-Pistole nur die Spitze des Eisbergs war und die Amerikaner noch zahlreiche andere Gründe fanden, ihn im Rahmen der Entnazifizierung wegzusperren.

Im Frühjahr 1946, im Alter von achtzehn Jahren, schrieben wir uns endlich in der Schule ein. Wir hatten fast zwei Jahre verloren, aber wir wussten beide, dass wir die Schule zu Ende bringen mussten, wenn wir eine Chance haben wollten, eine Universität zu besuchen. Ich hatte jeden Fetzen Zeitung und jedes Buch gelesen, das ich in die Finger bekommen konnte, und wusste, dass ich nicht länger Biologie studieren wollte.

Ich wollte verstehen, begreifen, wie es überhaupt zu einem solchen Krieg hatte kommen können, einem Krieg, der uns alles genommen hatte, vielen Millionen das Leben. Wie hatten die Menschen so blind sein können, Hitler und Propagandaminister Goebbels zu glauben?

Ich hatte es geschafft, nach der Schule einen Job als Übersetzer für die Amerikaner zu bekommen, während Lothar half, Milch und Käse von einem örtlichen Bauernhof auszuliefern. Jeden Abend, wenn ich in die Hütte zurückkehrte, wuchs in mir die Hoffnung auf eine Nachricht von der Suchzentrale. Natürlich kam nichts und die Enttäuschung drückte mir die Brust zusammen.

Ich hatte herausgefunden, dass das Deutsche Rote Kreuz eine viel größere Einrichtung in Hamburg eingerichtet hatte, um Menschen bei der Suche nach Familienangehörigen zu helfen. Ein anderes Büro arbeitete von München aus und suchte nach Soldaten. Und obwohl ich wusste, dass ich nicht dorthin gehen und um Hilfe bitten konnte, las ich alle Nachrichten, die ich darüber finden konnte.

Weder Lothar noch ich sprachen je wieder über diesen Tag im Suchzentrum, als ob die Wunde, die wir verbargen, dadurch aufbrechen und uns zerstören könnte. Stattdessen konzentrierten wir uns darauf, uns ein Leben aufzubauen, das Abitur zu machen, das uns den Besuch der Universität ermöglichen würde.

Wir studierten beide Journalismus, lernten Mädchen kennen und zogen irgendwann in eine kleine Wohnung, kaum mehr als ein Zimmer. 1950 rief die Suchabteilung des Roten Kreuzes alle Deutschen auf, ihre Vermissten zu melden. Ich fuhr nach München, um sicherzustellen, dass sie Annies und meine Daten hatten. Das Dumme war, wenn Annie nach mir gesucht hätte, hätte sie mich nicht gefunden. Das Datensystem war so eingerichtet, dass die Suchenden auf beiden Seiten Karten ausfüllten, die dann einander zugeordnet wurden. Annie suchte sicherlich nach Werner Baran. Selbst als ich die Frau bat, ihre Daten zu überprüfen, fand sie Annies Namen nicht. Ich fügte auch die Daten von Tommie hinzu, obwohl ich nicht erwartete, jemals etwas über ihn zu hören.

Nachts besuchten er und Annie mich regelmäßig in meinen

Träumen. Tommie tauchte meist wütend auf, hielt mir ein Messer vor die Nase und beschuldigte mich, ihn den Russen ausgeliefert zu haben. Manchmal gelang es ihm, mich abzustechen, andere Male konnte ich ihn gerade noch rechtzeitig aufhalten. Annie beobachtete mich meist nur aus der Ferne, winkte mir zu und setzte dann ihren Weg fort. Ich rannte hinterher, um sie einzuholen, aber sie entglitt mir immer weiter und der Abstand zwischen uns wuchs. Irgendwann wurde sie durchsichtig und löste sich in Luft auf. Die Träume wiederholten sich alle paar Wochen und ließen mich atemlos und schwitzend aus dem Schlaf schrecken.

Wie die Stadt krochen wir aus der Asche unserer Vergangenheit, ein Schritt nach dem anderen. Wir räumten auf, wuchsen heran und zogen ins Wirtschaftswunder, gingen auf Korrespondenzreisen, ich meist im Außendienst, Lothar arbeitete in einem lokalen Zeitungsbüro.

Irgendwann landeten wir beide beim Spiegel, und während Lothar in die Redaktion wechselte, blieb ich als Reporter auf der Straße, besuchte Kriegs- und Katastrophengebiete, als könnte ich meinen eigenen Verstand irgendwie überlisten, etwas wiedergutzumachen, was längst verloren war.

Es klappte nie.

BUCH DREI: Annie, Berlin, November 1989 – Oktober 1990

KAPITEL ZWEIUNDDREISSIG

Als Annie am Morgen nach der Grenzöffnung aufwacht, ist Emma gerade dabei, das Frühstück vorzubereiten. »Ich habe frische Brötchen besorgt«, ruft sie, und ihre Freude steht in krassem Gegensatz zu ihren blutunterlaufenen Augen.

»Ich habe wohl was verpasst.« Annie lässt sich auf die Couch fallen.

Emma eilt an Annies Seite. »Oh, Mama, es war herrlich. So viele Menschen haben auf den Straßen getanzt. West und Ost, verbunden und vereint. Wir haben Sekt getrunken, gesungen und uns umarmt.«

Annie seufzt. »Ich hoffe, es bleibt so.«

»Warum nicht? Die Leute sind schon lange sauer auf die Regierung, es musste etwas passieren.« Emma blickt ihre Mutter neugierig an. »Hast du nicht gesagt, du wärst ins Bett gegangen? Du siehst schrecklich aus.«

»Ich habe schlecht geschlafen.« Annie steht abrupt auf und schenkt sich Kaffee ein. »Brennt da etwas?« Es gibt keinen Grund, Emma mit ihrer Vergangenheit zu belasten – sie ist hässlich und vorbei. Längst vorbei. Wegen etwas herumzuheulen, das nicht mehr da ist, hilft niemandem.

Emma kehrt zum Herd zurück und schabt aufgebracht in der Pfanne. »Verdammt, die Eier.«

Annie unterdrückt eine Rüge und setzt sich stattdessen an den Tisch.

»Tut mir leid, Mama, ich weiß, wie sehr du es hasst, etwas zu verschwenden.« Emma schiebt den Rest der Eier auf Annies Teller. »Iss lieber was. Du siehst ganz dünn und ausgemergelt aus.«

Annie zwingt sich zu einem weiteren Lächeln. »Unsinn, ich muss mich für die Arbeit fertig machen. Wir erwarten heute eine neue Lieferung von West-Büchern. Vielleicht bringe ich eins mit heim.«

»Oh, Mama, das Wohnzimmer steht voller Bücher und du kommst kaum noch in dein Schlafzimmer.« Emma wirft einen kritischen Blick auf die Regale, die zwei Wände des Wohnzimmers vom Boden bis zur Decke einnehmen.

Es stimmt, wenn es um Bücher geht, kann Annie nicht Nein sagen, es ist wie eine Sucht, ein Fieber. »Vielleicht haben dir einige davon bei deinem Studium geholfen, oder etwa nicht?«

Emma rollt mit den Augen.

»Lass uns nicht streiten.« Annie richtet sich auf. »Ich mache mich fertig.«

Das winzige Badezimmer ist so kalt, dass sie ihren Atem sieht, aber das ist sie gewohnt. Außerdem braucht sie Ruhe, um nachzudenken. Es ist eine Qual, die Wohnung teilen zu müssen, aber nach Emmas Scheidung war das die einzige Möglichkeit, zurechtzukommen. Emmas Mann ist gut situiert, ein SED-Parteimitglied mit Beziehungen. Emma wurde nicht schwanger, und als sie vierzig war, tauschte ihr Mann sie gegen ein wesentlich jüngeres Modell ein. Jetzt, fünf Jahre später, hat er zwei Jungen. Aber für die SED spielt die Zeit, die man in einer Ehe verbringt, keine Rolle. Sie geht davon aus, dass man für sich selbst sorgen kann, und so hat Emma nie Unterstützung von ihrem Ex erhalten. Es war reines Glück, dass sie mit ihrem veralteten Universitätsabschluss in Pädagogik eine Stelle in einer Grundschule gefunden hat, aber nun braucht sie fast eine Stunde für den Weg dorthin.

Als Annie aus dem Bad kommt, sitzt Emma am Tisch und starrt auf ein Foto. »Das hier hast du mir nie gezeigt. Das *bist* du, Mama, stimmt's? Wer ist der Junge?«

Annie fliegt an Emmas Seite. Sie muss das Foto gestern Abend vergessen haben. Sie presst Luft durch ihre Kehle, atmet zittrig ein. »Ein alter Freund.«

»Von zu Hause?«

Annie wendet sich ab, aus Angst, Emma könnte ihre Tränen sehen. Natürlich kennt Emma ihre Geschichte, zumindest einen

Teil davon. Ihre Flucht aus dem Osten, ein wackeliger Neuanfang an einem Ort, der sich fremd anfühlte.

»Das ist lange her«, sagt sie und verschwindet in ihrem Schlafzimmer.

Als Annie von der Arbeit heimkehrt, steht das Foto auf dem Tisch, aufrecht an den Korb mit einem einsamen Apfel darin gelehnt. Daneben liegt ein Zettel.

Bin wieder in den Westen gegangen, um mir Geschäfte anzuschauen. E.

Annie nimmt das Foto in die Hand und tippt mit dem Zeigefinger darauf. *Ich muss es ihr sagen.* Sie schaltet den Fernseher ein, der immer noch auf den Westkanal von gestern Abend eingestellt ist.

Menschenmassen strömen durch die Straßen, vorbei an Grenzpatrouillen, die früher DDR-Bürger einsperrten und erschossen und jetzt regungslos zusehen, wie Ostdeutsche nach Westberlin wandern. Ein winziges Flackern macht sich in Annies Bauch bemerkbar. Vielleicht, nur vielleicht, gibt es Hoffnung. Die Anzeichen sind schon lange da, die Ostdeutschen zeigen immer mehr ihre Unzufriedenheit mit der SED-Diktatur. Die Menschen sind friedlich und geduldig, aber sie haben die Nase voll, genau wie sie. Die alte Wut brüllt auf, löscht das winzige Flackern der Hoffnung aus und springt ihr in die Kehle. Sie prustet und schlägt mit der Faust auf den Tisch.

Verdammte Tyrannen. Sie hat fast ihr ganzes Leben unter Diktaturen verbracht: Erst hat Hitler das Land fast ausgelöscht, sechzig Millionen Tote verursacht, den Holocaust. Dann folgte die russische Armee, die sich als Retter feierte, während sie Hunderttausende von Zivilisten schandete, zerstörte und ermordete, Annies Mutter wie eine Sklavin verschleppte. Annie wendet ihren Blick zum Fenster, draußen tanzen Schneeflocken, aber sie sieht sie kaum. Und nach den Russen hatte die SED die Kontrolle über sie übernommen.

Das winzige Flackern ist wieder da. Sie nimmt einen tiefen Atemzug. Was, wenn dies ihre Chance ist, endlich aus diesem Leben unter Diktatoren und Tyrannen auszubrechen?

Aus einer Laune heraus zieht sie ihren Mantel und ihre Wollmütze an, schnappt sich ihre Handschuhe und geht zur Tür hinaus. Sie will sich selbst überzeugen.

Am Grenzübergang Bornholmer Straße hat sich eine Schlange

gebildet. Es ist dunkel, ein Teil der Menge trägt Kerzen und Taschenlampen. Irgendwo singt eine Frau das Lied von Rio Reiser, *Der Traum ist aus … Alle Türen waren offen, die Gefängnisse leer/Es gab keine Waffen und keine Kriege mehr …* Die Stimme der Frau ist kratzig und offensichtlich nicht gewohnt zu singen und doch ist sie schön. Hier und da mischen sich andere Stimmen ein … *aber ich werde alles geben, dass er Wirklichkeit wird.*

Tränen steigen Annie in die Augen. Sie ist nicht die Einzige. Die Menge bewegt sich geduldig vorwärts, lauscht der kratzigen Stimme, dem Refrain, dem Summen. Annie geht durch das Metalltor, vorbei am Patrouillenhaus und an den versteinerten Gesichtern der ostdeutschen Grenzsoldaten in ihren langen Mänteln und Mützen.

Sie verdrängt das unheimliche Gefühl, das sie immer überkommt, wenn sie in der Nähe von Militärs ist. Und dann ist sie auf der anderen Seite. Die Menge zerstreut sich, aber Annies Füße funktionieren nicht mehr. Sie steht da, hebt den Kopf in den Nachthimmel und begrüßt die Schneeflocken, die ihr Gesicht küssen. Zum ersten Mal steht sie in einem Land, das seinen Bürgern erlaubt, frei zu leben. Ihr ist kalt, aber das macht nichts. Sie atmet tief ein und schließt die Augen, nimmt die Geräusche der vorbeilaufenden Menschen in sich auf, die fröhlichen Gespräche, das Lachen … Leichtigkeit verdrängt den dunklen Schleier auf der anderen Seite der Mauer. In ihr löst sich etwas, ein Knoten vielleicht, etwas Schwarzes und Hartes, Unnachgiebiges.

Annie macht einen zaghaften Schritt, dann noch einen, und läuft weiter gen Westen.

KAPITEL DREIUNDDREISSIG

Annie kann sich nicht erinnern, wann sie nach Hause kam, nur, dass ein Fremder ihr eine Flasche Schampus gereicht hatte, ein anderer einen Joint. Die Kombination hatte sie in einen traumähnlichen Zustand versetzt, in dem sie hin- und hertrieb, an der Mauer entlang – auf der anderen Seite – und nach einem Mann mit grauem Bart und einem Mikrofon Ausschau hielt. Irgendwann lachte sie, ein tiefes Lachen unten im Bauch. *Was für ein Blödsinn, du Idiot. Er ist längst weg und tot. Du hast dir das nur eingebildet, so wie du dich auch jahrzehntelang an alte Träume und seine Rückkehr geklammert hast.*

Morgens pocht ihr der Kopf. Sie ist es nicht gewohnt zu trinken, hat das Zeug nie angerührt, nicht nachdem sie erfahren hatte, wie es junge russische Männer in Tiere verwandelt und die Stimme ihrer Oma ausgelöscht hatte.

Nachdem sie sich schnell gewaschen hat, setzt sie Wasser für Kaffee auf und reibt sich die Schläfen, während das Wasser heiß wird. Das Schwarz-Weiß-Foto liegt immer noch auf dem Tisch. Sie kehrt dorthin zurück, nimmt die Lupe, betrachtet ihre eigenen Gesichtszüge, das magere Mädchen mit den selbstgenähten kurzen Hosen und der kurzen Bluse, den schlanken Hals. Dann Werner, einen großen Jungen in Shorts und weißem Hemd. Die beiden sind so jung, so unschuldig. Sie gehören zu einer anderen Welt, einer, die es nicht mehr gibt.

»Das Wasser kocht«, ruft Emma und schaltet den Herd aus.

Annie schaut auf, kehrt aus ihren Gedanken zurück. »Kannst du dich kurz setzen?« Sie klopft auf den Sitz neben sich.

»Ich bin ziemlich spät dran«, meint Emma, setzt sich aber gehorsam hin.

Annie sieht ihre Tochter an, eine Frau, die sie mit ihrem Leben beschützt hat, abgeschirmt von der Grausamkeit ihrer eigenen Erfahrungen. »Ich muss dir etwas sagen.« *Muss sie das tatsächlich? Ist sie überhaupt bereit dazu?*

Sie holt tief Luft und reicht ihrer Tochter das Foto. »Der Junge auf dem Bild ist dein Vater, Werner.«

Emma starrt ihre Mutter an, beugt sich dann aber näher heran, um das fleckige Papier zu studieren. Sie spricht nicht, sieht es nur wortlos an. Annie bemerkt das leichte Zittern in Emmas Kiefer, das Schlucken.

»Ich habe immer angenommen, dass er im Krieg gefallen ist«, sagt Annie. »Er ist nie zurückgekehrt, allerdings hätte er auch gar nicht wissen können, wo er mich hätte finden sollen.«

Emma sieht auf, ihre Augen sind feucht wie die von Annie. »Was ist passiert, hast du einen Brief bekommen?«

»Nein, nein, nichts dergleichen.« Annie zeigt ein schiefes Lächeln. »Es ist nur … ich glaube, ich habe gesehen …«

Emma ergreift Annies Unterarm und drückt fest zu. »Was, Mama? Komm schon, spann mich nicht so auf die Folter.«

Annies schiefes Lächeln verwandelt sich in ein seltsames Kichern. »Vor zwei Tagen war ein Mann im Fernsehen, auf einem der West-Kanäle, er erinnerte mich einfach … an ihn.«

»Du meinst … das war Werner? Wurde sein Name eingeblendet?«

Annie schüttelt den Kopf. »Das ist nur meine Einbildung. Ich werde alt und seltsam.«

Emma springt von ihrem Stuhl auf. »Aber was ist, wenn er noch am Leben *ist*?«

»Kind, es ist fünfundvierzig Jahre her, fast sechsundvierzig. Menschen ändern sich … sehr.«

»Und wenn er es wirklich ist?«, beharrt Emma und setzt sich wieder hin. »Wir könnten doch wenigstens jemanden fragen oder anrufen.«

»Wen? Wen soll ich denn anrufen?«

»So viele Fernsehsender kann es nicht geben.«

»Und was soll ich sagen? Dass ich nach dem Vater meines Kindes suche? Von 1944?« Jetzt, wo Annie es laut ausspricht, klingt es lächerlich, sogar verrückt.

»Aber das ist deine Chance.« Emma ist wieder auf den Beinen und erinnert Annie an die Zeit, als sie ein kleines Mädchen war und die Dinge nicht so liefen, wie sie sollten. Annie unterdrückt ein Lächeln. »Ich verstehe nicht, was daran lustig ist«, knurrt Emma.

»*Das* ist es nicht, du bist es.« Annie steht auf und fasst ihre Tochter an den Schultern. »Ich weiß, du meinst es gut, aber dieses Kapitel ist längst vorbei. Werner liegt irgendwo in Russland begraben.«

»Und wenn du dich täuschst?« Emmas Augen brennen sich in die von Annie. »Wenn er wirklich lebt und gesund ist?«

»Sollte das wirklich so sein, dann führt er ein anderes Leben und will nichts von uns wissen«, sagt sie sarkastisch. »Er wollte Biologie studieren. Warum sollte er Journalist geworden sein?«

»Wie kannst du das sagen?« Emma starrt Annie an, ihre dunklen Augen so voller Leidenschaft. »Das weißt du nicht, du könntest, du … Du hast selbst gesagt, Menschen ändern sich. Vielleicht hat ihm Journalismus besser gefallen.«

»Was soll ich denn machen? Auf ihn zugehen und mich ihm als seine lang vermisste Freundin vorstellen?« Annie lacht, doch es hört sich eher wie ein Schluchzen an. »Er ist wahrscheinlich verheiratet und hat einen Haufen Kinder.«

»Na und?« Emma stößt Annies Hände weg und tritt zurück, bis sie vor dem Spülbecken zum Stehen kommt. »Ich verstehe dich nicht! Es geht nicht nur um dich. Er ist *mein* Vater. Meinst du nicht, dass ich ein Recht darauf habe, ihn kennenzulernen, und er ein Recht darauf, von mir zu erfahren?«

Annies Arme sinken zur Seite. Sie hat Emma noch nie so aufgewühlt gesehen. Nicht einmal, als sie von der Affäre ihres Ex erfuhr. »Aber dieser Mann im Fernsehen wird nicht Werner sein. Die Chancen stehen eins zu einer Million.«

»Es gibt Menschen, die Lotterien gewinnen.« Plötzlich lächelt Emma durch ihre Tränen hindurch. Sie war schon immer impulsiv, schnell wütend, aber genauso schnell wieder gut gelaunt und verzeihend. »Wer nicht spielt, kann auch nicht gewinnen.«

Während Annie überlegt, was sie darauf erwidern soll, läuten die Kirchenglocken neun Uhr. Verdammt, sie wird zu spät zur Arbeit kommen. Entschlossen ergreift sie die Hände ihrer Tochter. »Na gut, ich werde darüber nachdenken.«

Im Laden irrt Annie wie eine Schlafwandlerin umher. Ihre

Freundin Heidi wirft ihr besorgte Blicke zu. Sie haben sich Anfang der Sechzigerjahre in der Gutenbergschule in Leipzig kennengelernt, wo beide eine Ausbildung zur Buchhändlerin absolvierten. Heidi hat ihr geholfen, sich in Berlin einzuleben.

»Was ist denn mit dir los?«, flüstert Heidi, als sie sich in der Geschichtsabteilung treffen. »Ist es wegen der offenen Grenze?«

Annie vermeidet Heidis Blick, nickt kurz. Soll Heidi denken, dass es um die Grenze geht. Annie kann jetzt nicht darüber nachdenken, muss sich auf die Arbeit konzentrieren. Sie weiß, dass sie an der Schwelle zu etwas steht, und wenn sie diese Schwelle überschreitet, gibt es kein Zurück mehr. Könnte sie mit der Tatsache umgehen, dass der Mann im Fernsehen ein Fremder ist? Könnte sie die Enttäuschung verkraften? Oder schlimmer noch, was wäre, wenn der Mann wirklich Werner wäre und er sie zurückweisen würde?

Es geht nicht nur um dich. Emma hat recht, es geht um mehr. Sie wuchs ohne Vater auf, eine Zeit lang mit einem Stiefvater, der mit den Folgen des Krieges kämpfte und starb, als Emma fünfzehn war. Wenn Annie ehrlich ist, war sie nie in Robert verliebt, die Hochzeit mit ihm hatte eine Möglichkeit geboten, ihre Vergangenheit zu verdrängen und sie von dem abzulenken, was sie gesehen und getan hatte. Aber sie ist es ihrer Tochter schuldig, herauszufinden, ob ihr Vater noch am Leben ist. Und sie schuldet Werner das Wissen, dass er eine Tochter hat. Was sie daraus machen, ist ihre Entscheidung.

Annie holt tief Luft und dreht sich zu ihrer Freundin um. »Mir geht's gut, ich habe nur viel um die Ohren.«

Heidi grinst, was eine Lawine in ihrem Doppelkinn auslöst. »Ist es nicht wunderbar? Ich kann es kaum erwarten, dort drüben einkaufen zu gehen … wenn ich es mir leisten kann.« Sie tätschelt sich den Bauch. »Oder zumindest auf dem Ku'damm fabelhaft essen.« Sie nimmt Annie zur Seite. »Ich will in dieses KaDeWe-Kaufhaus. Da soll es die aufregendsten Kleider geben … und Schuhe.« Ihre Augen glitzern verträumt. »Ich werde mir ein Paar kaufen, knallrot mit Absätzen und kleinen Schleifen.«

Annie lächelt zurück. Normalerweise beschwert sich Heidi über ihre Füße, deshalb ist Annie sich nicht sicher, ob ein Paar schicke rote Schuhe mit hohen Absätzen die richtige Wahl sind. Heidi hat zwanzig Kilo Übergewicht und alle ihre Kleider sitzen zu eng. Seit sie sich in der Buchhandelsschule kennengelernt haben, hat Annie beobachtet, wie sie jedes einzelne dieser Pfunde zugenommen hat, und Heidis Vorliebe für Kuchen ist so konstant wie ihre Schwäche für Brathähnchen. Doch mit ihrem voluminösen Körper geht auch ein großes Herz einher. Sie urteilt niemals über jemanden und spricht nie schlecht über andere. Annie liebt sie dafür, vor allem, weil Heidi von anderen immer wieder angefeindet wird. Die SED-Diktatur hasst übergewichtige Menschen, degradiert und erniedrigt sie.

»Vielleicht können wir zusammen hingehen«, sagt Heidi. »Vielleicht schon am Samstag?«

Annie nickt und ist dankbar für die Ablenkung.

Emma stürmt auf Annie zu, sobald sie nach Hause kommt. »Ich habe mich umgehört, es gibt neun öffentlich-rechtliche Fernsehsender im Westen, dazu verschiedene Magazine und Privatsender. Ich kann morgen Nachmittag anfangen, anzurufen.«

Annie legt ihre Handtasche auf den Beistelltisch und zieht langsam ihre Schuhe aus, um Zeit zu gewinnen. »Wie willst du diese Nummern herausfinden?«

»Ich habe bereits die Adresse des Postamts auf der Westseite herausgefunden. Ich werde die Auskunft anrufen.«

»Das wird ein Vermögen kosten.«

Emma lacht. »Wenn ich meinen Vater finde, ist es das wert.«

»Ich begleite dich.« *Wo kommt das denn her?* Annie ist atemlos, und doch weiß sie, sobald sie es laut ausgesprochen hat, dass es das Richtige ist. »Ich behaupte einfach, ich hätte einen Arzttermin.«

Annie hat sich noch nie eine Auszeit genommen oder gelogen. Aber dies ist anders, ein Hauch von etwas Neuem liegt in der Luft wie ein Versprechen auf Veränderung. Jetzt, wo sie sich entschieden hat, verlangsamt sich die Zeit. Annie wacht jede Stunde auf und schaut auf den Wecker mit den leuchtenden Zeigern, die sich im Schneckentempo im Kreis drehen. Sich für die Arbeit fertig zu machen, scheint ewig zu dauern, jede Aufgabe und jede Bewegung zieht sich in die Länge. Warum verhält sich die Zeit so anders, wenn man auf etwas wartet? Dabei flüstert die Stimme in ihrem Kopf, dass sie sich keine Hoffnungen machen soll.

Am späten Nachmittag wimmelt es auf dem Postamt in Westberlin von Kunden. Schließlich ergattert Emma eine freie Telefonzelle. Von dort aus ruft sie die Zentralen der einzelnen Fernsehsender an. Sie müssen sich beeilen, da sie nicht wissen, wann die einzelnen Sender für den Tag schließen.

»Ja, hallo, ich suche Werner Baran, er ist Journalist«, ruft Emma ins Telefon.

Annie drückt sich an Emmas Seite, ein Ohr so nah wie möglich an den Hörer gepresst. Ihr Herz klopft so heftig, dass sie das Gefühl hat, es wolle ihr aus dem Hals springen.

Die Stimme auf der anderen Seite antwortet: »Tut mir leid, diese Person arbeitet hier nicht.«

Emma legt auf und wählt sofort wieder. »Hallo, arbeitet Werner Baran bei Ihnen?«

Nachdem Emma es noch viermal versucht hat, übernimmt Annie die Führung. Sie wiederholt Emmas Worte. Werner Baran existiert bei keiner der neun Stationen. Als Nächstes nehmen sie das Berliner Telefonbuch in Angriff, durchsuchen die Einträge. Werner Baran ist nicht aufgeführt.

Es ist fünf Uhr und Emma steckt ihre Liste ein. Sie sieht Annie nicht an, die sich so niedergeschlagen fühlt, dass sie Mühe hat, die Kabine zu verlassen.

Während Emma die Anrufe bezahlt, eilt Annie nach draußen. Es schneit wieder, leichte Flocken tanzen ihr ins Gesicht. Sie versucht, das Gefühl der Freiheit von letzter Nacht wiederzuerlangen, aber die Enttäuschung wiegt schwer. In der einbrechenden Dunkelheit füllt schwarze Luft ihre Lungen. Sie will ihren Brustkorb heben, weiß, dass sie tief einatmen muss, aber sie hat keine Kraft, fühlt nur Hoffnungslosigkeit.

»Mama?« Emma schlingt einen Arm um Annie. »Ist schon gut. Es gibt noch viele andere Stellen, wo er arbeiten könnte.«

»Er ist tot, Emma, ich sage es dir.« Annie kann die Verzweiflung nicht aus ihrer Stimme, aus ihren Knochen vertreiben.

Emma ergreift Annies Hand, ihre Augen glänzen. »Du hast mir erzählt, was du auf dem Weg hierher durchgemacht hast. Ich weiß, dass da noch mehr ist, viel mehr. Dinge, die du nicht aussprechen kannst.« Emma räuspert sich. »Ich weiß es nicht, vielleicht sind sie zu schwierig.« Sie drückt die Hand ihrer Mutter. Fest. »Es spielt keine Rolle, ich muss es nicht wissen. Aber was ich weiß, ist, dass du nie aufgegeben hast. Du hast immer gekämpft. Für mich.« Eine Träne rinnt über Emmas Wange, bleibt einen Moment am Kinn hängen, bevor sie in ihren Schal tropft. »Alles, worum ich dich bitte, ist, dass du noch ein wenig durchhältst.«

Wortlos zieht Annie Emma in ihre Arme. Die beiden Frauen stehen engumschlungen im Schnee vor dem Postamt. Annie möchte etwas sagen, aber ihre Kehle ist so zugeschnürt, dass sie kaum Luft und schon gar keine Worte herausbekommt. Schwere Worte, die Raum einnehmen, Raum beanspruchen, weil sie so wichtig sind.

Schließlich lockert Annie ihren Griff und krächzt: »Lass uns nach Hause gehen.«

Am Samstagmorgen trifft Annie Heidi am Grenzübergang. Sie hat kein Geld für teure Schuhe oder irgendetwas Ausgefallenes, aber sie braucht eine Ablenkung, irgendetwas, das ihre Gedanken davon abhält, in den Abgrund zu stürzen. So viele Jahre lang hat sie ihre Gefühle unter Verschluss gehalten, all den Herzschmerz und die Sehnsucht, hat sie sorgfältig mit der langweiligen, nervtötenden Alltagsroutine kaschiert.

Als sie Berlins berühmtes Kaufhaus, das KaDeWe, erreichen, bleibt Heidi abrupt stehen und schaut zu Annie auf. »Also, was ist los mit dir? Ich glaube, du hast kein einziges Wort von dem gehört, was ich gesagt habe.« Besorgnis spiegelt sich in ihren Augen, als sie Annie in den Arm stupst und ihre Hand in die ihre nimmt.

Annie schüttelt den Kopf. Es stimmt, sie hat nicht zugehört. Egal, wie sehr sie sich bemüht, sie kommt nicht über das Gefühl der Enttäuschung hinweg. All diese Selbstgespräche nützen nichts.

»Vielleicht sollte ich allein weitergehen«, meint Heidi. Schmerz schwingt in ihrer Stimme mit, als sie Annies Finger loslässt und sich den großen Glastüren des Kaufhauses zuwendet.

Vielleicht erwecken Heidis hängende Schultern und ihre resignierte Miene Annie. Sie folgt ihrer Freundin. »Warte, Heidi, bitte. Ich muss dir etwas sagen.«

Anstatt einzukaufen, gehen die Frauen direkt in den sechsten Stock. »Ich habe gehört, dass der Laden über sechzigtausend Quadratmeter groß ist«, sagt Heidi atemlos. Vielleicht liegt es an der Hektik oder an den Tausenden von Besuchern, vielleicht aber auch an der schieren Opulenz dieses Ortes. Es gibt Brot, Schokolade, Kuchen, Torten, Trüffel, unglaubliche Fischtheken, Käse aus allen Teilen Europas und feinstes Fleisch.

»Unglaublich«, ruft Heidi jedes Mal, wenn sie an weiteren Auslagen vorbeikommen.

Annie starrt nur. Einen Moment lang hat sie vergessen, warum sie hier oder was auf der Straße passiert ist. Dieser Ort ist so groß, so … was genau? Verrückt. Wenn man den westlichen Exzess definieren könnte, wäre das hier ein Sinnbild dafür.

Sie finden zwei Plätze an einer Theke, an der Quiche und Krabbencocktails, Nudelsalate und frische Erdbeeren serviert werden.

»Wie können die jetzt Erdbeeren anbieten? Es ist November«, ruft Heidi aus, während sie sich aus ihrem wieder einmal engen Mantel schält.

»Es ist zu teuer.« Annie legt die Speisekarte weg. »Lass uns gehen und einen Imbiss suchen.«

»Auf keinen Fall. Wir essen jetzt etwas.« Heidi drückt Annie die Speisekarte wieder in die Hand. »Ich lade dich ein. Und wir werden Wein trinken. Richtigen Wein aus Frankreich oder Spanien oder –«

»Was darf ich Ihnen bringen?« Die Kellnerin hinter dem Tresen sieht schick aus in weißer Bluse und schwarzer Hose.

Als Annie nicht antwortet, verkündet Heidi: »Weißwein, bitte, zwei Gläser. Ich nehme die Brokkoli-Quiche.« Aus Heidis Mund klingt es wie *»quicky.«*

»Natürlich, vielleicht einen schönen buttrigen Chardonnay oder doch lieber einen Riesling von der Mosel?«

Heidi nickt enthusiastisch. »Ja, bitte, äh … den Chardonnay.« Sie wirft Annie einen Blick zu. »Was nimmst du denn?«

Annie hat kaum einen Blick auf die Speisekarte geworfen und deutet auf einen ausgefallenen Wrap mit Gemüse und Roastbeef. »Das da, bitte.«

»Sehr gut.«

Heidi stößt sie in die Seite und kichert: »Ist doch besser als Schuhe.«

»Du solltest nicht …«

»Ach was, ich hab Spaß. So viel Spaß wie seit Jahren nicht mehr.« Sie dreht sich zu Annie um, was nicht einfach ist, weil die Stühle schmal sind und es zu viel Heidi gibt. »Und jetzt erzähl mal, was los ist.«

Annie nimmt einen Schluck aus dem glänzenden Glas, das inzwischen gebracht wurde. Der Wein gleitet butterweich ihre Kehle hinunter, die Kellnerin hatte recht. Es ist unglaublich und so verrückt. Es ist noch nicht einmal elf und schon trinkt sie Wein aus einem schicken Glas an einem fantastischen Ort.

Heidis Blick ist noch immer auf Annies Gesicht geheftet, also beginnt Annie zu erzählen.

»Meinst du wirklich, es könnte Werner sein?«, fragt Heidi, nachdem Annie geendet hat. Sie nimmt noch einen Schluck Wein. Ihre Wangen glühen.

»Glaub mir, ich bin die Fernsehszene tausendmal im Kopf durchgegangen.« Annie starrt auf den Wrap vor ihr, unsicher, wie sie ihn essen soll. »Es hätte sein Gesicht sein können, seine Stimme … sie war natürlich tiefer, aber der Tonfall war derselbe wie damals. Das war es, was mich wirklich zum Hinsehen gebracht hat, seine Stimme. Sie war so sanft und voll … wie ein fein gestimmtes Orchester, alles in einem.« Ein Lächeln hat sich auf Annies Gesicht geschlichen.

Heidi streichelt Annies Hand. »Du hast ihn wirklich geliebt, nicht wahr?« Sie nimmt noch einen Schluck, bevor sie fortfährt: »Eine solche Liebe muss getestet werden. Ich meine, man muss alles geben. Damals hattest du keine Wahl, du musstest weglaufen, dein Leben retten. Aber jetzt …«

Annie starrt über die weiten Flächen der Essensstände. Der Lärm hat zugenommen, jeder Platz ist mit essenden, trinkenden und plaudernden Kunden gefüllt. Mitten in dieser Frohlichkeit fühlt sie sich verloren. Sie gehört nicht hierher, gehört nicht mehr dazu, seit sie aus Ostpreußen geflohen ist.

»… du hörst schon wieder nicht, was ich sage.« Heidi sieht Annie an, ihr Blick ist eine Mischung aus Besorgnis und Verärgerung.

»Entschuldigung, ich wollte dich nicht ignorieren.«

»Ich denke nur, dass man nicht so schnell aufgeben sollte. Es gibt eine Reihe von politischen Korrespondenten, die über Weltnachrichten berichten. Er könnte für ein Magazin oder eine Wochenzeitung arbeiten.«

Annie nickt langsam und stellt fest, dass das Glas vor ihr leer ist. Das von Heidi ist auch leer, ebenso wie ihr Teller.

»Ich habe eine Idee«, ruft Heidi plötzlich. Ein paar Leute, die in der Nähe sitzen, drehen den Kopf.

»Leise«, lacht Annie. »Du fällst auf.«

Heidis Doppelkinn wackelt vor Vergnügen. »Na und?« Aber dann wird sie ernst. »Erinnerst du dich an den Westfernsehsender, den du gesehen hast?«

»Natürlich, NDR.«

»Du brauchst nur dort anzurufen und nach dem Programm am 9. November zu fragen. Sie werden wissen, mit wem sie wann gesprochen haben.«

»Ich weiß nicht …«

Heidis Finger landen erneut auf Annies Unterarm. »Aber *ich* weiß es. Du musst es herausfinden, so oder so. Wenn er es nicht war, kannst du es auf sich beruhen lassen. Wenn er es war, nun, dann …« Sie seufzt. »Was willst du tun? Ich meine, wenn er noch am Leben ist.«

Annie wendet ihren Blick ihrer Freundin zu. »Ich habe nicht die leiseste Ahnung.«

KAPITEL VIERUNDDREISSIG

Der Montag kann gar nicht schnell genug kommen. Auf dem Rückweg vom KaDeWe haben Heidi und Annie bei der Post angehalten und die Telefonnummer des NDR herausgesucht. Den ganzen Abend, während Emma mit ihren Freundinnen unterwegs war, starrte Annie auf den Papierfetzen mit der Nummer. Sie hat beschlossen, von der Arbeit aus anzurufen und ihre Kollegin Therese aus der Buchhaltung um einen Gefallen zu bitten.

»Ich suche eine alte Freundin«, sagt sie und betrachtet das Telefon auf Thereses Schreibtisch. Es ist Mittagspause und die meisten Kollegen sind unterwegs.

Therese nickt nervös und hält auf die Tür zu. »Beeil dich. Der Chef ist zu einem Termin unterwegs.« Vor der Tür bleibt sie stehen. »Vergiss nicht, die Null und die Neun zu wählen, für die Freileitung.«

Annie nimmt den Hörer ab, ein Modell mit einer Wählscheibe. Ihre Handflächen sind feucht wie der Papierfetzen, den sie seit Samstag hundertmal gefaltet und entfaltet hat.

»Äh, ja, ich versuche, etwas über Ihr Programm am 9. November herauszufinden.«

»Einen Moment.«

Das Telefon klickt, dann fragt eine kühle Stimme: »Ackermann, wie kann ich Ihnen helfen?«

Annie saugt Luft ein und wiederholt: »Ich versuche, etwas über Ihr Programm am 9. November nach dreiundzwanzig Uhr herauszufinden. Da hat einer Ihrer Journalisten von der Mauer in

Westberlin berichtet.«

»Moment, bitte.«

Annie wartet und zwingt sich, durch die Nase zu atmen.

»Sind Sie noch dran?«

»Ja.«

»Nach dreiundzwanzig Uhr hatten wir keine Reporter mehr auf Sendung in Berlin …«

»Aber ich habe doch …«

»Sie haben vielleicht einen Gastkorrespondenten gesehen … bitte warten Sie …«

Annie stößt einen weiteren zittrigen Atemzug aus. Draußen auf dem Flur dröhnt eine tiefe Stimme einen Gruß. Der Hauptbuchhalter ist zurück. Annies Hand beginnt zu beben. Was wird er wohl sagen, wenn er sie hier sitzen sieht? Sie überlegt, ob sie den Hörer auflegt und es später noch einmal versucht.

»Sind Sie da?«

»Ja.«

»Wir hatten einen Gastjournalisten von Spiegel TV. Sie könnten versuchen …«

Annie knallt den Hörer auf und rennt zur Tür, wo sie mit Thereses Chef zusammenstößt.

»Annie, was machen Sie denn hier?«

»Ich habe Therese gesucht. Sie ist nicht …«

Der Buchhalter ist schon vorbei und so eilt Annie zurück in ihre Abteilung. Den ganzen Nachmittag, während sie eine neue Lieferung sortiert und Kunden hilft, Bücher zu finden, denkt sie über den Anruf nach. Könnte es wirklich sein, dass Werner für den Spiegel arbeitet, das berühmte politische Magazin im Westen?

Die nervige Stimme in ihr erwacht zum Leben. *Du spinnst ja,* kichert sie. *Werner ist schon lange weg, du wirst nie erfahren, was mit ihm passiert ist. Oder mit deiner Mutter …*

Sofort schnürt sich Annies Kehle zu, sie schnappt nach Luft. Schon lange hat sie nicht mehr an diese Zeit gedacht, hat sie tief im hintersten Winkel ihres Herzens vergraben.

Der Abend zieht sich ins Unerträgliche. Wie soll sie eine weitere Nacht überstehen, ganz zu schweigen von einer ganzen Woche? Emma hat Eltern-Lehrer-Konferenzen und in der Wohnung ist es unheimlich still. Weder das West- noch das Ost-Fernsehprogramm sind interessant. Außer bei Berichten über die Mauer schaltet Annie den Fernseher auf stumm.

Es ist definitiv etwas los. Die Grenze ist immer noch offen, jeden Tag strömen Tausende hinüber, um den Abend im Westteil der Stadt zu verbringen. Die ostdeutsche Diktatur scheint ratlos. Erich Honecker, der sich in seiner glorifizierten Führungsposition gesonnt hat, wurde im Oktober seines Amtes enthoben. Die jahrzehntelangen Methoden der SED, das Volk zu unterdrücken, zu bespitzeln und zu bedrohen, funktionieren nicht mehr. Die Menschen erfahren, wie sich Freiheit anfühlt.

Annie lächelt grimmig. Welches Recht hat eine Regierung, ihren Bürgern vorzuschreiben, was sie zu denken und zu sagen, wie sie zu leben haben, und sie hinter einer Mauer wegzusperren?

Sie ist noch wach, als Emma heimkommt, und erwischt ihre Tochter in der Küche, wie sie sich ein Sandwich macht.

»Oh, Mama, du hast mich erschreckt«, sagt sie, »hatte keine Zeit zum Abendessen.«

»Der Korrespondent arbeitet vielleicht beim Spiegel … Ich habe den Fernsehsender angerufen«, platzt Annie heraus.

Emmas Stulle sinkt auf den Tisch. »Wahnsinn, das ist eine wirklich tolle Zeitschrift, mit viel Politik.«

Annie rollt mit den Augen und grinst. »Subversiv, genau die Art von Dingen, die die SED hasst.«

»Wann wirst du dort anrufen?«

Annie bleibt ruhig.

»Du *wirst* ihn doch anrufen, oder?« Emma eilt herbei und packt Annie an den Schultern. »Du bist so nah dran.«

Annie stößt einen Seufzer aus. Immer, wenn Emma sich etwas in den Kopf gesetzt hat, lässt sie nicht locker, wie ein Jagdhund, der seine Beute verfolgt. »Sicher, vielleicht morgen. Von der Arbeit aus werde ich beim Spiegel nicht anrufen können«, fügt sie hinzu. »Ich habe Therese in der Buchhaltung gefragt, aber sie lässt mich das berühmteste politische Magazin nicht von ihrem Telefon aus anrufen. Die Stasi würde Wind davon bekommen.« Annie zittert. Seit Jahren werden Geschichten von Gefangennahmen erzählt. Menschen werden schon beim kleinsten Hinweis auf staatsfeindliche Aktionen verhaftet.

»Überquer einfach die Grenze und ruf vom Postamt aus an.« Emma erinnert sich an ihr Butterbrot und nimmt einen kräftigen Bissen. »Von hier aus bekommst du sowieso keine freie Leitung.« Plötzlich schlägt sie sich selbst an die Stirn und eilt in ihr Zimmer, um Sekunden später mit dem neuesten Spiegel-Magazin wieder aufzutauchen.

»Hab ich Samstag gekauft.« Sie drückt es Annie in die Hand. »Sicherlich gibt es eine Telefonnummer, die du benutzen kannst.«

»Hast du den Verstand verloren?«, schimpft Annie. »Wenn sie dich nun kontrolliert hätten?«

»Haben sie aber nicht. Es sind zu viele von uns. Sie geben auf, ich sag's dir. Endlich spüren sie unsere Wut.« Ein kleines Lächeln schleicht sich auf Emmas Gesicht. »Der Wille des Volkes.«

Annie lässt sich auf einen Stuhl sinken und schlägt das Magazin auf, die Zeilen verschwimmen und sie schließt es wieder.

Ursprünglich wollte Annie bis zum Feierabend warten, stattdessen hat sie sich in der Mittagspause auf den Weg gemacht. Es wird knapp werden, über die Grenze zu kommen, um den Anruf zu tätigen, und rechtzeitig zur Nachmittagsschicht zurück zu sein. Aber irgendetwas in ihr fühlt sich wild und unbändig an, etwas, das sie nicht mehr gespürt hat, seit … vielleicht seit dem Sommer, als Werner zum Volkssturm aufbrach.

»Der Spiegel, was kann ich für Sie tun?«, tönt es aus der Leitung.

Annie nimmt den Hörer fester in die Hand. »Ja, hallo, ich würde gern mit Werner Baran sprechen, bitte. Ich glaube, er ist ein Reporter.«

»Einen Moment.«

Annies Atem rasselt in ihren eigenen Ohren, als wäre sie drei Stockwerke hochgerannt. Was soll sie sagen? *Erinnerst du dich an mich? Ich bin's, Annie, deine lang verschollene Liebe.* Sehr witzig! In diesem Moment wird ihr klar, dass sie schon so lange nichts Humorvolles mehr gesagt oder gedacht hat, dass es sich völlig fremd und absurd anfühlt.

»Tut mir leid, hier arbeitet niemand mit diesem Namen.«

Die Worte hallen nach … *niemand mit diesem Namen.* Werner ist tot … schon seit Jahren tot.

»Sind Sie noch da? Hallo?«

Annie presst Luft durch ihre Lungen. »Ja, ich dachte nur …«, ihre Stimme klingt so klein, so schwach. »Da war ein Reporter im NDR, in der Nacht … 9. November …«

»Ich verbinde Sie.«

Annie hat das Gefühl, die Frau wolle sie loswerden.

»Programmplanung, wie kann ich Ihnen helfen?«

»Entschuldigung, ich … muss wissen, wer in der Nacht zum 9. November im NDR berichtet hat.«

»Einen Moment.« Die Verbindung bricht ab, aber die Stimme meldet sich nach wenigen Sekunden zurück. »Unser Korrespondent Werner Becker.«

Die Gedanken schwirren in Annies Kopf. Der Mann war nicht Werner, und doch hat er denselben Vornamen. Ist das ein Zeichen? Aber warum sollte er seinen Nachnamen ändern? Das ergibt keinen Sinn. Sie könnte sich vergewissern, könnte darum bitten, verbunden zu werden.

Als ob die Frau ihre Gedanken gehört hätte, sagt sie: »Werner Becker ist gerade im Einsatz. Möchten Sie eine Nachricht hinterlassen?«

»Danke, nein …« Der Hörer gleitet Annie aus den Fingern, während sie ihre Stirn an die Wand der Telefonzelle lehnt. Sie ist am Ende. Nach all der Aufregung der letzten Tage hat sie endlich die Bestätigung bekommen, dass sie sich alles nur eingebildet hat.

Jemand klopft gegen die Glasscheibe. »Hallo, sind Sie fertig? Hier draußen warten Leute.«

Annie kehrt in die Realität zurück. Sie legt den Telefonhörer zurück in die Halterung und greift nach ihrer Handtasche. Erinnert sich daran, dass dies ihre Mittagspause ist, erinnert sich daran, dass sie in Westberlin ist.

Wie im Traum wandert sie nach draußen, zurück über die Grenze, wo grün uniformierte Grenzbeamte mit steinerner Miene einen stetigen Strom von Männern und Frauen von Ost nach West und zurück beobachten.

Heidi eilt auf sie zu, sobald Annie den Laden betritt. »Du bist spät dran«, flüstert sie und führt sie in die Psychologieabteilung. »Der Chef hat dich gesucht.« Annie merkt, dass ihre Freundin sich Sorgen um sie macht. »Ich habe gesagt, dass du Bauchschmerzen hast und ein bisschen frische Luft brauchst.«

Annie nickt. Sie kann sich nicht konzentrieren, weder auf die bedrohliche Aussicht, ihrem Chef gegenübertreten zu müssen, noch auf Heidis besorgtes und fragendes Gesicht.

»Was ist passiert?«, flüstert Heidi. »Du siehst aus, als hättest du einen Geist gesehen.« Als Annie schweigt, fragt sie weiter: »Hast du ihn gefunden? Arbeitet er beim Spiegel?«

In diesem Moment wird Annie klar, dass ihre Hoffnung, die neue Energie, die sie seit einer Woche verspürt hat, versickert ist.

Die Tränen beginnen zu fließen. Es ist so peinlich, wie soll sie in diesem Zustand ihrem Chef gegenübertreten?

Heidi drückt sie sanft an ihre weiche Brust und tätschelt ihren Rücken. »Es tut mir so leid«, wiederholt sie immer wieder.

KAPITEL FÜNFUNDDREISSIG

Annie hat widerwillig zugestimmt, Emma und Heidi zum Weihnachtseinkauf nach Westberlin zu begleiten. Sie hat weder das Geld noch viel Interesse, sich Dinge anzusehen, die sie sich nicht leisten kann. Trotzdem ist sie fest entschlossen, ihre dummen Träume zu überwinden und wenigstens eine Kleinigkeit für die beiden anderen zu kaufen, denn es sind nur noch acht Tage bis Heiligabend.

Auf dem Ku'damm herrscht reges Treiben. Eine Menschenmenge drängt sich vor den Schaufenstern des KaDeWe, wo Plüschtiere niedlich in Szene gesetzt sind … Bären picknicken mit Hasen und Igeln. Ein Steiff-Bär im blau-weiß gestreiften Anzug sitzt auf einer Wippe mit einem Hund, der wie eine Mischung aus Beagle und Labrador aussieht. Kinder schreien vor Freude, Paare schmiegen sich aneinander, halten sich an den Händen und küssen sich. Aus einem versteckten Lautsprecher dringt Frank Sinatras *Stille Nacht* herab und vermischt sich ganz passend mit Schneeflocken. Annie fühlt sich unbedeutend, irgendwie durchsichtig, als sie sich abwendet. Sie ist dreißig Minuten zu früh dran, die anderen beiden sind noch irgendwo unterwegs und amüsieren sich. Sie haben vor, gemeinsam oben eine heiße Schokolade zu genießen, bevor sie sich auf den Weg zurück in den Osten machen.

Annie dreht sich von der Menge weg und stößt mit etwas zusammen. Ein stechender Schmerz kriecht von ihrem Schienbein zum Knie und bis hinunter zum Knöchel. Gleichzeitig schimpft jemand: »Verdammt, passen Sie doch auf, wohin sie treten.«

Annie hat ihre beiden einsamen Tüten fallen lassen, eine winzige aus Papier mit einem ausgefallenen Namen und aufgedruckten lila Lippen, die Trüffel, die sie für Emma gekauft hat. Die andere Tüte liegt in einer schmutzigen Pfütze aus schmelzendem Schnee, ihr Inhalt sickert rot wie Blut heraus. Der teure Wein, den Annie für Heidi ausgesucht hat, zerläuft mitten auf dem Ku'damm. Verdammt, für eine weitere Flasche wird ihr Budget nicht mehr reichen.

Ihr Blick wandert vom Boden aufwärts, entlang einer grauen Tuchhose, einem schwarzen Dufflecoat, bis hin zu Augen, die sie ungeduldig mustern. Der Mann trägt einen gesprenkelten grauen Bart, ordentlich gestutzt, sein Haar versteckt sich unter der abgenutzten Strickmütze, die zu lässig für den Rest seiner Erscheinung wirkt.

»Tut mir leid, ich habe Sie nicht gesehen«, sagt sie.

»So viel ist klar.«

Ihr Blick kehrt zu den zerstörten Geschenken zurück und sie bückt sich, um die Trüffeltüte aufzuheben. Auch sie ist durchnässt, aber zumindest das Innere scheint intakt zu sein.

In ihr beginnt ein Löwe zu brüllen. Sie wendet sich wieder dem Mann zu, der Zorn in ihrer Kehle ist so heiß, dass sie Mühe hat zu sprechen. »Sie haben Augen. Es ist auch Ihre Schuld, wenn Sie so nah an den Fenstern entlangrasen.«

Er wirkt überrascht und dreht sich zu den beleuchteten Auslagen des majestätischen Kaufhauses um. In diesem Moment sieht Annie das Gesicht des Mannes, bemerkt die Narbe an der rechten Schläfe. Sie ist jetzt so klein, verblasst, aber sie sieht sie deutlich, erinnert sich an den Tag, an dem ein Ast nachgab und er aus drei Metern Höhe zu Boden fiel. Er hatte Glück, denn direkt neben ihm lag ein scharfkantiger Felsbrocken, der ihm die Wirbelsäule hätte brechen können. Sicher, der Aufprall hatte ihm die Luft aus den Lungen gesogen und er lag still, so still, dass Annie Angst bekam und anfing, seinen Namen zu brüllen. Werner.

»Warum schreist du denn?«, scherzte er und stützte sich auf einen Ellbogen, mit einem verwegenen Grinsen im Gesicht.

»Oh, du … Idiot.« Annie war über alle Maßen erleichtert und schluckte ihre Tränen hinunter. Abgesehen von der blutigen Stelle an seiner Schläfe ging es ihm gut. Sie bot ihm ihr Taschentuch an, um den Blutfluss zu stoppen. »Halte das lieber noch eine Weile fest.«

»… Sie haben recht.«

Annie hat kein Wort gehört, starrt vor sich hin, als ob sie stumm und taub wäre. Es ist der Mann, den sie im Fernsehen gesehen hat. »Wie bitte?«

»Ich sagte, dass Sie vielleicht recht haben. *Gerast* bin ich aber kaum.« Er wirkt ungeduldig, ein wenig unhöflich.

»Sie sind Werner … Becker.«

Er rollt nicht gerade mit den Augen, aber sie weiß, dass er es schon tausendmal gehört hat. Er schaut nach vorn, dann wieder zu ihr, offensichtlich überlegt er, was er tun soll.

»Hören Sie, es tut mir leid. Wie wäre es, wenn ich Ihnen die Flasche ersetze. Ich habe im Moment einfach keine Zeit …«

»Schon gut, ich schaffe das schon.« Annie fängt sich, bevor ihre Hand zu seinem Gesicht wandern kann. Sie möchte die Narbe berühren, weiß mit einem Mal, dass es der Mann sein muss, den sie zuletzt 1944 gesehen hat.

»Nein, nein, geben Sie mir Ihre Adresse. Ich schicke Ihnen die Flasche zu.«

»Ich lebe in Ostberlin.« Sie sagt es so, als wäre es eine Schande. Das ist es auch, irgendwie. Ihre schäbige Kleidung und ihre abgewetzten braunen Schuhe kennzeichnen sie so sicher, als trüge sie ein Etikett auf der Stirn.

Ein Grinsen huscht über seine Züge. »Die Post liefert doch«, scherzt er. »Ihre Adresse?«

»Schicken Sie sie zum Geschäft, ich arbeite bei Das internationale Buch.«

»Sie verkaufen Bücher?«

Die Wut ist zurück. Nur weil sie wie eine graue Maus aussieht, heißt das nicht, dass sie eine Idiotin ist. »Was geht Sie das an?«

Er schüttelt den Kopf. »Nichts, ich … ich wollte nicht …« Er schüttelt erneut den Kopf. Dann schaut er auf seine Uhr. »Hören Sie, ich muss los.«

Annie nickt. »Danke, dass Sie den Wein schicken.«

Er schlägt sich eine Handfläche gegen die Stirn. »Ich Dummkopf, wie heißen Sie denn?«

»Annie«, sagt sie langsam.

Sein Blick huscht über ihr Gesicht, sein Kiefer spannt sich an, während er seine Lippen aufeinanderpresst. Da liegt etwas Neues in seinem Ausdruck, etwas wie Schmerz. Oder ist es Bedauern? Sie kann erkennen, dass es ein Wiedererkennen ist, ein Aufblitzen von etwas Vergangenem, von tief vergrabenen Erinnerungen. Dann ist es verschwunden, er richtet sich ein wenig auf und sagt: »Entschuldigung, Ihr Nachname?«

»Lindmann.«

»Großartig, sie bekommen es vor Weihnachten.« Er dreht sich abrupt um und eilt davon.

Annie steht da mit der armseligen Papiertüte und sieht dem Mann nach, den sie einst geliebt hat. Ihre Füße sind taub, weil die Pfütze ihre Sohlen durchweicht hat.

Er ist am Leben! Ein angesehener Reporter, klug und, wie es aussieht, wohlhabend. Im Gegensatz zu ihr, einem Niemand in den Sechzigern aus Ostberlin in abgetragenen Schuhen und grauen Klamotten. Kein Wunder, dass er nichts mit ihr zu tun haben will.

»Mama?« Emma kommt auf sie zugeeilt, verschiedene Taschen baumeln an ihrem Arm. »Was machst du denn hier draußen? Ich weiß, ich bin ein bisschen spät dran, aber du hättest drinnen warten sollen.«

Annie konzentriert sich auf ihre Tochter, die kluge Frau, die sie so gut wie allein großgezogen hat. »Ich bin so stolz auf dich«, sagt sie mit Tränen in den Augen.

Emma umarmt sie. »Woher kommt das denn jetzt? Diese Lichter und Weihnachtslieder müssen dir zu schaffen machen. Ist es nicht herrlich?«

Annie kichert, was gefährlich nahe am Weinen ist. Warum um alles in der Welt wollte er es nicht eingestehen? Sie ist sich sicher, dass er sie erkannt hat. Ihr Bauchgefühl hat sie noch nie getäuscht. Im Hinblick auf Werner schon gar nicht.

Der Bürgersteig verschwimmt, die Menschenmenge vor den Schaufenstern wird zu einem unübersichtlichen Durcheinander. Annie ist erleichtert, dass Emma sie zum Eingang führt, wo Heidi bereits wartet.

»Was ist denn mit dir passiert?«, fragt Heidi. »Du solltest doch einkaufen gehen und nicht auf eine Beerdigung.«

Annie verzieht die Lippen zu einem dünnen Grinsen. »Lasst uns nach oben gehen, ich muss euch was erzählen.«

»Ich kann nicht glauben, dass er sich erdreistet hat, so zu tun, als ob …«, schreit Emma und nimmt einen großen Schluck von ihrer heißen Schokolade. »Bist du sicher, dass er dich erkannt hat?«

Annie nickt langsam. »Als ich meinen Namen genannt habe … Es war wie … wie damals. Nur, dass er total zurückhaltend war.«

»Warum hat er seinen Namen geändert? Das verstehe ich nicht«, sagt Emma.

»Ich glaube, wir brauchen etwas Stärkeres als Kakao«, meint Heidi. Sie winkt der Kellnerin zu, als würde sie das schon seit Jahren tun. »Drei Weißwein bitte, den Chardonnay, wenn Sie ihn haben.«

»Natürlich, sofort.«

»Ich lade euch ein«, sagt Heidi, sobald die Kellnerin verschwunden ist. »Ich muss sowieso eine Diät machen.«

Annie grinst und verspürt den Drang, die kleine Frau mit dem großen Herzen zu umarmen. Heidi erwidert ihr Lächeln und dann beginnen alle drei zu kichern. Sie lachen, bis ihnen die Tränen über das Gesicht laufen.

KAPITEL SECHSUNDDREISSIG

Sobald sie die Grenze nach Osten überqueren, ist die Fröhlichkeit, die Annie durch den Abend getragen hat, verschwunden. Es ist, als lauere hier eine Schwere, etwas Kaltes und Abweisendes und noch etwas anderes, aber was? Enttäuschung?

Es war schon schwer genug, sich Werner tot in einem Massengrab in Russland vorzustellen, aber diese absichtliche Abfuhr … Das ist so grausam und eisig, als hätte er ihr einen Schlag vor den Kopf versetzt. Wie kann sie mit dieser neuen Erkenntnis leben, den Mann gefunden zu haben, den sie liebte, nur um dann ignoriert zu werden? Auf eine Art und Weise, die sie nicht einmal verstehen kann?

Nachdem sie sich von Heidi verabschiedet haben, gehen sie und Emma gemeinsam weiter nach Hause. Emma redet die ganze Zeit, als hätte sie Angst davor, was ihre Mutter tun könnte, sobald es eine Pause entstünde.

Endlich schließt Emma die Tür auf, dann zögert sie. »Mama, alles gut?«

Annie nickt. Sie ist hundemüde, so müde wie vor vierundvierzig Jahren nach dem langen Treck nach Westen. Alles, was sie will, ist, sich unter die Decke zu verkriechen und den Abend hinter sich zu lassen, ihn irgendwie aus ihrem Gedächtnis, aus ihrem Wesen zu tilgen.

Natürlich ist das unmöglich – sie verbringt fast die ganze Nacht damit, die Begegnung zu verarbeiten. Das Schicksal hat ihr einen grausamen Streich gespielt und ihr Werner in den Weg gestellt. Warum musste sie sich genau in dem Moment umdrehen, als er an ihr vorbeiging? Wie standen dafür wohl die Chancen?

Im Buchladen dröhnt Weihnachtsmusik, vor dem Geschäft bilden sich Schlangen, den ganzen Tag kommen und gehen die Kunden. Annie bleibt keine Zeit zum Nachdenken, denn sie eilt hin und her, zeigt den Leuten, was der Laden zu bieten hat. Zu oft sagt sie ihnen, dass sie dies und jenes nicht mehr haben. Die meisten guten Bücher, die aus dem Westen kommen, werden in so kleinen Mengen geliefert, dass sie ausverkauft sind, bevor sie überhaupt in den Regalen ankommen. Wenigstens können die Leute jetzt rübergehen und dort einkaufen ... wo *er* in seinen feinen Kleidern lebt.

Ein bitteres Grinsen huscht über ihre Züge und verschwindet, als sie nach Luft schnappt. Das Atmen fällt ihr in diesen Tagen schwer, was sie bis jetzt nicht einmal bemerkt hat. Sie ist verbittert, wütend und traurig auf einmal – wahrscheinlich auch neidisch. Sie hat sich von einer langweiligen zu einer hässlichen Person entwickelt.

Eine Woche ist seit der Begegnung vergangen und der Zweifel hat sich wieder in ihren Kopf geschlichen, hat sich dort breit und es sich gemütlich gemacht. Der Mann hätte jeder sein können, die Narbe ein Zufall, die Stimme nicht mehr als ähnlich derjenigen, an die sie sich zu erinnern *glaubt*. Mehr als fünf Milliarden Menschen bevölkern die Erde. Man sagt, dass es für jeden Menschen einen Zwilling gibt, Ähnlichkeiten ganz sicher.

Außerdem sind fünfundvierzig Jahre vergangen. Das ist es. Damals war er ein Junge, kaum ein Mann. Er hatte sich allein in dem Jahr, in dem sie sich getrennt hatten, rasant verändert. Warum sollte sie annehmen, dass sie ihn wiedererkennen würde?

Als Annie an diesem Abend das Büro betritt, um die Schuhe zu wechseln und ihren Mantel zu holen, liegt ein Paket in ihrem Fach. Auf dem Karton stehen ihr Name und die Adresse einer Weinhandlung. Er hat die Flasche also verschicken lassen, er wollte sich nicht einmal die Zeit nehmen, sie selbst vorbeizubringen.

In einem plötzlichen Anfall von Wut packt sie die Schachtel und überlegt, ob sie sie in den Papierkorb werfen soll. Aber da ist ja noch Heidi, die sie überraschen wollte. Morgen ist Heiligabend und Annie wird sicher nicht in den Westen zurückkehren. Sie schluckt und zieht entschlossen Mantel und Hut an, packt sich die Schachtel unter den Arm. Sie weiß, dass sie geöffnet worden ist. Die Stasi öffnet alles, Briefe und Pakete. Die Leute dort haben so viel Angst, dass jemandem der Staat nicht gefallen könnte. Wie kommen die nur auf diese Idee?

Annie zieht laut die Luft ein. Was für ein idiotisches System, das versucht, die Gedanken eines Menschen zu kontrollieren, jede rebellische Meinung aufzuspüren und sie zu bestrafen. Hart.

Nun, das ist vorbei. Zumindest scheint es so, als würde die Grenze offen bleiben. Es ist, als wäre ein Damm gebrochen und die Wassermassen reißen immer mehr Boden weg, um ein Gleichgewicht mit der anderen Seite herzustellen.

Zu Hause beäugt Emma neugierig das Paket. Annie hat es nicht angerührt, kocht schweigend einen Topf Spaghetti und nippt an einem Bier, während sie die Tomatensoße würzt.

»Willst du es nicht öffnen?«, fragt Emma.

»Wozu?«

»Ist es nicht von *ihm*?«

»Na und?« Eine Schärfe hat sich in Annies Stimme geschlichen. Sie nimmt einen weiteren Schluck und schwenkt die Soße. »Es ist nur Wein. Nicht einmal für mich, es ist ein Geschenk für Heidi.«

»Aber *er* hat es geschickt.«

Annie wendet sich wieder dem Herd zu. »Ist mir egal.« Sie nimmt noch einen Schluck. »Er war es sowieso nicht, wahrscheinlich habe ich mir alles nur eingebildet.«

»Richtig.« Annie spürt Emmas Blick auf ihrer Schläfe, weigert sich aber, ihre Tochter anzusehen. »Stört es dich, wenn ich nachschaue?«

Annie murmelt etwas Unverständliches und schaltet den Herd aus. »Das Essen ist fertig, hol lieber die Teller.«

Aber Emma ignoriert sie und öffnet vorsichtig die Pappnaht. Annie holt Teller heraus und klatscht Nudeln darauf. Porzellan klirrt, Silberbesteck klappert.

»Schau, er hat eine Karte geschickt.« In Emmas Hand liegt ein Umschlag aus teurem Papier. Sie schnuppert daran.

Annie eilt herbei und schnappt: »Gib sie mir.«

Emma grinst und legt den Umschlag auf Annies Handfläche. »Kein Grund, sauer zu werden. Es ist nur ein Brief.«

Plötzlich ist Annie nicht mehr hungrig. Sie hat kein Bedürfnis mehr, außer dem einen: die Nachricht zu lesen.

Liebe Annie,

die Beule und das Zerbrechen der Weinflasche tun mir leid. Der Barolo, den ich Ihnen schicke, ist ein ziemlich guter Wein, hoffentlich schmeckt er Ihnen.

Ich wünsche Ihnen und den Ihren ein frohes Weihnachtsfest!

Werner

PS: Deutschland verändert sich – endlich.

Annie starrt auf die Zeilen, bis die Buchstaben zu tanzen beginnen. Was hat sie denn erwartet, ein Geständnis, eine Zusammenfassung seines Lebens, eine Erklärung, warum er so tut, als würde er sie nicht erkennen? Sie blinzelt, um den wässrigen Schleier zu vertreiben, und starrt auf die Schrift. Wenigstens hat er den Zettel geschrieben. Sie versucht, sich an seine Handschrift zu erinnern, das Vertraute zu finden – kann es nicht. Damals waren sie fast immer zusammen, er hatte nicht viel Grund zu schreiben. Außerdem wäre seine Schrift reifer geworden … anders.

Emma beobachtet sie von ihrem Platz aus. »Was steht drin? Die Spaghetti werden kalt.«

Annie übergibt den Brief und leert ihr Bier. »Essen wir lieber.«

Am ersten Weihnachtsfeiertag treffen sie sich bei Heidi, in einer winzigen Wohnung in einem Hinterhof in Prenzlauer Berg, wo sich fünfstöckige Häuser in endlosen Reihen aneinanderdrängen. Sie haben seit Jahrzehnten weder Farbe gesehen noch wurden sie instand gehalten, ihre Fassaden sind aschfahl und fleckig wie Taubendreck. Heidi hat das Glück, im fünften Stock zu wohnen, wo ihr ein Stück Himmel gehört, der heute schneewassergrau ist. Heidi hält ihre Wohnung ordentlich und bewegt sich trotz ihres Umfangs mit erstaunlicher Gewandtheit zwischen Küche und Tisch. Eigentlich ist es ein Tisch für zwei, aber sie machen es sich gemütlich.

Sie schlemmen Rinderbraten und Kartoffeln, Heidi hat außerdem einen Apfelstreuselkuchen mit echter irischer Butter gebacken. »Die kommt aus dem Westen«, sagt sie, während sie essen. Wenn es um Kuchen geht, meint Heidi es ernst.

»So lecker.« Emma kratzt die letzten Krümel von ihrem Teller und springt auf. »Lasst uns die Geschenke auspacken.«

Sie reicht Heidi die Weinkiste. »Von Mama … eigentlich kam

sie von Werner.« Annie wirft Emma einen bösen Blick zu, aber die ignoriert ihre Mutter. »Weißt du, die Weinflasche, die er zerbrochen hat, hat er ihr ersetzt.«

Statt zu sprechen, fährt Heidis Zeigefinger über den eingravierten Namen und das Wappen auf der Holzkiste. »Sieht schick aus.« Vorsichtig hebt sie den Deckel an, darunter liegt eine Flasche Rotwein auf einem Strohbett. Wieder studiert Heidi das Etikett … fährt mit dem Finger darüber.

Annie bleibt ganz still, beobachtet ihre Freundin und kämpft gegen ihre eigene Neugier in Bezug auf die schöne Verpackung an.

Abrupt sieht Heidi Annie an. »Das ist viel mehr als eine Flasche und eine Entschuldigung dafür, dass er eine Flasche Wein zertrümmert hat.« Sie schließt den Deckel und reicht Annie die Kiste. »Das ist deine Gabe von Werner. Du darfst sie nicht verschenken.«

»Das Original war für dich, das hier ist auch für dich.«

Heidi schüttelt entschlossen den Kopf. »Ich liebe dich, Annie, das weißt du. Aber das kann ich nicht behalten.«

Auf der anderen Seite von Annie meldet sich Emma zu Wort. »Ich stimme zu, es ist dein Geschenk.«

Annie schnappt sich die Schachtel und stellt sie zurück auf den Tisch. »Gut, dann nehme ich sie, aber nur, wenn ihr beide die Flasche mit mir teilt.«

Heidi grinst. »Ich würde es nicht anders haben wollen. Es sei denn, Werner taucht auf und nimmt unseren Platz ein.«

»Haha, sehr witzig«, spottet Annie. »Er hat einen netten Weg gefunden, unsere Begegnung zu vergessen.« Sie sieht die beiden Frauen an. »Außerdem ist er es sowieso nicht. Warum sollte er seinen Namen geändert haben? Das ergibt keinen Sinn.«

»Es gibt Gründe, warum Menschen ihre Namen ändern.« Emma schaut nachdenklich drein. »Ich habe es nachgeschlagen. Manche Menschen verstecken sich vor jemandem oder etwas. Vielleicht hat er etwas getan … ein Verbrechen begangen.«

»Oder er hat eine alte Freundin, die ihm nachstellt«, witzelt Heidi.

»Ihr zwei seid mir zu viel«, ruft Annie, aber dann stimmt sie mit ein. Wie an jenem Abend im KaDeWe lachen die drei, bis ihnen die Tränen über die Wangen laufen.

Schließlich wischt Annie sich über das Gesicht und lehnt sich zurück … erschöpft. »Ich nehme an, wir werden es nie erfahren.«

KAPITEL SIEBENUNDDREISSIG

Nach Weihnachten geht der Wahnsinn in der Buchhandlung weiter. Kunden kehren zurück, tauschen um und kaufen weitere Bücher mit ihren Geldgeschenken. Annie ist froh über die Ablenkung, die sie davon abhält, über den Wein nachzudenken, über den Mann, der vielleicht Werner ist, vielleicht aber auch nicht.

Zwei Wochen nach Neujahr kommt Emma in die Wohnung gerannt. Annie hat den Tag mit der Lektüre des neuen Westbuchs verbracht, das sie für sich selbst reservieren konnte, und ist immer noch im Bademantel.

»Morgen findet eine Demonstration statt.« Emma wirft ihre Handtasche auf den Tisch. Sie nähert sich Annies Couch und schaut auf sie herab. »Bist du immer noch so von heute Morgen? Kümmert es dich nicht, was hier los ist?«

Annie blickt zu ihrer Tochter auf und zwingt sich zu einem Lächeln. »Sicher tut es das. Erzähl schon.«

Emma scheint zu aufgeregt zu sein, um zu widersprechen, und lässt sich neben ihrer Mutter nieder. »Du weißt doch, dass das Ministerium für Staatssicherheit immer noch arbeitet? Ich meine, sie tun so, als hätte sich nichts geändert, als könnten sie uns weiter ausspionieren. Ich habe gehört, dass sie Tausende von Akten vernichten, um ihre Verbrechen zu vertuschen.« Emma zieht ihren Wollhut ab und schüttelt ihr feuchtes Haar. »Morgen gehen wir zur Stasi und demonstrieren. Sie vernichten immer noch Dokumente über ihr Spionagenetz.«

»Musst du nicht zur Schule?«

»Oh Mama, die Demo wird nach sechzehn Uhr anfangen. Ich gehe direkt von der Arbeit aus hin.« Sie ergreift Annies Hand. »Warum kommst du nicht mit?«

»Soweit ich weiß, sind die Läden bis achtzehn Uhr geöffnet, also nein, ich werde nicht mitkommen können.«

Emma richtet sich auf und macht sich an die Zubereitung eines Butterbrots. Mit dem Messer in der Hand wendet sie sich an ihre Mutter. »Willst du jetzt für immer deprimiert sein? Du hast seit Weihnachten keinen Fuß mehr nach draußen gesetzt, außer zur Arbeit.«

Annie schlägt demonstrativ ihr Buch auf. »Ich brauche Zeit zum Nachdenken.«

Zu ihrer Überraschung wendet sich Emma wieder ihrem Brot zu, ohne auch nur ein Wort zu erwidern.

Emma hat natürlich recht. Der Knoten ist wieder da, der Knoten, der Annies Inneres einschnürt und über die Jahre immer fester wurde. Sie bläst Trübsal und ist auch deprimiert, aber eigentlich ist sie hauptsächlich wütend auf den Mann, der ihre Weinflasche zerbrochen hat. Obwohl sie sich mit jedem Tag unsicherer ist, dass der Mann, den sie getroffen hat, Werner ist … ihr Werner. Und obwohl sie unendlich erleichtert ist, dass sich die ostdeutsche Diktatur langsam auflöst, wird sich für sie selbst nicht viel ändern. Sie ist über sechzig und in ein paar Jahren wird sie in Rente gehen. Hoffentlich bleibt Emma bei ihr, sonst wird es schwierig, die Miete zu bezahlen. Da sich die DDR verändert, weiß sie nicht einmal, was mit ihren Sozialleistungen passieren wird. Wird sie überhaupt Gelder beziehen oder wird sie arbeiten müssen, bis sie tot umfällt? Was wird mit der Währung des Landes, der Ostdeutschen Mark, geschehen? Sie hat nicht viele Ersparnisse, aber diese zu verlieren, würde sie am Boden zerstören.

Bei so viel Ungewissheit ist es schwer, sich zu freuen. Selbst in der Buchhandlung wird über Umstrukturierungen gesprochen. Wenn die Leute ihre Bücher im Westen kaufen können, warum sollten sie sie dann noch bei ihr bestellen? Viele der Bücher aus dem Ostblock werden nicht mehr gedruckt. *Kein Wunder. Wer will schon so einen einseitigen Unsinn lesen?*

Als sie am nächsten Abend von der Arbeit heimkommt, wird im Fernsehen eine riesige Menschenmenge vor der Stasi-Zentrale gezeigt. Die Leute beobachten das Gebäude, halten Schilder in die

Höhe: *Wo sind die Schergen aus den Kellern der SED? … Schluss mit Stasi, SED, Diktatur und Nazismus.* Annie beobachtet den Bildschirm, sucht nach Emma. Im Hinterkopf stellt sie sich vor, wie die Geheimpolizei ausschwärmt, um alle zu verhaften.

Stattdessen wird ein Tor aufgeschlossen und die Menge bewegt sich hinein, strömt durch die Gänge. Ein Mann deutet auf einen Raum mit beschlagnahmten Westprodukten, ein anderer zeigt Reihen und noch mehr Reihen von Abhörgeräten, Kopfhörer baumeln von den Wänden. Das ist nicht viel, wenn man bedenkt, dass mehr als zweihunderttausend hauptamtliche Spione den Staat kontrollierten, Beweise über die Bürger sammelten.

Annie kaut geistesabwesend auf ihrem Brot und wünscht sich, dass Emma nach Hause kommt.

»Hast du das gesehen?«, ruft Emma schon vom Eingang. Es ist nach zwanzig Uhr, Annie rennt ihr erleichtert entgegen. »Diese Arschlöcher haben schon alles mitgenommen. Ich sage dir, die verstecken ihre Drecksarbeit … oder zerstören jeden Beweis darüber.«

»Natürlich tun sie das«, sagt Annie. »Autokraten sind vieles, aber sie sind weder mutig noch anständig, gerecht schon gar nicht.« Der Geschmack in ihrem Mund ist bitter, wenn sie an Hitler und die Verbrechen denkt, die er und seine Kumpane begangen haben. Sie haben sie um alles gebracht, was ihr jemals etwas bedeutet hat. »Sie verstecken sich hinter Macht und Drohungen.« Sie sieht ihre Tochter an. »Es wird das Gleiche sein wie bei den Nazis. Zuerst verstecken sie sich. Nach einer Weile kriechen sie wieder heraus, stauben sich ab, behaupten, sie hätten nichts damit zu tun gehabt, besorgen sich einen Persilschein, ein Dokument, das sie zu unschuldigen Zuschauern erklärt.« Sie nimmt einen tiefen Atemzug. »Und dann klettern sie zurück in Machtpositionen.«

Emma ergreift Annies Hand. »Wenigstens machen wir Fortschritte.«

Annie lächelt sanft. »Vielleicht tun wir das.«

KAPITEL ACHTUNDDREISSIG

»Annie, da fragt jemand nach dir.« Eine ihrer Kolleginnen steht in der Tür zum Lagerraum, wo Annie gerade eine neue Bücherlieferung sortiert.

»Ich komme.« Es ist nicht ungewöhnlich, denn die Kunden fragen oft nach ihrem Namen, wenn sie bestellen, manche sind schon seit Jahren Kunden und sie hat den Ruf, auch die seltensten Bücher aufzuspüren.

Annie wischt sich die Hände ab und eilt nach vorn. »Da drüben«, sagt die Kassiererin.

Annie will gerade ihr Geschäftslächeln aufsetzen, als sie innehält und wie vom Donner gerührt stehen bleibt. Dort an den Eingangstischen, die die neuesten Bestseller ankündigen, wartet Werner Becker.

Ihre Blicke treffen sich, doch Annie ist nicht in der Lage, ihre Beine zu bewegen. Sie steht einfach nur da und starrt den Fremden an, der überhaupt nicht fremd ist. An der Art, wie er steht, wie er den Kopf leicht nach links legt, weiß sie plötzlich, dass dies Werner ist, ihr Geliebter, der Junge, der sich dem Volkssturm angeschlossen hat, der sie schwanger zurückließ, der Vater ihrer Tochter Emma.

Sie schluckt einmal … zweimal. Die Kassiererin sagt etwas zu ihr, aber sie kann sich nur auf den Mann konzentrieren … der jetzt auf sie zukommt. Nicht mit der leichten, katzenhaften, geschmeidigen Art, an die sie sich erinnert, sondern viel bedächtiger, langsamer … und doch kraftvoll.

»Hallo. Frau Lindmann?«

Annie nickt. Sie schluckt noch einmal. Ihre Kehle ist so trocken, dass sie ein wenig keucht. Werner ist an den Tresen getreten, konzentriert sich auf sie. Da ist eine Unsicherheit in seinem Blick, eine Verletzlichkeit, die Annie beim letzten Mal nicht gesehen hat. Sie reißt sich zusammen und sagt: »Wie kann ich Ihnen helfen?«

Werner wirft einen Blick auf die Kassiererin, die ihn immer noch neugierig beobachtet, aber dann setzt er sein ernstes Gesicht auf. »Ich suche ein bestimmtes Buch, ich hatte gehofft, Sie könnten mir helfen.«

Annie versucht ein Lächeln, aber es weigert sich und gleitet davon. Sie tritt um den Tresen herum in den Geschäftsraum, fühlt sich nackt und hässlich in ihrer Hose und Bluse. »Was für ein Buch ist es? Belletristik, Sachbuch?«

»Sachbuch … historisch.«

Annie schluckt und sagt: »Hier entlang, ich zeige Ihnen, was wir haben. Sie können natürlich jederzeit bestellen.«

Sie rennt los, ohne zu schauen, ob er ihr folgt. Aber als sie im Sachbuchbereich ankommt und sich umdreht, steht er unmittelbar vor ihr.

Ohne den Tresen zwischen ihnen fühlt sie sich ungeschützt. *Komm schon*, kommentiert ihr Verstand.

Sie holt tief Luft. »Werner Becker, richtig? Sie haben mir den Wein geschickt.«

Der Mann sieht sie unverwandt an, diesmal mit einem traurigen Ausdruck. »Sie … du und ich wissen, dass das nicht mein richtiger Name ist.«

Die Regale hinter Werner beginnen zu schwanken. In ihrer Benommenheit hebt Annie den Kopf, um den Mann zu betrachten. Er ist groß, viel größer, als sie ihn in Erinnerung hat.

Sie hatte die ganze Zeit recht. Bevor sie etwas sagen kann, beugt sich Werner näher heran und sagt mit leiser Stimme: »Es tut mir so leid, ich hätte etwas sagen sollen, als wir uns getroffen haben. Ich war nur so … so überrascht. Ich hätte nie erwartet, dich wiederzusehen. Annie.« Er legt eine Hand auf ihren Unterarm. Sie zittert ein wenig, genau wie seine Stimme.

Dieser letzte Satz nimmt Annie die letzte Selbstkontrolle. Der Kloß in ihrer Kehle schwappt in ihre Augen über. Sie schüttelt seine Hand ab, wischt sich grob mit dem Ärmel über das Gesicht und krächzt: »Ich wusste, dass du es bist, als ich die Narbe gesehen habe.«

Werners Hand wandert zu seiner Schläfe, berührt die Stelle mit seinem Zeigefinger. »Die hatte ich ganz vergessen.«

Ich nicht, will Annie sagen. Aber sie sagt nichts. Plötzlich brennt eine schreckliche Wut in ihr, ihr Blut hat sich in Lava verwandelt, der Zorn bricht aus ihr heraus. »Ich habe jahrelang nach dir geforscht … Aber der Suchdienst war schrecklich, die SED hat uns größtenteils ignoriert … wir kamen ja alle aus dem *Osten*.« Die Worte strömen in Schüben aus ihr heraus, hart und schnell. »Sie haben nicht einmal anerkannt, dass wir unsere Häuser verloren hatten … alles.« Sie fuchtelt mit den Armen, als könne sie das Ausmaß ihres Verlustes irgendwie umfassen. »Sie haben uns *Umsiedler* genannt.« Sie denkt an die Jahrzehnte, in denen sie darum gekämpft hat, sich zu Hause zu fühlen und Frieden mit ihrer Vergangenheit zu schließen. Jetzt sprudelt alles an die Oberfläche.

»Ich habe dich auch gesucht.« Werners Augen sind auf sie gerichtet. »Das Deutsche Rote Kreuz hat eine riesige Datenbank, aber sie wussten nicht so viel über die Menschen im Osten.« Sein Blick schweift ab und kehrt zurück. »Du bist verheiratet.«

Als ob das etwas bedeuten würde. »*War* … ich war verheiratet. Robert ist schon lange tot … er hat das Kriegstrauma nie überwunden.«

Werner bleibt stumm, sein Blick geht wieder in weite Ferne.

Annie beobachtet ihn genau. Der gestutzte Bart kann die bitteren Falten um seinen Mund nicht verbergen. Es liegt nicht an der zerknitterten Stirn, dass sie erkennt, wie viel er durchgemacht hat … dass er gelitten hat wie sie. Es steht alles in seinen Augen geschrieben, die immer noch dunkel sind. Aber jetzt tragen sie eine Last, einen unausgesprochenen Schmerz, den er tief vergraben hat.

»Du bist jetzt ein berühmter Reporter«, sagt sie.

Er winkt ab. »Ich versuche nur zu sagen, wie es ist … Den Menschen wichtige Informationen nahezubringen.«

»Du hast immer davon geträumt, Biologe zu werden.«

Er lächelt, aber es ist ein trauriges Lächeln. »Ich habe von vielen Dingen geträumt, Annie.« Seine dunklen Augen sind auf sie gerichtet, und in diesem Moment fühlt sie sich, als wären sie wieder in der Scheune. Zeit ist unbedeutend, sie ist ein Konzept, das fürs Herz, für die Liebe keine Bedeutung hat.

Sie schüttelt die Erinnerung ab, seinen intensiven Blick.

»Warum bist du gekommen … warum jetzt?«

»Ich habe etwas Zeit gebraucht. Habe mich schlecht gefühlt und wollte mich entschuldigen. Das ist das Mindeste, was ich tun kann.«

Sie merkt, dass er sich selbst nicht sicher ist. Wieder betrügt ihr Körper sie. Ihr fällt nichts Vernünftiges ein, was sie sagen könnte. Wo es doch so viel zu sagen gibt.

»Ich muss gehen … ein Termin.« Er lächelt sie sanft an. Liegt Bedauern in seinem Blick?

»Danke, dass du gekommen bist«, sagt sie, als wäre er ein Kunde. *Schwachkopf*, schimpft ihr Verstand.

Er holt sein Portemonnaie heraus und reicht ihr eine Visitenkarte. Dann tippt er mit zwei Fingern an seine Wollmütze. »Pass gut auf dich auf, Annie.«

Annie steht da und sieht regungslos zu, wie er zum Ausgang schreitet, ein breitschultriger Mann, der eine erfolgreiche Karriere gemacht hat. Ihr Blick wandert zu ihrer Brust und ihren Hüften, ihren Beinen und den langweiligen Schuhen. Für über sechzig ist ihre Figur nicht schlecht, aber Mode hatte für sie nie Priorität. Nicht nur hat sie sich nie etwas daraus gemacht, sich modisch zu kleiden, sie hatte auch weder Geld noch die Möglichkeit, schöne Kleider zu tragen.

»Ich suche ein Selbsthilfebuch über Diäten.« Eine Frau schaut sie erwartungsvoll an.

Annie erschrickt bei der Stimme, fängt sich und lächelt. »Natürlich, hier entlang, bitte.«

Erst als sie von der Buchhandlung nach Hause läuft, erlaubt sie sich, noch einmal an Werners überraschendes Auftauchen zu denken. Für zweiundsechzig sieht er gut aus. Er ist nicht nur schlank, er hat auch diese Ausstrahlung, die erfolgreiche Menschen haben, eine Art Laissez-faire, ein entspanntes Herangehen an die Welt mit der Zuversicht, dass jeder ihn gut behandeln wird. *Weil er etwas aus sich gemacht hat*, kommentiert die Stimme in ihrem Kopf. *Im Gegensatz zu dir, die in einer Buchhandlung arbeitet.*

»Mama?« Emma wuselt in der Küche herum und kocht Linsensuppe.

Annie hat nicht einmal bemerkt, dass sie die Wohnung betreten hat. Als sie ihre Tochter sieht, bricht sie in Tränen aus und wirft sich in Emmas Arme.

»Was ist passiert?« Emma streichelt Annies Rücken. Normalerweise ist es die Aufgabe der Mutter, ihre Tochter zu trösten. Wann haben sich die Rollen umgekehrt?

Annie schluchzt laut, kramt nach einem Taschentuch und putzt sich die Nase. »Werner ist in den Laden gekommen.«

»Was? Erzähl, schnell.« Emma zerrt Annie zum Tisch und zwingt sie, sich zu setzen. »Was hat er gesagt?«

»Er hat nach mir gefragt, hat mir gesagt, dass es ihm leidtut, dass er mich ignoriert und so getan hat …«

»Also, *ist* er es. Er *ist* mein Vater.« Emma klingt so atemlos, wie Annie sich fühlt. Sie fängt Annies fahrige Hände ein und hält sie fest. »Was hast du ihm erzählt? Wie ist es ihm ergangen?«

Ein großes Gefühl der Traurigkeit überkommt Annie, es ist so stark, dass sie kaum den Kopf heben kann, um ihrer Tochter in die Augen zu sehen. »Nichts. Er hat nicht viel gesagt … Es war mir unangenehm, ich konnte nicht …« Annie erinnert sich an seinen intensiven Blick, an die Verwirrung, die sie empfunden hat.

Emma springt auf. »Was meinst du damit? Er muss doch irgendetwas gesagt haben. Meinst du etwa, du hast ihm nichts von mir erzählt?«

Annie senkt den Kopf, wieder ist er zu schwer, um ihn zu heben. »Man sagt einem Mann, den man fünfundvierzig Jahre nicht gesehen hat, nicht einfach, dass er ein Kind hat.«

»Warum nicht?« Emmas Stimme klingt wie ein Schrei. »Was *hat* er denn gesagt?«

»Dass es ihm leidtut, dass er mich vor Weihnachten ignoriert hat, und dass er der Mann ist …« … *den ich damals geliebt habe.* Annie kann es nicht laut aussprechen, denn schon diese Kleinigkeit bringt den ganzen Schmerz ihrer Vergangenheit zurück. »Er sagte, er habe mich gesucht, aber die DDR-Regierung habe keine verlässliche Datenbank über uns.«

»Uns?«

»Die Umsiedler aus dem Osten.« Annie merkt, dass Emma den Unterschied nicht kennt, nicht versteht. Sie ist in diesem neuen und nun zerbröckelnden Land aufgewachsen, hat die DDR als ihre Heimat betrachtet.

»Ich verstehe immer noch nicht, warum du ihm nicht von mir erzählt hast.« Emmas Augen sind voller Schmerz, als sie sich aufrichtet und wieder der Suppe zuwendet.

Während Annie die Szene zwischen den Bücherregalen noch

einmal erlebt, möchte sie etwas sagen, sich ihrer Tochter erklären.

Doch mit nichts könnte sie die Tatsache entschuldigen, dass sie ihrer Tochter das Gefühl gegeben hat, unwichtig zu sein.

KAPITEL NEUNUNDDREISSIG

Am 18. März besuchen Annie und Emma das Wahlbüro, wo sie ihre Stimme bei den ersten freien demokratischen Wahlen des Landes abgeben. Anschließend feiern sie mit einem Pizzaessen in Heidis Wohnung.

Heidi hat ihre Vorliebe für italienischen Wein entdeckt und zwei mit Stroh ummantelte Flaschen Chianti über die Grenze gebracht. »Ist das zu glauben?«, fragt sie und hebt ihr Glas. Ihre Wangen glühen vor Wein und Aufregung. »Wir werden eine Demokratie.«

»Ich will nur eins, dass es vorbei ist, dass wir die SED hinter uns lassen«, sagt Annie.

»Verdammte Diktaturen«, stimmt Emma zu.

»Verdammt richtig.« Heidi hebt ihr Glas ein zweites Mal. »Auf unser neues Land.«

»Es sieht so aus, als ob das Bündnis für Deutschland weit vorn liegt«, kommentiert Emma, während ihr Blick auf den Fernsehbildschirm im Hintergrund fällt, auf dem die Wahlergebnisse der Parteien eingeblendet sind.

»Sie haben uns ein vereintes Deutschland versprochen, einen gleichberechtigten Austausch von Ost- und Westmark.« Heidi pickt an der Pizzakruste auf ihrem Teller. Sie lässt nie etwas übrig. Annie hat sie einmal erzählt, wie sie nach dem Krieg jahrelang gehungert und sich selbst versprochen hatte, niemals Essen zu verschwenden.

»Ich bin mir nicht sicher, ob sie all diese Gelöbnisse halten können«, sagt Annie.

Heidi schenkt mehr Wein ein. »Macht nichts, alles ist besser als das, was wir hatten.«

»Die Allianz für Deutschland ist doch die westliche CDU, sie wird schon dafür sorgen. Sie wird uns mit dem Westen vereinigen«, sagt Emma. »Lasst uns darauf anstoßen.«

Während sie mit den Gläsern anstoßen, denkt Annie an Werner, etwas, das in diesen Tagen automatisch passiert. Seit seinem Besuch hat sie sich seine Visitenkarte hundertmal angeschaut, trägt sie wie ein kostbares Juwel in ihrer Handtasche.

Seit Werners Besuch in der Buchhandlung verhält Emma sich seltsam, spricht kaum mit Annie und weigert sich, ihr Schweigen zu erklären. Heidi hat einmal gemeint, es sei das Beste, Emma Zeit zu geben. Es muss schwierig sein, den eigenen Vater nicht zu kennen, und jetzt, wo seine Identität aufgedeckt ist, hat Emma immer noch keine Gelegenheit, ihn kennenzulernen. Er weiß nicht einmal von ihrer Existenz. Kein Wunder, dass sie daran zu knabbern hat.

Wann immer Annie in diesen Tagen den Fernseher einschaltet, erwartet sie, Werner zu sehen. Wenn der wöchentliche Spiegel in die Buchhandlung geliefert wird, ist sie die Erste in der Schlange, um ein Exemplar zu kaufen. In der Pause prüft sie die Überschriften, Fotos und Artikel auf Hinweise. Er ist wie ein Geist, der ständig über ihrem Leben schwebt.

Sie hat keine Angst mehr, die Grenze nach Westberlin zu überqueren. Die Wachen sind verschwunden, die Luft lässt sich nun leichter atmen, es ist, als ob diese neue Freiheit einen Schleier gelüftet hätte, um die Sonne hereinzulassen.

In den Tagen nach dem Besuch bei Heidi verhält Emma sich weiterhin seltsam, irgendwie reserviert und kurz angebunden, was Annies Gefühle verletzt. Versteht ihre Tochter denn nicht, dass es unmöglich ist, nahtlos an der Vergangenheit anzuknüpfen? Sie kann nur versuchen, Frieden mit ihren Erinnerungen zu schließen und sich auf das zu konzentrieren, was im Hier und Jetzt passiert. Immerhin scheint Emma heute Morgen etwas freundlicher zu sein, sie bietet sogar an, Annies Mittagessen zuzubereiten.

Als Annie am Abend nach Hause kommt, ist Emma nicht nur zu Hause, sondern hat auch das Abendessen gekocht – Pasta mit Bolognesesoße, Knoblauchbrot und einem gemischten Salat. Eine Flasche Rotwein steht auf dem Tisch, in der Mitte brennen zwei Kerzen, im Hintergrund läuft sanfter Jazz.

Annie lächelt und ist erleichtert, dass Emma ihr verziehen hat.

Es war ein anstrengender Tag in der Buchhandlung mit einer riesigen Lieferung, die inventarisiert und in die Regale einsortiert werden musste. Sie und ihre Kolleginnen hatten hundert Leute angerufen, um sie zu informieren, dass ihre Bestellungen eingetroffen waren. Nach dem anfänglichen Ansturm über die Grenze sind viele Kunden zu ihrer Routine zurückgekehrt.

»Was für eine wunderbare Überraschung«, sagt Annie und schleudert ihre Schuhe auf den Ständer. »Meine Füße bringen mich um. Ich bin heute bestimmt zehn Kilometer gelaufen.«

Emma zeigt auf den Wein. »Schenk dir ein Glas ein, er ist ziemlich gut … Primitivo aus Italien.«

Offensichtlich hat Emma schon etwas getrunken, denn ihre Wangen sind gerötet. Trotz der kühlen Apriltemperaturen steht das Fenster offen.

Annie setzt sich an den Tisch und bedient sich. In diesem Moment bemerkt sie, dass ein dritter Teller bereitsteht.

»Kommt Heidi?«, fragt sie. »Sie hat davon gar nichts erwähnt.«

Emmas Augen kleben an der Herdplatte. »Es ist eine Überraschung.«

Als es an der Tür klingelt, fliegt Emma los, um den Summer zu betätigen. Augenblicke später ist eine weitere Stimme im Flur zu hören, und dann betritt Werner Becker die Küche.

Annies Magen macht einen Salto. Was hat Emma getan? Wie kann sie es wagen …

»Hallo Annie«, sagt er und eilt an ihre Seite. »Emma hat gesagt, es gebe einen Notfall. Sie meinte, ich sollte es wissen … vielleicht kann ich helfen.«

Annie steht der Mund offen, als sie Werner ansieht, dann Emma, deren Wangen so rot sind wie ihre Bolognesesoße.

»Es ist nicht wirklich ein Notfall.« Emma leert ihr Glas, zappelt hin und her. »Es tut mir leid, ich musste das tun …« Plötzlich scheinen ihr die Worte auszugehen. Tränen schimmern in ihren dunklen Augen … Werners Augen.

Annie hat ihre Überraschung heruntergeschluckt und klopft auf den Stuhl neben sich. Keine Ausreden mehr. »Setz dich lieber. Ich glaube, Emma hat sich einer List bedient, weil sie dich etwas wissen lassen will.«

Werner lässt sich auf den Stuhl sinken. »Du bist also nicht krank oder so?«

Annie lacht, aber es klingt, als würde sie sich verschlucken.

»Ich fühle mich sehr gut. Besonders jetzt, wo wir die Diktatoren loswerden.« Sie sieht Emma an. »Da du dieses Treffen organisiert hast, kannst du dich auch zu uns setzen.«

Emma nickt, doch dann springt sie wieder auf. »Möchten Sie ein Glas Wein, Herr Becker? Ich habe für uns gekocht.«

Werner scheint froh zu sein, etwas Neutrales sagen zu können. »Klar, gern. Nennen Sie mich Werner.«

»Ich bin Emma.«

Während Emma sein Glas füllt, beobachtet Annie heimlich den Mann, der Tag für Tag die meiste Zeit in ihren Gedanken weilt. Heute Abend sieht er müde aus, die Haut unter seinen Augen ist geschwollen und grau, als ob er nicht gut geschlafen hätte.

Sobald Emma wieder auf ihrem Platz sitzt, sagt Annie: »Ich nehme nicht an, dass du es ihm sagen willst, Emma?«

Emma starrt sie nur an, dann Werner, schüttelt den Kopf. Ihre übliche Schlagfertigkeit hat sie verlassen.

Annie nimmt einen Schluck Wein. »Gut, dann erzähle ich es.«

Plötzlich ist er da, der Moment der Wahrheit. Wie oft hat sie sich ausgemalt, was sie zu Werner sagen würde? Am Anfang, damals, 1945, als sie noch hoffte, nach Hause zurückzukehren und ihn wiederzutreffen, hatte sie sich vorgestellt, wie sie mit dem Baby auf dem Arm in sein Haus gehen und ihm lächelnd Emma überreichen würde. Im Laufe der Jahre änderten sich die Szenarien in ihrem Kopf, aber sie hatte immer gewusst, was sie hätte sagen und tun müssen. Jetzt hockt sie hier und ihre Kehle ist mit so vielen Emotionen verstopft, dass es sich anfühlt, als hätte sich eine Grapefruit darin festgesetzt.

Sie wischt sich brüsk über das Gesicht und beginnt. »Damals, 1944 … bevor du weggegangen bist, hatten wir … da haben wir uns geliebt.« Sie seufzt. »Jedenfalls wurde ich schwanger, und während du irgendwo gekämpft hast, war ich zu Hause bei Oma Leo und Mutter und wartete auf deine Rückkehr. Natürlich kamst du nicht zurück, und im Januar 1945 mussten wir fort. Die Rote Armee näherte sich Insterburg.« Sie schaut zum ersten Mal auf und begegnet Werners Blick. Alle Farbe ist aus seinem Gesicht gewichen, sein Mund zittert hinter dem melierten Bart. »Wir sind nach Pillau geflüchtet und …« Die Erinnerung an ihre Mutter kehrt zurück und plötzlich kann sie nicht weitersprechen.

»Du hast ein Baby bekommen?« Werners Stimme ist sanft … voll Wunder.

»Im Juli ist Emma zur Welt gekommen.« Sie sieht ihre Tochter an. »Werner, das ist Emma.«

Emmas Augen sind jetzt voller Tränen. Sie sitzt einfach nur da und sieht ihren Vater an.

Auch Werner scheint wie vom Donner gerührt. »Du bist meine Tochter.« Ein Lächeln breitet sich auf seinem Gesicht aus, erst ist es klein, dann wird es breiter. Tränen glitzern. »Emma«, sagt er, als würde er den Klang dieses Namens ausprobieren, des Namens seiner Tochter.

Annie räuspert sich, um die Grapefruit in ihrer Kehle loszuwerden. »Jedenfalls wusste Emma von dir, aber sie konnte den Gedanken nicht ertragen, dass du keine Ahnung hast, dass sie existiert. Vor allem, nachdem ich dich endlich gefunden hatte.«

Mit einer schwungvollen Bewegung erhebt sich Werner vom Stuhl und geht mit ausgestreckter Hand auf Emma zu. »Ich bin so froh, dich kennenzulernen, Emma.«

Emma erhebt sich, zuerst etwas wackelig, aber dann nimmt sie Werners Hand und wirft sich spontan an seine Brust. »Mama hat mir vor langer Zeit von dir erzählt, aber sie hat immer geglaubt, du seist tot.« Sie lehnt sich zurück und sieht ihren Vater an. »Und als du in den Buchladen gekommen bist, wurde nichts geklärt. Sie hat dir nichts von mir erzählt und wir wissen nichts über dich. Also musste ich …«

»Einschreiten?« Werner lacht. »Du bist eindeutig meine Tochter.« Dann lacht er wieder, so laut und herzhaft, dass Emma und Annie mitlachen.

»Ich glaube, wir sollten anstoßen«, sagt Annie und schenkt ihnen mehr Wein ein.

Werner setzt sich wieder hin, aber erst, nachdem er Emmas Kopf gestreichelt hat.

»Emma ist fünfundvierzig«, sagt Annie trocken. »Aber in ihrem Herzen vermisst sie ihren Vater immer noch wie ein kleines Mädchen.«

Wieder das kräftige Lachen. »Und du bist immer noch eine starke Frau, Annie.« Werner sieht sie an, ein Grinsen auf seinen Lippen. Doch dann wird er ernst. »Erzähl mir mehr von deinem Leben.« Er nimmt Emmas Hand und hält sie fest. »Jetzt, wo die größte Neuigkeit heraus ist.«

Sie verbringen die nächsten Stunden damit, alte Erinnerungen auszutauschen, über ihr Leben auf den Bauernhöfen in Ostpreußen zu sprechen, über Werners Flucht in den Westen, nach Berlin, und Annies Ansiedlung in Magdeburg.

Ab und zu schaut Werner Emma an, als wolle er sich ihre Gesichtszüge einprägen, diese wundersame Nachricht, eine Tochter zu haben.

»Hast du noch andere Kinder?«, fragt Annie.

»Keine.« Werner scheint noch mehr sagen zu wollen, doch dann presst er die Lippen zusammen und wirkt plötzlich gleichermaßen überrascht und verärgert.

Annie möchte ihn noch viel mehr fragen … über sein derzeitiges Leben, ob er verheiratet ist oder eine Freundin hat. Aber die Worte wollen sich nicht einstellen. Der Gedanke, dass er zu einer anderen Frau nach Hause geht, ist zu schwer zu ertragen. *Dazu hast du kein Recht*, kommentiert ihr Verstand. *Ihr seid schon seit fünfundvierzig Jahren nicht mehr zusammen.*

Als er aufbricht, umarmt er Emma, etwas unbeholfen drückt er Annie einen kurzen Kuss auf die Wange, dann wendet er sich zum Gehen. Das Lächeln, das er vorhin trug, ist verschwunden.

Emma hält ihm die Tür auf, woraufhin er zögert. »Ich rufe euch nach meinem Auftrag an. Es gibt noch mehr zu besprechen.«

Welcher Auftrag?, möchte Annie fragen. *Wie lange wirst du weg sein?* Um nicht bedürftig zu wirken, sagt sie nichts, sondern lächelt nur. Sie hat es nur zu gut gelernt, ihre wahren Gefühle zu verstecken, bis es zu einer festen Gewohnheit geworden ist.

KAPITEL VIERZIG

Annie wartet. Sie ärgert sich über sich selbst, aber sie kann nicht anders. Jeden Tag steht sie auf und denkt: *Heute ist der Tag, an dem Werner sich melden wird. Er wird im Laden anrufen oder eine Notiz in die Wohnung schicken.*

Eine Woche vergeht, dann eine weitere. Wie lange dauern diese Aufträge? Warum hat er nicht einfach gesagt, wo er hinwill? Ist er nicht ein bisschen zu alt, um durch die Welt zu reisen?

Sie stellt sich vor, was er ihr erzählen wird, welche Geheimnisse er für sich behalten hat. Vielleicht wird sie den Mut aufbringen, ihn nach seiner Frau zu fragen. Sicherlich ist er verheiratet. Vielleicht hat *sie* von Annie erfahren, der alten Freundin mit der unbekannten Tochter.

Emma ist noch schlimmer dran. Jeden Abend spricht sie über ihren Vater. »Was glaubst du, was er macht?«, fragt sie zum hundertsten Mal. Annie lächelt trotz ihrer eigenen Besorgnis. Emma klingt wie ein kleines Kind, das in den Süßigkeitenladen geht und die Regale dann leer vorfindet. »Warum meldet er sich nicht bei uns … er könnte dich doch wenigstens im Buchladen anrufen.«

»Vielleicht dauert das Projekt länger. Es gibt einen Bürgerkrieg in Ruanda oder er berichtet über den Golfkrieg.« Annie versucht, sich Werner mit Helm, kugelsicherer Weste und einem Medienschild auf der Brust vorzustellen, wie er neben einem Scharfschützen im Sand liegt. Irgendwie kann sie sich nicht vorstellen, dass er in der Nähe eines Kriegsgebiets sein möchte, nicht nach dem, was er als Junge erlebt hat. Aber wie gut kennt sie ihn denn wirklich? Er war knapp siebzehn, als er sie verließ, noch ein Junge, keine gestandene Persönlichkeit, und dann wurde er durch die Schrecken des Zweiten Weltkriegs verändert und geformt und baute sich anschließend ein neues Leben, eine neue Identität auf.

Sie denkt an das gemeinsame Abendessen zurück. Dabei erzählte er Emma, dass er den Namen geändert habe, als er und Lothar auf der Flucht vor den Russen gewesen seien, damit er nicht mit seinem früheren Leben und dem Mord, den er begangen habe, in Verbindung gebracht werden konnte. Als sie schließlich in Berlin angekommen seien, habe er ihn einfach behalten – vielleicht um sich selbst zu beweisen, dass er neu anfangen müsse.

Dann wandte er seine Aufmerksamkeit Annie zu. »Ich habe wirklich nach dir gesucht, habe beim Deutschen Roten Kreuz nach deiner Familie gefragt, nach deiner Mutter und deinem Vater, habe ihnen deine Adresse in Insterburg gegeben.« Er zog eine Grimasse. »Sie haben weder dich noch später meine Eltern gefunden. Es ist, als hätte es sie nie gegeben.«

Wie meine Mutter, dachte Annie. Aber sie erwähnte ihre eigene Mutter nicht, erzählte nicht davon, wie sie sie in den Tod geschickt hatte – nur wegen der Pferde. Sie konnte einfach nicht darüber sprechen, am liebsten würde sie nie wieder daran denken. Aber das ist nicht so einfach. Das Bedauern und die Schuldgefühle begleiten sie ständig und lassen sich nicht abschütteln.

Bis zum heutigen Tag hat sie nicht einmal Emma erzählt, was mit ihrer Großmutter geschehen ist. Als das Thema beim Abendessen zur Sprache kam, wechselte Annie schnell zu ihrem Aufenthalt bei den Lindmanns und zu ihrer unglücklichen Ehe mit Robert.

Annie blinzelt und streift die Erinnerung an Werner in ihrer Küche ab.

Emma kaut auf ihrem Käse-Tomaten-Brot und schaut nachdenklich drein. »Vielleicht war er einfach noch nicht bereit dazu, uns etwas über sein Leben, seine Familie zu erzählen. Oder darüber, was er getan hat.«

»Möglich.«

Emma wendet ihre Aufmerksamkeit Annie zu. »Du hattest es wirklich schwer, ich meine, wenn ich höre, wie du im strengen Winter dein Zuhause verlassen musstest, auf der Flucht vor den

Russen. Du musst solche Angst gehabt haben.« Sie nimmt einen tiefen Atemzug. »Mit mir schwanger.«

»Es war schwer. Ich glaube, du warst der Grund, warum ich weitergemacht habe, nachdem …«

»Danach, bei den Lindmanns?«

Annie erschaudert. »Ich … habe meine Mutter auf dem Gewissen.« Plötzlich bekommt sie keine Luft mehr.

Das Brot fällt aus Emmas Händen. »Mama, was?«

Annie hebt mühsam den Kopf, sieht ihrer Tochter in die Augen. »Ich kann nicht, ich habe es nie jemandem erzählt.«

»Sag es mir jetzt, Mama. Es tut dir bestimmt gut, wenn du es herauslassen kannst.« In Emmas Augen glänzen unvergossene Tränen. »Ich habe immer gewusst, dass du etwas verheimlichst.«

Annie fängt an zu schluchzen, wieder steckt eine Grapefruit in ihrem Hals. »Weißt du«, sagt sie und versucht, durch ihre Tränen hindurch zu lächeln. »Ich hatte diese beiden Stuten, Maggie und Lotte, meine Babys. Sie haben unseren Wagen nach Westen gezogen … bis wir nach Pillau kamen.«

»Ist das nicht der Ort, an dem ihr das Schiff genommen habt?«

Annie nickt und zwingt sich, fortzufahren. »Die Temperaturen lagen bei mindestens zwanzig Grad unter null, es war so kalt, dass die Menschen auf den Straßen erfroren. Aber alles, woran ich denken konnte, waren unsere Pferde. Mama und ich hatten eine Überfahrt auf einem Minenräumboot arrangiert, als wir zurückkamen und zwei deutsche Soldaten vorfanden, die mit Oma schimpften.« Annie blickt zur Decke und dann wieder zu Emma. »Ich dachte, ich hätte nicht richtig gehört, als sie sagten, sie bräuchten jedes Pferd, um die Tausenden von Flüchtlingen zu versorgen, die in die Stadt strömten.« Ein Berg aus gefrorenem Fleisch und Knochen erhebt sich vor Annies Augen. »Es stimmt schon, viele von ihnen standen kurz vor dem Verhungern. Aber ich, in meiner Selbstversunkenheit … Ich dachte nur an mich, an meine Pferde, die mir so viele Jahre gute Dienste geleistet hatten, die so sanfte Wesen waren, uns so sehr vertrauten. Ich konnte mir nicht vorstellen, dass sie wie gewöhnliche Gäule geschlachtet werden sollten.« Annie bedeckt ihr Gesicht mit den Händen und schluchzt.

Emma legt eine Hand auf Annies Unterarm. »Mama, was ist passiert?«

Annie nimmt einen zittrigen Atemzug. »Ich habe Mutter

gebeten … nein, angefleht, die Tiere in Sicherheit zu bringen. Sie war einverstanden, wollte mir einen Gefallen tun, weil sie mich so sehr liebte. Also hat sie sie nach Norden gebracht … aus der Stadt heraus.« Annies Stimme versiegt. Sie fühlt sich innerlich leer, als hätte ihr jemand das Herz herausgerissen.

»Sie ist nicht zurückgekommen?« Emma klingt ungläubig.

Annie nickt. »Der Feldarbeiter, der uns nach Pillau begleitet hatte und mit ihr ging, konnte verletzt fliehen. Er erzählte Oma Leo und mir, dass Mutter von den Russen als Sklavin verschleppt worden sei … Ich habe sie in meinem Egoismus getötet.« Sie senkt den Kopf, als sich ein gewaltiger Schluchzer aus ihrer Kehle löst, ihr Schrei nach Vergebung, die sie nie erhalten, die sie sich selbst verweigert hat.

Emma rutscht näher an ihre Mutter heran und legt einen Arm um sie. »Du wusstest es nicht … wie hättest du es auch wissen sollen? Du hast es nur gut mit deinen Pferden gemeint, hattest ein gutes Herz.« Sie rückt noch näher. »Du musst dir selbst verzeihen. Wenn überhaupt jemandem, dann solltest du den Russen die Schuld geben. *Sie* haben dir deine Mutter weggenommen.«

Annie wendet sich Emma zu und vergräbt ihren Kopf an der Schulter ihrer Tochter. »Es tut mir so leid. Über all die Jahre habe ich mir gewünscht, ich hätte es ungeschehen machen können, habe mir die Szene immer wieder neu vorgestellt.«

»Das ist die Natur der Vergebung, Mama. Es ist an der Zeit. Du warst ein junges Mädchen, ein Teenager, schwanger mit mir, aus ihrem Zuhause gerissen. Wie hättest du auch nur irgendetwas davon wissen können?«

Emmas Worte bringen Annie ein wenig Trost. Sie war jung und naiv, sie hätte ihre Mutter niemals darum gebeten, die Pferde zu retten, wenn sie gewusst hätte, was passieren würde.

Sie hebt den Kopf, sieht ihre schöne Tochter an und ist stolz auf sie. »Das Beste, was ich je getan habe, war, dich zu bekommen.«

Emma lächelt durch ihre eigenen Tränen hindurch. »Lass uns darauf trinken, dass wir immer uns haben, egal wie schlimm die Welt ist.«

KAPITEL EINUNDVIERZIG

Anfang Mai haben Annie und Emma immer noch kein Wort von Werner gehört. Annie zweifelt wieder einmal an sich selbst und glaubt inzwischen, dass Werner das Versprechen, sich nach seinem nächsten Projekt zu melden, nur in der Hitze des Gefechts gegeben hat, als er gerade von seiner Vaterschaft erfahren hatte. Sicher will er sich diesen Klotz der alten Vergangenheit nicht ans Bein binden.

Emma ist weniger versöhnlich. »Ich kann nicht glauben, dass er uns das antut«, schreit sie wütend.

»Vielleicht wurde er ja aufgehalten.«

»Von wem? Warum? Meinst du nicht, wir hätten etwas in den Nachrichten gehört?«

Annie nickt nachdenklich. Sie versucht, ihr Leben so fortzusetzen, wie es war, bevor die Mauer fiel … bevor sie Werner wiederbegegnete. Das ist natürlich genauso unmöglich, wie zu vergessen, wie Werner vor fünf Wochen mit ihnen am Tisch gesessen hat. »Ich weiß es nicht«, sagt sie. »Aber manchmal ist es nicht die Schuld der Person, wenn sie sich nicht meldet.«

»Oh, Mama, hör auf, so nachsichtig zu sein.« Emma lacht verbittert. »Er hat festgestellt, dass er nichts mit mir … mit uns zu tun haben will. Wir sind nur eine dumme Lehrerin und eine Buchhändlerin – ostdeutsche Idioten.«

»Hör auf, Emma!«

Emma wirft ihre Arme hoch. »Wie kommt es, dass du allen verzeihst, nur *dir selbst* nicht?« Ihre Worte schneiden tief.

Wut steigt in Annie auf. Wie kann Emma es wagen, ihre

Vergangenheit infrage zu stellen? Wie kann ihre Tochter nicht erkennen, dass das Leben nicht nur schwarz und weiß ist, sondern ein Geflecht aus Höhen und Tiefen, von denen viele verborgen liegen?

Sie steht auf, schnappt sich Eimer und Lappen, um das Bad zu putzen. Manchmal ist es einfacher, den Kopf freizubekommen, wenn man niedere Arbeiten verrichtet. Sie hat das ganze Wochenende frei, da kann sie sich genauso gut um die Wohnung kümmern. Auch wenn der Osten auf den Kopf gestellt wird, das politische Establishment hinweggefegt wurde und neue Machthaber den Menschen nie gekannte Freiheiten gewähren, werden sie und Emma für immer hier leben.

Was ist daran so schlimm?, denkt sie, während sie die Wanne schrubbt. Ja, vor langer Zeit hat sie von Größerem geträumt, davon, mit Werner auf seinem Hof zu arbeiten und prächtige Trakehner zu züchten. Sie hat sich vorgestellt, in dem großen Haus zu leben, obwohl Werners Mutter nie besonders nett zu ihr war. All diese Träume sind längst ausgeträumt. Sie hat gelernt, sich damit abzufinden.

Da fällt ihr etwas ein. Sie eilt zu ihrer Tasche, die sie Freitagabend in die Ecke geworfen hat. Die ganze Woche hat sie die neueste Ausgabe des Spiegel-Magazins bei sich getragen. Den Blick auf das Cover gerichtet, das das Attentat einer Verrückten auf den deutschen Kanzlerkandidaten Oscar Lafontaine zeigt, zieht sie ihre Gummihandschuhe aus. Nach kurzem Überlegen eilt sie ins Bad, um sich die Hände zu waschen, und kehrt mit feuchten Fingern zum Magazin zurück.

Vielleicht hat Werner einen Artikel geschrieben, der sein Projekt erklärt. Sie schlägt die Titelseite auf, liest im Eilverfahren, blättert weiter zum Inhaltsverzeichnis. *Werner, wo bist du?*

Da entdeckt sie eine winzige Notiz am unteren Rand der Seite, nicht mehr als eine Fußnote mit einem winzigen Foto von Werner, dem eine Kamera vor der Brust baumelt.

Wir bedauern, dass Werner Becker bis auf Weiteres nicht verfügbar ist. Wir werden unsere Leser informieren, wenn er wieder im Einsatz ist. Spiegel-Redaktion

Annie liest die Zeilen wieder und wieder. Irgendetwas ist mit Werner passiert. Nach einer Weile steht sie auf, um nach Emma zu schauen, und legt die Zeitschrift vor ihr auf den Tisch.

Während Emma liest, murmelt sie etwas Unverständliches.

Endlich blickt sie auf. »Was, glaubst du, bedeutet das?«

Annie beißt sich auf die Unterlippe und steht auf. »Ich werde es herausfinden.«

Sie erinnert sich an die Visitenkarte, nimmt sie mit in die Telefonzelle am Ende der Straße und wählt Werners Nummer. Nach mehreren Versuchen klappt die Verbindung endlich. Aber das Telefon klingelt nur ein paar Mal, bevor Werners Stimme sie auffordert, eine Nachricht zu hinterlassen.

Er arbeitet nicht und geht nicht ans Telefon. Annie wird von Panik ergriffen. So viel Angst hat sie nicht mehr gehabt, seit sie aus dem Osten geflohen ist. Das Schlimmste ist, dass sie nicht einmal weiß, wovor sie Angst hat, dass sie dieses plötzliche Gefühl des Unglücks nicht definieren kann.

Das ganze Wochenende über diskutieren Annie und Emma, was sie als Nächstes tun sollen … ein Anruf beim Spiegel scheint die einzig logische Wahl zu sein.

»Wir gehen zum Postamt in Westberlin und rufen von dort aus an«, sagt Emma. »Ich sage, dass ich mich nicht wohl fühle, und komme etwas später zur Arbeit.«

»Na gut, versuchen wir es.«

So früh am Morgen ist es im Postamt noch ruhig. Emma bittet um eine Kabine und Annie wählt.

»Guten Morgen, ich suche Werner Becker«, sagt sie.

»Er ist nicht im Haus«, erklärt die Frau. »Möchten Sie eine Nachricht hinterlassen oder mit jemand anderem sprechen?«

Annie atmet tief durch. »Ich muss mit Werner sprechen, Herrn Becker. Es ist sehr wichtig.«

»Er ist nicht im Büro.« Ein Hauch von Irritation hat sich in die Stimme der Frau geschlichen.

»Aber irgendetwas ist mit ihm passiert … das wissen Sie doch sicher«, sagt Annie viel zu laut.

»Wir vergeben keine privaten Informationen über unsere Mitarbeiter.«

Annie ärgert sich, aber dann erinnert sie sich an Emma. »Ich habe die Tochter von Herrn Becker hier, und sie muss wissen, wo er sich aufhält.«

Einen Moment lang bleibt die Leitung still. Annie glaubt schon, die Frau hätte die Verbindung unterbrochen, aber dann sagt sie: »Bitte warten Sie.«

Nach dreimaligem Klingeln meldet sich eine Stimme: »Lothar Fontane, wie kann ich Ihnen helfen?«

Annie zögert. Wie soll sie beweisen, dass Emma die Tochter von Werner ist? Vielleicht muss sie einfach alles erklären, damit der Mann ihr glaubt und ihr erzählt, was mit Werner passiert ist.

»Ich suche Werner Becker«, platzt sie heraus. »Ich weiß, dass er im Moment nicht da ist, aber ich muss herausfinden, was mit ihm passiert ist.«

»Mit wem spreche ich?«, fragt der Mann.

»Annie Lindmann, ich kenne Werner von früher. Können Sie mir bitte sagen, wo ich ihn finden kann?« Als der Mann schweigt, beeilt sie sich fortzufahren. »Ich weiß, dass Sie einer Fremden nichts sagen dürfen, aber Werner und ich …«

Emma, die zugehört hat, reißt den Hörer an sich. »Hallo? Hier ist Emma Horn. Werner Becker ist mein Vater. Ich denke, ich habe ein Recht darauf zu erfahren, wo er ist …«

Ist es ein Röcheln, das sie auf der anderen Seite hören? Annie ist sich nicht sicher, aber sie schreit neben Emma in den Hörer. »Wenn er krank ist, müssen wir das sofort erfahren.«

»Frau Horn, würden Sie Frau Lindmann wieder ans Telefon lassen?«

Emma reicht Annie den Hörer.

»Hallo?«

Die Leitung ist einen Moment still, doch dann sagt der Mann: »Ich wusste nicht, dass Werner Becker ein Kind hat, sind Sie sicher, dass Sie die richtige Person suchen?«

»Ganz sicher. Wie gesagt, ich kenne Werner schon lange und –«

»Ist Ihr Mädchenname Manstein?« Die Stimme des Mannes scheint ein wenig zu zittern.

Annie lässt fast das Telefon fallen. »Woher wissen Sie das?«

»Ich glaube, ich kenne dich aus der Schule, ich bin ein alter Freund von Werner … Lothar.«

»Lothar? Mit den Sommersprossen?«

»Genau der.«

Annie versucht, sich an den schlaksigen Jungen zu erinnern, der mit Werner in der Schule herumhing. Ihr Gedächtnis ist verschwommen … bis auf eine Sache. Sie weiß, dass Lothars Nachname genauso falsch ist wie der von Werner. »Bitte sag es mir«, fleht Annie. »Er war neulich zu Besuch und ich habe ihm

Emma vorgestellt … seine Tochter.«

Ein erstickter Laut entweicht Lothar. »Dieser Hurensohn hat eine Tochter und wusste es nicht einmal.« Nach einer kurzen Pause fährt Lothar ernst fort: »Ich fürchte, ich habe schlechte Nachrichten. Werner hat einen Herzinfarkt erlitten. Er liegt in der Uniklinik in Frankfurt.«

Ein Eisklumpen scheint sich in Annies Eingeweiden festzusetzen, gleichzeitig werden ihre Beine schwach. Als sie sprechen will, bringt sie nicht mehr als ein Flüstern zustande. »Wann ist es passiert?«

»Vor zwei Wochen. Er war auf einem Einsatz in Bayern und ist plötzlich zusammengebrochen.«

»Hast du ihn besucht?«

Lothar seufzt. »Ich war am ersten Wochenende da, habe den ICE genommen. Es ging ihm schlecht, er ist nicht aufgewacht, also bin ich wieder gefahren. Ich habe mit den Ärzten gesprochen, aber sie erzählen mir nicht viel und er selbst ist nicht in der Lage, am Telefon zu sprechen.«

Emma nimmt Annie noch einmal den Hörer ab. »Wir fahren zu ihm.«

»Ruft mich an«, sagt Lothar. »Sagt ihm, dass er besser nicht abkratzt, wir haben viel zu tun.«

Annie lacht ein wenig, aber eigentlich möchte sie nur noch weinen.

KAPITEL ZWEIUNDVIERZIG

Am Ende reist Annie allein. Emma und sie sind zu dem Schluss gekommen, dass es für Werner zu anstrengend sein könnte, wenn sie beide dort auftauchen, außerdem lässt Emmas Stundenplan es nicht zu, dass sie für einige Tage wegfährt.

Über Annie erhebt sich das Frankfurter Universitätsklinikum, ein weißes, quadratisches Konglomerat von Gebäuden, das ihr Angst macht. Hier leiden und sterben Menschen. Was, wenn Werner … Auf der ganzen Fahrt hierher konnte Annie nichts anderes tun, als aus dem Fenster auf die vorbeirasende Landschaft zu starren. Der Zug fährt so schnell, dass alles verschwimmt, zu sehen ist nur ein Mischmasch aus Grün- und Brauntönen. Es spiegelt wider, wie sie sich innerlich fühlt, ein unerkenntliches Gedankengebräu.

Warum fährt sie überhaupt hin? Sie kennt Werner kaum, hat ihn nur zweimal gesehen, seit sie ihn wiedergefunden hat, und selbst wenn er der Vater ihrer Tochter ist, so weiß sie doch wenig über sein heutiges Leben und noch weniger über seine Vergangenheit. Die meisten ihrer Gespräche während seines Besuchs drehten sich um Annies Flucht und Emma.

Auf halbem Weg nach Frankfurt will Annie umkehren. Sie sollte einfach anrufen und versuchen, mit ihm zu sprechen, warten, bis es ihm besser geht. *Was ist, wenn er nicht gesund wird?*, geht es ihr durch den Kopf. *Was ist, wenn er stirbt und ich keine Chance habe, ihn wiederzusehen?* Die Tatsache, dass er einen Herzinfarkt hatte, bedeutet, dass er nicht das ist, was er zu sein vorgibt: gesund und robust. Irgendetwas kränkelt tief in seinem Inneren, sein Körper trägt Narben, vielleicht hat er zu gut gelebt und seine Arterien mit reichhaltiger westlicher Nahrung verstopft.

Am Informationsschalter wird sie zum Gebäude der Kardiologie verwiesen. Ihre Schuhe quietschen bei jedem Schritt auf dem Linoleum, der Flur ist endlos lang, hinter jeder Tür liegen Männer und Frauen, deren Leben sich schlagartig verändert hat.

Die Tür zu Zimmer 1022 steht offen. Es ist ein Einzelzimmer mit einem Bett, Monitore blinken rot und grün. Werner liegt mit geschlossenen Augen auf dem Rücken. Er ist blass und scheint an Gewicht verloren zu haben. Kabel schlängeln sich unter der Bettdecke zu den Geräten, die Puls und Sauerstoff messen. Eine Manschette um seinen Bizeps bläht sich auf, Zahlen blinken. Der Blutdruckmonitor zeigt 139 zu 87 an.

Annie tritt näher, leise … vorsichtig. Sie überlegt, ob sie Werners Hand nehmen soll, aber dann steht sie einfach da und schaut ihn an. Sein Bart ist lang und struppig geworden, aber alles, was sie sieht, ist der Junge, den sie so heftig geliebt hat. Die Art und Weise, wie er daliegt, erinnert sie an seine Verletzlichkeit, daran, wie er ausgesehen hat, als sie sich vor dem Sturm in der Scheune versteckten. Damals hatte er erkannt, dass er sie wollte … hatte ihre Haut berührt wie ein Liebhaber. Sie fragt sich, was passiert wäre, wenn es keinen Sturm gegeben hätte und sie nicht von ihrem Fahrrad gefallen wäre.

Sie spürt, wie sie lächelt. So ein Unsinn.

»Annie?« Werners Augen sind auf sie gerichtet.

Annie ergreift seine Hand und drückt sie sanft. »Wie geht es dir?«

»Wie hast du mich gefunden? Ich wollte …«

»Lothar hat es mir erzählt. Ihr scheint euch immer noch sehr nahe zu stehen.«

»Wir haben uns gegenseitig das Leben gerettet. Wir waren allein … am Anfang.«

Ich weiß, möchte Annie sagen. *Glaubst du nicht, dass ich weiß, wie es sich anfühlt, wenn man in einer fremden Stadt ankommt … weit weg von zu Hause, wo einem nichts und niemand vertraut ist? Und dann wird einem irgendwann klar, dass man nie wieder nach Hause zurückkehren und seine Lieben wiedersehen wird.* Niemals … was für ein starkes Wort. Es gibt sogar ein Sprichwort: »Sag niemals nie.« Aber bei ihr und Werner und Millionen von anderen Menschen, die aus dem Osten geflohen sind, trifft diese Endgültigkeit zu. Es ist das Los der Flüchtlinge, mit dem Wissen zu leben, dass sie ihre Heimat, ihr Gefühl der Zugehörigkeit niemals wiederfinden werden.

Durch Stalins aggressiven Landraub hatte sie alles verloren, Werner noch mehr.

»Hast du deine Mutter jemals gefunden?«, fragt sie und denkt an die strenge Frau in den perfekten Kleidern.

Er sieht sie nur an, als könne er nicht glauben, dass sie da ist. »Ich wollte einen Suchauftrag stellen«, sagt er leise. »Schließlich habe ich einen großen Fehler gemacht, als ich meinen Namen geändert habe.« Seine Augen finden die ihren. »Bin alle paar Jahre nach München gefahren, um sicherzugehen, dass nicht eine Annie Manstein nach einem Werner Baran sucht, habe auch inoffiziell nach meinen Eltern geforscht.«

»Werner?« Eine Frau stürmt ins Zimmer, mustert Annie von oben bis unten, bevor sie sich auf die andere Seite von Werners Bett begibt. Sie trägt ein elegantes himmelblaues Kleid, das zu ihren Augen passt, und eine teure Perlenkette um ihren zierlichen Hals. Ihr Make-up ist ebenso perfekt wie ihr blondes, hochgestecktes Haar. Sie kann nicht älter als vierzig sein. »Wer sind *Sie*?«

Werner schaut die Frau an, dann Annie. »Margret, das ist Annie. Annie, das ist Margret.«

Margret wirft Annie diesen Blick zu, der sagt: *»Hau bloß ab, er gehört mir, ich bin besser als du.«*

Annie, die auf der Bettkante gesessen hat, lässt Werners Finger los.

»Du weißt, dass du dich ausruhen musst, Liebling.« Wieder dieser Blick.

Werner gluckst leise. »Das ist alles, was ich tue, herumliegen wie ein Mehlkloß und faul sein.«

Annie steht auf und macht einen Schritt zur Tür. »Ich sollte gehen.« Der kleine Rest von Nähe, den sie hatten, ist verflogen. Die Frau in Blau erinnert Annie an eine Eiskönigin.

Werner schaut zu Annie, hebt eine Hand. Er sagt nichts, sieht sie nur mit demselben ernsten Blick an wie damals, als er sie verließ, nachdem sie die Nacht in der Scheune verbracht hatten. Es liegt eine solche Schwere in diesem Blick, eine Traurigkeit, die ihr Herz umklammert, als hätte er es in seine Hände genommen und zugedrückt.

Lächle, drängt ihr Verstand, also setzt sie ein schwaches

Grinsen auf und rennt aus dem Zimmer, den Korridor entlang, in den Aufzug, durch das endlose, höhlenartige Gebäude nach draußen. Erst als sie im Freien ist, bricht sie in Tränen aus, in laute, zerrissene Schluchzer der Verzweiflung. In diesem Moment spürt sie den ganzen Verlust wieder, den ganzen Schmerz, den sie sorgfältig und tief in sich vergraben hatte.

Sie bedauert, dass sie die Reise gemacht hat, gleichzeitig ist sie froh darüber. Jetzt weiß sie, dass er jemanden hat, dass sie nichts als ein hässliches Entlein neben einem perfekten weißen Schwan ist. Die Wahrheit zu kennen, ist immer besser, als von Unmöglichkeiten zu träumen. Wann hat sie angefangen, auf eine Art Wiedersehen zu hoffen? Wie dumm, wie naiv, zu erwarten, dass man fünfundvierzig Jahre unabhängiges Leben einfach wegwischen, beiseiteschieben und das alte wieder aufnehmen kann.

Annie lässt sich auf eine Bank sinken, spürt kaum die Nachmittagssonne. Um sie herum geht das Leben weiter, Menschen treffen sich, Autos fahren, Familien besuchen ihre Lieben im Krankenhaus. Sie alle wissen, was sie tun, sie gehören dazu. In diesem Moment möchte Annie verschwinden, einfach in ein Loch springen und sich auflösen. Das Leben, das sie bisher geführt hat, ist bedeutungslos geworden, der Buchladen langweilige Routine. Durch das Lesen endloser Bücher hat sie ihr Leben durch die fiktiven Abenteuer anderer gelebt, doch es waren nichts als gedruckte Worte, die sich nicht übertragen lassen.

Sie hat geträumt, um der harten Realität zu entkommen: Ihr Leben ist sinnlos.

Ein Geräusch lässt sie aufblicken. Sie hat so laut geächzt, dass eine Frau, die vorbeieilt, stehenbleibt und sie anstarrt. Annie schaut weg. Sollen sie doch alle gaffen und sich wundern. So wie früher, als sie das Mädchen aus dem Osten anstarrten. Außer den Lindmanns hatte sie keine Freunde gefunden, bis sie Heidi kennenlernte.

Heidi!

Annie erhebt sich von der Bank und kehrt zu einer Telefonzelle vor dem Krankenhaus zurück.

Als sie die vertraute Stimme ihrer Freundin hört, bricht sie in Tränen aus. »Ich bin's.«

»Annie, was ist passiert?« Heidis Stimme ist voller Sorge.

Annie versucht, die Fassung wiederzuerlangen und zu sprechen. »Er ist, er ist …«

»Tot?« schreit Heidi.

»Nein, nein, er ist im Krankenhaus. Da war eine Frau … Margret.«

»Erzähl schon«, sagt Heidi etwas ruhiger.

Also berichtet Annie ihrer ältesten Freundin, wie sie sich neben der eleganten Frau fühlte. »Was mache ich überhaupt hier?«

»Bist du etwa hingefahren, um dich zu verloben?«, spottet Heidi. »Hör dir doch mal selbst zu. Findest du das nicht ein bisschen unrealistisch, ich meine, du findest ihn und verlobst dich, als wäre nichts gewesen – die winzige Kleinigkeit von fünfundvierzig Jahren?«

Annie holt tief Luft. »Hast recht.«

Aber Heidi ist noch nicht fertig. »Ich dachte, du wärst hingefahren, um nach ihm zu sehen, weil er einen Herzinfarkt hatte, weil er der Vater deiner Tochter ist. Du hast es für Emma getan. An deiner Stelle würde ich mir ein Zimmer in der Nähe nehmen, eine Nacht ordentlich schlafen und ihn morgen ausgeruht noch einmal besuchen. Ihr beide solltet mehr miteinander reden, auf jeden Fall solltet ihr ein bisschen Zeit miteinander verbringen. Und du solltest schauen, wie es ihm geht.«

»Ja, Mutter«, spottet Annie. Aber sie wird sofort wieder ernst. »Danke, Heidi. Ich wüsste nicht, was ich ohne dich tun würde.«

»Ich bin hier, wenn du mich brauchst. Und vergiss nicht, Emma anzurufen.«

KAPITEL DREIUNDVIERZIG

Nachdem sie im Krankenhaus eine Wegbeschreibung erhalten hat, überquert Annie den Main in Richtung Bahnhof, wo sie in ein Budgethotel eincheckt. Doch kaum hat sie ihr Zimmer betreten, scheinen die Wände zu schrumpfen.

Auf einmal hungrig, geht sie in einen Imbiss und verschlingt eine Currywurst mit Pommes frites, bereut es sofort und eilt zurück auf die Straße. Die Menschen hasten an ihr vorbei, die meisten mit ernsten Gesichtern. In der Nähe entdeckt sie einen Rewe-Supermarkt, wo sie eine Flasche Chardonnay und zwei Tafeln Haselnussschokolade kauft.

Zurück im Hotel schenkt sie sich ein Glas Wein ein und schaltet den kleinen Fernseher ein. Der Reporter berichtet über die Vereinbarung zwischen den Vereinigten Staaten und der Sowjetunion, die Produktion von Chemiewaffen einzustellen.

Glaubt ihnen nicht, denkt sie. Irgendwie haben die Russen ihre wahren Absichten immer verborgen gehalten … bis es zu spät war.

Der Wein verleiht ihr ein Gefühl der Wärme und des Wohlbefindens. Die Frau in Blau verfolgt sie nicht mehr. Aus einer Laune heraus geht sie hinaus. Sie hat Geld mitgebracht, um es auszugeben, hat genug Deutsche Mark eingetauscht, um sich etwas zu kaufen. An der Rezeption fragt sie nach dem Weg zu einem Warenhaus.

Der Kaufhof ist riesig. Annie lässt sich durch die Gänge treiben, hierhin und dorthin, probiert ein Parfüm aus, erhält eine Probe Hautcreme, nimmt die Rolltreppe nach oben.

Regale und Ständer mit Blue Jeans ziehen ihre Aufmerksamkeit auf sich. Sie wühlt sich durch, sucht nach Schnäppchen. Sie kann gar nicht anders, als nach Schnäppchen zu suchen.

Eine Verkäuferin zeigt ihr mehrere Modelle, die im Angebot sind. Annie nimmt fünf davon mit in die Kabine, zieht sie nacheinander an und betrachtet sich im Spiegel. Sie ist einigermaßen schlank geblieben, ihre Hüften und ihr Bauch sind ziemlich flach, ihre Oberschenkel vom vielen Laufen in Form. Die Haut ist nicht so straff, wie sie es in Erinnerung hat, das Licht der Kabine ist wenig schmeichelhaft – aber ist das nicht überall so?

Annie entscheidet sich für eine mitternachtsblaue Hose mit langen, geraden Beinen, die sie schlank und groß erscheinen lässt. Mit der Hose unter dem Arm landet sie in einer Abteilung mit Jacken. Wie kann es nur so viele Modelle und Farben geben? Sie fühlt den Stoff, streicht mit der Hand über das Revers. Ein Blazer würde gut zu dieser Jeans aussehen.

Diesmal nimmt sie die Kleidungsstücke einfach von den Ständern und probiert sie vor dem Spiegel an. Schließlich entscheidet sie sich für ein Modell in Pfingstrosenrosa mit einer kurzen Taille. Im Handumdrehen sieht sie aus wie eine beliebige Person aus dem Westen. Sie kauft noch zwei passende Blusen, Parfüm und eine Gesichtscreme, die Wunder gegen Falten vollbringen soll.

Als sie zurück zum Hotel geht, kommt sie an einem Friseur vorbei, der lebensverändernde Soforthaarschnitte anbietet. Sie grinst vor sich hin, *lebensverändernd* ist eine ziemlich großspurige Behauptung. Man ist das Produkt und die Summe der eigenen Erinnerungen und Erfahrungen, des eigenen Hintergrunds und der Familie. Man trägt all das mit sich herum, im Guten wie im Schlechten, bis man stirbt. Niemand löscht all das aus und schafft mit einem Haarschnitt einen Neustart.

Im Fenster betrachtet sie ihr Spiegelbild, das graumelierte blonde Haar, das etwas wild daherkommt, den beigen Sommermantel. Ihr Blick ist nachdenklich, die Falten um ihren Mund traurig. Wieder kehrt ihr Blick zu dem auf dem Plakat beworbenen Angebot zurück.

In ihrem Zimmer probiert Annie ihre neue Garderobe aus, mustert sich selbst im Spiegel der Kleiderschranktür. Ihr Haar ist nun schulterlang geschnitten, lang genug für einen Pferdeschwanz, aber nicht mehr strähnig, sondern von einem warmen Blond, das ihr Gesicht umschmeichelt. Der frostige Lippenstift sieht genauso fremd aus wie die gesamte Person im Spiegel.

»Wem versuchst du, etwas vorzumachen?«, sagt sie laut. »Du siehst vielleicht nicht wie einundsechzig aus, aber du bist kilometerweit von vierzig entfernt.«

Sie wacht jede Stunde auf, schaut nach der Uhrzeit und schläft wieder ein. Warum hat Heidi ihr gesagt, sie solle bleiben? Warum hat sie nicht sofort den Zug genommen, nachdem sie gestern das Krankenhaus verlassen hatte? Was nützt das alles – man kann die Vergangenheit nicht ändern – man muss mit jeder Minute davon leben … jedem Bedauern, jedem bisschen Schuld, jeder Sehnsucht und jedem Verlust.

Sie frühstückt mechanisch – duftende Brötchen, Butter, Brombeermarmelade aus der Portionspackung, eine Art Schnittkäse und ein gekochtes Ei – und schaut alle paar Minuten auf die Uhr. Es ist zu früh, um im Krankenhaus aufzutauchen. Es gibt keine festen Besuchszeiten, aber sie hat Angst, Aufsehen zu erregen.

Kurz nach neun geht sie ein zweites Mal durch die Türen der Klinik. Mit dem Aufzug hoch, den ewigen Gang hinunter.

Werner ist nicht in seinem Zimmer. Sie kehrt zur Krankenstation zurück und erfährt, dass er in Therapie ist.

Aus Angst, dass die Frau in Blau auftauchen könnte, eilt sie die Treppe hinunter und wartet im Café. Um sie herum unterhalten sich Menschen in Hausmänteln mit Angehörigen und Freunden, einige sitzen allein. Annie versucht zu erraten, was sie plagt, gibt aber auf. Vielleicht sollte sie Heidi noch einmal anrufen und sich aufmuntern lassen. Aber braucht sie in ihrem Alter tatsächlich noch solche Ratschläge? Sollte sie nicht selbst wissen, was zu tun ist?

Mit gesenktem Kopf kehrt sie in Werners Zimmer zurück. Er sitzt auf einem Stuhl am Fenster und starrt hinaus.

»Werner?«, sagt sie und bleibt an der Tür stehen.

Er dreht seinen Kopf, ihre Blicke treffen sich. Er lächelt. »Annie.«

Mit einem aufmunternden Lächeln geht Annie auf ihn zu und klopft ihm auf die Schulter.

»Setz dich, setz dich zu mir.« Er deutet auf den anderen Stuhl.

»Es ist so seltsam, früher bin ich immer herumgeeilt und jetzt hocke ich hier und darf keinen Finger rühren. Es ist nicht annähernd so schwierig, wie ich erwartet habe.« Er lacht, aber es klingt bitter.

»Du wirst wieder gesund«, sagt sie. »Von Herzinfarkten erholt man sich genauso wie von anderen Krankheiten.«

Er wendet sich ihr zu, sieht sie aufmerksam an. »Du siehst toll aus, so elegant.« Sein Blick bleibt an ihrer Frisur hängen. »Du hast etwas mit deinen Haaren gemacht …«

»Ich brauchte eine Veränderung. Dieser alte, muffige, staubige ostdeutsche Look hing mir zum Hals raus.«

Er grinst. »Ich bin so erleichtert, dass das Land vorankommt.« Er wird ernst und sagt: »Es muss die Hölle gewesen sein, *weitere* fünfundvierzig Jahre Diktatur zu erleben.«

»Das Schlimmste war, nicht dazuzugehören. Das wird sich auch nicht ändern, wenn das Land wiedervereinigt wird.«

»Ich bin überzeugt, dass es nur eine Frage von Monaten ist, bis die beiden Seiten wieder zueinanderfinden.« Plötzlich greift er nach ihrer Hand, hält sie zwischen seinen und sieht ihr in die Augen. »Ich weiß genau, was du damit meinst, nicht dazuzugehören. Für mich ist es das Gleiche. Schon immer.«

»Seit du von drüben fort bist.« Es ist keine Frage, eher eine Feststellung.

Er nickt. Im Zimmer wird es still, auf dem Korridor eilt eine Krankenschwester vorbei.

»Ich dachte, du wärst gestern abgefahren«, sagt er. »Margret kann schwierig sein.«

Es gibt eine Sache, die Annie schon immer wissen wollte, die sie aber nicht fragen kann … »Ich denke, wir sollten mehr reden. Vielleicht nicht jetzt, nicht heute, aber bald. Das bin ich Emma schuldig.«

Werner drückt Annies Finger, die er immer noch festhält. »Ich habe dir so viel zu verdanken. Ich kann mir nicht vorstellen, was du durchgemacht hast, schwanger zu werden, fliehen zu müssen. Dass ich nie aufgetaucht bin. Ich habe um Weihnachten herum geschrieben, aber der Brief hat es wohl nicht mehr geschafft. Ich hätte sofort schreiben sollen.«

»Ich habe wochenlang gewartet … Monate. Als wir fortmussten, dachte ich, dass ich zurückkehren würde, sobald der Krieg vorbei wäre.« Sie schüttelt vehement den Kopf. »Wie naiv ich doch war. Dann kam das Baby, wir wohnten auf einem Bauernhof bei Magdeburg.«

»Sicherlich hat dir deine Mutter mit dem Baby geholfen. Und Oma Leo.«

»Mama war …« Annie hebt den Kopf, sieht Werner an.

Er muss etwas in ihren Augen sehen, muss ihre Verzweiflung spüren, denn er beugt sich vor, ihre Stirnen berühren sich fast. »Oh nein, was ist passiert?«

»Ich habe sie in den Tod geschickt«, würgt Annie hervor. Ihre Brust ist so eng, dass sie sich zurücklehnen muss, um Luft zu bekommen. »Als wir Pillau erreichten, wollten die Russen unsere Pferde schlachten. Ich habe Mutter darum gebeten, sie zu retten. Mila ging mit ihr und konnte fliehen. Er hat uns erzählt, dass Mama von den Russen verschleppt worden sei. Ich habe sie nie wiedergesehen.«

Werner bleibt einen Moment still, drückt nur ihre Finger. Irgendwann sagt er: »Du warst ein fünfzehnjähriges Mädchen, das seine Tiere liebte. Der Krieg ist schuld, die Regierungen, die ihn angezettelt, die Menschen, die ihn gefördert haben und ihm bereitwillig gefolgt sind.«

»Das sagt Emma auch. Aber ich mache mir Vorwürfe. Jeden Tag denke ich an den Moment, als Mama mit dem Wagen abfuhr. Ich möchte ihr zurufen, dass sie bleiben soll, ich möchte meine Worte zurücknehmen.« Stumme Tränen fließen und ruinieren das bisschen Wimperntusche, das sie heute Morgen aufgetragen hat.

»Komm her.« Werner öffnet seine Arme und sie zieht ihren Stuhl näher heran, sinkt in seine Umarmung. »Es tut mir so leid, was du alles durchmachen musstest. Das ist weit mehr, als ein Mensch in seinem ganzen Leben zu ertragen haben sollte.«

Annie schmiegt sich an Werners Brust, nimmt seinen Duft auf, eine Mischung aus Kamillenseife und Männlichkeit. Mit geschlossenen Augen würde sie ihn überall wiedererkennen. Sie ist wieder in der Scheune, als er sie in seine Arme zog, während draußen der Sturm tobte. Ihr Handgelenk pochte, als wäre es besessen, und es war ihr egal gewesen.

»Ich habe dich so vermisst«, murmelt sie und bereut sofort ihre Offenheit. Sie fühlt sich zerbrechlich, hilflos.

Werner streicht ihr über den Rücken. »Ich bin mehrmals zum Roten Kreuz nach München gefahren und habe so getan, als würde ich Artikel schreiben. Ich hatte damals eine Bekannte dort. Noch immer sind Millionen Menschen von damals verschollen.«

Annie richtet sich auf und sieht Werner an. »Ich hätte dich unter deinem neuen Namen nicht finden können.«

Er nickt. »Das stimmt.« Er schaut nach draußen, einen Moment lang in Gedanken versunken. »Ich glaube, ich habe den Namen behalten, damit es leichter ist, mit der Vergangenheit zu brechen. Ein neues Leben zu beginnen. Ich hatte bereits neue Papiere, es hätte Fragen aufgeworfen, wenn ich versucht hätte, alles rückabzuwickeln.« Er richtet seinen Blick wieder auf Annie. »Du hast mich wirklich im Fernsehen erkannt?«

Annie lächelt. »Ja. Nicht so sehr dein Aussehen, das sich unter dem Bart versteckt, sondern deine Stimme. Sie war tiefer, aber sie *war* … du.«

Er kichert leise. »Und dann sind wir zusammengekracht.«

»Du warst reichlich unhöflich.« Annie lehnt sich zurück und ihre Blicke treffen sich. *Was nun? Wie soll es jetzt weitergehen? Gelegenheitsfreunde … Bekannte … eine Postkarte zu Weihnachten?*

Eine Wolke zieht über sein Gesicht. »Ich hatte einen wichtigen Termin. War abgelenkt –«

»Ist schon gut.« Sie befreit sich, richtet sich auf, greift nach ihrer Handtasche. »Ich verstehe das natürlich, nach all der Zeit.« *Jetzt nicht weinen. Geh einfach.* Sie dreht sich zur Tür, winkt über die Schulter. »Bitte pass auf dich auf.«

»Wir waren so jung, fast Kinder.« Jetzt klingt Werner, als würde er ersticken.

Dreh dich nicht um. Aber sie tut es.

Werners Augen glitzern. »Es fühlt sich so falsch an. Ich habe dich damals verloren und jetzt verliere ich dich wieder.«

Annie zwingt sich zu einem Lächeln, ist stolz auf ihre Fassung. »Du hast doch Margret. Außerdem verlierst du mich nicht, wir werden in Kontakt bleiben, wir werden uns besuchen. Du wirst Emma besser kennenlernen.«

Er wischt sich über die Augen und sieht sie von der anderen Seite des Zimmers an. »Du hast recht. Ich rufe dich an, wenn ich wieder in Berlin bin.«

Aus Angst, zu schreien, rennt Annie aus dem Zimmer. Sie bekommt kaum bewusst mit, wie sie ihre Tasche aus dem Hotel holt und zum Bahnhof eilt. Sie ist so verwirrt, dass sie sich keinen Reim auf den Abfahrtsplan machen kann. In ihrem Kopf tobt ein Sturm.

Sie lässt sich auf eine Bank sinken, stützt den Kopf in die Hände und wartet darauf, dass sich ihre Gedanken beruhigen. Irgendwann nimmt sie eine Lautsprecherdurchsage wahr.

»… *ICE nach Berlin Hauptbahnhof fährt mit fünf Minuten Verspätung auf Gleis drei ein.*«

Sie sieht sich um, orientiert sich und läuft los, um den Zug zu erreichen.

KAPITEL VIERUNDVIERZIG

Das Leben geht in seiner ganzen Farblosigkeit weiter. Annie hastet zur Arbeit, verbringt die Wochenenden mit Heidi und Emma, geht schwimmen und wandern, macht sogar Ausflüge mit einem gebrauchten Fahrrad, das Emma auf einem Flohmarkt organisiert hat. Aber sie wird das Gefühl nicht los, dass das, worauf sie gewartet hat, verschwunden ist. Sie weiß nicht so recht, was sie wollte, außer herauszufinden, was mit Werner passiert ist. Jetzt, wo sie es weiß, reicht es ihr nicht. Nicht einmal annähernd. Und so verbringt sie ihre Tage resigniert, nach wie vor wartend … trauernd um das, was hätte sein können.

Die Sommermonate in Berlin sind warm, die Menschen sitzen vor Cafés und Restaurants, in Parks und an der Spree. Ab und zu wagt sich Annie nach Westberlin, macht einen Schaufensterbummel und bewundert die Fassaden der alten Gebäude. Der Osten hat viele Symbole der alten Habsburger-Monarchie zerstört, sogar das Berliner Schloss aus dem Mittelalter geschleift, um hässliche, quadratische Monstrositäten zu errichten. Als ob diese Maßnahmen die Geschichte des Landes auslöschen könnten.

Annie kauft sogar Kleinigkeiten ein, eine neue Lampe für das Wohnzimmer, einen Wasserkocher für die Küche … Erdbeeren und Bananen. Seit dem 1. Juli gibt es die Ostmark nicht mehr. Annie hat ihre Ersparnisse in D-Mark umgetauscht, der Wechselkurs war besser, als sie erwartet hatte. Die ersten sechstausend Mark wurden eins zu eins umgetauscht, der Rest zwei zu eins.

An einem Nachmittag im August taucht Margret in der Buchhandlung auf. Zuerst denkt Annie, dass sie sich irrt, dass die Frau, die sie anspricht, jemand anderes sein muss.

»Ich weiß nicht, ob Sie sich an mich erinnern«, platzt Margret heraus und zieht Annie zur Seite. »Was haben Sie mit Werner gemacht?«

Annie starrt auf das geschminkte Gesicht, den perfekt aufgetragenen Lippenstift, die geformten Brauen über den blauen Augen. »Was? Ich –«

»Haben Sie ihm gedroht … wegen Ihrer Tochter?« Margret starrt sie an. »Das wird nicht funktionieren, wissen Sie.«

»Ich habe keine Ahnung, wovon Sie sprechen.« Das entspricht der Wahrheit. Werner hat einmal angerufen, nachdem er nach Berlin zurückgekehrt war, und berichtet, er sei zur Reha in einer Klinik. Man rechne mit seiner vollständigen Genesung, er solle sich aber noch eine Weile schonen.

Margret blinzelt, der hübsche Mund verzieht sich zu einem hämischen Grinsen. »Natürlich wissen Sie das. Sie waren doch da … im Krankenhaus. Werner hat es mir erzählt.«

»Ich wollte … nur reden.« Annie reißt ihren Arm los, denn Margrets Finger halten sie wie Krallen fest.

Margret macht einen Schritt zurück und wendet sich zum Gehen. »Wir brauchen Ihresgleichen nicht. Lassen Sie uns in Ruhe, Ihre Tochter auch.«

Annie starrt ihr mit offenem Mund hinterher, als die Frau in der Menge verschwindet.

Heidi kommt zu ihr. »Was sollte das denn?«

Annie lächelt schwach. »Ich habe nicht die leiseste Ahnung.«

»Hast *du* deinen Vater angerufen?«, fragt Annie am Abend, als Emma von einem Tag am See heimkehrt.

»Nur einmal, um zu sehen, wie es ihm geht.«

»Hast du jemals mit Margret gesprochen?«

»Seiner Freundin?« Emma macht eine kurze Pause beim Auspacken ihrer Tasche. »Warum sollte ich mit ihr reden?«

Annie zuckt mit den Schultern. »Margret ist heute im Laden aufgetaucht, hat sich ganz schön aufgeregt und uns gebeten, sie in Frieden zu lassen.«

Emma runzelt die Stirn. »Komisch, vielleicht solltest du

Werner anrufen.«

Annie bleibt still. Nachdem sie ihn im Krankenhaus zurückgelassen hat, hat sie sich bemüht, Abstand zwischen sich und ihn zu bringen. Sie braucht Zeit, um ihre Gefühle zu verarbeiten und sich an die neue Wahrheit zu gewöhnen. Sie weiß, dass sie glücklich sein sollte, sie ist glücklich, vor allem für Emma. Werner hat ihr versprochen, Zeit mit ihr zu verbringen, wenn er wieder gesund ist.

Aber tief im Innern ist Annie alles andere als glücklich, denn sie erkennt nun, dass sie Erwartungen hatte – lächerliche, unrealistische Erwartungen, wieder mit Werner zusammenzukommen. Nicht nur als Freunde, sondern als Liebespaar. Sie ist ein kompletter Idiot. Heidi hat das auch gesagt. Aber sie versteht es. Heidi war einmal verlobt und der Mann, den sie liebte, verließ sie wegen eines schlankeren Models. Seitdem macht sie einen großen Bogen um Männer.

In den letzten Jahren hatte Annie es nicht als so schlimm empfunden. Man gewöhnt sich an das Alleinsein. Natürlich hat es hin und wieder Verehrer gegeben, Männer, die sie bei der Arbeit oder bei irgendeiner Veranstaltung kennengelernt hat. Aber nach Robert hat Annie sich zurückgezogen. Abgesehen von ein paar One-Night-Stands hat sie sich geweigert, Beziehungen einzugehen, vor allem dauerhafte.

Jetzt ist sie sich nicht mehr so sicher. Sie wird in vier Jahren in den Ruhestand gehen, vorausgesetzt, sie bezieht dann Renteneinkünfte. Es scheint, dass die CDU, die führende politische Partei Westdeutschlands, hart daran arbeitet, allen Ostdeutschen eine Rente zu sichern. Vielleicht hat sie Glück. Sie hat sogar überlegt, in den Westen zu ziehen, in ein ruhiges Dorf, wo sie wandern und Fahrrad fahren kann. Aber das würde bedeuten, Emma und Heidi zu verlassen und neu anzufangen. Und dazu, das weiß sie, hat sie nicht die Kraft.

Werner anzurufen, würde bedeuten, dass sie ihrer Schwäche für ihn nachgibt. Es ist sicherer, auf neutralem Boden zu bleiben.

Zwei Tage später besucht Werner Annie bei der Arbeit. Er sieht wieder gut aus, sogar gebräunt, trägt ein weiß-blau gestreiftes Hemd und dunkelblaue Jeans. Er wirkt viel jünger, sein Bart ist ordentlich gestutzt und eine Nuance weißer, als Annie ihn in Erinnerung hat.

»Wie geht es dir?«, fragt er, als er näherkommt. »Ich kann dich zu Hause nicht erreichen, also dachte ich, ich finde dich hier.«

Annie sortiert Bücher in ein Regal ein und lässt dabei fast das Buch fallen, das sie in der Hand hält. Sie will ihn nach Margret fragen, findet aber keinen Weg, es zu tun. »Wie geht es *dir*?«, fragt sie stattdessen.

Er lächelt und ihr fällt auf, wie weiß und gleichmäßig seine Zähne aussehen. Sie haben gute Zahnärzte im Westen. »Viel besser. Ich bin mit der Reha fertig und kann jetzt tun, was ich will.«

»Was ist mit der Arbeit?«

»Vorzeitiger Ruhestand. Ich hatte viel Zeit, darüber nachzudenken, und habe beschlossen, dass ich mich anderen Dingen widmen will. Der Spiegel hat mir ein großzügiges Angebot gemacht. Ich werde nebenbei noch ein bisschen beraten und schreiben, nichts allzu Anstrengendes.« Das Grinsen ist zurück.

»Ich freue mich für dich.« Annie wirft einen Blick zur Hintertür, weil sie befürchtet, ihr Chef könnte sie zu lange reden sehen.

Werner folgt ihrem Blick. »Ich sollte dich nicht von der Arbeit abhalten. Ich habe mich nur gefragt …«

»Was?« Annie konzentriert sich wieder auf Werner.

»Ob du morgen mit mir zu Abend essen möchtest. Nicht weit von hier gibt es einen Italiener, die haben hausgemachte Pasta.«

»Solltest du nicht gesund essen?«

Werner lacht. »Du bist wie in alten Zeiten, Annie. Du sagst immer, was du denkst.«

»Nach sechs habe ich Zeit.«

»Ich hole dich hier ab.«

Er drückt ihr einen Kuss auf die Wange und eilt davon, während Annie ihm nachschaut.

Annie zieht sich nach der Arbeit ihre neuen Jeans und eine weiße Bluse an. Als sie den Laden verlässt, wartet Werner schon draußen auf sie. Zu dieser Stunde ist es im Restaurant noch ruhig und sie setzen sich an einen Tisch unter einem Sonnenschirm.

Werner bestellt alkoholfreies Bier, aber Annie möchte Rotwein.

»Warum hast du mich hierhergebeten?«, fragt sie, sobald die Kellnerin die Getränke gebracht hat.

Werner ergreift Annies Hand. »Weil ich möchte, dass du und

Emma ein Teil meines Lebens werdet.«

»Margret ist offensichtlich anderer Meinung, sie hat mich aufgesucht.«

Überraschung spiegelt sich auf Werners Zügen wider, dann schmunzelt er. »Margret kommt aus einer wohlhabenden Familie. Sie ist daran gewöhnt, dass die Leute nach ihrer Pfeife tanzen. Jeder Mensch, ach was, das ganze Leben soll tun, was sie will.« Er lehnt sich leicht zurück. »Du und ich, wir wissen, dass das eine Illusion ist.«

»Sie hat mich und Emma aufgefordert, dich in Ruhe zu lassen.«

»Das ist wohl kaum ihre Entscheidung.« Werner öffnet den Mund, schließt ihn aber wieder, als könne er sich nicht entscheiden, was er sagen soll. »Ich glaube, es wäre ein Verbrechen, wenn ich … Ich will …«

Annie entzieht Werner ihre Hand. »Es verwirrt mich, ich meine, ich möchte mit dir befreundet sein und so, und Emma sollte ihren Vater kennenlernen, aber …«

»Aber?«

»Ach Werner, sei doch nicht so blind!« Annie nimmt einen großen Schluck Wein. »Es ist schwer für mich, dich mit einer anderen Frau zu sehen. Eine, die so viel hübscher und jünger ist. Ich weiß, es ist dumm, es ist lächerlich nach all dieser Zeit. Aber der Gedanke an dich … die Erinnerung an dich … hat mich jahrelang aufrecht gehalten. Besonders nachdem Oma Leo gestorben war. Ich habe mich so allein gefühlt. Ich dachte immer, ich würde dich eines Tages wiederfinden, aber dann dachte ich auch, du wärst tot. Es war eine verwirrende Zeit – einsam.«

Werner tippt mit dem Zeigefinger auf sein Glas. Er hat es nicht angerührt. Als er ihren Blick erwidert, sagt er: »Ich verstehe dich besser, als du denkst. Als wir in diesem russischen Gefangenenlager in Georgenburg waren, hielt mich der Gedanke, dich bald wiederzusehen, am Leben. Es war schrecklich, Vlad sterben zu sehen … Wir haben Tommie zurückgelassen.« Er schaut in die Ferne, scheint weit weg zu sein. »Und dann fanden wir jeden Ort, durch den wir kamen, verlassen vor, überall waren nur Russen. Ich hatte keine Ahnung, was mit dir passiert war … mit Mutter.«

»Du warst bei mir zu Hause?«

Werner nickt.

Der Schmerz in seinen Augen erinnert Annie an den jungen

Werner. Sie nimmt noch einen Schluck und beugt sich vor. »Es tut mir so leid. Keiner von uns wusste, wohin wir gehen würden. Aber insgeheim haben wir alle erwartet, zurückzukehren.«

Einen Moment lang schweigen sie. Autos und Menschen eilen vorbei, sie haben ein Ziel, sie gehören dazu.

»Für mich bist du ein Teil meiner Vergangenheit, meines Zuhauses«, sagt er. »Wie könnte ich daran nicht festhalten wollen?«

»Und Margret? Ich will nicht, dass sie mich belästigt.« *Liebst du sie?*, will Annie fragen. Stattdessen beobachtet sie nur stumm den Mann auf der anderen Seite des Tisches, stellt sich vor, wie es wäre, das Leben mit ihm zu teilen.

»Ich werde mit ihr reden.« Sein Blick bleibt auf Annie haften. »Da ist noch etwas.« Er schiebt einen Umschlag über den Tisch. »Ich habe dir nichts gesagt, weil ich nicht wusste … Im Mai, nachdem du mir von deiner Mutter erzählt hast, bin ich nach München gefahren. Ich habe dir doch erzählt, dass ich Leute beim Suchdienst des Roten Kreuzes kenne.«

Annie lehnt sich abrupt zurück und betrachtet den Umschlag, als wäre er mit Gift gespickt.

»Es geht um deine Mutter.« Werners Stimme ist sanft, fast ein Flüstern.

Annie erwidert nichts, sie kann nicht sprechen. Ganz langsam nimmt sie den Umschlag in die Hand, öffnet ihn. Ihre Hände zittern so stark, dass sie das Papier auf den Tisch legen muss.

In der rechten oberen Ecke steht *Deutsches Rotes Kreuz – Suchdienst München.*

Gesucht: Irmgard Manstein, geboren am 21.9.1905 in Goldap

Liebe Frau Lindmann,

in Beantwortung Ihres Suchauftrages zu der oben genannten vermissten Person erstatten wir folgenden Bericht:

Eine Suche in unseren Unterlagen und in den russischen Archiven ergab, dass Irmgard Manstein vom 19. April 1945 bis zum 5. Dezember 1948 (verstorben) im Internierungslager 517/Padosero in der Republik Karelien in der Sowjetunion inhaftiert war. Todesursache und letzte Ruhestätte sind unbekannt.

Wir bedauern, dass wir keine besseren Nachrichten haben …

Das Wort »verstorben« tanzt vor Annies Augen. Werner sagt etwas, aber sie bekommt nicht mit, was. Sie ist in Gedanken bei der

Szene in Pillau, als sie ihre Mutter bat, die Pferde zu retten.

»Das war *ich*«, murmelt sie. Schuldgefühle überkommen sie, als sie sich vorstellt, wie ihre Mutter in einem Gulag Bäume fällen musste. Inzwischen haben sich die schrecklichen Bedingungen in den Gulags herumgesprochen. Ihre Mutter musste furchtbar gelitten haben, bevor sie zusammenbrach und sich wahrscheinlich fragte, was mit ihrer Tochter und ihrem Enkelkind passiert war.

Annie beginnt zu weinen. Sie sitzt nur da, bewegungslos, gelähmt. Werner eilt an ihre Seite, schließt sie in seine Arme, hält sie fest.

Nach einer Weile kommt sie wieder zu sich, wischt sich über die Augen. Werner streicht ihr die Haare aus dem Gesicht, nickt.

»Ich war mir nicht sicher, ob ich dir den Brief geben sollte, aber ich dachte, es ist besser, einen Schlussstrich zu ziehen, als sich immer weiter zu fragen, was passiert sein mag.«

Annie lächelt schwach. »Natürlich wusste ich, dass sie tot ist, nur dass ich es so … schwarz auf weiß sehe.« Sie holt tief Luft. »Es geht mir besser. Danke, dass du sie gefunden hast.« Sie streicht über den Brief. »Hast du etwas über deine Eltern herausfinden können?«

Werners Augen glitzern. »Ich habe meine Bekannte nach unserem Familiennamen forschen lassen und so getan, als ginge es um meine Nachbarn. Aber nichts. Es ist, als hätte es sie nie gegeben.«

Während des Abendessens, Annie knabbert an selbstgemachten Tortellini mit Käse und Pilzfüllung, sagen sie kaum ein Wort. Es ist ein angenehmes Schweigen, wie sie es aus ihrer Jugend kennen. Hier zu sitzen, fühlt sich nicht mehr fremd an, Werners Anwesenheit ist vertraut, eine Wärme, die Annie seit Jahrzehnten nicht mehr gespürt hat. Sie hat sich diesen Teil ihrer Vergangenheit zurückerobert, hat Emma mit ihrem Vater verbunden.

Auf dem Heimweg lehnt sie Werners Angebot, sie zu begleiten, ab, fühlt sich gleichermaßen glücklich und deprimiert. Es ist erstaunlich, einen neuen Aspekt in ihr Leben gebracht zu haben, eine neue Präsenz. Und doch muss sie ihre Sehnsucht verleugnen. Wenn sie ehrlich ist, klammert sie sich an eine Erinnerung. Er ist nicht mehr der Mann, den sie damals geliebt hat, und sie ist auch nicht mehr das Mädchen von früher. Sie romantisiert ihre Beziehung wie in einem dieser billigen Liebesromane. Dies ist ihr

Leben, nicht irgendein Buch. Ihre Gedanken kehren zu ihrer Mutter und diesen neuen Erkenntnissen über sie zurück. Werner hat recht, ein Abschluss wird ihr helfen, zu heilen.

Resigniert schließt sie die Tür auf, woraufhin Emma auf sie zustürmt. »Wie war's?«

»Gut.«

»Gut? Das ist alles?« Emma beobachtet sie aufmerksam.

Annie setzt ein schwaches Grinsen auf. »Es war schön. Er will auf jeden Fall in engem Kontakt bleiben. Er sagt, wir haben so viel verloren, wir müssen das Wenige, das uns bleibt, festhalten.« Eines Tages wird sie Emma mehr von ihrer Großmutter und Oma Leo erzählen, aber nicht heute, nicht solange die Erinnerung und die Bestätigung ihres eigenen Fehlers noch frisch sind.

»Was ist mit seiner Freundin?«

»Er wird mit ihr reden.«

»Liebt er sie … ich meine, was sieht er in ihr?«

Annie zuckt mit den Schultern. »Sie ist reich und sieht gut aus und du weißt ja, Männer mögen …«

»Sex?«

»Genau.«

Emma kommt in die Küche und baut sich vor Annie auf. »Du bist auch nicht so schlecht.«

»Ich bin alt.«

»Wie er.«

Annie seufzt. »Ich kann nicht leugnen, dass ich Gefühle für ihn habe, aber ich bin mir nicht sicher, ob sie echt sind. Ich lasse sozusagen meine alte Liebe in den jetzigen Werner einfließen. Nur ist er nicht wie der Junge von damals, na ja, er ist es und er ist es nicht. Ich bin auch nicht … oh, ich weiß es nicht.«

Emma schenkt ihrer Mutter ein Glas Wasser ein. »Ich wette, ihm geht es genauso.«

KAPITEL FÜNFUNDVIERZIG

Am 31. August unterzeichnet der westdeutsche Innenminister den Wiedervereinigungsvertrag mit Ostdeutschland, ein neunhundertseitiges Dokument, mit dem die DDR faktisch aufgelöst wird. Nach fünfundvierzig Jahren verschmelzen Ost- und Westdeutschland zu einem Land.

»Berlin wird wieder Hauptstadt«, ruft Emma aus. Es ist Freitagabend und sie essen Pizza vor dem Fernseher.

Im Juni wurde mit dem Abriss der Mauer begonnen, alle neununddreißig Grenzübergänge sind ohne Wachpersonal geöffnet. Stattdessen sind diese Wachen damit beauftragt, alle Spuren der alten hässlichen Mauer zu beseitigen und das Niemandsland wieder zugänglich zu machen, den Streifen Land, auf dem früher Menschen starben, wenn sie versuchten zu fliehen.

Annie hebt ihr Glas und fragt sich, was das für sie und für die Millionen Ostdeutschen bedeutet, die nun wieder Teil des vereinten Deutschlands sind. Sie ist begeistert, und doch bleibt das Gefühl des Verlustes. Das Land schließt sich wieder zusammen, aber Ostpreußen, Schlesien und andere ehemals deutsche Regionen werden nicht dazugehören. »Lasst uns auf die Hauptstadt anstoßen.«

»Warum kommst du nicht mit uns?«, fragt Emma, nachdem die Nachrichten vorbei sind. »Werner holt mich morgen früh ab.«

»Potsdam besuchen?« Annie schüttelt den Kopf. In Potsdam beschlossen die Alliierten 1945, Deutschland aufzuteilen. In Potsdam nahm Stalin ihnen und Millionen von Ostpreußen und

Schlesiern für immer die Heimat. »Du solltest allein Zeit mit deinem Vater verbringen.«

Annie trägt den Pizzakarton zum Müll. In Wahrheit will sie nicht daran erinnert werden, was dort passiert ist. Sie hat gelernt, ihren Schmerz zu verdrängen, aber er ist ein ständiger Begleiter in ihrem Herzen. Sie sieht noch, wie Paul Lindmann mit der Nachricht in die Küche stürmt, spürt den Schock, die Eiseskälte, die durch ihre Knochen fährt, als er berichtet, dass Russland die Hälfte Ostpreußens erobert und den anderen Teil an Polen übergeben hat. Neben ihr sackt Oma Leo zusammen – nach vorn, nach innen. Annie ist überzeugt, dass Oma an diesem Tag starb. Auch wenn es noch zwei Jahre dauerte, bis sie die Erde verließ.

»Was ist denn los?« Emma eilt an Annies Seite. »Du bist ganz blass geworden.«

»Nichts.« Annie erinnert sich an den Pizzakarton in ihrer Hand. »Ich habe gerade an deine Urgroßmutter Leo gedacht. Du hättest sie geliebt. Sie war genauso stark wie du, auch wenn sie wenig sprach.«

Emma umarmt Annie kurz. »Ich hätte zu gern gewusst, wie sie aussah.«

Annies Blick wandert zur Wand, wo das Foto von Werner und ihr selbst nun in einem Schwarz-Weiß-Rahmen hängt. Es ist ein Symbol für ihren Verlust, das Einzige, was Annies Flucht überlebt hat, der einzige materielle Gegenstand, der ihr von ihrer Vergangenheit geblieben ist.

»Warum schaltest du nicht den Fernseher aus und ich erzähle dir von Oma Leo? Und von deiner Großmutter …«

»Werner möchte, dass wir ihn morgen in seinem Haus besuchen«, verkündet Emma am nächsten Abend. »Du weißt doch, dass er sich ein Haus gekauft hat, jetzt, wo er im Vorruhestand ist.«

»Ist das eine gute Idee?« Der Gedanke, dass Margret sie Holzlöffel schwingend begrüßen könnte, bringt sie zum Kichern. »Irgendwie kann ich mir nicht vorstellen, dass Margret ihre Meinung über uns geändert hat.«

»Vielleicht gewöhnt sie sich an den Gedanken … ich meine, an uns.« Emma betrachtet den Kartoffelsalat, den Annie zubereitet hat. »Warum sollte sie uns als Bedrohung ansehen?«

»Manche Leute wollen einfach alles nur für sich.«

»Werners ungeteilte Aufmerksamkeit?«

»Genau.«

»Wir werden sehen. Morgen Nachmittag soll das Wetter schön sein.«

Werners Haus in einem ruhigen Viertel Berlins versteckt sich hinter einer hohen Lorbeerhecke. Sie klingeln an einem Edelstahltor, das sich lautlos öffnet.

Teuer. Was muss er gedacht haben, als er uns in unserer winzigen Wohnung besucht hat? Doch da steht Werner in der Eingangstür und strahlt von einem Ohr zum anderen.

»Ich bin so froh, dass ihr hier seid«, ruft er.

Er umarmt Emma und nimmt Annies Hände, drückt ihr einen Kuss auf die rechte Wange. Sie lächelt, überreicht ihm einen Strauß rostroter Gerbera und Sonnenblumen.

Der geflieste Flur ist breit und führt über eine geschwungene Treppe in den ersten Stock.

Werner führt sie durch die doppelten Glastüren in das Wohnzimmer, das größer ist als Annies gesamte Wohnung.

Vom Boden bis zur Decke reichende Fenster geben den Blick auf eine große Terrasse und den dahinterliegenden Garten frei. Alles, was Annie sieht, ist grün.

»Was für ein wunderschönes Haus du hast«, flüstert sie und betrachtet die antike Anrichte und die schwarzen Ledersofas.

»Ich dachte, wir könnten draußen sitzen«, sagt er und führt sie durch die Flügeltüren auf die Terrasse.

Der Tisch ist für drei Personen gedeckt. *Margret ist nicht da.*

Als hätte er ihre Gedanken gehört, sagt er: »Margret ist bei ihrer Mutter in Hamburg.« Er zögert, als wolle er mehr sagen, aber dann winkt er sie zu ihren Plätzen. »Der Kaffee ist fertig.«

Als er eilig davonläuft, sieht Emma ihre Mutter an. »Papa muss viel Erfolg gehabt haben«, flüstert sie.

Annie nickt nur, ihr Blick schweift noch immer über die Terrasse, den gemauerten Grill, die Blumenbeete am Rand und die Bäume dahinter. Irgendwo tröpfelt Wasser und sie entdeckt einen Springbrunnen zwischen den Margeriten. Alles, was sie hört, sind zwitschernde Vögel und Werners Klappern in der Küche, die ebenfalls eine Tür zur Terrasse hat.

Werner bringt ein Tablett mit einer ganzen Schwarzwälder Kirschtorte, einem Teller mit Butterstreusel und einer rostfreien Kaffeekanne heraus.

Annie hilft ihm, die Sachen abzustellen, und schenkt Kaffee ein. »Warum hast du nichts gesagt? Solltest du dich nicht ausruhen?«

»Unsinn. Ich mache jeden Tag Sport, nur nichts allzu Verrücktes.«

Seltsamerweise zieht sich das Gespräch während des Essens in die Länge. Jedes Mal, wenn Annie über den Tisch schaut, liegt Werners Blick auf ihr. Nur kann sie seinen Ausdruck nicht deuten und er wendet seine Aufmerksamkeit bald wieder seinem Teller zu.

»Der Kuchen ist fantastisch«, ruft Emma aus.

»Habe ihn selbst gebacken.« Werner zeigt auf die Platte. »Nimm noch, so viel du willst.«

Emma lacht. »Komm schon, Papa, ich werde noch fett.«

Werner bleibt ernst. »Du bist perfekt.« Doch dann lächelt er. »Ich kann es immer noch nicht glauben, dass ich eine Tochter habe.« Sein Blick wandert zu Annie. »Und meine alte Freundin gefunden habe.«

»Alt ist richtig«, lacht Annie.

Werner winkt ab. »Unsinn. Wir sind alle gealtert. Du solltest Lothar sehen, der hat kein einziges Haar mehr auf dem Kopf. Aber das stört ihn nicht.«

»Ich frage mich, ob ich ihn wiedererkennen würde«, sagt Annie.

»Das würdest du, in vielerlei Hinsicht ist er wie immer.«

Wie du. Nachdenklich schaut Annie den Mann am anderen Ende des Tisches an. Wenn er den Kopf hebt, spricht oder lächelt, sieht sie den alten Werner, den siebzehnjährigen Jungen aus Insterburg.

»Papa will, dass wir zusammen nach Österreich fahren –«

»Ach, wie putzig!« Margret steht in der Tür zur Küche, auf ihrem schönen Gesicht haben sich missbilligende Falten eingegraben. »Ich dachte, ich komme früher zurück, um dich zu überraschen, und schau, was ich hier vorfinde.«

Werner versucht ein Lächeln, scheitert und winkt ihr halbherzig zu. »Komm und lerne meine Familie kennen … Annie und Emma, meine Tochter.«

Margret bleibt an der Tür stehen. »Deine Familie? Ich dachte, *ich* wäre deine Familie.«

»Das bist du, aber …«

Emma erhebt sich von ihrem Stuhl und geht mit

ausgestreckter Hand auf Margret zu. »Ich bin froh, dass wir uns endlich kennenlernen.«

Überrascht erwidert Margret den Händedruck. »Gleichfalls«, sagt sie, obwohl Annie weiß, dass es eine Lüge ist.

Woher hat Emma ihre Offenheit, ihre Fähigkeit, Widrigkeiten wegzulachen?

»Wir wollten sowieso gleich los«, sagt Annie.

Werner springt auf. »Nicht doch. Bitte, ich will euch den Garten zeigen … das Haus.«

Annie beäugt Margret, die wie eine Gottesanbeterin in der Tür lauert. Sogar ihre Arme sind erhoben, als ob sie bereit wäre, die Gäste zu verschlingen. »Vielleicht ein andermal. Es war wundervoll.« Mit einem breiten Lächeln erhebt sie sich und legt einen Arm um Emmas Schulter. »Lass uns gehen.«

Da die Küchentür besetzt ist, nimmt Annie den Weg durch das Wohnzimmer in die Eingangshalle, wo Werner sie einholt. »Wartet … das mit Margret tut mir leid.«

»Ist schon gut«, sagt Annie.

Werner umarmt Emma, aber Annie ist schon zur Tür hinaus. Werner hat sie als *seine Familie* bezeichnet. Warum kommt sie sich dann wie ein Dienstmädchen vor?

»Wir hätten bleiben sollen«, sagt Emma und eilt Annie hinterher.

»Auf keinen Fall.«

KAPITEL SECHSUNDVIERZIG

»Was war das mit Österreich?«, fragt Annie, als sie ihre Wohnung betreten, die jetzt noch trostloser und schmuddeliger wirkt als zuvor.

»Papa will in Urlaub fahren. Ich habe in den Herbstferien Ende Oktober eine Woche frei.«

»Klingt doch gut.«

»Er will, dass *wir drei* gemeinsam fahren.«

Annie starrt Emma an, die gerade die Zutaten für einen Salat zusammenstellt. »Warum ich?«

Emma hält inne und sieht Annie an. »Ist es wirklich so schwer zu begreifen, dass Papa uns besser kennenlernen und gemeinsam Zeit als Familie verbringen will?«

»Aber wir sind nicht *seine* Familie.«

»Warum nicht? Er ist mein Vater und du bist meine Mutter.«

»Ha!« Annie kann sich den Sarkasmus nicht verkneifen. »Du hast vergessen zu erwähnen, dass dazwischen fünfundvierzig Jahre Pause lagen.«

»Das ändert nichts.«

»Das ändert alles.« Plötzlich ist Annie stinksauer. »Du hast doch gesehen, wo er lebt, die Frau in seinem Leben. Da ist kein Platz für uns. Der Traum ist damals gestorben …« *Am Tag, an dem Werner zum Volkssturm ging.* Ihr Blick verschwimmt und Annie wischt sich grob mit dem Unterarm über das Gesicht.

»Was willst du denn tun? Ihn vergessen?«

»Nicht vergessen, aber Abstand halten. Ich bin froh, dass ihr euch nun kennt und Zeit miteinander verbringt. Wenn du mit ihm verreist, wirst du sicher viel Spaß haben.«

»Und du?«

»Was ist mit mir?« Annie ist gefährlich nahe daran, loszuheulen. »Ich werde das tun, was ich seit Jahrzehnten tue. Ich arbeite und lebe mein Leben, so gut ich kann.«

»In deiner harten Schale.«

Annie starrt Emma an. »Vielleicht ja, vielleicht habe ich eine harte Schale. Ich musste mich um dich kümmern. Da war es die einzige Möglichkeit, zu überleben, einen Panzer um mein Herz zu legen, damit ich nicht verkümmerte wie Oma Leo.«

Emmas Gesichtsausdruck wird weicher. »Niemand bezweifelt, dass du eine schreckliche Zeit hattest, du hast so viel verloren. Aber …«, sie geht auf Annie zu und legt eine Hand auf ihre Schulter. »Du hast *jetzt* die Chance, ein paar Dinge zu ändern, ein bisschen Licht hereinzulassen.«

Annie senkt ihren Kopf. »Ich kann nicht.«

»Heidi hatte recht, du *hast* Angst«, sagt Emma.

Annie hebt den Kopf und sieht ihre Tochter an. »Redet ihr zwei jetzt über mich? Angst wovor? Ich musste jede Menge Angst überwinden.«

Emma streichelt sanft Annies Finger. »Das meine ich nicht. Ich meine, dass du Angst hast, wieder jemanden in dein Herz zu lassen.«

»Jemanden wie Werner?«, flüstert Annie.

»Genau.«

Annie lächelt grimmig und sieht Emma in die Augen. »Ich fürchte, dafür ist es viel zu spät.« Sie reißt sich los und geht zum Kühlschrank, holt ein Bier heraus, öffnet den Verschluss und nimmt einen Schluck. »Verstehst du nicht, ich habe ihn schon einmal verloren. Er ist mit Margret zusammen, und ich erlaube mir nicht, jemals wieder in diese Situation zu kommen, mich in falscher Hoffnung zu wiegen, dass er zu mir zurückkehrt.« Sie schüttelt den Kopf, nimmt noch einen Schluck. »Wie lächerlich. Hast du dich mal umgesehen? Dieser Ort … dieses hässliche Loch … und ich …«

»Das ist kein hässliches Loch, sondern unser Heim, und du bist eine gut aussehende Frau.«

Annie leert die Flasche. »Ja, klar.« Das Bier tut seine Wirkung und während Annie den Salat zubereitet, Tomaten und Gurken schneidet, Karotten raspelt und Zwiebeln schält, denkt sie an Werner. Warum sollte Emma glauben, dass er an ihr interessiert ist, wenn er Frauen wie Margret haben kann? Zugegeben, die ist arrogant, schwierig, aber wahrscheinlich ist sie ganz nett, solange sie ihren Willen bekommt. Außerdem ist sie die Art Frau, mit der sich Männer gern schmücken.

Annie überlegt, Emma zu fragen, hält sich aber zurück.

Der September neigt sich dem Ende zu, die Sonne scheint und die Menschen sind unterwegs, um alles zu genießen. Etwas liegt in der Luft, eine Aufregung, dass bald … bald Geschichte gemacht wird. Ostdeutschland hört auf zu existieren, das alte Land endet, ein neues beginnt.

Am Abend des 2. Oktobers fahren Emma und Annie in die Stadt. Heute Nacht, um Mitternacht, vereint sich Deutschland. Emma hat zwei Flaschen Sekt eingepackt, die sie trinken, sobald sie das Haus verlassen. Als sie am Brandenburger Tor ankommen, ist Annie wunderbar beschwingt. Auf dem riesigen Gelände zu beiden Seiten des Tors wimmelt es von Menschen. Fahnen wehen, Menschen singen, schreien und tanzen. Annie und Emma singen mit, trinken und schauen den Hunderttausenden zu. Emma zieht Annie mit zum Reichstag, wo Bundeskanzler Helmut Kohl und Bundespräsident Richard von Weizsäcker um Mitternacht erscheinen sollen.

»Hier drüben, Mama«, schreit Emma. An der Ecke Scheidemannstraße/Friedrich-Ebert-Platz bleibt sie stehen.

Der Lärm um sie herum hat in der letzten Stunde zugenommen, immer mehr Menschen drängen auf den Platz.

»Lass uns noch ein Stück weitergehen«, sagt Annie und verrenkt sich den Nacken. Es ist, als stünde man in der Brandung, nur dass sie aus Menschen und nicht aus Wasser besteht. »Ich würde gern Helmut Kohl sehen.« Sie fühlt sich bereits ein wenig benommen, aber sie hat vor, diesen Moment zu genießen. All die Jahre, fünfundvierzig, um genau zu sein, hat die SED entschieden, was sie zu denken, zu sagen und zu tun hatte. Davor war es Hitler. Jetzt kehrt endlich die Freiheit zurück, Demokratie, in der die Menschen das Recht haben, zu sprechen, zu schreiben und offen ihre Meinung zu sagen. Sie ist Teil dieser Geschichte, und sie wird zusehen, wie sie sich genau hier entfaltet … heute Abend.

»Hallo Annie.« Werner grinst von einem Ohr zum anderen, als

er ihre Wange küsst.

Sie ist so perplex, dass sie ihn nur stumm anstarren kann.

»Ich dachte, es wäre schön, gemeinsam zu feiern«, sagt Emma. Sie hat die zweite Flasche Sekt geöffnet, eine westdeutsche Marke mit teurem Etikett, die sie nun Werner reicht. »Du fährst hoffentlich nicht«, lacht sie.

»Das würde mir im Traum nicht einfallen«, lacht Werner und drückt Emma an sich. Annie kann sehen, dass die beiden sich viel nähergekommen sind. »Ist es nicht herrlich?«

Annie hat sich gefangen und greift zur Flasche. Seit dem letzten Besuch bei Werner hat sie sich von ihm ferngehalten. »Wo ist Margret?«

»Sie hatte andere Pläne«, antwortet Werner. Er gesellt sich zwischen die beiden und führt Emma und Annie zum Reichstag.

Keine fünfzig Meter von der Treppe entfernt warten sie und reichen die Flasche weiter. Annie hat sich schon lange nicht mehr so gut gefühlt. Ab und zu rempelt jemand aus der Menge sie an und sie stößt gegen Werner, der viel stabiler zu sein scheint als sie selbst. Blöder Alkohol, warum musste sie auch so viel trinken? *Und warum nicht*, höhnt es aus ihrem Innern.

»Tut mir leid«, sagt sie ein paar Mal, aber ihre Stimme wird leicht vom Lärm ringsum verschluckt. Mit einem riesigen Gong beginnt der Countdown bis Mitternacht, Feuerwerkskörper erhellen den Himmel, Fahnen wehen. *»… wir wollen dem Frieden der Welt in einem vereinten Europa dienen …«*, verkündet Bundespräsident von Weizsäcker von den Stufen. Irgendwann beginnt die Menge zu rufen: »Helmut, Helmut, Helmut«. Der deutsche Bundeskanzler tritt ans Mikrofon. Annie, Werner und Emma jubeln.

Und dann weint Annie. In diesem Moment weiß sie, dass sie sich nie wieder unterdrückt fühlen muss. Sie ist glücklich, entspannt … aufgeregt. Werner legt einen Arm um sie, beugt sich herunter.

»Ist das nicht erstaunlich? Ich hätte nie gedacht, dass ich den Tag erlebe …«

Ihre Blicke treffen sich. Annie nimmt seinen Duft auf, ein würziges Eau de Cologne … seine Männlichkeit. Sie lehnt sich an seine Brust, schlingt ihre Arme um ihn. »Ich bin so glücklich«, sagt sie. Sie ist betrunken und sein Gesicht ist ganz nah … so nah. Er dreht seinen Kopf ein wenig, ihre Lippen treffen sich.

Während sie sich küssen, vergisst Annie, wo sie ist. Ihr Herz pocht heftig gegen ihren Brustkorb, ihr Kopf fühlt sich an wie ein wirbelnder Sturm. Werner zieht sie dicht an seine Brust, wo sie zu einer Einheit verschmelzen. Von der Seite wird Annie auf Emma aufmerksam, die ihre Arme hochwirft, winkt und pfeift. Annie hatte sie ganz vergessen.

»Ich bin froh, dass wir das zusammen erleben«, raunt Werner in ihr Ohr. Sie spürt eine seiner Hände auf ihrem Hinterkopf, die andere auf ihrem unteren Rücken. Wie kann sie sich nur so sicher, so beschützt fühlen? Als ob sie in einem Kokon wäre.

Sein Mund findet wieder den ihren. Das Feuerwerk um sie herum überträgt sich auf ihren Körper. So hat sie sich nicht mehr gefühlt seit … seit wann? Jahrzehnten … einem Leben lang?

Du bist verrückt, kommentiert ihr Verstand. *Betrunken, dumm und verrückt.* Der Alkohol hat sie leichtsinnig gemacht. Aber oh, es fühlt sich so gut an, sein Hemd riecht nach Waschmittel, sein Mund ist unglaublich.

Abrupt zieht sie sich zurück, drückt die Handflächen gegen seine Brust. »Nein!«

Er schaut überrascht, das Lächeln verblasst. »Was ist los?«, fragt er, zumindest glaubt sie das, denn die Menge jubelt wieder lauter.

Sie schüttelt den Kopf und dreht sich zu Emma um. »Ich gehe jetzt«, ruft sie. »Wir sehen uns zu Hause.«

Emma erwidert etwas, aber Annie ignoriert sie. Alles, was sie will, ist zu verschwinden. Sie dreht sich um, taucht zwischen den Menschen hindurch, weg, schnell, bevor sie schreit. Weiter rennt sie, den Kopf gesenkt zwischen endlosen Körpern. Weiter und weiter, bis sie das Brandenburger Tor erreicht, dann die Straße hinunter.

»Annie!«

Sie erstarrt. Werner ergreift ihren Arm, zieht sie zu sich heran.

»Lass mich in Ruhe.«

»Was ist los mit dir?« Eine ganze Welt von Emotionen spiegelt sich in seinem Gesichtsausdruck … Schmerz, Wut … Verwirrung.

Annie schnappt nach Luft. »Mit mir ist alles in Ordnung. Ich gehe heim.«

»Warum tust du das?«

Ja, was tue ich hier bloß?, will sie fragen. Stattdessen sieht sie einfach nur den Mann an, den sie einst geliebt hat – immer noch liebt. Sie weiß es jetzt, wenn sie ehrlich ist, hat sie es immer gewusst. Es gibt keinen anderen, und obwohl sie sich verändert hat und auch er sich verändert hat, fühlt sie sich wie an jenem Tag in der Scheune, während des Sturms, als sie erkannte, dass sie ihn liebt.

Aber sie ist alt, sie spürt es in ihren Knochen, dieses Gewicht ihres Lebens.

»Ich weiß nicht, was du meinst«, sagt sie laut.

»Ach, komm schon, Annie. Wird es nicht Zeit, dass du erwachsen wirst?« Ein Hauch von Zorn hat sich in Werners Stimme eingeschlichen.

»Das ist genau das, was ich bin, erwachsen. Wie du … Wir sind zwei sehr verschiedene Menschen, mit verschiedenen Leben, du hast dein großes Haus … Margret.« Sie will ihn fragen, warum er das tut, sie küsst, sie weiter verwirrt, ihr jetziges graues Leben noch elender macht. Aber sie kriegt die Worte nicht heraus, der Kloß in ihrem Hals wächst schon wieder. *Nicht weinen!*

Er zuckt ein wenig zusammen, sagt aber nichts.

»Ich gehe jetzt nach Hause.«

»Ich will verdammt sein, wenn ich dich gehen lasse.« Werners Augen leuchten, jetzt *ist* er wütend. »Ich habe dich gerade erst wiedergefunden … *du* bist mein Zuhause.«

»Aber ich kann nicht, es ist zu kompliziert. Wir sind doch völlig verschieden, du hast dein Leben, ich habe meines.« Sie wendet sich zum Gehen. *Man kann nicht fünfundvierzig Jahre überbrücken und so tun, als wäre nichts geschehen.*

»Natürlich ist es nicht dasselbe Leben, natürlich sind wir anders … besser«, ruft er ihr nach.

Sie schüttelt den Kopf und eilt die Straße hinunter. Alles in ihr schreit … *geh, nein, bleib.* In ihrer Verwirrung rennt sie los, läuft immer schneller. Blöder Werner, blöder Alkohol.

Werner ist nicht mehr hinter ihr, offenbar hat er aufgegeben, ihr zu folgen. Die Tränen drängen empor und sie lässt sie endlich heraus, schnieft und schluchzt. Die Menschen starren sie an, die Straßen sind immer noch voller feiernder Menschen. Es ist ein neues Deutschland, ein neuer Anfang. Wie ironisch, es fühlt sich an wie ein Ende.

Als sie zu Hause ankommt, hämmert ihr der Kopf. Sie trinkt ein Glas Wasser, schluckt Aspirin, zieht sich aus und vergräbt sich unter der Bettdecke, um auf den Schlaf zu warten.

Er weigert sich. Sie ist todmüde, ihr Geist ist gummiartig, zäh und schwarz wie Teer. Schließlich hört sie, wie Emma hereinkommt und ins Bett geht.

Am frühen Morgen schläft sie ein und wacht mit kratzigem Hals und Übelkeit auf.

Sie schleppt sich an der Küche vorbei, wo Emma sitzt, Kaffee trinkt und fernsieht. Das Wasser im Waschbecken des Badezimmers fühlt sich himmlisch auf ihrem Gesicht an, sie würgt, aber es kommt nichts heraus.

Auf der Suche nach einem trockenen Stück Brot öffnet sie erst den Schrank, dann den Kühlschrank. Was hat sie noch mal gesucht? Sie entscheidet sich für Pfefferminztee und erhitzt Wasser.

Im Fernsehen spielen sich Szenen des gestrigen Abends ab, von Weizsäckers Rede … das Feuerwerk.

»Was für eine Nacht«, sagt sie in Emmas Richtung. Aber Emma scheint sie nicht zu hören.

Mit dem Tee in der Hand lässt sich Annie neben ihrer Tochter nieder. Der Fernsehkommentator spricht über die Herausforderungen, die vor ihnen liegen, zwei sehr unterschiedliche Länder zu vereinen. Deutschland hat fünf Bundesländer hinzugewonnen, die alte Nationale Volksarmee wurde aufgelöst und ist nun Teil der westdeutschen Streitkräfte.

»Geht es dir gut?«, fragt Annie.

Emma konzentriert sich auf den Fernsehbildschirm.

Annie lehnt sich ein wenig näher heran. »Was ist passiert?«

Endlich dreht sich Emma zu ihr. »Du fragst *mich*, was passiert ist? Was ist nur mit dir los?« Sie springt auf und verschwindet in ihrem Schlafzimmer, knallt die Tür zu.

Annie lehnt sich zurück. Die Übelkeit hat ein wenig nachgelassen, aber es fällt ihr schwer, sich zu konzentrieren. Emma ist stinksauer, das ist klar, so stinksauer, wie Annie sie nicht mehr gesehen hat, seit sie von der Affäre ihres Ex erfahren hat.

Erst ist Werner wütend, jetzt Emma. *Werner*. Die Szene von gestern Abend kehrt zurück, sie spürt, wie sich sein Körper an ihren presst, seinen Kuss. Ihr Magen hüpft, ihr Atem stockt. Was für ein unglaubliches Gefühl, ihn in ihrer Nähe zu haben. Doch sie gesteht sich nicht zu, in diesem Gefühl zu verweilen. Das lag alles am Alkohol, der sie wie eine Idiotin handeln ließ.

Emma erscheint, sie ist angezogen, schlüpft in Schuhe und Mantel und schlägt die Tür zu. Weg ist sie.

»Warum redest du nicht mit mir?«, fragt Annie eine Stunde später. Emma ist genauso wütend und schweigsam zurückgekehrt, wie sie gegangen ist.

Emma flucht leise, setzt sich dann Annie gegenüber. »Worüber?«

»Darüber, warum du so verärgert bist.«

»Ich, verärgert?« Zu Annies Überraschung glitzern Tränen in den Augen ihrer Tochter. Emma weint selten. »Wie kommst du auf diese Idee?«

Annie sagt nichts … sie wartet.

Emma holt tief Luft und platzt heraus: »Ich kann nicht glauben, wie du dich gestern Abend verhalten hast … du … du …«

»Was?«

»Papa gegenüber. Er mag dich, aber du musstest dich aufspielen.«

Annie runzelt die Stirn. »Was willst du damit sagen? Dass ich ihn weiter hätte küssen sollen?«

Emmas Lachen ist bitter. »Warum zum Teufel nicht? Sieh dich an, du bist so unglücklich, und das schon seit Jahren. Du tust so, als würdest du leben, aber du lebst nicht *wirklich*. Nicht einmal jetzt, wo Deutschland Geschichte macht. Du steckst in der Vergangenheit fest, in einem tiefen, dunklen Loch, zu ängstlich, um die Nase herauszustrecken und etwas Schönes zu erleben.« Emma steht auf und wirft die Arme hoch. »Du würdest das Glück selbst dann nicht finden, wenn es dir mitten ins Gesicht springt.«

»Du meinst mit Werner?«

»Warum nicht? Was ist so schlimm daran, mit dem Mann zusammen zu sein, den du früher geliebt hast? Er ist mein Vater.«

»So einfach ist das nicht.«

»Warum nicht? Ihr seid zwei Erwachsene, die sich mögen.«

»Er hat Karriere gemacht … Außerdem ist da Margret.«

»Na und?«

»Du verstehst das nicht!«, schreit Annie. »Wir tragen alte Lasten, es sind schlimme Dinge passiert.«

»Jeder hat seine Probleme, viele Menschen haben Schreckliches erlebt. Du bist nicht die Einzige, Mama.«

Annie schnaubt und steht ebenfalls auf. *Was weiß Emma schon von schrecklich?* »Du hast ja keine Ahnung, wie schlimm es war.«

»Du hast es mir nie erklärt.«

»Ich kann nicht …«

»So wie du nicht weitermachen kannst … dir nicht das Leben erschaffen kannst, das du verdienst?«

Annie starrt ihre Tochter an. *Wovon redet Emma da?*

Und dann wird es Annie klar: Als sie in Magdeburg ankam und man ihr sagte, sie sei nur eine Siedlerin und kein Flüchtling, der seine Heimat und seine Identität verloren habe, wurde ihr befohlen, sie solle ihre Vergangenheit vergessen und weitermachen. Damit verweigerte man ihr sogar die Anerkennung ihrer Vergangenheit. Und tief in ihrem Inneren hatte sie geglaubt, dass sie nichts Besseres verdient habe. Hatte sie nicht ihre eigene Mutter umgebracht? Hatte sie sie nicht in die Arme der russischen Armee geschickt, in ein Gulag in Nordrussland?

Sie lernte, sich selbst als ein Nichts zu betrachten, eine einfache, graue Kellerassel mit einer harten Schale, die niemand wollte. Sie war mit nichts angekommen, eine Hülle ihres früheren Selbst. So fühlte sie sich immer noch: wie eine Hülle, die nicht zählt.

Annie starrt Emma an, öffnet ihren Mund und schließt ihn wieder. Schließlich bringt sie heraus: »Ich hätte nie gedacht, dass ich …«

»Glück finde?« Emma zieht Annie in eine Umarmung. »Mama, du bist eine erstaunliche Frau. Du hast so viel Schrecken durchgestanden und mich allein großgezogen. Du bist klug … belesen.«

Annie schüttelt den Kopf. »So fühle ich mich aber gar nicht …« Sie lehnt sich zurück und sieht Emma in die Augen. »Außer in einem Punkt, ich bin so stolz auf *dich*.«

»Ach, Mama. Du bist nicht weniger wert als Margret oder Werner. Wenn du denkst, du hast eine Chance bei ihm, dann geh hin. Geh und sag ihm, was du fühlst. Was hast du zu verlieren?«

Annie nickt. Ja, was denn? Sie ist sowieso schon unglücklich, warum sollte sie es nicht versuchen? Schlimmstenfalls wird sie ihr Leben wie gewohnt fortsetzen …

KAPITEL SIEBENUNDVIERZIG

Ein Schweigen liegt über Werners Haus, die Türklingel hallt laut und schrill. Auf dem ganzen Weg hierher hat Annie mit sich selbst gerungen. Mal sagt ihr Verstand ihr, dass es lächerlich sei, am Tag nach ihrem Streit hierherzukommen, mal sagt er ihr, dass sie tun solle, was ihr Herz ihr befiehlt. Mehrmals hat sie erwogen, umzukehren.

Erleichtert darüber, dass niemand reagiert, dreht sie sich um und eilt die Einfahrt hinunter, die von Blumenbeeten mit einer Fülle von Astern in allen Farben von Lila über Rot bis Gelb und Weiß gesäumt ist. Das Tor steht offen, also ist Werner wahrscheinlich irgendwohin gefahren. Enttäuschung macht sich in ihr breit, dicht gefolgt von Erleichterung. Das war die dümmste Idee, die sie seit Langem hatte, vielleicht die dümmste überhaupt … abgesehen davon, dass sie ihre Mutter gebeten hatte, die Pferde zu retten.

Sie will gerade auf den Bürgersteig treten, als ein dunkelblauer BMW in die Einfahrt biegt und dann anhält.

»Annie?« Werner hat das Beifahrerfenster heruntergekurbelt, aber im Wageninneren ist es zu dunkel, um seine Miene zu erkennen.

Annie nähert sich dem Auto, beugt sich tief hinunter, versucht ein Lächeln, scheitert. »Ich wollte … Ich denke, wir sollten …« In ihrem Kopf hatte sie eine Rede vorbereitet, jetzt ist sie weg, und alles, was sie herausbekommt, sind kratzige, unsinnige Worte.

»Komm zum Haus«, sagt er.

Sie folgt ihm, wartet, bis er das Auto geparkt hat und auf sie zukommt. Wieder versucht sie ein Lächeln, wieder scheitert sie. Wenn sie geglaubt hat, er würde ihr aus ihrer Verlegenheit heraushelfen, hat sie sich getäuscht. Werner sagt nichts, öffnet schweigend die Tür, winkt sie herein.

Im Hinterkopf merkt Annie, dass Margret auch nicht da sein kann, sonst hätte sie vorhin die Tür geöffnet.

Werner geht in die Küche, wirft die Papiertüte mit den frischen Brötchen auf die Theke.

Annie steht da, Unbehagen erfüllt den Raum. »Es tut mir leid«, sagt sie. »Wegen gestern, dass ich so schwierig war.«

Werner nickt. Auf seinem Gesicht zeigt sich nicht die kleinste Andeutung eines Lächelns. Vor ihr steht ein ernster Mann mit ernster Miene.

»Ich hatte Angst, ich … « Annie schluckt. »Die Wahrheit ist, ich habe noch immer Gefühle für dich und ich hatte Angst, verletzt zu werden – erneut.« Sie spricht jetzt leise, fast flüsternd. »Ich dachte, ich wäre deiner nicht würdig.« Sie macht eine ausholende Bewegung mit ihrem Arm. »All das … deine Karriere … Margret …«

»Margret ist fort.«

Annie nickt, sieht im Geiste, wie Margret mit einem Koffer das Haus verlässt. Erleichterung macht sich in ihr breit, und doch fühlt sie sich unsicher. »Auch ohne Margret, obwohl …« Sie kichert, kommt sich dabei dumm vor, wird wieder ernst. »Ich habe nicht geglaubt, dass ich so etwas wie Glück verdiene, nachdem ich Mutter weggeschickt habe, nachdem alle, sogar die Regierung, mir gesagt haben, dass ich nichts zähle.« Ihre Blicke treffen sich. »Ich habe Emma großgezogen, gearbeitet, gelebt, so gut ich konnte, unter einem Regime, das ich hasste. Ich fühlte mich ausgelöscht – unbedeutend, unsichtbar.« Als Werner nicht antwortet, fährt sie fort: »Als du mich gestern Abend geküsst hast, als ich in deinen Armen lag … Diese Gefühle waren so intensiv, ich war überwältigt, verängstigt. Auch betrunken.« Sie steht da, fühlt sich wieder verloren.

Werner, der bis jetzt ruhig geblieben ist, geht auf Annie zu. Ein Schritt, ein weiterer, bis er vor ihr steht und ihre Hand in seine nimmt. »Ich weiß nicht, was los ist, Annie. Ich bin selbst verwirrt. Alles, was ich sagen kann, ist, dass ich in deiner Nähe sein, dich wieder kennenlernen will. Ich kann nicht versprechen, dass es gut gehen wird.«

»Das weiß ich.« Diesmal hält Annies Lächeln. »Vielleicht können wir es langsam angehen und sehen, wie wir miteinander auskommen? Es sei denn, Margret …«

»Wir haben uns getrennt. Es war schon vor meinem Herzinfarkt schwierig. Ihre und meine Vorstellungen stimmen nicht überein. Sie ist besitzergreifend … und hat mir die Schuld daran gegeben, dass sie kinderlos geblieben ist.«

»Aber du hast Emma gezeugt.«

»Das ist ein Grund für ihre Wut, dass nämlich ihre Theorie und ihre Schuldzuweisungen nicht zutreffen.« Werner schaut zu Boden, streicht über Annies Hand. »Es gibt noch andere …«

»Emma war stinksauer, weißt du. Sie ist der Grund, warum ich heute gekommen bin.«

Werner grinst. »Kluges Mädchen, meine Tochter.«

»Es gibt etwas, das ich dir geben wollte. Ist eine Kopie.« Annie holt einen Umschlag aus ihrer Handtasche und gibt ihn Werner.

Er zieht ein Stück Papier heraus, betrachtet das Foto mit dem jungen Paar in Shorts … schüttelt den Kopf, nimmt eine Lesebrille vom Tresen. Seine dunklen Augen werden still, konzentrieren sich auf das Bild.

»Ich erinnere mich an diesen Tag«, sagt er leise. Er schnieft, reibt sich mit einer Hand über die Stirn. »Wir waren so jung.«

»Es ist das Einzige, was ich von zu Hause gerettet habe.« Annie beißt sich auf die Unterlippe. »Ich habe mir immer vorgestellt, wie Mutter es in der Hand hielt, dass ich ein kleines Stück von ihr habe, weil sie dieses Foto gemacht hat.«

Werner bleibt stumm, er betrachtet Annie eine Weile, bis er schließlich sagt: »Ich hoffe, du hast dir verziehen.«

»Warum?«

»Wegen deiner Mutter.«

Annies Augen füllen sich mit Tränen, doch sie lächelt. »Ich arbeite dran. Die Sache ist, dass ich mich oft frage, was passiert wäre, wenn sie bei uns geblieben wäre. Ich habe ihr die Chance gestohlen, Großmutter zu werden.«

»Sie hat getan, was sie liebte, und wollte dir helfen. Letztlich hat *sie* diese Entscheidung getroffen, sie war erwachsen und wusste, dass es Risiken gibt. Krieg ist niemals fair, er hat keine Seele.«

»Du hast recht.« Das Foto ist ihre Verbindung zur Vergangenheit, ein Symbol für das, was sie verloren hat. Aber vielleicht, nur vielleicht, ist es auch ein Symbol für das, was sie jetzt in Händen hält … etwas Erstmaliges und Helles. Es verbindet das Alte mit dem Neuen und bietet eine Art von Dauerhaftigkeit. »Ich habe dir nie dafür gedankt, dass du Mama gefunden hast.«

Werner räuspert sich und legt das Foto weg. »Weißt du, es ist gut, dass wir nicht in die Zukunft sehen können. Hätte uns damals jemand gesagt, was passieren würde …« Er schüttelt den Kopf. »Ich weiß nicht, was ich getan hätte. Sicherlich nicht dem Volkssturm beitreten, um in einem verlorenen Krieg für einen Massenmörder zu kämpfen.«

Stille kehrt zwischen ihnen ein. Irgendwo da draußen brummt ein Rasenmäher.

»Und was jetzt?«, fragt Annie.

Werner führt ihre Hand an seine Lippen und küsst ihre Finger. »Jetzt frühstücken wir.«

Es ist, als wäre Annie schon immer hier gewesen. Sie hat den Tisch gedeckt und Kaffee gekocht. Sie entspannen sich in der Sitzecke mit Blick auf den Garten, sie reden und schweigen dann … locker, unbeschwert. Irgendwie fühlt sich Annie nicht mehr unter Druck gesetzt, dieses oder jenes zu tun. Sie verhält sich völlig natürlich, beobachtet, wie sich die Dinge entwickeln, fragt Werner nach dem Haus und dem Garten, nach seinen Plänen für die Zukunft.

»Was ist mit *deinen* Plänen?«, fragt er. »Willst du weiter in der Buchhandlung arbeiten?«

Annie stellt ihren Becher ab. »Warum nicht? Ich liebe Bücher, treffe gern Menschen und helfe ihnen, die passende Lektüre zu finden und ihren Geist für neue Ideen zu öffnen.«

Werner grinst. »Dann sollte ich mir lieber etwas anderes suchen. Ich hatte mir vorgestellt, wie wir zusammen reisen.«

»Ich dachte, du schreibst nebenbei.«

»Nur Teilzeit.«

»Und ich habe Urlaub, es gibt Wochenenden.«

Der Tag gleitet vorbei, sie reden, hören einander zu, schlendern durch die Gärten. Ab und zu nimmt Werner Annies Hand, drückt sie. Jedes Mal durchflutet sie eine Welle der Erregung. Irgendwann, als sie auf das Haus zugehen, lehnt sie sich an ihn, legt einen Arm um seine Taille.

Da hält er inne, zieht sie an sich wie am vorigen Abend.

Diesmal gibt es keinen Lärm, kein Feuerwerk – außer dem in Annie – keine Reden oder Ablenkungen. Es gibt nur sie, zwei Menschen mittleren Alters, die einander wiederentdecken … vielleicht sich selbst … so wie sie waren … so wie sie sind.

Seine Lippen sind weich, der Kuss lang. Etwas Seltsames geht in Annie vor. Verlangen … Sehnsucht, vielleicht. Sie drückt sich gegen Werner, genießt das Gefühl seines Körpers, seine Brust in der Nähe ihres Schlüsselbeins, seine Arme, die sie eng umschlingen. Irgendwann beginnt er, ihren Rücken zu streicheln, hinauf zum Hals, dann hinunter … über ihren Po. Das Verlangen in ihr wächst, ihrer beider Atemzüge werden schneller, verschmelzen.

»Vielleicht sollten wir reingehen«, sagt er irgendwann. Seine Stimme ist ein wenig rau … unsicher.

Annie nimmt seine Hand. »Du hast mir dein Schlafzimmer noch nicht gezeigt.«

»Ich dachte, du würdest nie fragen.«

Während das Licht draußen schwindet, finden Annie und Werner zueinander, sie liegen eng zusammen – verschlungen. Sie berührt seine Brust, lässt ihre Finger wandern … erkunden. Werner hat die Augen geschlossen, genießt ihre Berührung, lässt sie das Tempo bestimmen.

Irgendwann übernimmt er die Kontrolle. Annie lässt sich bereitwillig auf ihn ein, lässt sich von ihm an einen Ort bringen, an dem sie seit Jahrzehnten nicht mehr gewesen ist. Sie weiß, es ist anders als damals, selbst wenn sie sich genau an die Gefühle von damals erinnern könnte. Sie waren noch Kinder, unerfahren und frisch verliebt. Jetzt sind sie viel älter, ihre Haut ist nicht mehr straff, ein bisschen faltig und abgenutzt, und doch … Annies Körper reagiert mit solcher Leidenschaft, solcher Inbrunst, dass ihr vor lauter Intensität der Atem stockt.

»Wie kann sich das so gut anfühlen?«, fragt sie anschließend. »Wir sind alt, aber ich schwöre, ich könnte ein Teenager sein.«

Werner gluckst. »Für mich bist du zeitlos.«

»Ein bisschen altmodisch, vielleicht?«

»Das macht die Sache nur besser.«

»Vielleicht tut es das.«

Werner gleitet mit einem Finger an der Innenseite von Annies Unterarm entlang und lächelt. »Wenn das so ist, versuchen wir es noch einmal.«

EPILOG

Heiligabend 1990
Der Esstisch biegt sich unter gebratener Ente und Kaninchen, Kartoffelpüree, verschiedenen Salaten, Gemüse und Soße.

Werner bringt mit einer Gabel sein Glas zum Klirren, dann steht er auf, denn die Gruppe am Tisch ist so laut wie ein Haufen Fußballfans bei einem Heimspiel. Als der Lärm schwindet, schaut er sich im Raum um, nimmt die erwartungsvollen Blicke seiner Gäste wahr.

»Freunde, ich kann euch gar nicht sagen, wie sehr ich mich freue, euch hier zu sehen. Vor ein paar Monaten dachte ich noch, mein Leben sei zu Ende. Und jetzt seht mich an.«

Alle lachen, während Lothar witzelt: »Offensichtlich macht Liebe gesund.« Zusammen mit seiner Frau sitzt er Annie und Werner gegenüber. Wie Werner gesagt hat, trägt er kein einziges Haar auf dem Kopf, aber der Ausdruck tiefer Wertschätzung für seinen Freund steht ihm ebenso ins Gesicht geschrieben wie eine Art Überdruss am Gesehenen und Erlebten.

Annie weiß, dass er beinahe erschossen worden wäre, und dann fast noch einmal gestorben wäre, als er gemeinsam mit Werner auf der Flucht war und beide beinahe verhungert wären. Nach und nach haben Annie und Werner sich ihre vergangenen Erlebnisse erzählt, manchmal haben sich auch Emma und Lothar zu ihnen gesellt.

Emma sitzt neben einem Lehrerkollegen, von dem Annie vermutet, dass er mehr als nur ein Freund ist. Nur einmal hat sie gesehen, wie Emma die Hand des Mannes genommen und ihm ein Lächeln geschenkt hat. Auch sie ist vorsichtig, nicht nur, weil sie ihre Großmutter nie kennengelernt hat und nicht weiß, woher ihre Eltern stammen, sondern weil die ostdeutsche Tyrannei sie im Stich gelassen hat, als ihr Mann eine Jüngere fand.

Und dann ist da noch Heidi, die über das ganze Gesicht strahlt. Sie ist ein großzügiger und hilfsbereiter Mensch, obwohl sie selbst schon oft erbarmungslos gehänselt wurde. Auch wenn sie nicht aus dem Osten geflohen ist, so ist sie doch eine Kriegerin wie alle anderen und schultert unsichtbare Lasten.

Aber heute ist ein Tag zum Feiern. Annie trägt einen schwarzen Overall mit einer Perlenkette, die Werner ihr heute Morgen geschenkt hat. Ab und zu treffen sich ihre Blicke, und auch wenn sie sich nicht ansehen, spürt Annie Werners Gegenwart, die ihr ein Gefühl tiefer Geborgenheit schenkt.

Vor langer Zeit hat sie ihr Zuhause verloren und alles, was ihr lieb und teuer war, doch jetzt weiß sie, dass sie ihre Identität, ihr Gefühl der Zugehörigkeit in sich trägt. Es ist nicht perfekt, es hat den gebrochenen Teil ihres Herzens nicht vollständig heilen lassen. Aber indem sie sich selbst und ihre Vergangenheit akzeptiert, hat sie Frieden gefunden. Werner hat recht … die Menschen, die sie liebt, sind ihr Zuhause.

ANMERKUNG DER AUTORIN

Die Wahl des Endes

Ich habe lange mit mir wegen des Endes gehadert, weil ich dachte, es sei vielleicht zu unrealistisch, Annie und Werner wieder zusammenzuführen. Ein dramatisches, unglückliches Ende hinterlässt oft einen viel tieferen Eindruck, obwohl es auch enttäuschen kann. Ich bin eine Romantikerin und mag keine katastrophalen und deprimierenden Enden. Tief in meinem Herzen glaubte ich, dass Annie und Werner etwas Besseres verdient hätten. Aus einer Laune heraus recherchierte ich nach Paaren, die nach vierzig Jahren der Trennung wieder zusammengekommen waren, und was soll ich sagen? Es gibt mehr, als man denkt. Alle hatten eines gemeinsam: Sie hatten vor all den Jahren etwas Besonderes erlebt, etwas Tiefgreifendes und Bewegendes mit ihrem Liebsten, das sie nie vergessen haben.

Flüchtlinge und Vertriebene 1944 – 1950

Die Flucht und Vertreibung von zehn bis vierzehn Millionen Deutschen aus den Ostgebieten am Ende des Zweiten Weltkriegs und in den Monaten und Jahren danach bis 1950 ist eine der größten Zwangsmigrationen der Geschichte. Im arktischen Winter 1944/1945, als Deutschland den Krieg verlor und die Rote Armee nach Ostpreußen, Westpreußen, Schlesien und anderen ehemals östlichen Regionen Deutschlands vordrang, waren die Ersten, die vor den Gräueltaten der russischen Soldaten flohen, deutsche Frauen und Kinder. Sie zogen mit Rucksäcken und Karren los, einige Glückliche hatten Pferde. Viele kamen nicht weit, wurden von russischen Soldaten eingeholt, vergewaltigt, geschlagen, versklavt oder getötet. Die Glücklicheren flohen Richtung Westen nach Königsberg und von dort nach Pillau, einer kleinen Hafenstadt an der Ostsee, auf der Suche nach einem Platz auf einem Schiff.

Zur gleichen Zeit befand sich die deutsche Wehrmacht auf dem Rückzug und schickte ihre Verwundeten ebenfalls über das Wasser. Diejenigen, die es an den russischen Minen, Bomben und U-Booten vorbeischafften, reisten in einem nicht enden wollenden Strom nach Westen bis Rostock und von dort mit Zügen, Lastwagen und zu Fuß nach Süden und weiter nach Westen. Was sie vorfanden, war ein in die Knie gezwungenes Land, in dem die Menschen, die sechs Jahre Krieg überlebt hatten, weiterhin ums Überleben kämpfen mussten. Diejenigen Flüchtlinge, die nicht in Lagern unterkamen, landeten in Gemeinden, die nicht gerade begeistert waren, Bedürftige aufzunehmen.

Im Juli 1945, während der Potsdamer Konferenz südlich von Berlin, legten die alliierten Streitkräfte Frankreichs, Englands, der USA und der Sowjetunion die Grenzen im Osten neu fest und besiegelten damit das Schicksal vieler weiterer Deutscher, die gezwungen waren, ihre Häuser, ihr Land und ihren Besitz für immer zu verlassen.

Deutsche Demokratische Republik (DDR)

Offiziell wurde die DDR kurz nach der Gründung der westdeutschen Bundesrepublik Deutschland im Jahr 1949 ins Leben gerufen. Obwohl sie den Begriff *demokratisch* im Namen trug, war dieser neue Staat unter der Kontrolle der Sowjetunion alles andere als das. Die kommunistische Diktatur, die von einer einzigen Partei, der SED, geführt und von einem riesigen Spionagenetz kontrolliert wurde, hielt ihre Bürger hinter Mauern und Grenzen gefangen.

Im Laufe des Bestehens der DDR bis 1990 wuchs die Unzufriedenheit ihrer Bürger stetig. Nicht nur, weil es keine Meinungsfreiheit gab und Reisen in westliche Länder verboten waren, sondern auch, weil das System ein wirtschaftlicher Misserfolg war. Die Regierung entschied über Unternehmen, Produktion, Preise und Löhne. Diese kontrollierte Wirtschaft konnte nicht funktionieren, es gab keine Anreize, gute Arbeit zu leisten, keine gesunden, wettbewerbsfähigen Märkte.

Die Ostdeutschen wollten einkaufen und frei reisen. Schließlich äußerten die Menschen ihre Unzufriedenheit – nicht gewaltsam oder lautstark, aber stetig. So zermürbten sie die einzige Partei des Landes, die SED, und ihren Führer Erich Honecker. Es war gewissermaßen eine friedliche Revolution. Zugegeben, hätte die Sowjetunion das System weiter gestützt, wäre es vielleicht zu einem Blutbad gekommen. Doch das tat sie unter Gorbatschow nicht, und im November 1989 führte ein Missverständnis auf einer Pressekonferenz zur sofortigen Öffnung der Grenzen nach Westberlin. Der Damm war gebrochen und die DDR ging als gescheiterter Staat in die Geschichte ein.

Diese letzte Phase begann am 27. Juni 1989, als Ungarn und Österreich vereinbarten, Menschen den problemlosen Grenzübertritt zu erlauben. Bereits im März desselben Jahres war der ungarische Ministerpräsident Miklos Nemeth nach Moskau gereist, um Gorbatschow mitzuteilen, dass Ungarn plane, seine Grenzen nach Österreich zu öffnen. Gorbatschow stimmte zu. Die ostdeutsche Regierung schien sich nicht dafür zu interessieren, aber die ostdeutschen Bürger schon. Sobald die ungarische Grenze nach Österreich geöffnet wurde – die Ostdeutschen erfuhren davon durch die westlichen Fernsehkanäle – reisten Tausende nach Ungarn, wurden aber zunächst zurückgewiesen. Erst am 11. September 1989 öffnete sich der Eiserne Vorhang. Allein in den ersten drei Wochen flohen mehr als 25.000 Ostdeutsche, obwohl die DDR die Ausreise nach Ungarn verbot. Vergeblich – das Ende der DDR-Herrschaft war besiegelt.

ÜBER DIE AUTORIN

Ursprünglich inspiriert von den Geschichten ihrer Eltern als Kriegskinder, entdeckte Annette Oppenlander ihre Leidenschaft für das Schreiben historischer Romane erst spät. Inzwischen ist sie als mehrfach preisgekrönte Autorin für ihre authentischen Figuren und auf wahren Geschichten basierenden Romane bekannt. Gekonnt verbindet Oppenlander historische Personen und Geschehnisse mit ihren Plots und vermittelt Lesern damit Einblicke in vergangene Epochen, verpackt in eine spannende Erzählung. Oppenlander inspiriert ihre Leser, indem sie Themen beleuchtet, die heute ebenso relevant sind wie in der Vergangenheit und scheut sich dabei nicht, selten diskutierte und auch unbequeme Inhalte zu behandeln.

Oppenlander vermittelt ihre Kenntnisse sowohl in deutscher als auch in englischer Sprache durch Workshops, unterhaltsame Präsentationen und Autorenbesuche an Universitäten und Schulen, in Büchereien, Seniorenheimen und der Literatur gewidmeten Organisationen. Nach dem BWL Studium an der Universität zu Köln verbrachte sie 30 Jahre in verschiedenen Teilen der USA. Sie ist Mutter von Zwillingen und einem Sohn und lebt seit 2017 wieder in ihrer alten Heimat Solingen in Deutschland.

»Fast jeder Ort birgt ein Geheimnis, das Geschichte lebendig werden lässt. Wenn wir Menschen und Orte genau untersuchen, ist Geschichte kein Datum oder keine Zahl mehr, sondern wird zu einer spannenden Erzählung.«

Von der Autorin

Vielen Dank, dass Sie *Ewig währt der Sturm* gelesen haben. Ich hoffe aufrichtig, dass Sie beim Lesen dieser Geschichte so viel Vergnügen hatten wie ich beim Schreiben. Wenn Sie einen Moment Zeit haben, freue ich mich über Ihre Rezension des Buches auf Ihrer bevorzugten Online-Plattform (Amazon, Apple iTunes Store, Goodreads, LovelyBooks, usw.). Wenn Sie mehr über meine anderen oder zukünftigen Bücher erfahren oder sich für den gelegentlichen Newsletter anmelden möchten, schauen Sie gern bei annetteoppenlander.com vorbei.

Herzliche Grüße,
Annette Oppenlander

Hier finden Sie mich:
Webseite: annetteoppenlander.com
Facebook: facebook.com/annetteoppenlanderauthor
E-Mail: hello@annetteoppenlander.com
Instagram: @annette.oppenlander
Twitter: @aoppenlander
Pinterest: @annoppenlander

Ewig währt der Sturm ist eine von drei ungewöhnlichen Liebesgeschichten des Zweiten Weltkriegs. Wenn Sie sich für diese Epoche interessieren, gefallen Ihnen vielleicht auch mein mehrfach preisgekrönter biografischer Roman *Vaterland, wo bist Du?* oder *Erzwungene Wege* über die Kinderlandverschickung.

»Dieses Buch gehört in die gleiche Liga wie die klassischen Erlebnisberichte über den Zweiten Weltkrieg, beispielsweise ›Das Tagebuch der Anne Frank‹ und ›Trotzdem Ja zum Leben sagen – Ein Psychologe erlebt das Konzentrationslager‹. Es ist wirklich so großartig!« InD'tale Magazine

Annette Oppenlanders mehrfach preisgekrönter biografischer Roman beleuchtet einfühlsam und mitreißend einen selten behandelten Teil des dunkelsten Kapitels deutscher Geschichte: das Schicksal der Kinder im Zweiten Weltkrieg.

Vaterland, wo bist Du? erzählt die wahre Lebens-und Liebesgeschichte von Lilly und Günter, die als Kinder über Nacht mit den Schrecken des Dritten Reichs konfrontiert werden. Beide müssen fortan auf vielfältige Weise ums Überleben kämpfen. Dabei erfahren sie Grausamkeit und Betrug, aber auch Liebe und überraschende Warmherzigkeit. Als sie sich in den Nachkriegsjahren begegnen, verlieben sie sich Hals über Kopf ineinander und werden ein Paar. Doch alte Wunden brechen wieder auf und bedrohen das neugefundene Glück. Wird es ihnen gelingen, die Dämonen der Vergangenheit zu bezwingen?

Diese Erzahlung zelebriert die Unverwüstlichkeit der menschlichen Willenskraft und die Stärke der Kriegskinder.

Die wahre Geschichte zweier Kinder

»Im Jahr 2002 interviewte ich meine Eltern über ihre Erlebnisse als Kriegskinder. Aus diesen Interviews wuchs über 15 Jahre der biografische Roman, der das Leben meiner Eltern von 1940 bis 1954 nachempfindet. Auch kann die Geschichte meiner Eltern stellvertretend für die Schicksale von Millionen deutschen Kindern im Dritten Reich stehen.« Annette Oppenlander

Auszeichnungen (Deutschland/USA)
2020 Silber Skoutz Award, 2017 National Indie Excellence Award, 2018 Indie B.R.A.G. Award, 2019 Gold Global eBook Awards, 2018 Chill with a Book Readers' Award, 2018 Bronze Readers' Favorite Book Award, Finalist 2017 Kindle Book Awards, 2018 Discovered Diamond Historical Novel

»Ein unbedingt lesenswertes Buch!« InD'Tale Magazine

»Erzwungene Wege« ist ein auf Zeitzeugenberichten beruhender Roman, der die »erweiterte Kinderlandverschickung« (KLV) des Naziregimes während des Zweiten Weltkriegs kritisch beleuchtet – meisterhaft erzählt von Annette Oppenlander, der Erfolgsautorin von »Vaterland, wo bist Du?«.

Solingen, 1943: Gerade hat die vierzehnjährige Hilda entdeckt, dass sie ihren Nachbarn Peter liebt, als er ihr freudestrahlend seine Abreise in ein Lager der KLV verkündet. Peters Klasse bezieht eine verlassene Schule in Pommern, wo die Jungen bald feststellen müssen, dass die Versprechungen von Strandurlaub und herrlichem Essen nichts als Erfindungen sind.

Kurz darauf verschlägt es Hilda mit ihrer Klasse in ein bayerisches Kloster. Unter den erbarmungslosen Augen der herrischen Oberin versucht Hilda, das Bettnässen ihrer Freundin zu vertuschen und ihr Heimweh unter Kontrolle zu bringen. Unterdessen sieht sich Peter mit dem militärischen Gebaren des pedantischen HJ-Lagerführers konfrontiert.

Für Hilda und Peter spitzt sich die Situation immer weiter zu, während sie fern der Heimat um etwas Normalität und ein Stückchen Menschlichkeit in einer unmenschlichen Welt ringen.

Printed in Poland
by Amazon Fulfillment
Poland Sp. z o.o., Wrocław

87379191R00190